MVP製造機

BEN LINDBERGH
班·林柏——著

TRAVIS SAWCHIK
崔維斯·索契克——著

How Baseball's New Nonconformists Are Using Data to Build Better Players

看大聯盟頂尖球隊如何用科技顛覆傳統、
以成長心態擁抱創新，讓平凡C咖成爲冠軍A咖

李秉昇——譯

THE MVP MACHINE

目錄

推薦序　人人都可能成為MVP

資深球評　曾文誠

何謂MVP?在定義MVP之前，是否該把選手分門別類一下，如果按大聯盟的話，首先是適應不了大聯盟，但卻能屠宰小聯盟的所謂「4A」球員，接下來是邊緣的浪人、然後是板凳替補、先發球員、明星選手，最後才是明星中的明星、MVP。對於MVP我們一直說它是「最有價值球員」，能拿到這個殊榮，球隊是不是勝率最高、是不是能進季後賽的隊伍，這個一直有點爭議，但毫無疑問的是，被稱為MVP肯定是獨一無二，是佼佼者，就像那位名叫麥可．楚奧特（Mike Trout）。

要成為MVP一定是天賦異稟，還有後天的努力，不是每個人都是楚奧特，這是我們過去的認知。不過真是如此嗎?這本《MVP製造機：看大聯盟頂尖球隊如何用科技顛覆傳統、以成長心態擁抱創新，讓平凡C咖成為冠軍A咖》似乎要顛覆我們的觀念。

這本書用現為紅人隊投手包爾的故事來貫穿。關於包爾，我在轉播或閱讀資料時，很難不對他另眼相看，他就是那種傳統眼中我們視為「怪咖」的人。賽前和局間包爾和捕手的熱身傳接球，他和別人不同，包爾總是用盡全力擲向捕手，好像他和捕手有仇或捕手剛弄壞他的手機似的，這種特別的熱身方式不管是哪一個轉播單位必然不會放過，因為那太獨樹一格，過去認為超怪的方式，今天看了此書才了解，包爾這種不同於常人的熱身是有道理的，是有其科學根據的。

包爾沒有太好的運動能力，沒有太好的身體素質，但這不影響他想成為明星投手，進而拿下塞揚獎的夢想，所憑藉著就是他的決心，還有精進投手技巧的堅持，這份堅持的背後並不是蒙著頭的亂練，而是要講出道理有其科學根據的訓練。

這就是這本書的精神所在，經由科技協助，MVP不再是遙不可及、專屬某些人的頭銜，應用得宜（別忘了還有努力的練習）人人都可能成為MVP。所以閱讀本書，有時你會覺得像讀科技雜誌，一堆你可能沒聽過的高科技產品，像什麼「艾傑攝影機」、「K背心」、「普洛提斯」還有很炫的公司名「動眼追蹤科技公司」，這些器材有些是動態攝影，有些是提高訓練效果，更有些一開始是拿來做為增強高爾夫擊球能力的器具，但如今都變成讓棒球場內小蝦米變大鯨魚、讓平凡C咖成為冠軍A咖的利器。這些大鯨魚包括你可能聽過的道奇隊透納、印弟安人隊的J・拉米瑞茲，還有你或許不熟悉，但在書中被稱為「生對年代」的E・懷特。

這是一本告訴你在新浪潮下，藉由大數據、科技協助下，大聯盟不止是已「上太空」而且是深入太空中的最深層，未來的棒球發展、至少在大聯盟這一塊，將會因此產生極大的變化，這是本書所預測的，也是很值得一看之處。

最後要說的是，應該很少人在書寫序的時侯提到譯者，不過我必須說一下本書的翻譯李秉昇，他算是我FOX體育台的同事，但重要的是本書的原著《The MVP Machine》最早就是由秉昇在他所主持的podcast「HITO大聯盟」當中介紹的，當時就對此書留下很深的印象，沒想到如今有中文版問市，而且是由英文翻譯專科及長期研究大聯盟的秉昇來負責，真是再合適不過了。

我拿到此文本時和秉昇開玩笑說如果看到錯誤，你要好好請客，他說沒問題，但這一頓飯我好像都沒吃到。

推薦序　新的革命正在展開

棒球球評　潘忠韋

在打棒球的那二十五年裡，每一天都有同樣的念頭在腦裡打轉：「我要變得更強、把球打得更遠！」

在那個沒有手機、沒有網路，看日本職棒都還需要靠小耳朵接收的年代，日常訓練就是教練說什麼，球員做什麼，在那種齊頭式的訓練之下，當然也會冒出許多的「為什麼」，但是那些疑問大部份都沒有辦法得到解答，也沒有太多空間與管道嘗試不一樣的訓練方法，總之，跟著做就對了。

從小也知道「身材優勢」對打棒球來說有多重要，要是身材不夠高壯，沒有一棒過牆的力量，又欠缺風一般的速度，很容易就被歸類為沒有棒球天份，在競爭過程中，很快就被放棄、被淘汰。

不過，這個狀況，正在改變中！何其有幸，我們正處在一個見證棒球革命的時代，這是個讓球員更強、讓比賽更精彩、讓棒球更超乎想像的新革命，這些改變，來自科技、來自只要有心人人都可以發掘的資訊，更是來自球員不甘如此的自覺。

《MVP製造機》說的就是這樣的故事。

故事的一開頭，就從大聯盟投手包爾（Trevor Bauer）的改造說起，對於這位行事作風特立獨行的球星，幾年前就讓我印象深刻，尤其是二〇一六年美聯冠軍賽期間，他因為賽前維修無人機不小心割傷手指頭，在場上投到手指流血不得已提早退場，我對螢幕上這位好奇寶寶有了更多的好奇，有人說他是被棒球耽誤的科學家，有人說他是活在平行時空的怪咖，我更想知道的是，他到底如何把自己當成實驗品，在棒球世界打造更強的自己。

這次，我的好奇與疑問，在這本書當中找到了完美答案。

而且不只包爾，那些在世界大賽扛著球隊往前邁進的英雄，一棒奠定勝利的ＭＶＰ、大球星，都是這波球員發展革命的佼佼者，這些球場以外的精彩故事都在《ＭＶＰ製造機》裡一一呈現，透過作者的一步一腳印，與球員間的一問一答，彷彿就像欣賞電影般，文字在腦中都變得很立體。也會更明白大聯盟球星並非個個都天賦異秉，也不是每一位都自帶光芒等人發掘，很多時候其實需要自己推自己一把、為自己打上一盞**spotlight**！從這些大球星身上，看到了這波球員發展革命帶來的無限希望，給了許多球員一個登峰造極的機會，也讓我禁不住幻想，要是我現在二十歲該有多好，或許可以投入這波革命風潮、搭上ＭＶＰ製造機，讓自己更強大。

當球評這幾年，學著思考更多關於棒球的不同面向，不只球員，還包括教練團、球團、球探、經營方向，還有選秀策略等，知道愈多，對於這些比賽之外的訊息也更有興趣。尤其大聯盟這幾年，年年都有些改變，而「看數字做事」這件事愈來愈受到重視，很多事不再只能跟著感覺走，也因為科技的進步，把球員的表現數據化，看得懂數字、能解讀數字背後的資訊，就能更了解球員。那麼球員可以做的，不再只是被動的被篩選、被解讀，而是不斷更新數據，往看不見的天花板上進化，這才是棒球好看的地方。

棒球不只看熱鬧也要看門道，看完《ＭＶＰ製造機》，我相信你也會跟我一樣，每一年都會期待又有哪些進化成**2.0**甚至是**3.0**的球星出現在眼前！

推薦序　下一個戰場的勝負關鍵

棒球作家　文生大叔

如果你對現代棒球的發展趨勢還停留在魔球（Moneyball），那你可能沒注意到，那已經是將近二十年前的事了。

魔球開啟了這個世紀美國職棒的資訊革命，很多人對魔球的理解就是對進階數據的運用，但其實魔球的精神在於「發現各個層面的效率不彰之處」，並且將之改進以取得未被運用的優勢，而進階數據至今仍是「發掘優勢、利用優勢」最好的工具。

在美國職棒這個錙銖必較、不進步就是退步的環境，一場比賽的勝負很可能就是進入季後賽和淘汰回家的差別，背後牽連的則是高達千萬美金的營收利益；然而當所有球隊都開始運用進階數據發掘這些可被利用的優勢，這些「優勢」就再也不是獨一無二，而是整個環境不斷往前推進的共同起跑點。

《MVP製造機》這本書從一開始就點破了魔球理論的盲點，那就是魔球訓練了一整個世代的美國職棒管理階層如何尋找符合隊風格和需求的理想球員，但是在收集到這些球員之後，魔球理論卻對如何讓這些球員持續進步隻字未提，一旦這些符合球團需求的球員表現不如預期，球團就只能將他們淘汰，然後繼續尋找下一批球員來補上。

本書作者班．林柏和崔維斯．索契克這兩位自八年級之後就再也沒有打過團隊棒球的「門外漢」，用最直接的方式告訴我們：球員養成，或是說球員發展（Player Development）就是美國職棒的下一個戰場，那個球探到處發掘球員、期待他們有朝一日為球隊做出貢獻的時代已經過去了。

過去大家對小聯盟球員養成的認知，就是由教練日復一日灌輸著球員壓低控球、球來就打、善用下半身力量等等似是而非的抽象概念，讓球員自己從每天的比賽中慢慢累積經驗；但是在各種現代科技的輔助之下，林柏和索契克這樣的「科學家」現在可以幫助球員在最短時間內找到缺點、改進缺點，甚至無中生有製造出足以主宰對手的全新武器。

這本書為我們清楚描述了這個戰場的現狀，也勾勒出未來球員養成的走向，比起傳統球探對球員肢體能力的重視，現代球探更加看重球員的心理素質；嚴格的說，是球員對提升自己能力的渴望度，以及對科學化訓練方式的接受度，而且球員養成不再只侷限於小聯盟，連上了大連盟的球員都需要持續進化，這也是養成。

熱愛棒球的球迷都聽說過打擊仰角、轉軸、轉速這些熱門的棒球術語，甚至也知道球員和球隊開始利用高速攝影機、雷達感應，以及電腦分析等高科技來深入研究球員的每一個肢體動作；這些高科技器材讓現代球員比以往任何一個時期的明星球員都更加了解自己的身體，也更能即時看到每一個動作修正之後所造成的影響。

如果把魔球和進階數據視為現代棒球的第一場革命，讓球隊開始利用更多細緻的進階數據來找出那些原本不被重視的球員，那《MVP製造機》這本書所詳細描述的種種案例就是美國職棒的另一場革命；這場革命讓球員更進一步學會利用這些高科技器材來改造自己，讓自己成為更好的球員，現在連大學和高中球員都開始仰賴這些科學訓練，讓自己可以從許多的競爭對手中脫穎而出。

這是一本需要動點腦筋的書，但是兩位作者從美國職棒最熱情擁抱科學訓練的明星投手包爾（Trevor Bauer）寫起，書中詳細穿插了許多因為高科技科學訓練而更進一步、甚至脫胎換骨的明星球員，包括洛杉磯道奇隊的透納（Justin Turner）、波士頓紅襪隊的伊沃迪（Nathan Eovaldi），以及和紐約洋基隊簽下破紀錄合約的柯爾（Gerrit Cole）等等，他們有些是原本成績乏善可陳的浪人、有些是受過傷的潛力新秀、還有些原本已是優秀球員，卻未能完全發揮本身的天賦才能；但是透過高科技器材的分析與輔助，他們都在策略和機制上做出了修正，因而在短時間內一舉蛻變為足以主宰聯盟的頂級明星，光是這些精采萬分的改造實錄，就讓人捨不得把書放下。

最後容我推薦本書譯者李秉昇，他是臺灣少數英文能力出眾，同時也對美國職棒有深入研究的青年棒球工作者，他對棒球、特別是美國職棒有超乎常人的熱情，但更加難能可貴的是他具備了強烈的實踐能力，不但大量翻譯英文報導及書籍、自己主持美國職棒談話節目，甚至還曾親自至美國職棒春訓基地訪問；這樣的背景和經歷，讓他成為這本棒球書最適合的翻譯者，因為只有真正熟悉美國棒球文化的棒球工作者，才能鉅細靡遺地將原書字裡行間那些言外之意給完整呈現出來。

《MVP製造機》在出版之初，就被譽為是最有資格成為魔球2.0的一本棒球書，而這樣的一本書需要一位最具有專業理解能力的翻譯者來整理；李秉昇對美國職棒球員的了解，讓他能忠實呈現出兩位作者所要營造的故事場景，而他對棒球術語的靈活運用，更讓這本書在閱讀上流暢而不乏味，讓棒球迷忍不住一頁一頁翻下去。

我衷心推薦這本書。

推薦序

擁抱科學，才是進步的開始

知名棒球 YouTuber　台南 Josh

我學生時期讀的是理工相關科系，剛畢業的時候也是在科技業工作，因此我思考事情的方式可以說是很標準的理工人。任何事都需要有邏輯，講求證據，不然你絕對不能說服我，因為這是我一直以來受到的訓練。即便是學術界成名已久的知名學者，或是工作經驗豐富的資深工程師，他們想提出任何一個論點也都需要證據跟邏輯的支持，並不會因為你是這方面的權威，就可以憑自己的感覺跟經驗來說服人。反過來說，即便你什麼都不是，只要你提出的論點有足夠的證據跟邏輯，就能被大多數的人接受。這是我在 YouTube 經營棒球頻道的核心概念，對於棒球圈來說我一開始什麼都不是，沒怎麼打過科班的棒球，也不是體育媒體相關人員，基本上就是一個喜歡看棒球的路人。所以我如果想要在 YouTube 上面講棒球，能讓觀眾認同我的方式就是透過證據跟邏輯。

舉例來說，過去國內很多人都習慣用球質跟尾勁這兩個詞去討論一個投手強不強。然而球質跟尾勁跟意義從來都沒有被精準的定義過，每個人對這兩個詞的解釋可能都會有些許的差異。像這樣用定義模糊不清的詞去評價一個球員，我認為是很奇怪的事情。因此當我開始接觸國外的棒球研究之後，我完全被吸引住了。一樣是討論投手，但是他們是透過轉速、球種比例、進壘點高度、出手點延伸距離等等許多定義明確，並且可以被數字化的項目來分析一個球員。原來有了科技的幫助，棒球的分析可以變得這麼客觀而且科學化。這就是我想要看的，也是我覺得我可以拿來經營YouTube的內容。

科學可以帶給棒球的幫助實在太多了，絕對不僅僅是棒球作家可以拿來寫寫文章，或是球團可以得到更完整的情蒐資料而已。以保護球員的角度來看，球團如果對於每個球員都有長期的科學數據，那球團在球季中只要監控好這些數據，一旦某項數據出現異常的變化，便可以第一時間發現他可能有受傷的疑慮，進而避免傷勢擴大。而以球員發展的角度來看，有了科學數據才能夠幫球員抓出問題。過去我們看過太多中華職棒的球員明明前一年的成績就不錯，隔一年卻突然像變了個人，成績一落千丈。這些球員最後大部分都會被歸咎是心理因素，可能會被說是他們在場上想太多了啦，所以才綁手綁腳。少數運氣比較好的球員會被點出球技上的問題，比如說打擊被抓到弱點了，變化球打不好。但是這種所謂的點出問題，幾乎都只是來自於教練的觀察，沒有足夠的證據去幫助你解決問題。像是光是一個變化球打不好就有很多層面，你是會忍不住追打壞球區的變化球？還是你的選球沒問題，可是打變化球的時候會讓你的打擊動作變形，導致打出去的球缺乏威力？又或是你對好壞球的辨識沒問題，但是卻缺乏辨別球種的能力，導致你發現是變化球的時候都反應不及？

其實幫球員改善弱點，就跟在做科學實驗一樣。當你的實驗失敗了，你不應該是隨便改一個參數就繼續亂試。而是應該要去分析你的實驗結果，抓出真正的失敗原因之後再對症下藥，這才能有效率的解決問題。就像我剛剛那個變化球打不好的例子，如果球員的問題是出在面對變化球的時候動作會變形，你卻沒有幫他修改這一點，那讓他練打變化球幾個月都沒有意義，因為他只是把這個不好的打擊動作練得更熟練而已。

把科學應用在棒球除了這些好處之外，還有一項是我很久之前就有想過的，科學可以告訴我們成功的球員為什麼會成功！雖然棒球是一項非常複雜的運動，光是打擊、防守、投球就幾乎是三項完全不同的技術。但是只要我們有足夠的科學數據，這裡我指的數據不是打擊率、上壘率那種基本棒球數據，而是許多更細節的項目。比如說揮棒的時候，身體各個部位分別的移動速度是多少？只要樣本數夠大，也許我們就能解析出世界上那些頂級的打者，他們的某幾個身體部位在揮棒時的移動速度，會明顯優於那些表現比較普通的打者。這樣教練團在設計訓練菜單的時候，就可以針對這些項目加強訓練。並且透過科技的回饋，球員跟教練都可以馬上知道訓練到底有沒有成效。訓練絕對不是苦練就有用的，找到正確的訓練目標，設計出最有效率的訓練方式，才能夠得到最大的訓練成果。這個邏輯簡單易懂，因此美國職棒已經開始大量使用這些新科技。然而，這種新科技一開始並不被重視傳統的棒球運動給接受。許多球員已經打了二三十年的球，卻要被完全不打棒球的人看著數據指指點點，當然很難讓人認同。這也是現在台灣棒球界會遇到的問題，跟這些科學儀器比起來，很多球員或教練更相信自己多年打球的經驗。

這本書詳細說明了科學對美國職棒，甚至是整個美國棒球圈的影響。例如從小就深受科學化訓練吸引的包爾，為什麼寧願跟教練起衝突，卻還是堅持要做遠到離譜的長距離傳球？又或是加重球訓練這些讓傳統派教練不認同的練習方式？許多我之前曾經做影片介紹過的球員改造小故事，例如包爾的球種設計、J．拉米瑞茲小槍變大砲的打擊改造，以及普萊斯利轉隊到太空人之後的成績蛻變，在這本書裡面都更詳盡的交代了整個來龍去脈。你會了解到當時球員面臨到什麼問題？除了球團之外，他們還尋求了哪些協助？最後科學又是怎麼樣幫助他們成為更好的球員？然後這些改造成功的案例，又如何去影響其他球員？讓更多本來排斥科技的球員跟教練，都不得不去認真看待這些東西。

台灣的棒球如果想要追上其他國家，不能只是繼續期待國際賽會突然冒出一個台灣英雄。當其他國家的棒球都開始擁抱科學，持續以驚人的速度在進步，我們如果還繼續堅持傳統的訓練方式，那只是讓我們距離其他國家越來越遠。期待可以盡快看到台灣的棒球圈重視科學帶來的幫助，讓台灣的棒球更進步！

序章　升級

挖掘極限的唯一方法就是，冒險繞過「可能」的界線一點點，試著進入「不可能」的領域……任何夠先進的科技，其實都跟變魔術差不多。

——引用自《預言的危險》（*Hazards of Prophecy*），克拉克（*Arthur C. Clarke*）著

在華盛頓州西雅圖南邊的一座名叫肯特（Kent）的城市裡，包爾（Trevor Bauer）踏上訓練機構「傳動棒球」（Driveline Baseball）的臨時投手丘上。這個臨時投手丘以膠合木板製成的斜坡為基底，上面鋪著兩片用於重訓室的黑色橡膠地墊，目的是模仿真實投手丘的形狀和高度。這天是二〇一八年的一月三號，距離大聯盟開幕日還有三個月的時間。

傳動棒球的場地由三棟建築物組成，散落在一個工業園區內，園區裡除了他們，還有一家污水處理公司、一家玻璃吹製公司以及一家液壓公司。許多充滿好奇心或是生涯瀕臨被淘汰邊緣的棒球員都到此朝聖，希望能變得更強。傳動棒球的研發部門，就在一個原本作為倉庫的建築內，地面全部鋪滿凱利綠的人工草皮，而包爾休賽季的大部分時間，就是在這地方度過。倉庫的主要出入口是鐵捲門，通常是開著的，從裡頭望出去，會看到周邊企業的米色鐵皮建築外牆，充滿波浪皺褶，至於地面則是柏油停車場，上面停著數台普通的車子。倉庫

出入口往內部另一端的中間，就是一個類似牛棚練投的區域，大概跟整個倉庫一樣長，而包爾人就在上面正準備投球。他瞄準的本壘板區域後方，有一片黑色尼龍網，保護著周邊的傳動棒球員工以及電腦，避免他們被反彈的球打到。

投手丘前方有一片矮木板，上面架著三個用來追蹤生物力學資料的小小追蹤器材。這個設備最近才剛組裝好，連組裝時噴濺的木屑都還散落在投手丘前方。傳動棒球裡有許多設備和器材都是臨時發想組建的，因為很多他們需要的東西要不是根本不存在，就是太貴了。但這個沒有太多裝潢的場所卻已經成了包爾的實驗室。每個休賽季他都會試著精煉某項技術，努力學習新的棒球技能。這個冬天，他的目標是打造一個他亟需的新球路。

二〇一四到二〇一六年是包爾在印地安人（Cleveland Indians）的前三個完整賽季，這三年他的表現差不多就是個聯盟平均的先發投手，很堪用但完全稱不上他想達到的明星等級。來到二〇一七年五月底，包爾的表現明顯退步。打者開始重擊包爾的速球，導致他當時的自責分率[1]膨脹到六，是所有局數合格的投手中最差的成績。因此，那時傳出把他調到印地安人牛棚的呼聲。包爾的賽後訪問變得愈來愈短，他的受訪情緒也愈來愈暴躁。五月中投完一場先發後，包爾撕掉黏在他內衣上的電視訪問麥克風，並且不爽地把它摔到地上。幸好包爾接下來逐漸增加他最強球路——曲球——的使用量，同時以更高頻率使用他那看似滑球的卡特球，下半季他成功提升表現，繳出亮眼成績單。即便如此，包爾知道若要長期保持好成績，不能只倚賴曲球作為他唯一的絕殺武器，而且他對卡特球的控制力也不理想，投起來不怎麼順暢。

包爾認為，缺乏一顆橫向位移——東西向位移幅度大於南北向位移幅度——的變化球，是造成他表現一直無法有所突破的關鍵。當時再過一個月，包爾就要滿二十七歲了，而二十七歲是大多數球員，尤其是投手，達到球技和表現巔峰的年紀。一顆值得仰賴的橫向變化球，加上他原本就具備的速球和「十二點到六點鐘」[2]的縱向位移曲球，能幫助包爾主宰打者，使他得以從表現不穩定的投手晉升為頂級王牌。包爾為自己設定的新球路目標，是一顆滑球。

身穿印地安人的深藍色緊身T恤和紅色短褲的包爾，將一張桌子移到室內投手丘的後方，並架設兩台攝影機在桌上，一台是他個人的iPhone手機，用來記錄並區分他所投的每一球，而另一台的外觀則看起來不太尋常，由一顆深天藍色的方塊和凸起的圓形鏡頭所構成。這台樣貌特殊的攝影機是一台叫做「艾傑ＳＣ１」（Edgertronic SC1）的高科技設備，製造公司是位於聖荷西的聖斯崔克企業（Sanstreak）。它所聚焦的目標只有包爾握球方式和球剛出手時的飛行狀態。在密集的螢光燈管下，包爾開始進行他在二〇一八年的重點計畫。

包爾望向他的iPhone鏡頭，開始說話。螢幕畫面上的他儀容乾淨，下顎光滑沒有鬍子，頭髮也修剪整齊。「正常的滑球擺臂，食指完全彎曲。」包爾說。

他低頭看著自己正握著棒球的右手。棒球上的馬蹄鐵形紅色縫線大家都很熟悉，但包爾手指跟縫線接觸的位置卻不常見，他的拇指和中指與縫線貼合，而他的食指則是在中指左側彎拱起來，就像是插在棒球的白色皮革上。包爾踏上投手板，展開他的投球動作，並將球投出。這球的飛行，看起來就像從一張隱形的桌上掉落，南北向的縱向軌跡大於東西向的橫向軌跡。棒球在距離本壘板前方不小的距離處落下、彈跳。在左打者打擊區後方地墊上、用來顯示測速結果的電子板，上面出現七十一點七英里的數字。

球季間，電視轉播單位的攝影機和球路追蹤系統，會捕捉包爾在大聯盟投手丘上每一球的移動軌跡。然而，在傳動棒球投手丘後方的藍色小方塊，卻能提供前述器具無法提供的資訊：包爾想確切知道球到底是怎麼脫離他的手掌的。

---

1 自責分率就是投手平均每九局所失掉的自責分數，又稱「防禦率」。

2 「十二點到六點鐘」是指變化球移動的方向，從時鐘指針十二點鐘，移向六點鐘，也就是跟地面垂直的移動軌跡。

艾傑攝影機以每秒數千張高畫質影像的幀率，超清晰呈現包爾右臂的運動，以及他手指製造球體旋轉的過程。包爾檢視數支他投球的影片，看著球起初脫離他拇指的接觸，接著跟他的中指分離。包爾的食指扣球，食指指尖和指甲從垂直豎立到插在球體表面上，最後讓球完全脫離飛出，與此同時些微改變球體旋轉的轉軸。如果包爾能正確執行這一系列的動作，他就能創造完美的球旋轉轉軸以及他心目中理想的球路軌跡。

包爾檢查自己的握法和手腕的位置，朝iPhone攝影的方向看去，然後又開口說話：「正常的滑球擺臂，食指半彎曲，第二球。」一樣，包爾球路的變化軌跡還是太垂直了，但比起食指完全彎曲的投法，已經有所改善。包爾稍稍調整他的手指。

在傳動棒球，除了艾傑高速攝影機，還有名為「瑞布索托」（Rapsodo）的雷達與光學追蹤裝置輔助。這個裝置方便移動攜帶，可以測量球的速度、轉速和轉軸。在眾多儀器的注目下，包爾再次朝著iPhone延展右臂並說道：「正常擺臂，食指不彎曲。」包爾做好準備動作，在投手丘上完成投球。這次球路軌跡變得更為橫向，朝左打者打擊區的上方飛去。這軌跡較接近包爾的訓練目標：一種旋轉和軌跡介在他直球和曲球之間的球路。

包爾又投了一顆食指不彎曲的滑球，投出時發出用力的低吼聲。這是他整個早上投得最好的一球，以七十三英里的速度犀利地橫移，最終「啪！」的一聲打在L型護網架的邊框軟墊上，落點大概就在捕手會蹲的位置。接著，包爾嘗試帶有垂直向下角度的食指半彎曲投法，這球的垂直位移[3]較明顯，看起來比較像他的曲球，並不是包爾樂見的走向。

四散在本壘板附近的球愈來愈多，投了大約五十球後，包爾把散落的球收集回桶子裡，然後重新開始練投。

3 本書所指的垂直位移和水平位移，並非棒球絕對位置的移動距離，而是相對於完全沒有旋轉、只受地心引力的情況，棒球的旋轉為它帶來多少的垂直位移和水平位移。

第一章　改造的學問

歡迎來到明星製造機
你過去都在哪兒？
沒關係，我們知道你在哪兒
你在製造明星的產品線上，打發時間
被許多玩具包圍著，希望有其他夥伴跟你玩
——引用自歌曲《歡迎來到明星製造機》（*Welcome to the Machine*），平克．佛洛伊德（*Pink Floyd*）演唱

二〇一八年十月二十七日，從凌晨到晚上，棒球界（或是說那些沒有睡著的人）都在關注一群幾年前無人知曉、如今卻繳出超群表現的球員。

距離世界大賽第三戰的第一球已經過了七小時又二十分鐘，洛杉磯當地時間剛過午夜，比賽進入第十八局下半，道奇隊（Los Angeles Dodgers）的孟西（Max Muncy）揮出一記越過中左外野全壘打牆的飛球，讓道奇在這場季後賽史上打最久的比賽中勝出，擊敗波士頓紅襪（Boston Red Sox）。從某個角度來看，孟西作為終結馬拉松延長賽噩夢的再見轟打者並不令人意外：例行賽期間，孟西每十一點三個打數就能揮出一發全壘打，

此頻率是所有至少出賽五十場的打者中最佳的表現。然而，若你知道孟西在二〇一八賽季前的歷史，就會覺得孟西能成為世界大賽再見英雄，實在是件令人難以置信的事情。

二〇一六年，身穿奧克蘭運動家（Oakland Athletics）制服的孟西，在有限的出賽時間裡，打出可說是全聯盟最差的成績之一。隔年春天，運動家釋出孟西，有將近一個月的時間，孟西成了無業球員，直到道奇隊用一紙小聯盟約將他簽下。在那段等待球隊上門簽約（順便思考未來如果不打棒球還有什麼打算）的時間裡，孟西回到他高中母校的打擊籠，改造打擊策略，調整打擊站姿，蹲低之外，也改變手掌握球棒的位置，並學習更積極的出棒。二〇一七年在三A，孟西打出不錯的數據，但由於他並非大物新秀，名號無人知曉，所以二〇一八年季初只能繼續在小聯盟默默耕耘，直到四月中，接連受到傷兵噩耗襲擊的道奇，才在亟需健康打者的情況下，不得不把孟西叫上大聯盟。第一次先發出賽，孟西就開轟，而接下來的剩餘賽季，他也保持火燙打擊手感，繳出二成六三／三成九一／〇點五八二的全季打擊三圍[1]，這些數字足以讓他成為國家聯盟打擊成績第二優秀的打者。一個季前大聯盟數據不佳、幾乎沒人要的邊緣球員，卻在二十八歲這年，一躍變成國聯冠軍隊所有打滿全季的球員中，最有價值的球員。

至於被打出再見轟的苦主，則是紅襪隊的先發牛棚搖擺人[2]伊沃迪（Nathan Eovaldi），當天他完全沒料到自己會上場投球，而且一投，就是在馬拉松延長賽裡投超過六局。伊沃迪也是二十八歲，二〇一六年被紐約洋基（New York Yankees）釋出後，他展開屬於他的大改造。因為撕裂手肘尺骨附屬韌帶的關係，伊沃迪缺席整個二〇一七年賽季，而在那之前的連續三個球季，就算伊沃迪具備全聯盟數一數二快的直球，他的失分表現仍劣於聯盟均值。從尺骨附屬韌帶重建手術（又稱湯米約翰手術〔Tommy John surgery〕）復出後，伊沃迪不僅恢復健康，投球策略也明顯改變，四縫線直球變少，而且投在比較高的位置，同時增加卡特球的使用，讓打者難以猜測他下一球的球路。這樣的轉變使伊沃迪的投球內容大幅進步：二〇一八賽季，伊沃迪投出大聯盟生涯最高的三振率和最低的保送率，促使紅襪在交易大限前把他交易過來，補強投手戰力。世界大賽結束後，伊沃迪取得自由球員資格，紅襪跟他重簽了一紙四年六千八百萬美金的合約，看重的是改造過後的伊沃迪遠優於原本的他。

道奇牛棚在世界大賽第三戰徹底燃燒，九名投手輪番上陣幫他們撐過了那場馬拉松戰役，來到時間相隔不及十七小時就開打的第四戰，他們把先發重擔交棒給令人難以想像的左投救世主。帶著下垂眼袋，和下巴上斑白的鬍渣，距離三十九歲生日只差幾個月的希爾（Rich Hill）是兩隊之中最老的球員，而他的棒球路或許也是最崎嶇顛簸的。從二〇〇八到二〇一五年，希爾在大聯盟多以後援身分上場，僅累積一百八十二局投球，且成績低於聯盟平均，這段期間他多次受傷、遭下放小聯盟，甚至三次被球隊釋出，換隊次數更高達十次。二〇一五年，紅襪簽下當時在獨立聯盟投球的希爾，而一次跟紅襪投球分析教練班尼斯特（Brian Bannister，球員時期是在大聯盟邊緣上存的平庸投手，退休後轉任教練）[3]的對話，讓希爾開始更加信任過去使用頻率不高的曲球。希爾的曲球相當特別，轉速非常快，顯著增加其使用量後，希爾的數據產生大躍進，他因此成為該季平均每局投球品質最好的投手之一。二〇一八年賽季，在一百九十位至少累積七十五局投球的投手中，只有十一人的直球均速比希爾慢，但這個班尼斯特昔日的門生對上老東家仍表現出色，主投六又三分之一局只被打出一支安打，紅襪的打者簡直毫無招架之力。希爾的徹底主宰力，跟道奇最終輸掉那場比賽的結果形成強烈對比，這樣的狀況甚至讓美國總統川普（Donald Trump）在推特（Twitter）上發了一則事後諸葛的貼文，抨擊道奇太早

1 打擊三圍指的是球員的打擊率／上壘率／長打率，其中長打率的公式為「壘打數除以打數」，並非真的機率，因此呈現上以直接寫出數字的方式。

2 搖擺人（swingman）指的是在兩個不同身分、場域都能發揮的選手。

3 班尼斯特於二〇一九年十二月轉任舊金山巨人隊（San Francisco Giants）的投手部門主任。

把狀況絕佳的希爾換下場。

那場比賽在希爾身後負責防守工作的三壘手透納（Justin Turner）和左外野手泰勒（Chris Taylor），是二〇一七年國家聯盟冠軍系列賽的共同最有價值球員得主。二〇一三跨二〇一四年的冬天，透納只不過是一名打擊成績中下的二十八歲工具人[4]，流轉於各隊之間，不過也是在那個冬天，透納開始接受當時幾乎沒有人聽過的打擊訓練師拉達（Doug Latta）的協助，改變揮棒軌跡，連同扭轉了他未來在大聯盟的命運。拉達把洛杉磯郊區一處平凡的工業園區建築，打造成替打者創造更多平飛球的工廠，在那裡，拉達幫助透納開發沒人認為透納擁有的長打破壞力。接下來效力道奇的五個賽季，這名過去被紐約大都會（New York Mets）和巴爾的摩金鶯（Baltimore Orioles）捨棄的浪人球員，在一般來說球技跟身手要開始下滑的年紀，搖身一變成為全聯盟前十五強的打者。泰勒的故事有異曲同工之妙，在他大爆發前，泰勒只不過是一名低打擊率、高滾地球率的差勁打者，在大聯盟累積將近三百打席才擠出一支全壘打。然後另一名在洛杉磯郊區指導打擊的訓練師，幫助他優化揮棒機制，來到二〇一七年，泰勒一個球季就能揮出二十一發紅不讓。

紅襪隊第四戰的四棒打者馬丁尼茲（J.D. Martinez），是另一個飛球革命的代言人。他跟透納一樣，在同一個冬天屏除了可說是為一壘安打而生的揮棒動作。馬丁尼茲當時所屬的隊伍——休士頓太空人隊（Houston Astros），在二〇一四年春天決定把二十六歲的馬丁尼茲釋出，卻不知道他們鑄下大錯。馬丁尼茲改造後的發揮更勝透納，在接下來的五年打出全聯盟前五強的數據。二〇一八年跟紅襪簽下為期五年的自由球員合約後，馬丁尼茲首個賽季就繳出佳績，成為史上第一位在同一季一口氣囊括兩座銀棒獎[5]（以外野和指定打擊兩個身分獲獎）的球員。

其他一些鶴立雞群的球員，他們的棒球路就沒有像前述選手那麼戲劇化。舉例來說，紅襪右外野手貝茲（Mookie Betts），二十一歲年紀輕輕就登上大聯盟，而且立刻打出明星級水準。不過即便是最頂級的菁英球員，也還有空間持續提升、進步。二〇一八年，貝茲仿效隊友馬丁尼茲，默默地調整揮棒動作，讓自己再進化，他那季的各項進攻數據都盤踞各個打擊排行榜的前幾名，尤其在打擊率跟長打率這兩個指標項目上，他更是獨領風騷，因此沒有什麼異議地贏得二〇一八年最有價值球員獎的殊榮。世界大賽第五戰，貝茲和馬丁尼茲都從克蕭（Clayton Kershaw）手中揮出全壘打，幫助紅襪最終以四勝一敗的戰績擊敗道奇，拿下世界大賽冠軍。

如果要找出一個貫串二〇一八年季後賽的主題，除了愈打愈久的比賽之外，就是上述這些表現和成績顯著上揚的球員，他們代表的是一個正在改變棒球的運動。不只參與二〇一八世界大賽的兩支隊伍，充斥著類似的戲劇化球員發展案例，參與季後賽前面輪次的隊伍也都有他們的透納、泰勒和馬丁尼茲，甚至更多。科羅拉多落磯（Colorado Rockies）的後援投手歐塔維諾（Adam Ottavino），把紐約哈林區一處租用的零售店面空間，改造成高科技的投球實驗室；在那裡，歐塔維諾從零開始設計出一個新球路，並且增進他對其他既有球路的控制力。亞特蘭大勇士（Atlanta Braves）的捕手弗勞爾斯（Tyler Flowers）透過研究數據資料，把自己打造成棒球界最強的偷好球（pitch framing）大師，總是能夠以熟稔的接球技巧，將好球帶外邊邊角角的球接成額外的好球。紅襪在二〇一八美聯冠軍賽的手下敗將、當時的衛冕冠軍太空人，也走出錯過馬丁尼茲的陰霾，成為棒球界最會收集潛能未開發完全的優質投手的球隊，這些投手包含麥克休（Collin McHugh）、摩頓（Charlie Morton）、韋蘭德（Justin Verlander）、柯爾（Gerrit Cole）和普萊斯利（Ryan Pressly）等人，太空人修正他們的配球策略或投球機制，協助他們達到生涯新巔峰。

4 工具人指的是能守不同守位，供教練團靈活運用的野手。

5 銀棒獎是每年頒給各個守備位置打擊表現最佳者的打者獎項。

然而，在這波浪潮推展的過程中，沒有任何球員能比充滿創造力卻也備受爭議的包爾更具代表性。包爾稱自己是「球路設計的先端專家」、「大聯盟球界最重用科學的球員之一」，聽起來自負，實際上卻不是空口說大話。包爾勇於衝撞傳統，不畏懼隨之而來的摩擦與爭執，甚至擁抱所有他相信能夠幫助他變強的想法和科技。二〇一七跨二〇一八年的冬天，包爾在當時名氣不大的西雅圖訓練中心——傳動棒球，設計出一個全新且犀利的球種。如今，傳動棒球已經成為先端棒球員的聚集地。至於為自己增添新球種的包爾，則是成為美聯賽揚獎（Cy Young Award）[6]的強勢競爭者。

不管是上述的每一個案例，還是其他更多類似的球員故事，其中的每個球員都選擇使用新方法和新科技，有系統地改善他們的缺失。有些案例採納了某個打擊機制的調整，因此解鎖了以前未曾發覺的長打潛能；有些案例逐漸增加對好球帶的掌握度；有些案例藉由某些訓練提高原本以為已經達到極限的球速；有些案例從零開始設計新球路，或是加強原本不常使用的球路，使其變為絕殺武器；有些案例則是透過調整訓練心態、飲食攝取或健身菜單，來達到提升表現的目的。這些球員改造的案例發生在棒球界的各個角落，從職業球員的休息室、牛棚、打擊籠，到業餘的大學、高中校園，乃至國際的棒球聯盟以及那些獨立經營的棒球科學實驗室，都可以發現他們的蹤跡。事實上，外部獨立的棒球訓練機構，正是這種重新思考球員發展的思維萌芽的地方。這些獨立在職業體系之外的機構，打破既定的框架，而那些充滿好奇心或是陷入生涯低潮的球員，則是跟默默無名的非典型教練合作，激發出一場革命。現在，部分走在業界前面的大聯盟隊伍，正大力吸收這些球員和教練的知識和經驗，試圖大量複製成功案例，把聯盟裡其他球隊拋在後頭。

生涯曾一度陷入危機的老將，正找回昔日的雄風，而對新資訊採納度極高的新世代球員，則是從一開始就積極尋求數據和資料的輔助。這些擁抱新科技和新資訊的新世代球員，刺激一場正在大聯盟發生的年輕化運動，同時也使得大聯盟的競爭強度愈來愈高。「八〇和九〇年代，類固醇讓球員表現提升。」西雅圖水手

（Seattle Mariners）的球員發展部門主任麥凱（Andy McKay）說：「現在的話，變成新資訊讓球員的表現提升。」

主流的棒球球評還沒想好要怎麼在播報時，談論球員養成的新時代。二〇一八年季後賽，幾乎所有轉播單位的球評，都對「擊球仰角」、「轉速」等詞彙感到苦惱，抱怨現在的棒球都聚焦在科學化，缺乏人味。不過即便現在的說法和詞彙聽起來很新，但其實它們所描述的並非新現象：魯斯（Babe Ruth）打的球也有擊球仰角，而費勒（Bob Feller）的直球也有轉速[7]，只是在早前，沒有工具能夠追蹤測量這些數據。今日的科技能追蹤所有東西，使思想進步的球員能以前所未見的深度剖析他們的表現。他們愈了解自己當前的技術狀態，就愈容易分析該如何進步。

不是所有球員都能在流轉於各隊的過程中遇到很有影響力的打擊教練，並且讓全壘打產量瞬間增加二倍，也不是所有球員都能在生涯遲暮時期遇到懂他的棒球數據分析家，然後忽然找到球涯第二春。儘管如此，已經有夠多的球員經歷生涯大轉折，多到足以影響聯盟整體的球員表現；改變教練團、球探部門和管理階層的組成；衝擊總管組建球隊的思維；使以前不被接受的訓練方法流行起來；甚至決定誰最終能贏得冠軍和個人年度獎項。然而在這波浪潮的初始階段，就已經有人開始擔心起球員的資訊隱私問題，而且此浪潮正讓棒球變得愈來愈難看，甚至可能加深勞資之間的裂痕。

從一個比較基礎、可以廣泛應用的視角來看，這股運動正在推翻「天賦不可改變」的舊思想。在棒球傳統的球探語言中，「guy[8]」這個字可以代表非常多的意思，有一個球探就說，棒球球探使用「guy」的方式，

---

6 賽揚獎，以名人堂投手賽揚（Cy Young）為名，是大聯盟年度最大的投手獎項，頒給聯盟裡表現最佳的投手。

7 魯斯和費勒皆為棒球名人堂成員，是美職二十世紀上半葉和中期十分著名的打者、投手。

8 guy 在英文裡是一種比較不正式的表達法，意思是指「男人」、「傢伙」。

就像「藍色小精靈（Smurf）使用『smurf』這個字的方式[9]」。一個稱不上新秀的小聯盟球員就「不是」一個guy，或「只是」一個guy（略帶不屑語氣）；一個普通的新秀就是一個guy；而頂級的新秀就是一個GUY（語氣加長加重），或是guy之中的guy。球員都希望能被視為一個guy，被當作一回事。二〇一六年年底，為了換到王牌先發投手塞爾（Chris Sale，二〇一八年世界大賽的第一個和最後一個出局數都由他製造），紅襪將他們當時的頂級新秀寇派克（Michael Kopech）交易到芝加哥白襪（Chicago White Sox），寇派克被交易後就說：「我唯一想做的事就是向他們證明，我能為他們做出貢獻，成為一個guy。」此外，球員亦希望能達到他們的「天花板」。在球探的語彙裡，天花板指的是一名運動員可能創造的最佳結果、最極致表現。

前太空人研發部門主任、現任勇士總管特別助理的法斯特（Mike Fast）表示，雖然傳統上，大聯盟球隊都喜歡對球員貼上前述的特定標籤，但那些走在新浪潮最前端的隊伍，正逐漸意識到「任何事情」都有可能扭轉、改變。我們已經踏入了一個新時代，在這個時代裡，正確的訓練方式能夠產出更完美的球員，而那些最早接納數據化、科學化球員養成手段的人，正把其他還沒跟上的人拋在後頭。「我不認為科學化分析的浪潮使各隊之間的實力差距變小，事實正好相反，」法斯特說：「科學化分析的浪潮正使各隊間的實力差距擴大，而且那差異是前所未見的。」法斯特的同事、前太空人球探、現任勇士隊研發部門分析師的沙阿（Ronit Shah），也同意法斯特的看法，他說：「科學化分析領域能創造的機會和進步空間，幾乎無可限量。」

會用到「guy」或「天花板」等詞語，暗示著球員有其極限。但現在有愈來愈多球員找到辦法讓自己從「稱不上是guy」升級成「一個guy」，再從「一個guy」晉升「guy中之guy」。這個趨勢衍生出一個令人難以想像的可能性：或許根本沒有所謂的絕對天花板，或是其實每個球員的天花板都高到沒有人知道在哪裡。也有可能，我們尚未發掘的頂級新秀其實比我們原本想像的還要多很多。

這些球員表現的新巔峰，不僅是科技進步的產物而已，它們也是重新思考人類潛力天花板的印證。漸漸的，採納成長心態的球員和球隊愈來愈多，他們不再相信長久以來棒球界認為球員受到生理資質限制的想法。

球員與生俱來的特質並不多，其中之一可能是球員願意付出努力的程度。傳統上，球探都是以五項技術項目來評價球員（打擊技巧、力量、防守、速度、傳球臂力），但在不斷優化能力的年代裡，過去不受重視的「球員訓練思維和訓練方式」，已然是評價球員的第六個項目，而這第六個項目的優劣，將足以影響其他五個傳統項目。

「棒球界過去這十年來，」班尼斯特說：「大家都開始注意到球員養成的效率不彰。」為了把他的意思解釋得更清楚，班尼斯特借用電影《阿甘正傳》裡的一個比喻：「有很長一段時間，棒球員根本只被當作是一盒綜合巧克力的其中一塊[10]。」班尼斯特說：「每塊巧克力的口味都不同，而你只是試著從中挑出最好的那幾塊。隨著我們開始能夠蒐集到更多的球員資訊，並且以不斷增長的速度學習新知，大家開始了解頂級球員之所以是頂級球員的原因：他們身體運行的方式，例如投某一種球路的機制，或揮棒動作，比一般人更接近完美。」

班尼斯特接著說，對於樂於吸收資訊的球隊而言，追求完美的思維，已經從「找到本來就已臻完美的球員」轉變成「要如何好好運用資料與我們從資料中習得的新知，優化球員的投球機制和揮棒動作，以達到近乎完美的境界」。班尼斯特表示，後者的新思維正是下一波棒球革命的開端。

雖然對我們來說，大聯盟球員的生命經驗看似遙不可及，但至少前述提到的新思維，不只能適用大聯盟球員，也可套用在一般人身上。這世界上只有一小部分的人需要練成頂尖的棒球球技，但如果在具有百年以上悠

9　藍色小精靈是起源於比利時的卡通漫畫，主角是一群全身藍色、長得像人類、住在蘑菇形房屋的虛構生物。它們說的語言叫作藍色小精靈語（Smurf），其中「smurf」這個字使用的方式很特殊，可以代表任何名詞、動詞、形容詞和副詞，甚至任何意思，端看小精靈用這個字時的情境和語氣。

10　《阿甘正傳》當中有一句經典台詞：「我媽媽總說人生就像一盒巧克力，你永遠不知道接下來會拿到什麼、遇到什麼。」

久歷史的棒球運動中，有經驗的資深球員都能強化自己，達到他們想不到的境界，這所代表的可能性實在令人興奮。也許，我們每個人都還有未開發的潛能和天賦，也有可能，無論從事什麼事情或工作，任何人都可以不斷提升表現。

二〇〇三年，麥可·路易士（Michael Lewis）的《魔球》（Moneyball）出版，講述奧克蘭運動家的小市場球隊成功故事，受到讀者熱烈歡迎，因此成為暢銷書。《魔球》的出現，也改變大聯盟球隊管理部門的組成，各球隊為了避免變成跟不上潮流的落後者，都仿效運動家，打造接納數據分析和懂得任用新世代人才的形象。《魔球》這本書的索引區中，在「職業球員」這個項目下有九個子項目，包含能力工具（書的第一頁裡提到）、探尋球員和簽球員（第二章都在講這個）、以肉眼觀察為主的評估（書中出現三次）、交易（第九章都在講這個）、評估球員時使用數據（索引說這只出現一次，但這有點誤導）等等，甚至還有一個條目是，如果「職業球員」打不出好成績的話會發生的事：球隊會將他「指定轉讓」[11]。

然而，《魔球》索引區忽略了一個潛在的重要條目：球員養成和發展。這個疏忽起源於這本書的一個盲點，或可說是棒球界過往長時間存在的一個盲點。路易士在書中提到，魔球時期運動家的總管比恩（Billy Beane）[12]沒有投注太多時間和精力在球員養成上，而這或許是比恩早年的個人經歷使然。比恩球員時代曾是充滿運動天賦的選手，在選秀會第一輪就被球隊挑中，不過他從來沒有把旺盛的運動能力轉化為場上的實績。

《魔球》裡有許多精彩的故事都發生在球員的流動和轉手，比如說：在業餘球員選秀中挑選球員、交易那些被低估的後援投手，以及簽下當時的無名英雄海特伯格（Scott Hatteberg）。海特伯格強大的選球耐心，在那個打點和打擊率仍被視為最重要打擊數據的年代裡，並不受主流重視，卻是運動家看上他的主因。《魔球》描繪的，是運動家即便在團隊薪資非常緊縮的情況下，仍能保持競爭性的能力，而促使他們具備這項能力的關鍵，則在於他們比其他球隊更會取得對的球員。「發現價值是一回事，創造價值又是另外一回事。」前聖地牙哥教士隊（San Diego Padres）的資深數據分析師隆恩（Chris Long）這麼說。隆恩是在魔球浪潮發酵後，第一批前進大聯盟管理團隊的外部數據人才之一，因此他的看法具有一定份量。理想的狀況是，一支球隊既能發現價值，也能創造價值，但運動家當年由比恩上一任總管艾德森（Sandy Alderson，他也是比恩在總管職務上的導師）所發起的經營思潮改革，只專注在發現價值上。《魔球》的副標是「贏得不公平比賽背後的藝術」，不過很顯然，球員發展和養成不是那藝術的一部分。

上述並不代表運動家沒有從球團內部體系拔擢球員。只讀《魔球》的人或許不知道，運動家那幾年的成功，其實也得歸因於數位他們自家農場養出來的英雄。但在那些球員之中，有一些本來就是選秀會前幾順位的超大物新秀，原本就有很高的機率成為明星選手。在路易士的筆下，比恩採取決定論的觀點來看球員表現，沒有很重視球員能透過訓練改變生涯的想法。運動家當時的選秀策略，蠻類似精算工作：他們知道挑選哪種類型的球員比較容易成功之後，就會多選那些類型的球員（像是大學投手），或是少選那些風險比較高的球員類型（高中投手）。運動家也注意到保送的實際價值，比當時棒球界所知的還要多，所以他們鎖定那些懂得選保送的打者，有機會就把他們交易過來。因此，二〇〇〇年代初期運動家打線裡，農場自產的打者不比透過交易換來的打者有耐心，而也因為如此，路易士在書中寫下：「那些在打擊區較沒耐心的打者，反而正是那些一轉入職業就被運動家打擊教練灌輸（所謂正確）打擊觀念的人。」

由於農場裡的新秀升上大聯盟後，反而沒辦法或是不願意學習比恩從外部延攬進來的球員原本就具備的能

11 指定轉讓（DFA, designated for assignment）就是指，把一個球員移出大聯盟球隊的四十人名單。指定轉讓之後的七天內，球隊可以選擇把球員交易掉，或是將他放入不可撤回的讓渡名單內，看是否有其他球隊願意承接該球員的合約。

12 比恩為現任運動家棒球事務執行副總裁。

力和特質，所以比恩的結論是，如果球員能夠學會選球的話，「那我們可能得從球員還在穿尿布的時候就開始教他了。」一九八四年，另一個對棒球充滿熱情的人物——運動家當年的總教練馬丁（Billy Martin），曾經用更絕對的說法來強調相同的概念：「你有一群騾子跟一群賽馬。今天你不管多麼賣力的鞭打騾子，牠們也沒辦法跑得像賽馬那麼快。」

要為比恩平反的是，二〇〇〇年代初期本來就沒有什麼人花時間思考「該怎麼把騾子變成賽馬」。《魔球》出版的那年，亞默（Mark Armour）和萊維特（Daniel Levitt）共同撰寫的棒球書《通往榮耀之途：看傑出的棒球隊如何成功》（Paths to Glory: How Great Baseball Teams Got That Way）中，就寫道：「除了有些研究是針對投球數對年輕投手所造成的影響，職業棒球圈以外幾乎很少研究去探討培養年輕打者揮棒力量的方法，或是怎麼教導年輕投手提升變化球的控球。」而且，那時候就連職業棒球圈內的情況，也沒好到哪去。比恩長年的左右手、現任運動家總管的佛斯特（David Forst），仍記得當年他們要求小聯盟投手每場比賽的變速球比例不能超過某個數字，或是討論要怎麼讓所有小聯盟打者的保送率都提高十個百分點，而他們討論出的其中一個辦法，是強迫那些打者等球，直到對方投手投出好球為止。佛斯特表示，那些方法「如今看起來都蠻原始的，跟我們現在能做到的事相比。」然而，對於當時的他們來說，要執行更進階的球員發展實在太困難，因為他們那時候沒有足夠的工具去測量或執行。

的確，在那個時候，算是思潮先鋒的比恩不太需要花太多注意力在改造騾子上，因為市面上有太多便宜、標價帶有折扣的賽馬了。運動家不用付出太多成本，就能藉由他們在選秀會特意挑選的球員，搭配從其他球隊輕易取得的「哈特伯格們」，打造出一支勝多敗少的隊伍。哈特伯格自己就是在二〇〇二年跟運動家簽約後，隨即成為運動家陣中第三強的打者，而他那年的薪資只有九十萬美金，僅僅是大聯盟薪資下限的三倍而已。「那時候，球隊在評價球員上的能力，遠遠超乎養成球員的能力。」佛斯特說。

但比恩在蒐集球員上的優勢隨著時間逐漸減少，一部分是因為《魔球》的暢銷促使許多仿效者出現，另一部分則是因為賽伯計量學（sabermetrics）——一個被進階數據開山鼻祖詹姆斯（Bill James）描述為「追尋棒球的客觀知識」的運動——開始席捲棒球，而且賽伯計量學的影響，早在《魔球》問世前就已經存在。這現象正好呼應了比恩在《魔球》出版兩個月後所說的話：「那些做無本生意的日子已經過去了。現在球界已經有太多優秀的總管了。」

忽然間，其他球隊都不隨便放走他們的哈特伯格們了，而運動家則仍得面對資金短缺為他們帶來的困境。二〇〇四、二〇〇五年，運動家都沒打進季後賽。二〇〇七到二〇一一年，他們連一個勝多敗少的球季都沒有。在那之後，他們雖然經歷了一段不錯的戰績高峰，但二〇一五到二〇一七年，他們又都在分區墊底。諷刺的是，比恩在二〇〇二年為了清出球員名單空間給哈特伯格而交易掉的年輕一壘手潘尼亞（Carlos Pena），後來大放異彩，成為比哈特伯格更好的打者，甚至比哈特伯格更會選保送。雖然在大爆發之前沒什麼跡象顯示潘尼亞是如此優秀的打者，而且他花了一點時間才打出成績，但潘尼亞終究還是獲得成功。

二〇一五年，潘尼亞已經退休，而運動家也自比恩接掌總管職以來第三度在分區墊底，當時幾乎所有球隊的管理階層，都已經投入大量資源在數據和資料分析，希望能為球隊帶來更多戰力價值。走在業界最前端的那些球隊，早就比二十一世紀初的運動家進步許多。也是在二〇一五年，大聯盟在春天的時候推出Statcast，它是一個由攝影機跟雷達裝置結合的系統，可以追蹤記錄大聯盟每一座球場裡，每一個投球的速度、每一顆擊球的飛行速度和軌跡、每一個跑者和防守球員的移動路徑。在Statcast出現前的數個球季，PITCHf/x和HITf/x這兩個系統扮演類似Statcast的角色，記錄下每一顆投球的速度、變化軌跡、推算轉速，以及每一顆擊球的速度和仰角，不過Statcast問世後，PITCHf/x和HITf/x就被新系統所取代。在小聯盟，「追蹤者」（TrackMan，是構成Statcast系統的其中一個設備）很快就遍佈三十支球團所有的附屬球隊，從最高到最低層級都有，開始追蹤農場球員的場上表現。

儘管各隊鑽研新追蹤數據的程度各不相同，但這些資訊都能夠被他們自由取用，而且影響力遠比十年前較不先進的工具所產出的資料來得大。直到一九八八年——那年進階數據巨擘詹姆斯發行了他第十二期也是最後一期的年刊《棒球摘要》（Baseball Abstracts），棒球界的數據編纂者才開始記下大聯盟比賽每一顆投球結果。逐球記錄開跑不到三十年，一個在過去可能會被視為科幻小說產物的系統，已經正在以每秒鐘四萬張影像的幀率，捕捉球場上每一個事件的過程。

隨著數據的量愈來愈大，各隊需要更大的資料庫和更具規模的組織部門，來分析那些數據資料。二〇一六年四月，以數據分析為主軸的網站「五三八」（FiveThirtyEight）刊出由林柏（Ben Lindbergh）共同撰寫的一份研究，裡頭寫到這些年來各隊雇用的數據分析師數量快速增加。那時候，平均每隊在研究分析和科技部門工作的全職員工數量，已經超過五人（這個數字後來不斷增加，截至二〇一八年春天，已經衝破七點五人了），大聯盟每一隊都至少有一名專職數據分析的人員，而且除了吝於花錢的邁阿密馬林魚（Miami Marlins）外，其他每支球隊都超過一人。研究顯示，較早開始全面採納資料分析思維的球隊，確實透過比其他競爭者更早分析棒球大數據，平均每季可收穫價值好幾勝（跟好幾千萬美金）的報酬，但隨著各隊管理部門間的獵才行動愈演愈烈，那些報酬也跟著縮水。棒球分析師柏包恩（Phil Birnbaum）曾說：「脫離無知比起變聰明來得更有價值。」在分辨哪些手邊的球員是好球員的能力上，所有球隊老早已經脫離無知了。

雖然「魔球」這個詞跟某些運動家當年認為特別有優勢的操作策略，產生緊密連結，但它從來沒有真正的代表某個特定的建隊方針或場上戰術。魔球比較像是一套哲學，這套哲學專注在發現各個層面的效率不彰之處。離開教士後曾擔任數支球隊顧問的隆恩就說：「當人們談到賽伯計量學和《魔球》，很多人第一時間想到的是他們在場上看到的東西、打比賽的方式等等。但其實《魔球》大部分的精神和價值，來自場下。」球場上的改變顯而易見：近幾年，受到數據魔人強力抨擊、對得分有反效果、魔球軍避免執行的場上戰術，像是犧牲觸擊和把握度不高的盜壘嘗試，都已經被主流唾棄。然而，單單除去不好的犧牲觸擊和盜壘嘗試，所能提供的競爭優勢並不多。球隊要能打進季後賽，乃至奪得冠軍，往往靠的是取得或是創造優質的球員。一九二〇年代，那些在全美各地趴趴走，尋找年輕好球員的棒球專家，被業界稱作「象牙獵人」。來到二〇一〇年代，這些人的暱稱變成了「量化分析師」（quants, quantitative analysts）。無論暱稱怎麼變，他們的目標始終一致，但達成目標的手段卻一直在演化。

二〇一四年夏天，數百位熱衷數據的棒球愛好者，包含來自十四支不同球隊的量化分析師，齊聚波士頓，參與一年一度的棒球分析論壇——賽伯研討會（Saber Seminar）。研討會中，大部分講者發表的研究，要不是分享跑迴歸分析[13]的結果，就是談由複雜程式碼構成的搜尋指令，如何幫助他們找到之前沒有人發現的細微價值所在。但當年的講者之一——時任二〇一三年冠軍隊紅襪總管的雪靈頓（Ben Cherington）[14]，卻宣告挖掘球員本來就有在提供的隱藏價值，已經快速失去影響力，這種試圖打造贏家的方法就快成為過去式。「確實，〇二、〇三、〇四年的時候，要在球隊之間創造足以區隔最佳球隊和最爛球隊的戰力鴻溝，比較簡單，那時候甚至可以在球季開打前，就知道我們能倚賴哪些價值來源、可以拿到幾勝。」雪靈頓說：「但現在要做到相同的事情變得很困難……找到最佳化球員表現的方法，還有幫助球員觸及到更大的潛能，這些概念愈來愈重要。」

「更大的潛能」聽起來或許沒那麼有趣，但這就是當代棒球的價值所在、贏球關鍵。在當代棒球的世界裡，已經沒有球隊對上壘率感到反感，或是質疑其他曾被忽視的表現指標，而雪靈頓發表時所談的內容、說話

13　迴歸分析是一種統計學上分析數據的方法，目的在於了解兩個或多個變數間是否相關、相關方向與強度，並建立數學模型以便觀察特定變數來預測研究者感興趣的變數。（摘編自維基百科）

14　雪靈頓現任匹茲堡海盜隊（Pittsburgh Pirates）總管。

的用語和方式，台下的觀眾都能產生共鳴。在《魔球》上架的前幾個月，一名叫作西爾佛（Nate Silver）的年輕數據分析師，在以賽伯計量學為核心精神的網站「棒球指南」（Baseball Prospectus），發表一套推估球員表現的新預測系統PECOTA[15]。雖然西爾佛日後將事業重心轉向預測政治選戰，但他的PECOTA成為公開預測系統的標準。PECOTA預測球員表現的方式是，呈現一組最有可能成真的數據，附帶其他發生機率較小（但仍然不會太誇張）的預測數據組。舉例來說，在某一球員最可能發生的數據組之外，他第十百分位的預測數據組所代表的，就是該球員在那個賽季如果諸事不順，可能會產出的表現；至於第九十百分位的預測數據組，則能顯示該球員在那個賽季表現超乎預期的話，可能會繳出的成績單。

PECOTA和後來問世的其他預測系統，無論是公開的還是球團內部的，都藉由消弭促使人類做出錯誤行為的認知偏誤，為棒球預測領域帶來前所未有的準確度及嚴謹性。預測系統不會因為某個球員在一次主場系列賽手感火燙或敲出致勝安打，就瘋狂愛上他；反過來說，預測系統也不會只因為某個球員單場四支〇、苦吞四K或擊球運氣不佳，就徹底否定他。儘管預測系統十分聰明，但它們始終缺乏想像力。公開預測系統主要是基於選手過去的表現來做預測，並會針對球員的近期表現做加權，依據球員的競爭環境、打球的球場、年紀和其他因素去調整數據。透過運算球員的身形、年紀、球技強項，以及過去型態跟他們類似的球員數據，PECOTA會對某些特定球員推估出較高的表現大爆發機率，但這個機率只會高到某個程度。PECOTA從來不會對一個成績從來沒有好過的球員，推估出非常好的數據結果。

整體而言，不容易預測出前所未見的表現，是預測系統的優點，使它們避免犯下一般球迷容易犯下的錯誤，不輕易地說服自己球員的每個新打擊姿勢、新揮棒機制、新投球握法、新技術調整、每個短期的高峰都代表永久的實力進步。有時候，球員不是因為那些技術機制的調整而成績進步；有時候，那些技術機制的調整確實有用，但效果難以維持；但也有時候，那些技術機制的改善確實能永久改變一個球員，而最早發現這種球員的隊伍，或是最早懂得複製類似成功經驗的隊伍，就會愈來愈靠近戰績第一的位置。每一支球隊都知道哪些球員的預測數據是漂亮的，但最厲害的球隊是想到辦法讓球員繳出預測系統推估不出的好表現。

「有不少真實案例是，在其他年代可能永遠翻不了身的小聯盟球員，成功改造自己的型態，並且躍升大聯盟。」佛斯特說。麥凱也說：「現在沒有什麼是已經確定、定調的事情。」

在以棒球為主題的書海裡，「球員發展」相較於其他棒球面向受到較少關注。球員發展是一個艱苦且鮮少為外人所知的過程，通常只發生在距離球迷遙遠的幕後，比如春訓基地的副球場、球團內部的牛棚和打擊籠，或是在直到最近球迷才有收看管道的低關注度賽事。對多數球迷來說，球員在選秀日之後就像忽然消失了一樣，包覆在小聯盟的繭裡修煉，有些人破繭而出時已經變態成美麗的棒球蝴蝶，但大部分的人連破繭而出的機會都沒有，然後慢慢被遺忘。至於那些原本天賦滿溢、最終卻在繭中結束生涯的球員，則是會被人們感嘆沒有進化成功。

縱使提升球員表現以讓他們登上大聯盟投手板和打擊區的過程，通常發生在幕後，但還是十分迷人。球探故事能呈現優秀人才剛被發現時，第一時間的扣人心弦，而與《魔球》型態類似的書籍，則記敘了勝利來得又快又急、隨後開香檳的甜美時刻。至於球員發展，則落在前述兩個事件的中間，一旦少了它，很多球探挖掘到的人才就會被白白浪費，後續球隊恐怕也沒辦法嚐到勝利的滋味。二〇一八年十月，「棒球指南」的共同創辦人之一席恩（Joe Sheehan）就說：「棒球界經常在討論金錢的流動、球員的薪水、球隊支付的奢侈稅、收益分享制度的眉角，但事實上唯一通往成功的途徑只有透過球員發展。」

---

15 PECOTA（Player Empirical Comparison and Optimization Test Algorithm）：字面上的意思是「球員實證比較與優化的測試演算法」，但這名稱和其縮寫，其實是刻意為了向沛可達（Bill Pecota）這名球員致敬而設計。沛可達終其生涯都是一名非常普通、平庸的球員，因此用他的名字作為意象，是為了代表一般球員的典型。

二〇一五年十一月，卡勒頓（Russell Carleton）在「棒球指南」的網站發表一篇既是請求也是號召的文章，標題是「我想寫寫球員發展」。他承認這並不容易，因為在大聯盟以下，很少資料是公開的，大家都比較不清楚小聯盟球員在做什麼，而小聯盟隊伍的戰績也不是那麼重要。但刺探棒球界最後一塊未被仔細研究過的領域，並在這個領域開疆闢土，是一項值得投資心力的工作。「大家都在找什麼會是『新魔球』，老實說，還是要從魔球本身出發。」卡勒頓寫道：「平均來說，薪資受限的年輕球員能給球隊帶來的價值，是一般自由球員市場行情的二倍，如果用每一勝要花多少錢來算，他們為球隊每帶來一勝所需的薪資，只有自由球員的一半。而且那還只是平均而已。如果某支球隊很擅長球員發展，那它就能建構一個充斥薪資受限年輕球員的正式名單，並靠著這批球員強盛很長一段時間。所以說，如果球隊能抓到球員發展的要領，他們就能掌握關鍵的戰力優勢。」

一名大聯盟球隊的量化分析師也說：「我想大家還沒意識到的一點是，假如到現在，球隊還只做魔球的事情，那就太落伍了。現在當你聽到聰明的球隊說他們正在善加運用科學化分析，他們已經不是在指魔球了。他們正在做的，是魔球之後更進步的發展。」這位量化分析師提到的更進步發展，就是想辦法使球員變強。這不是魔球，而是「強化球」（Betterball）。這股浪潮已經取代魔球，席捲大聯盟。水手隊總管迪波托（Jerry Dipoto）甚至說：「跟賽伯計量學革命初期的進步速度相比，現在棒球界的進步速度根本是光速。」

明尼蘇達雙城隊（Minnesota Twins）的棒球事務長法爾維（Derek Falvey），是另一個試圖打造符合新棒球趨勢球隊的操盤者。「我們討論的是新的尖端領域。科學化分析當然包含球員挑選，但在這方面我們已經有模型了。千萬別誤會，我們仍然需要不斷優化這些挑選球員的模型和資料系統，但我想球員發展，才是真正的戰場，只要我們找到辦法在球員發展上做得比其他二十九支球隊好，那我們就有機會幹出一番大事。」

在全美各地的棒球場和看似普通的獨立訓練機構裡，我們正在見證球員發展革命初期的成果，而這波球員發展革命有可能會徹底顛覆大聯盟的競爭環境。球隊比以前任何時候都更了解，要做什麼才能使球員變強、變得更有價值。現在各隊關注的焦點是，怎麼把一般小聯盟球員改造成大物新秀、怎麼把一般的大聯盟球員調教成ＭＶＰ候選人，當然還有聽起來比較沒那麼戲劇化但是是所有球隊追逐的廣泛目標：如何把不錯的大聯盟球員打造成「更好的」大聯盟球員。更甚者，不是只有球隊在做這些事而已，充滿好奇心或非常熱衷資料數據的球員，也自己動起來，找到辦法使他們進步，有時候會跟發起這波球員發展革命的職棒體系外教練合作。魔球的浪潮最早發生在場下，在總管辦公室和數據分析師的辦公桌成形，但接棒魔球、取代魔球的新棒球革命，卻是在距離大聯盟賽事更遙遠的地方發生。

第二章　天生的瘋子、不尋常的運動員

沒有鳥能在平靜無風的空中飛翔。

——萊特（*Wilbur Wright*）

波伊德（John Boyd）在位於內華達沙漠的奈利斯空軍基地（Nellis Air Force Base）擔任戰術教官，形象就像電影《捍衛戰士》（Top Gun）裡的「毒蛇」中隊長。一九五〇年代有長達五年的時間，波伊德每天都要跟駕駛**F-100**超級軍刀戰鬥機的受訓飛行員進行好幾次演練。波伊德觀察、記錄、分析他的飛機在模擬作戰中跟敵機的相對位置。他跟別人打賭，只要給他不到四十秒的時間，他就能擊敗任何跟他在空中交手的敵人。據報導，這位過去在韓戰駕駛戰鬥機的飛行員，從來沒有在任何對戰中輸過。在飛機駕駛艙的無數個小時裡，波伊德研究提高戰力優勢最有效率的方法。他知道飛機在轉向時，會因為動能減少而導致速度下降或高度下降。「波伊德的結論是，調整飛機在空中的位置，基本上就是一個動能調配的問題。」飛機設計師西萊克（Harry Hillaker）曾這麼寫道：「要在空中作戰獲勝，就必須依據作戰時不同時刻的不同條件，做好適當的動能管理。」

波伊德發現，跟飛機變位和爬升的能力相比，飛機的極速沒那麼重要。在波伊德之前，沒有太多關於飛行技術的科學研究，那時候，駕駛飛機的能力被視為一種藝術。然後波伊德寫了一本叫做《空戰理論》（Aerial Attack Study）的書，把物理學概念應用到近距離空戰上，改變了日後的飛機製造技術和飛行員駕駛飛機的方式。史上最成功的戰鬥機之一——F-16戰鬥機——的研發，也處處可見波伊德的影子。不過，波伊德也是一個不可理喻的人。

作家豪梭（Morgan Housel）是前《華爾街日報》（Wall Street Journal）的專欄撰稿人，也是創投公司「合作基金」（Collaborative Fund）的合夥人之一，二〇一八年八月，他在合作基金的官網上寫了一篇關於波伊德的部落格文章。豪梭把波伊德描述成一個無理、沒有耐性且不願服從上級的人，他寫道：「波伊德對上級回嘴的方式，總是會嚇到周邊的同儕。」波伊德在會議裡的行為也不太得體。一份針對波伊德的稽核報告寫道：「這位傑出的軍官很有獨到原創的想法，但他很沒耐心，對上級的回覆不是很好。波伊德非常無法容忍那些試圖阻礙他計劃的人。」

豪梭把波伊德的故事當作一個例子，說明古怪天才的執念和人格特質。他拿波伊德的行為跟特斯拉（Tesla）創辦人馬斯克（Elon Musk）相提並論。豪梭用「天生的瘋子」這個詞來描述他們，寫道：「如果你覺得某人能力很強、很與眾不同，但他的行為怎麼卻不符社會期待，那你的想法就錯了。事實上，正是因為他們能力很強、很與眾不同，所以行為才會不符社會期待。」

二〇一八年夏天，包爾轉推了豪梭的部落格文章。豪梭的文章讓包爾大感心有戚戚焉，覺得有種「終於有人懂我」的感覺。

包爾認為自己被誤解的最明顯案例，發生在二〇一六年十月。當時印地安人正在打季後賽，包爾被排定要在美聯冠軍系列賽第三戰先發。他在多倫多站上投手丘時，右手小指可見黑色的縫線在皮膚上穿插，周遭乾掉的血塊還沒脫落。由於大聯盟規則禁止投手在投球慣用手上施用任何不合乎規定的外界物質，因此包爾沒辦法將縫好的傷口包紮起來再上場。投了幾球之後，傷口縫線承受不住包爾投球時的摩擦力道，鮮血汩汩地從包爾的小指傷口流出。就這樣，包爾被換下場，失去一個在季後賽舞台好好表現的機會，而原因則是棒球傷病史上的頭一遭：無人機意外。

幾天前，包爾幫他的無人機充電時，機器發生故障，螺旋槳忽然轉動起來，割傷了他的右手小指。有些人認為在季後賽期間玩無人機是一個不負責任的行為，但打造無人機對包爾來說，不單單只是嗜好而已，也是能讓他能在一天之中脫離棒球一到兩小時的喘息活動。包爾對另一個工程計畫也深深痴迷：就是把他自己打造成最佳版本的投手。當時很多人不夠認識包爾的地方在於，幾乎沒有其他職業棒球員比包爾更有決心、更有動力去使自己變得更好。

跟其他懷抱希望的球員一樣，一些好奇的印地安人球隊主管驅車經過侯尼亞伊吉普路。這條兩線道位在德州鄉下的蒙哥馬利市（人口只有六百二十一人），座落於休士頓北方五十五英里處。靠近一排由三條平行橫板構成、用來圈養牛群的白色圍籬時，印地安人主管們的車子開始減速，然後轉進一條鋪滿石子的車道。他們抵達了範圍廣大的德州棒球農場。

這個建在鄉村草場中間的棒球基地，看起來實在沒什麼成功的潛力。他們既沒有保養精美的球場，也沒有所謂的訓練中心。映入眼簾的反而是一棟結構簡單、由鋼板搭建而成的拱形建築，外觀就像停放小飛機的簡陋停機棚，或是一個切成一半、插在路邊土裡的超大金屬罐，而德州棒球農場大部分的訓練工作都在此地進行。這個設施沒有絲毫的修飾，甚至連空調也沒裝，在又熱又潮濕的德州仲夏，沒有空調實在令人崩潰。農場辦公室設在貌似儲物間的小房子，而農場後方一塊雜草蔓生的空地旁，則是一塊又一塊的人工草皮，這些臨時設置的區域提供了選手做訓練的地方。實在很難想像一個比這裡更不像棒球訓練基地的場景。

農場簡陋的環境對包爾來說不成問題，他反而對那些裝潢鋪張、設施精美的訓練機構感到反感。業餘時期，包爾高中的棒球球帽被他戴到幾乎破爛，而他擔任加州大學洛杉磯分校（University of California, Los Angeles）棒球校隊成員時所用的球帽，也因為反覆地受艷陽和汗水的摧殘而嚴重褪色。二〇一〇年大學棒球世界大賽的賽後記者會上，坐在桌子後方的包爾頭戴的帽子，顏色比左右兩旁的隊友都淡上了好幾個色階。記者發現後問到這點。

「我不喜歡角落太挺的帽子，那戴起來好像列車長。」包爾語畢，在場所有人哄堂大笑。包爾隨後笑著說：「所以我一旦找到適合我的頭而且角落沒那麼挺的帽子，我就會一直繼續戴下去。」

結束大學的投球生涯後，包爾在大聯盟選秀前的那段時間，開始考慮來自多家經紀公司欲延攬他的提案和報價，其中，大型經紀公司「創新藝人經紀公司」（CAA, Creative Artists Agency）的體育部門也找上他。CAA位在洛杉磯的辦公大樓有十四層，包覆在玻璃帷幕和鋼板之下，一樓大門外的代客停車區停滿了奢華的名車。大樓內來來往往的，是身穿高級西裝的經紀人，而公司裡面甚至還設有他們自己的電影院。那些浮誇的排場讓包爾渾身不自在，所以他捨棄CAA，選擇加入華瑟曼經紀公司（Wasserman Agency）。華瑟曼的代表見包爾時，沒穿西裝，而是身著輕便的牛仔褲。「好的資訊可以來自任何環境、任何包裝。大多數時候，比較簡單的環境讓我比較自在，因為那讓我感覺重點會被聚焦在資訊本身、工作本身還有想法本身。」包爾說道。

二〇一二跨二〇一三年的冬天，印地安人主管們租的車子駛進了德州棒球農場，車子內載著的人，有印地安人棒球事務總裁安東奈提（Chris Antonetti）、總教練法蘭科納（Terry Francona）以及棒球事務共同主任法爾維。他們正在著手改造他們的球員發展策略，所以來到棒球農場尋找靈感。但其實他們此行背後的真正目的，是多了解他們在前一年十二月從亞利桑納響尾蛇（Arizona Diamondbacks）交易過來的包爾。作為一個反傳統的顛覆份子，包爾在被響尾蛇於選秀會第一輪第三順位選中之後的十八個月，就被響尾蛇放棄，來到印地安人。當然，在那麼短的時間內就把如此高順位的球員交易掉，是非常不尋常的。事實上，在包爾之前，比包爾更快被母隊交易掉的選秀前三順位球員，只有前費城人捕手史騰斯（John Stearns）一人而已。史騰斯是一九七三年選秀會的榜眼，而他比包爾少八天就被交易的原因，是費城人當時的大聯盟名捕布恩（Bob Boone）阻擋了他的升遷之路。

印地安人主管們造訪的那個冬天，包爾曾暫時住在棒球農場，而這也已經變成包爾休賽季期間的固定行程。他是第一個這麼做的大聯盟球員。

印地安人主管花了三天的時間在德州的蒙哥馬利市追蹤包爾，包爾記得他們問了他很多關於訓練菜單的問題：「嘿，為什麼你要這麼做？跟我們談談你的想法。」他們也帶包爾去吃午餐。法蘭科納跟安東奈提租車，而法爾維則是坐上包爾的跑車，他們一同前往午餐地點，並且立刻建立起連結。「我們都對投球的機制和細節感到著迷，而且喜歡研究。從那時候起，我去看他的日常訓練，看他到底在做什麼。簡單來說，包爾不斷嘗試在做的，就是一種更好的球員發展形式。」法爾維說。法爾維跟包爾因此建立起很有意義的關係，如今法爾維把他跟包爾之間的關係視為友誼。

包爾說他的整個生涯就是個成功的球員發展案例，使他能夠衝破其天生條件所設下的限制。

「我不是一個天生的運動員。」二〇一一年八月，包爾對《運動畫刊》（Sports Illustrated）的記者說：「我沒有很強壯，跑得不快，爆發力不強，彈跳力也不好。」所以到底包爾何以能成為大聯盟選秀會的探花？「我是被製造出來的。」

「製造出來的」。

如果「包爾是被製造出來的」這件事是真的，那他的生涯將對學習還有技巧養成等領域帶來戲劇化的影響力。以完全顛覆傳統棒球訓練方法和思維的方式，包爾不斷把自己打造成更好的球員，被交易到印地安人的近六年後，他已經成為菁英中的菁英。即便如此，包爾在二〇一八年投出足以競爭賽揚獎成績的同時，他還是一再堅持自己在先天條件上是很差的運動員。他比過往更加相信，他是一個成功的棒球員製造計畫產物，一個製造科學上的壯舉。

「我六十碼衝刺的速度超慢。至於我的力量輸出？我能舉起多少重量？這些很多都跟訓練有關，但我移動重物的速度……顯示我的爆發力不強。我想這也跟綜合運動能力有很大的關係。你看美式足球。什麼樣的球員具備好的運動能力？那些強壯且具有爆發力的球員，他們能跑得快，改變方向的速度也很驚人。籃球的話，就要問，他能不能跳得高？他的靈活度怎麼樣？他有沒有好的手眼協調？」

講到這裡，包爾停頓了一下。

「這個嘛，好吧，我可能有還不錯的手眼協調。」包爾語帶讓步地說。（二〇一八年，包爾曾被鏡頭捕捉到他用背後接球的方式，接殺打擊練習的飛球。）「但你如果看各種運動項目，把需要的運動特質整理出來，然後問：『哪些東西能使某人變成好的運動員？』我在大多數項目的表現都不會太好。」

大學時期，每當包爾在學校投完主場先發，他的父親華倫（Warren Bauer）都會帶他去吃晚餐，開車經過四〇五號洲際公路（405 Freeway），到位在西木村的丹尼連鎖餐廳（Denny's）。包爾每次都會點「伐木工滿貫」（Lumberjack Slam），一份結合大量油脂和大量碳水化合物的套餐。被問到他兒子具備什麼天賦，華倫毫不猶豫，拿起手邊的智慧型手機，點開一支YouTube影片，那是一場由李惠安（Angela Lee Duckworth）主講的TED演講。

數十年前，李惠安辭掉管理顧問公司的工作，到紐約市的公立學校教七年級生數學。她很快就觀察到，智商高低並不是區分學生好壞的準確指標。李惠安逐漸相信，只要她的學生願意下苦功，夠認真而且堅持的時間夠長，他們每個人都能精通教材上的知識。李惠安的經歷讓她相信，教育者一定要從動機和心理的角度切入，才能更了解學習這件事。

在那之後，李惠安辭去教職，開始投入心理學研究。她調查孩童和成人在困難情境下的表現，然後每一次都會問相同的兩個問題：誰比較成功？為什麼比較成功？她嘗試預測哪些西點軍校的學生會繼續留在軍隊。她推估哪些參賽者會在全國拼字比賽（National Spelling Bee）中晉級最多輪。她對芝加哥高中的學生發放問卷，並分析那些最終畢業的學生，他們的填答。李惠安發現了一項預測成功非常重要的指標，但那卻不是智商。「是『恆毅力』（grit）。」李惠安告訴她的TED演講聽眾。「恆毅力是對非常長期的目標所展現出的熱情和堅持。恆毅力代表充滿耐力、堅持目標、日夜匪懈。不是說只堅持一個禮拜，還是一個月而已，而是堅持好幾年。然後付出很多努力，使目標成真。」華倫認為，如果包爾擁有什麼很稀有的特質，那就是恆毅力了。

對耗費大部分職涯研究恆毅力的李惠安而言，恆毅力最令她驚訝的是「一般人和科學界對於要怎麼培養恆毅力的了解，幾乎是零。」但她能確定的是，天賦不會使某人具備恆毅力。李惠安的數據甚至顯示，恆毅力程度的高低，可能跟天賦的高低呈現「負相關」。「我聽過最能幫助孩子學習恆毅力的東西，叫作成長心態（growth mindset）。」李惠安說。

史丹佛大學（Stanford University）的心理學家迪威克（Carol Dweck）曾做過研究指出，我們對自我能力的看法，會顯著影響能力養成的結果，而成長心態這個特質，也是由她所定義的。除了成長心態，迪威克也定義了定型心態（fixed mindset），具定型心態的人，會認為一種技術、能力或是特質，沒有辦法明顯地改變、進步。文化評論人波波娃（Maria Popova）也寫道，有定型心態的人，「會不計一切代價避免失敗，以維持自己還是很聰明、很熟練的感覺」，而有成長心態的人，則不會把失敗當作自己很笨或能力不足的證據，反倒將失敗視為「有助於成長和能力發展的強勁原動力」。

如果職棒界有任何值得作為恆毅力和成長心態個案研究的例子，那絕非包爾莫屬。二〇一二年秋天，印地安人想知道包爾當初如何將自己打造成數據頂尖的業餘投手和前途光明的職業投手，但他們也很好奇為什麼響尾蛇那麼想把他們選到的探花交易掉。印地安人當然聽過包爾當時在球界的一些評價跟傳聞：他不是好隊友，在球隊裡愛當獨行俠，個性固執、難相處，又不好溝通。雖然包爾承認那些說法當中，有一些確實是他自己造成的，但他覺得很多貼在他身上的標籤，既不正確也不公允。然而，一旦標籤被貼上去了，就很難被撕掉，也很少人會去關心那些標籤是否反映真實。

筆者請包爾回顧一下他業餘生涯早期所發生的衝突和碰撞，他開始回想。

「我的高中教練啊……」包爾開口說話，停頓了一下，用刀叉處理桌上的帕瑪森豬排。包爾球季間的住處位在克里夫蘭郊區，他經常光顧附近的一家「庭院屋」（Yard House）餐廳，而每次去吃他都必點這道帕瑪森豬排。

然後包爾用很強烈的語氣說：「我的天。」

行駛在位於洛杉磯地區山麓丘陵上的五號州際公路（I-5）上，往北開，可以看到一旁的聖蓋博山（San Gabriel Mountains），也能感受到太平洋和加州沿岸的風光逐漸褪去。這條路能將車子帶到一座名叫聖塔克拉利塔（Santa Clarita）的藍領階級城市，而這座城市也是包爾的故鄉。聖塔克拉利塔市座落在洛杉磯市中心北方約三十五公里處的乾燥沙漠地帶，上面建有非常多一層樓的平房、大量規格類似的住宅小區，周邊則圍繞著許多由灌木叢點綴的小山丘。

包爾的高中母校哈特高中（Hart High School）也在這座城市。在曬得乾硬的哈特高中棒球訓練場牛棚裡，教練告訴剛加入校隊不久的包爾，投球時右腳應該要達到完美平衡和完全停滯的狀態，再進行後續的動作。包爾覺得這樣的想法非常荒謬。教練所教的是代代相傳的傳統投球建議，但對包爾來說，這個建議錯得離譜。包爾做出很誇張的動作，投球時右腳完全停住，刻意左右平衡，然後轉向一旁的哈特高中棒球教練，戲謔地說：「怎麼樣？這樣夠好嗎？我可不可以投出了？」

包爾澄清，他不是不願意聽別人的指導，而是他拒絕接受不好的建議，只要有人給他有用的資訊並解釋背後的邏輯，他就會非常受教，他單純只是不想無條件地服從上級和權威。更進一步來說，他會去質疑他們，盡可能了解每一個他被要求去做的動作和訓練背後，有沒有什麼邏輯或科學實證背書。這種懷疑的精神很早就被灌輸到了包爾的腦袋裡。

「我爸教我不要盲從，教我要挑戰權威、獨立思考。」包爾說：「不過或許有時候我做得有點太超過了。」

華倫的父親是二戰轟炸機的駕駛，也是從德國移民美國的第一代德裔美國人，後來他在新墨西哥州的石油及天然氣部門擔任早期的電腦程式設計師，華倫依然記得他父親在餐桌上整理程式碼的樣子。華倫的父母親要求他在十八歲時就能自給自足，並且離開他們在聖塔菲（Santa Fe）的家。離家的華倫經營自己的Dunkin' Donuts加盟店，轉手賣掉後，用那筆錢支付他到科羅拉多麥斯大學（Colorado School of Mines）就讀的學費和住宿費，畢業時，他拿到化學工程的學位。華倫在加州中部的油田做了幾年石油及天然氣的工作，之後才回到新墨西哥州，跟他哥哥開了一間家具行。

雖然華倫小時候沒有玩任何運動，但他的兒子倒是從小就愛上了棒球。包爾第一次投球是七歲時在一場少棒聯盟的球賽登板。他是少數能把球投到本壘板上方的小朋友，因此他便繼續投下去。球季結束後，華倫問包爾是不是還想投下去，包爾說他還要，華倫就對包爾說，他會花錢讓他去學投球，這樣才能在不斷進步的同時，又不受傷，但唯一的條件是，包爾要努力地去學、要投入心思在如何進步上。

華倫跟包爾去在地的打擊練習場，發現一名來自多明尼加、叫做西爾維歐（Silvio）的投手教練。西爾維歐教導包爾一種訓練方式，而這訓練方式包含了包爾所採用的第一個非傳統訓練器材：加重球。西爾維歐解釋，在多明尼加，投手會透過丟加重球，或是幾乎任何較重的物體，來強化投球力量。回到家後，華倫跟包爾在特百惠（Tupperware）塑膠容器內盛滿水，然後把棒球放入，使球吸滿水、增加重量。八歲時，包爾就有了第一次使用加重球的經驗，而加重球後來也成為他訓練菜單中相當知名的一環。

「大概三天之後，容器裡的水就會充滿水藻和青苔之類的東西，味道很不好聞。」包爾說：「我們會丟吸水球。握著濕濕的球，手套也會跟著濕掉，接球的時候水還會噴濺到臉上……丟加重球的做法那時候還不普及，在網路上還買不到相關用具。」

華倫那時候每週都要往返新墨西哥州的阿布奎基市（Albuquerque），週日飛去阿布奎基，週五早上再飛回加州返家，因此平常包爾都得靠自己練習，為自己負責。那樣的經驗讓包爾學會自律、學會謹守訓練菜單。「我從很小的年紀就養成良好的工作態度，因為我得靠努力才能獲得學習的機會。」包爾說。

由於華倫沒打過棒球，所以他對棒球訓練的樣貌沒有既定的成見或想法。對華倫而言，他兒子的休閒活動成了一個很棒的科學實驗，他們父子倆開始一起學習投球的知識，從零開始去檢視、了解一切，就跟工程師一樣。他們讀到萊恩（Nolan Ryan）[1]把釘子鑿入壘球當中以增加球體重量。另一方面，跟西爾維歐一起訓練兩年後，包爾父子覺得他們已經吸收完他們能在西爾維歐身上學到的東西，並開始挑戰西爾維歐的一些訓練方式。包爾父子還需要更多成長的空間。

包爾十歲的時候，華格納（Jim Wagner）——包爾家的朋友同時也是昔日的大學校隊投手——說他要開設收費的投球訓練課程，而包爾順理成章地成為他的第一批客戶之一。一開始，華格納從個人經驗、投球教程書籍還有投球影片中擷取精華資訊，並傳授給包爾，但當時身材矮小的包爾好像一直沒什麼進步，華格納因此建議包爾去見他過去的隊友傑格（Alan Jaeger）。傑格也是一名投球訓練師，而且很支持能丟多遠就丟多遠的長傳訓練（long toss），此外，他也鼓吹選手採用全力擲球（pulldown）訓練法。全力擲球是一種在平地上的短距離丟球，持球者會先採取短跳助跑，然後使出全身的力氣，朝正前方擲出棒球。傑格通常會要求投手從三百多英尺的丟球距離，逐漸「壓縮」（compress）、縮短其丟球距離，或要求他們直接以全力擲球的方式跟隊友傳接，並逐漸縮短擲球的距離。傑格的客戶包括大聯盟投手席托（Barry Zito）和哈倫（Dan Haren），但他在那時候是極少數推廣長傳訓練的教練之一，因為長傳訓練被視為非常極端且徹底違悖傳統思維的手法。自然而然，包爾對這些訓練方式深感興趣。

長傳和全力訓練的目的之一，是教導選手意圖的重要性。丟數百英尺的長傳會迫使投手使出渾身解數，拓展他身體的極限，產生漸進式的技能成長。從技術層面的角度來看，長傳訓練是藉由增加向身體之外轉動肩膀的幅度，來提高投球動作的延展性和靈活度。如果要感受所謂的向外轉動，請先向側邊舉起你丟球的慣用手臂，使其跟地面平行，接著抬起你的前臂，使手肘向上彎曲形成九十度，然後試著向後移動你的手掌，感覺就像在拉扯一條巨大的橡皮筋。也可以採取另一種方式：想像向外拉扯一條綁在你胸口正中央的橡皮筋。肩膀關節的向外轉動亦會使手肘轉動。向外轉動的幅度增加跟球速的增加，有高度關聯性，因為根據專業肌力教練布魯斯特（Ben Brewster）的說法，向外轉動幅度增加會創造「更好的弧形運動，使力量能更有效地傳導到棒球」。至於向內轉動就是向外轉動的相反，運動的方向朝身體中央。

增加球速的方法基本上有三種：變得強壯、採取更有效率的投球機制、創造更好的靈活性。研究投球的學者通常都會建議選手在追逐這些目標時要小心，因為學界對於把手臂逼到極限的影響所知甚少。然而，有些人還是去量化了把身體逼到極限的好處，發現更長距離、更帶有明確意圖的丟球，能夠增加手臂的運動範圍和移

1 萊恩是棒球名人堂成員，也是大聯盟史上的三振王，生涯累積五千七百一十四次三振。

動速度。二〇一七年，《運動醫學與骨科期刊》（Orthopedic Journal of Sports Medicine）刊出了一份調查十六名大學第一級棒球聯賽投手的研究，研究發現，這些投手僅經過三天的長傳訓練，肩膀向外轉動的幅度就從平均一百二十九點四度，增加到一百三十五點九度。威爾克博士（Dr. Kevin E. Wilk）和他的同事在二〇一五年發表的研究，則是追蹤二〇〇五年到二〇一二年間的二百九十六名職業投手，彙整並分析蒐集到的追蹤資料，得出以下結論：增加肩膀的靈活度和活動範圍，對於投手手臂的健康很重要，跟擁有足夠肩膀向外轉動幅度的投手相比，轉動幅度不足的投手躺進傷兵名單的機率多出一點二倍、接受肩膀手術的機率也多出三倍。

包爾十二歲時，傑格要他做的固定訓練菜單，可能全美沒有其他小孩做過。包爾開始丟球前，他會拿出一條TheraBand[2]彈力橡膠管，把一端固定在一旁的圍籬或欄杆上，另一端則固定在他的右手腕上。設置好之後，包爾就會進行一連串原本是專門為肩旋轉肌腱撕裂傷患者復健設計的彈性阻力運動。藉由彈力器材的輔助，包爾可以一邊訓練他的肩膀向外轉動和向內轉動，一邊熱身。熱身完，包爾就會需要很廣大的空間讓他丟球。他那時在學習掌控訓練的意圖，而他的身體也開始默默調整到最能有效創造速度的運行機制。長傳和全力擲球變成包爾訓練菜單裡的重要環節。

透過華格納，包爾得知德州棒球農場的存在。更早以前，華格納偶然發現一本看起來十分晦澀、用螺旋裝訂的投球機制書——由沃佛斯（Ron Wolforth）所著的《運動員投手》（The Athletic Pitcher）。大多數投手教練教選手的第一個項目都是投球機制，但沃佛斯卻不認同這種做法。他不相信同一套教法能適用所有球員，也不相信那種嘗試複製成功投手投球機制到其他人身上的方法。沃佛斯點出，一九三〇、四〇、五〇年代的投手，他們的投球動作都很個人化、都是每個人很自然的丟球動作衍生而來，沃佛斯認為是因為這樣的關係，那些年代的投手才可以在看似沒有受比較多傷的情況下，負擔較多的投球局數。（值得注意的是，那些年代的球員傷病資料非常稀少，而且投手一般投球不會投得太用力，他們身體承受的壓力可能因此比較小。）沃佛斯研究標槍選手，試圖從他們的投擲機制裡獲得更多資訊，此外，他也開始採納加重球和長傳訓練。沃佛斯的理念激發了華格納的好奇心，於是他派自己的兒子去探索一下德州棒球農場。小華格納從農場回來之後，只對包爾父子說了一句話：「你們一定要去那裡看看。」

那個時候，沃佛斯只有開設週末訓練營，一人一次收費二百美金，還設計了買五送一的促銷活動。華倫一次幫十四歲的兒子買了六張訓練營票券。包爾對第一次去農場的印象是熱到不行的環境，雖然有電風扇強力地放送，但它們只是把戶外攝氏高達三十八度、充滿濕氣的空氣吹進訓練場而已。訓練場半圓形的結構似乎讓內部變得更熱。訓練營分成三組，每一組進行的訓練和活動都不一樣。有一項訓練是，投手用雙手把一顆約十八公斤的球從頭頂上丟出，試著丟出四十英里的球速。沃佛斯計算，以這樣的球和投球方式丟出四十英里的球速，差不多就跟在投手丘上丟出九十英里的球速一樣。如果一名投手沒辦法飆破九十英里，那他就很難成為成功的大聯盟投手。二〇〇八年，大聯盟先發投手速球的平均速度是九十一點三英里，相隔十年，這個數字已經上升到破歷史紀錄的九十三點二英里。當包爾第一次到德州棒球農場時，他連八十英里都投不到。

農場裡一組組的投手在不同的訓練區域輪轉，包爾的父親沒有跟著他的兒子到每個訓練區域去看，他反倒是被農場的攝影系統震懾住了。在家裡，華倫會用手持錄影機記錄下包爾投球的畫面，並用家用錄影帶存檔。農場用來分析投球機制的攝影機幀率較高，影像系統也比較複雜。華倫花了三天的時間，聽教練史卓姆（Brent Strom）——現任太空人隊投手教練——分享他們如何用影片分析投手的動作。農場裡有一名叫作波海克（Josh Bohack）的高中投手，球速可以飆到九十英里出頭（德州棒球農場當時還沒有知名的棒球員學生），後來成為東北德州社區學院（Northeast Texas Community College）的投手，華倫仔細看了他的投球影片。他觀

---

2 TheraBand是一家專門製造彈性阻力運動器材的美國廠商。

察影片中波海克把球送出手時，前腳膝蓋部位完全伸直，上半身軀幹向前彎曲，軀幹跟腿形成九十度角。這樣的動作能幫助投手增加球速。「那個畫面深深烙印在我爸的腦海裡。」包爾說。到大學時，包爾的投球機制也有類似的特質。

包爾在哈特高中的第一個賽季，球速最快只到七十六英里。經過高一和高二數次德州棒球農場的洗禮之後，高三球季開始前，包爾在一個於十二月舉辦的短期賽事飆出九十四英里的速度。來自加州大學洛杉磯分校和史丹佛大學的棒球教練，都在現場看包爾能投得多快。

「開始去德州棒球農場後的十六個月間，我徹頭徹尾地改變了。」包爾說。

包爾在農場學會了如何增加球速，也是在那裡，他跟他父親第一次見識到高速影像的影響力。包爾學會以強調爆發力、模仿投球動作的訓練手法，取代像外野警戒區長跑之類的耐力訓練。他也認識了投球共軌效應的概念：這個概念指的是，不同球路如果在出手點和出手之後的初始路徑能夠愈相似、在飛行過程中愈晚才揭露它們的真實身分，這些球路欺騙打者的效果就會愈好。為了讓包爾練習增加共軌效應，華倫打造了一個長十三吋、寬十吋的金屬框架，放置在投手丘前方約六點一公尺處，當作包爾練習時要通過的限制。距離投手丘六點一公尺的距離，大概是一般職業打者在投手球出手後，決定是否出棒的時機點。如果兩種球路都能通過金屬框架中間的區域，就代表它們具備共軌效應。華倫做的金屬框架，可能是史上第一個專門設計用來練習製造共軌效應的器材，也是包爾家帶給棒球界的早期創新之一。他們後來又陸陸續續引進許多創新的訓練器材到棒球界。

在包爾使用過的眾多訓練器材中，他那獨樹一幟的肩膀訓練管（shoulder tube）可能是最有價值的工具。這根又叫搖搖棒或標槍的管子，長約一百八十三公分、採半剛性材質、前後兩端各裝有加重的圓柱體，包爾直到今天都還在使用它。包爾是唯一帶著這根肩膀訓練管進出印地安人球員休息室的投手，在用管子完成熱身前，他不會投任何一球。至於包爾使用它的方式，是用手掌握住管子正中央然後搖動，邊搖邊移動手臂到身體附近的各個位置，比如頭上、軀幹前方、身體側邊等等。

包爾認為應該要先熱身之後再開始丟球，而不是用丟球當作熱身。肩膀訓練管能幫助包爾活化他肩膀、前臂、胸肌上半部的肌肉，增加這些區塊的血流。包爾也會像螺旋槳那樣轉動管子，甚至移動手臂到身體後方，增加訓練的多樣性。包爾用訓練管熱身的樣子，有時就像高中的樂旗隊，如果直接走進樂旗隊的團練，也毫無違和感。沃佛斯說，假如他弄丟農場裡所有的設備和裝置，他第一個想找回來的就是肩膀訓練管，因為他認為肩膀訓練管不僅是輔助熱身的好工具，也是增加投手肩膀和手臂耐用度的秘方。然而，當高中二年級的包爾把肩膀訓練管帶到球隊訓練時，他的教練和隊友都嘲笑他，戲稱包爾的訓練管是他的「長屌棒」、「奈勒斯毯」（**Linus's blanket**）[3]。

包爾不在乎他人的訕笑，繼續帶著肩膀訓練管到球隊上。他實在太熱愛棒球了，小學的時候甚至還堅持要穿棒球褲去上學。包爾的母親警告他，如果他這麼做可能會被班上同學嘲笑，但包爾依然故我，而同學們也真如包爾媽媽所言，嘲笑他的古怪，不過包爾不以為意，繼續穿球褲上學。

包爾小小的朋友圈中，包含了不少跟他差不多的社會異類。「這些人願意接受包爾與眾不同之處，所以包爾也接納他們的古怪。」華倫說：「跟包爾相處不來的人，是那些覺得一定要把包爾塑造成跟他們一樣，或是要包爾照他們方法做事的人。他們不讓包爾做他自己。」

「包爾的媽媽不是那種墨守成規的人，我也不是。」華倫繼續說：「所以我們既沒有鼓勵他一定要照規則

3 奈勒斯的毯子是《史努比》漫畫角色奈勒斯的寶貝，奈勒斯喜歡拖著它到處走，並把它叫作「安全與幸福之毯」。「安全毯」（security blanket）一詞因此被廣泛傳開，成為孩童「慰藉物」的代名詞。

走，也沒有叫他刻意叛逆、不遵守規則。我們只鼓勵他要會自己做決定。」

包爾仍清楚記得高中用餐時間，他走向一張幾乎快坐滿人的桌子，看到原本坐在那邊的人都快速地散開。就算包爾當時是正嶄露頭角的運動明星，大家還是避他唯恐不及。為了避免難堪和孤獨的窘境，身為全校最頂尖棒球員的包爾，開始帶著午餐到他進階物理先修課程老師——柯比（Martin Kirby）——的教室用餐。包爾利用那段時間跟柯比談論物理，還有物理如何運用在棒球上，而他從中吸取的大量知識，也對其日後的職業生涯造成深遠影響。包爾跟他的同儕沒什麼相似之處，直到今天依然如此。他在比賽之後不會外出休閒；他不喝酒；他不在休息室裡跟隊友打牌；他通常自己一個人；他走到球場或訓練場地時不是去閒晃，而是帶有明確目的；他很固執、沒有耐性，而且特別專注在訓練和資訊蒐集上。一旦包爾定下一個目標，他就會全力把它完成。

「我的人格特質是屬於那種非常執著的類別。」包爾說：「當我拿到一款新的電玩遊戲，我會一直不停地玩，心裡只想做這件事。大二的時候，我每天花八小時玩『決戰時刻：現代戰爭二』（Call of Duty: Modern Warfare 2）這款遊戲，索性白天的課也不去上了。我打遊戲打到早上四點，睡到中午才醒來。起床之後，我會去找吃的，到球場做訓練，做一點學校的作業，然後回宿舍，再打到早上四點。我一下子就變成超強的玩家，但學校成績也像坐溜滑梯一樣下探，搞到差一點沒辦法在大學世界大賽出賽。直到那時，我才告訴自己：『我不能再繼續打電動了，因為那會影響我主要的工作。』」

他主要的工作是成為他所能打造的最強投手。

高三那年，包爾繳出十二勝〇敗的成績。他繼續使用肩膀訓練管，繼續把高中教練的建議當成耳邊風。即便成績很好，但他跟教練的關係卻愈來愈緊繃。「我爸基本上這麼跟我說：『你從其他地方取得了更好的資訊，如果（教練）跟不上你的資訊，那去他的。』」包爾說。因此，他跟高中棒球隊的關係不斷惡化。

每天傍晚下課之後，包爾會從他家騎腳踏車到住宅群中央的公園。公園裡的綠地提供包爾長傳訓練所需的場地，包爾每次先發前都還是會進行長傳訓練，丟出好幾個飛行距離超過三百英尺的長傳。有一次，包爾丟長傳丟到天都黑了，一旁的網球場也把照明燈都打開了。他每次長傳，球都會反彈到環繞網球場的金屬圍籬上造成聲響，訓練時間一久，有一名網球教練就因為忍受不了不間斷噪音而惱怒，向包爾的棒球隊教練團抱怨這件事。隔天，包爾回憶，他就因此被教練訓斥一番。

包爾被視為不服紀律且不尊重人，但他自己則是覺得受到不公平對待。包爾跟其他球員不一樣，他不會去外面跑趴狂歡。他是一個花比其他任何人更多時間投入練習的好學生。但包爾跟球隊教練甚至隊上的學長卻總是處不來，大大小小的摩擦層出不窮，他們不喜歡包爾的自以為是和訓練方法。所以在高中第四年[4]的球季開始前，包爾決定退出球隊。他提早從高中畢業，直接註冊加州大學洛杉磯分校二〇〇九年春季班，履行之前對他們說他會去打校隊的承諾，而沒有繼續打高中第四個球季、增加自己的選秀賣相。據《棒球美國》（Baseball America）雜誌執行編輯庫柏（J.J. Cooper）的說法，當時包爾在職業棒壇已經受到不小的關注，不過他還是選擇直接去大學打球。

開始在大學隊投球前，華倫和包爾先去拜訪棕熊隊（Bruins，加大洛杉磯分校校隊吉祥物）教練沙維吉（John Savage），詢問他對包爾非典型訓練方式的態度和立場。沙維吉說他允許包爾做他的個人訓練，但前提是他得參加所有球隊的活動跟團練。沙維吉保證，只要包爾投出成績，他就不會干涉包爾的訓練。

結果包爾投出了主宰性的成績，而沙維吉也履行承諾，不干預他的例行公事。

棕熊隊打週間的比賽前，沙維吉通常會提早出現在訓練場，他常常發現包爾在做一些奇怪的訓練，像是抬

4　美國一般高中學制為四年。

翻汽車輪胎、用繩子和彈力帶做阻力運動等等。一個設備維護人員就告訴華倫，他有觀察到沙維吉會看著包爾的訓練、臉上露出微笑，然後再走進他的辦公室。包爾迅速成為棕熊隊的明星球員。二〇一一年，包爾獲得隊史第一座金靴獎（Golden Spikes Award）的殊榮，而這個獎是一年一度頒給全美最佳業餘棒球員的重要獎項。他也下定決心要打破由林瑟肯（Tim Lincecum）所締造太平洋十校聯盟（Pac-10，是棕熊隊所屬的大學棒球聯盟）生涯三振紀錄——四百九十一次。包爾把這個數字寫下來，然後把寫著「四百九十一」的紙釘在聖塔克拉利塔家中寢室的牆上。

高中和大學時期，包爾是林瑟肯的狂粉。這位前舊金山巨人隊的王牌投手，身材矮小，卻能在二〇〇八和二〇〇九年蟬聯國聯賽揚獎。林瑟肯是全國聯最小隻的投手之一，以體重來看甚至可能是最輕的。頂著一頭瀟灑長髮，身高一百八十公分、體重僅七十七公斤的林瑟肯，舉手投足就像滑板選手，即便如此，他仍能以非傳統的怪異投球姿勢在棒球場上發光發熱，拿下兩座賽揚獎。林瑟肯的故事令包爾深深著迷，他上大聯盟官網（MLB.com）觀看大量林瑟肯瘋狂三振打者的精華影片，也在網路上找到林瑟肯身穿華盛頓大學（University of Washington）校隊制服、三振十八名棕熊隊打者的多角度影片。

「投到第九局，林瑟肯的球速還是維持在九十九英里，那是我看過最強的球威。」包爾說：「那些影片的畫面到現在還可以清晰地在我腦中播放，因為我實在看了太多次。我把他整套投球動作的機制都記下來了。」

林瑟肯的投球動作獨一無二。一般來說，投手投球時跨步的距離大概是他身高的百分之八十，但林瑟肯的跨步卻是他身高的百分之一百三十，這個特點讓他能產生更多的能量。包爾必須透過增加投球動作中的速度和能量，來彌補其身材瘦小的劣勢。他跟他父親都覺得這是個很簡單的物理問題，$Ek = 1/2\ mv^2$[5]：只要物體的質量增加或是速率增加，其動能就會跟著增加。大一的包爾身高一百八十三公分、體重七十五公斤，大二時七十七公斤，到大三也不過七十九公斤而已。只要包爾能創造更快、更有效率、方向更直朝本壘板的投球機制，他就愈能減低身材普普帶來的負面影響。另一個決定投手球速的關鍵是，投手從踏步腳轉移能量到投球手臂的動力鍊傳導是否有效率。

「為了讓某個動作環節更有效率地加速，前一個動作環節必須得完全停止。」包爾說：「如果執行某個動作環節的過程中，還包含上一個環節的動作，那這中間的能量傳導就會減少。」

林瑟肯之所以被冠上「怪胎」的綽號，不僅因為他的球速和他的身形完全搭不起上，更因為他那出色的運動能力。包爾的運動能力不比林瑟肯，可是他仍把自己打造成一個運動明星，並且投出足以載入太平洋十校聯盟史冊的數據。儘管包爾最終沒能打破林瑟肯的大學生涯紀錄，總三振數停在四百六十次，但他紮紮實實打破了林瑟肯在二〇〇六年所締造的單季一百九十九次三振紀錄（一百二十五局投球），二〇一一年，包爾主投一百三十六又三分之二局三振掉多達二百零三個打者，而且還繳出十三勝二敗、防禦率一點二五的絕殺成績單。

就算是這樣，球隊裡的最佳球員還是不一定能跟休息室裡的人打成一片。「我跟包爾實在不熟。」包爾過去在棕熊隊的隊友戴克（Cody Decker）跟《今日美國》（USA Today）的記者說：「我跟他說過一次話，然後告訴我自己：『我再也不會幹那種事了，真的，一次就夠了。』」

此外，即便包爾投得很好，他也不是那個在週五登板的投手。週五通常是大學隊最佳先發投手投球的日子，而棕熊隊裡專門負責在週五上場的投手，是柯爾。柯爾幾乎方方面面都跟包爾完全不同。身高一百九十三公分、體重一百零四公斤的柯爾，具備典型的右投手身材。但就算柯爾比包爾壯、球速也比包爾快，包爾幾乎在所有數據的表現上都優於柯爾。他們倆的個性和嗜好，盤踞光譜的兩個極端，而他們也帶著在大學時期就結下的樑子，一起進入大聯盟。

---

5 $E_k = 1/2\ mv^2$ 為古典力學的動能公式，Ek指的是動能，m代表質量、v代表速率。

二〇一一年選秀前，《運動畫刊》報導有些負責業餘球員的大聯盟球探主任，對包爾的態度很感冒。他們不喜歡包爾在比賽前玩小沙包玩具、在牛棚熱身的時候聽他的iPod，也不喜歡包爾已經褪色到極致的球帽。在以前，球探幾乎不可能在第一輪挑選身高一百八十三公分、體重僅七十九公斤的投手，直到林瑟肯的出現，這個觀念才被撼動。「我得非常感謝林瑟肯。要是沒有他，我不可能在那麼前段的選秀順位就被選中。他幫我推倒了擋在我們前面的高牆。」

二〇一一年的大聯盟選秀，預計在太平洋時區六月六號星期一下午的四點鐘展開。柯爾會成為這一年選秀狀元的風聲，早就傳得眾所周知。比起包爾的亮眼數據，握有狀元籤的匹茲堡海盜更喜歡柯爾的身材和頂級球速。至於擁有第二順位籤的水手，則是很早就跟該選秀梯次最佳的大學野手、來自萊斯大學（Rice University）的三壘手蘭登（Anthony Rendon）建立起連結。但隨著距離選秀開始的時間愈來愈近，水手愈來愈擔心蘭登豐富的傷病史。選秀開跑前九十分鐘，包爾的經紀人沃夫（Joel Wolfe）接到電話，另一頭是水手隊，他們說想用榜眼籤選包爾，並想知道包爾想要什麼簽約條件。掛斷水手後，沃夫打電話給包爾。

「嘿，你想要在第二順位加入水手，還是在第三順位加入響尾蛇？」沃夫問。

沃夫跟包爾本想在選秀前跟每一支握有前十順位籤的球隊見面聊聊，不過只有一部分同意跟包爾見面。「這些球隊覺得他們在面試我們。」沃夫說：「事實上，是我們在面試他們。」為了加入一支能夠接納他訓練方法的球隊，簽約金少一點包爾都願意。

當時水手沒有答應跟包爾見面，所以包爾決定加入響尾蛇。時任響尾蛇球探和球員發展部門副總裁的迪波托（Jerry Dipoto），在選秀前就已經認識包爾，對包爾的了解不亞於其他大聯盟球隊的主管。

「我覺得我跟他培養起不錯的關係。我能看見他腦子裡在想什麼。」迪波托回憶：「必須說，他確實是一名拓荒者。二〇一一年他達到被選秀的條件，很多人都對他賽前的各種例行操課不以為然……他是第一個會固定在賽前做那些例行訓練，然後進行長時間長傳的人……他也會在牛棚用（肩膀訓練管）熱身。總之很多那時候你沒看過的東西。但看看現在，從高中、大學到職業賽場，包爾當年採用的訓練法和使用的器材，都變得很常見了。」

響尾蛇當年承諾，他們會讓包爾繼續做他那些非傳統的訓練。

沃夫回電給水手，隨便丟給他們一個天文數字：二千萬美金（選秀狀元柯爾跟海盜的簽約金也不過八百萬美金而已），水手當然拒絕，掛上電話。包爾不會是選秀榜眼了。不到兩小時過後，水手用他們的第二順位籤，選到維吉尼亞大學（University of Virginia）的投手后森（Danny Hultzen），但后森後來的前進大聯盟之路，因為多次嚴重的肩傷而走得顛簸無比。在第三順位選的響尾蛇給了包爾選秀探花的身分。「對我們來說，這是一個探索投手到底還能做什麼的好機會。」選秀結束之後，迪波托這麼跟《運動畫刊》的記者說。

七月二十五日，響尾蛇以七百三十萬美金的簽約金簽下包爾。包爾從高階一A起步，迅速升到二A，第一年進職業雖然只打了部分賽季，但包爾創造的百分之四十超高三振率依然令人印象深刻。但同年十月底，迪波托被洛杉磯天使（Los Angeles Angels）挖角，成為他們新任的總管，響尾蛇因此失去包爾跟總管托爾斯（Kevin Towers）、跟教練和球員發展人員之間的唯一溝通橋樑。包爾認為，他跟響尾蛇的關係會走向衰敗，主因是響尾蛇做的球探功課不夠、跟他之間的熟悉感不足，也因為如此，包爾相信人因情報的蒐集在球探工作上會一直扮演要角。「我很確定我的離開，一定程度影響了包爾在響尾蛇跟其他人的溝通。」迪波托說。

包爾在響尾蛇的日子是一場災難，隊友覺得他很不友善又自負。包爾坦承他確實很少說話，也不太想跟別人說話，但那是因為他覺得自己不屬於那個團隊，也沒辦法在休息室裡找到志趣相投的人。包爾舉例，他不覺得自己能在討論打獵的話題中，提供什麼有價值的資訊。

更慘的是，包爾的訓練方式跟響尾蛇的傳統思維相抵觸。起初，兩造還算相安無事，包爾靠著優異的小聯盟成績很快就升上大聯盟。二〇一二年六月二十八日，距離他在選秀會上被響尾蛇選中大約一年又多一點的時間，包爾完成大聯盟初登板，於亞特蘭大的透納球場（Turner Field）主投四局掉二分。不過好景不常，包爾的第二場先發在鳳凰城主場對上教士，賽後，一大群記者簇擁著包爾，錄音機和攝影機都對準他，因為包爾要談他在比賽中好幾次否決資深捕手蒙特羅（Miguel Montero）配球的狀況。包爾解釋，他認為在傳達自己投球的策略給蒙特羅時，還可以做得更好。訪問包爾的同一群記者隨後包圍蒙特羅，並把包爾的說法轉述給他聽。「什麼？」蒙特羅跟記者說：「他要教我該怎麼把我的工作做好？」

球季結束後，包爾被響尾蛇交易。響尾蛇球隊總裁霍爾（Derrick Hall）向《今日美國》的記者解釋他們做出交易的原因，他說：「包爾這一年跟他的隊友處得不好。」這句話明顯陷包爾於不義。此外，報導中數個未具名的響尾蛇消息來源更描述包爾為「球隊邊緣人」。

隔季，蒙特羅談到包爾時更不客氣了：「如果有人像他那樣，覺得自己什麼都懂，你實在很難說服他跟你達成共識……春訓第一天，我當他的捕手。第一天，他就給我丟了大約一百球，差點把我給累死。那次之後，我看他一次練投，他還是在做一樣的事。別人說的話，他從來聽不進去。」

法爾維說：「即便外界覺得他好像對自己做的事情胸有成竹，但包爾不認為自己已經找到所有答案。他還想挖得更深，找到更多問題的解答。」

第一次拜訪的數週後，印地安人主管群回到休士頓郊區，邀請包爾到他經常光顧的鹹草牛排館（Saltgrass Steakhouse）用晚餐。他們想多認識這名響尾蛇隊不能忍受的球員，想知道要怎麼樣才能幫助他訓練。

印地安人主管群邊用晚餐，邊聽包爾說他的期待，也提出他們的想法。他們向包爾保證，教練會允許他維持其既有的訓練菜單，但他也得遵守球隊定好的規則、當個好隊友，不要無緣無故消失、在休息室找不到人。

如果包爾想做長傳訓練、想採用自己喜歡的訓練方法，印地安人不會阻撓、限制他。包爾來到印地安人後可以自在地發揮。

當然，印地安人當時著眼的是，他們有機會因此獲得一個被低估的優質投手。但包爾懷疑他們的動機沒有那麼單純。

那時候的印地安人正思考要重整他們的球員發展策略跟做法。舉例來說，雖然他們當時已經開始給球員做加重球訓練，但法爾維說那套訓練還不夠「紮實」。如果包爾能投出成績，他就能促成更大幅度的改變。他可以讓印地安人球團近距離目睹如何打造出更好的棒球員。

「他們需要一個典範。」包爾說。

印地安人主管群離開後，包爾繼續在德州棒球農場備戰下個賽季。沃佛斯經常會邀請講者到他訓練教練的課程上課，而包爾對其中一位談資料收集和訓練科技的講者特別感興趣，那位講者也有在演講中提及類似包爾擁有的高速攝影機。那時農場裡沒有太多高科技產品，也沒有人想花很多心力去進一步研究棒球技術的提升。那位講者講完後，包爾上前問問題，提到他要用高速攝影機錄下投球動作，但影片檔跑起來卻不太流暢。

「喔，你用錯記憶卡了。」那位講者說：「你的記憶卡讀寫速度太慢，換一張應該就能解決問題。」

包爾跟他交換了手機號碼。幾天之後，包爾傳簡訊向那講者表達謝意，表示自己已經解決影片不流暢的問題。那位講者的名字，後來變得跟包爾一樣，都跟顛覆棒球傳統緊密連結在一起：他叫波迪（Kyle Boddy）。包爾跟波迪兩個人加在一起，將為棒球帶來天翻地覆的變化，影響力可比近一個世紀之前的「首波」球員發展革命。

第三章 把騾子變成賽馬

你能帶我遠走高飛嗎
帶我飛過昨日
你能帶我遠走高飛嗎
那永遠不會結束
而昨夜只是回憶

——引用自歌曲《遠走高飛》（*High Enough*），討厭的北方佬合唱團（*Damn Yankees*）演唱

在包爾抵達德州棒球農場前，有好長一段時間，絕大多數的大聯盟球隊都很堅持自己的球員發展和養成手法，對於其他不同的想法和做法，要不是漠不關心，就是堅決反對。但比那更早之前，大聯盟建立之後的前五十年左右，球隊根本沒有做球員養成。這不是說他們養成得不好，而是他們在球員達到最高層級之前，幾乎沒有給予他們什麼指導和意見。那個年代，球隊取得球員或買下球員時，球員已經是成品了。

二十世紀有很長一段時間，大多數小聯盟都沒有跟大聯盟建立合作關係。每個小聯盟和所屬球隊都以獨立聯盟和獨立實體的方式運作，不像現在的小聯盟球隊都有所謂的大聯盟「母隊」協助他們支付球員薪水，同時

收割他們陣中最有吸引力的球員。在大聯盟球隊像現在這樣可以直接從三A叫上前景光明的球員前，他們獲得球員的管道都是跟其他大聯盟球隊或小聯盟球隊交易，或是直接跟那些球隊買球員。無論是從高階的小聯盟招募那些還沒有被其他球隊買走的遺珠，還是走訪全美尋尋覓覓那些不知為何尚未被其他大小聯盟球隊發掘的優質業餘球員，當時的球員取得是很沒有系統的。

由於那時候的球員在小聯盟向上爬升時，會經過好幾支各自獨立運作的球隊，因此亞默和萊維特就在他們二〇一五年出版的著作《追逐冠軍》（In Pursuit of Pennants）中寫到，球員發展是一個遠比今日「雜亂無章、缺乏有效管理」的過程。若用現在科技業的說法來描述：當時的球員發展系統無可避免地會遭遇破壞式創新。那時跳出來的主要創新發起者是知名棒球總管瑞奇（Branch Rickey）。雖然瑞奇最為人所知（且屢屢受到頌揚）的事蹟是，他簽下並重用大聯盟自十九世紀以來的首位黑人球員羅賓森（Jackie Robinson），但事實上他在棒壇長年擔任管理職之前，自己也曾短暫地打過大聯盟。你也可以說愛抽雪茄、總是綁著領結且眉毛濃密的瑞奇，是集詹姆斯、比恩、葛理翰（Billy Graham）[1]等大人物特質於一身的人物，既是運動員、也是高階知識份子。對瑞奇來說，引進羅賓森不只是修正大聯盟當時顯而易見的錯誤，更是探索一個長期刻意被忽略的豐富球員人才庫。不過在瑞奇和羅賓森攜手打破大聯盟種族藩籬的好幾十年前，當時仍擔任聖路易紅雀隊（St. Louis Cardinals）總管的瑞奇，就藉由首創一個既能儲備人才、又能標準化球員發展的管理方法，徹底改變了棒球。那個方法叫作農場系統。

瑞奇那時意識到，要跟有錢的球隊比誰的錢比較多，一定只輸不贏，所以他打電報給他重用的球探拜瑞特（Charley Barrett），跟他說：「行李收一收回來吧，我們要培養自己的球員。」從一九一九年末起，瑞奇和紅雀總裁布里頓（Sam Breadon）一起打造出屬於紅雀自家、由他們維繫運作的小聯盟球隊系統。隨之而來的是棒球界幾個世紀以來不斷重複上演的戲碼：傳統派人士對於創新概念的不屑一顧、輕蔑批評。「那是棒球界裡最愚蠢的想法。」巨人隊傳奇教頭麥葛羅（John McGraw）說：「瑞奇想做的事情不可能實現。」結果瑞奇讓它實現了。藉由頻繁舉辦的測試會、拜瑞特偵蒐球員情報的努力、瑞奇和大學棒球隊教練的好交情，以及瑞奇保留小聯盟球員時所採取遊走法律灰色地帶的創意手法，他們成功建造了史上第一個球員養成機器、一個專門製造大聯盟球員的工廠。

當球員名單規則因經濟大蕭條（Great Depression）而鬆綁時，紅雀將他們的農場球隊數從一九三一年的三支，提高到一九三二年的十一支。在那之後他們持續擴張農場系統，積極作為引發其他終於意識到瑞奇已經偷走一大票好球員的球隊模仿（包含洋基隊）。一名《運動新聞》（Sporting News）的作家在一九三七年的報導中寫到，整個棒球界正快速地被「瑞奇化」。一九二〇年整個棒球界只有三支附屬在大聯盟旗下的農場球隊，不到二十年後的一九三九年，該數字已經上升到一百六十八支。紅雀農場球隊數量的高峰出現在一九四〇年，一共有三十二隊，而這還不包含一些有跟他們簽合作協議但沒有直接附屬的球隊。若把簽合作協議的球隊也算進去，全盛時期紅雀能直接召喚上大聯盟的球員就有多達將近八百人。亞默和萊維特點出，球員名單規則鬆綁的前十年，有些球隊平均每年的農場球隊數量不到三支，但紅雀卻穩定超過二十支。

瑞奇後來表示：「農場系統是窮隊唯一能用來提升競爭力、不至於輸太慘的管道。」紅雀奉行瑞奇「有量就有質」的球員發展策略，很快就跳脫「不至於輸太慘」的程度。從一九二二年瑞奇的農場系統養出第一名上大聯盟的球員起，一路到一九四二年瑞奇跳槽至道奇隊為止，紅雀獲得的總勝場數排名全聯盟第二，僅次於洋基，而且過程中還拿下六座國聯冠軍。瑞奇離隊後，由瑞奇打造的紅雀隊仍繼續贏球，四年內獲得三座國聯冠

1　葛理翰曾是全球知名的福音派教會佈道家。據估計，到二〇〇八年為止，有多達二十二億人曾藉由廣播和電視節目等管道聽過葛理翰的佈道。葛理翰運用他的佈道大會將福音傳給大量的聽眾，這些人的數量比基督教歷史上任何人親身傳授福音的數量都要多。（摘編自維基百科）

軍不說，還抱走兩座總冠軍金盃，直到一九五四年，他們每個球季都勝多敗少。一九五〇年代，經瑞奇整頓過的道奇隊也成為常勝軍，隨後瑞奇再轉往海盜隊，他在匹茲堡擔任總管時所蒐集的球員，後來成為海盜一九六〇年奪冠的陣容核心。

一九六〇年代，幾乎所有小聯盟球隊都已經附屬於某個大聯盟球團。亞默和萊維特認為，這是「二十世紀上半葉最重要的建隊思維變革、球員獲取管道變革」。瑞奇是這些變革的最大推動者，也是最大獲益者，但他對球員發展的貢獻不僅止於此。雖然瑞奇始終相信大量購買球員以充實他那猶如連鎖商店的農場系統，十分有用，但他也認知到球員養成不只是「把球員簽下來然後把他丟到小聯盟幾個球季」那麼簡單。要養出成熟的球員，還需要一些刺激。

瑞奇的競爭對手覺得球員要進步，只能靠在場上實戰所累積的經驗。不過瑞奇有不同的想法，他相信練習特定技巧的重要性。擔任密西根大學（University of Michigan）棒球隊總教練的那四年間，瑞奇設計出打擊籠，旨在幫助像他一樣的捕手，因為捕手為了避免隊友打擊練習時揮空的球亂跑四散，得花很多時間和心力去擋球，比較沒有時間練打。瑞奇也發明了打擊頭盔、滑壘區（跑者可以用來練習滑壘技巧的紅土區），以及一套用來幫投手標記好球帶範圍的繩線系統。繩線系統的功用主要是讓投手能練習瞄準好球帶邊緣，並且提供簡單原始的回饋，幫助他們提升控球準度。瑞奇帶著這些發明和訓練方法到他的第一個大聯盟春訓，數十年後，它們依然是瑞奇所到球隊仍年年使用的訓練慣例。這個結果印證了瑞奇的想法：汗水依然是能根治大多數球員疑難雜症的最佳解藥。

瑞奇手下的明星球員之一，是易怒但能力近乎無敵的二壘手侯恩斯比（Rogers Hornsby）。一九一五年，侯恩斯比在瑞奇的督軍下登上大聯盟。瑞奇的同事波文（Rex Bowen）記得，瑞奇曾協助侯恩斯比提升打擊能力。年輕時的侯恩斯比常常會把球拉向三壘邊線，為了改善他太傾向拉打的特性，瑞奇強迫侯恩斯比連續十天、每天早上都要把每一球打到投手的右半邊。波文說，一心想求進步的侯恩斯比，練習反方向攻擊的次數多到「差點把拇指都給揮斷了」。

即便瑞奇和侯恩斯比有著那樣的合作經驗，兩人也都對提升棒球技術非常執著，但他倆仍經常發生衝突，直到一九二六年球季結束、侯恩斯比被交易掉才停止。一九二六年的前一年，侯恩斯比取代瑞奇，接手紅雀隊的總教練職務，身兼球員和總教練身分。侯恩斯比走馬上任的頭幾個動作，就是停辦瑞奇會在賽前召開的球隊會議，並把瑞奇用來闡述想法的黑板移走。「安打才能贏球，聰明的想法是贏不了球的。」這名當時全聯盟最強的二壘手如是說。

侯恩斯比說的話，字面上一點都沒錯，但球員在開始揮出安打前，得先花心力開發未竟的潛能，而聰明的想法便能加速這個環節。在紅雀和道奇，瑞奇施行許多方案，以培養他口中的「完整運動員所具備的優良技能」。瑞奇麾下的球探不再去找那些能夠立刻穿上大聯盟球衣做出貢獻的球員，而是開始去追逐那些最能符合長期發展條件的璞玉，然後球隊再把這些璞玉交給值得信賴的教練，讓他們指導這些璞玉，直到他們準備好上大聯盟。在瑞奇眼裡，當那些球員準備好上大聯盟，就是球隊即將開始賺大錢的時候。

一九四〇年代末期，道奇開設名為「道奇城」（Dodgertown）的超大春訓基地，座落在佛羅里達維羅海灘市（Vero Beach）一個原本被用作海軍基地的地方，也是在此時，瑞奇的球員生產線達到產能高峰。撰寫瑞奇傳記的作者羅文費許（Lee Lowenfish）就寫道，道奇城就像是「一座永久的棒球大學校園，在這裡，所有球員都可以接受最頂級教練的指導和訓練」。道奇城前所未見的巨大幅員，讓道奇隊能夠傳授相同的課程，給數以百計即將在道奇體系（上至大聯盟，下至D級聯盟[2]）打好幾年球的球員。道奇球員在道奇城做訓練、聆聽瑞

2　當時小聯盟的D層級，大概等同於現在的新人聯盟。

奇講課、學會瑞奇想要他們打球的方式，並且在球季開始後，把他們在那邊進行的訓練，帶到他們各自所屬的球隊和層級。

長年擔任道奇農場主任、同時也是瑞奇左右手的湯普森（Fresco Thompson），在他的個人回憶錄《每顆鑽石都不發亮》（Every Diamond Doesn't Sparkle）中就寫道：「我們教練在道奇城教的東西、還有教法，都是同一套，所以就算球員離開道奇城到他所屬的球隊報到，教練給他的東西也不會跟他在道奇城學到的東西抵觸。」在審視球隊裡各式各樣的訓練器材時，如打擊籠、投球機、繩線系統、滑壘區等等，湯普森就開玩笑地說：「也許下個球季我們就會做出機器人打者，這麼一來就能解僱所有球員了。」

雖然瑞奇毫無疑問是業界的領頭羊，但其他注意到「增加小聯盟球隊」風潮，並且開始跟風的大聯盟球隊，也收到巨大回報。《棒球指南》作家亞瑟（Rob Arthur）為本書所做的分析顯示，一九二〇到一九六〇年間，從沒有小聯盟附屬球隊升級到擁有一支（含）以上，對大聯盟球隊的價值大概是每年二點二五勝；如果從低於聯盟平均的小聯盟球隊數量，升級到高於聯盟平均的數量，平均每年能為大聯盟球隊帶來驚人的七點七勝。儘管一隊的小聯盟球隊數量達到一般的二倍以上之後，效益就會逐漸遞減，但整體來說，增加一支農場球隊之後的五年，大聯盟母隊平均總共可以多拿十一勝。有好幾年的時間，建立小聯盟系統，然後收割它培養出來的年輕球員，是贏球的最佳（也是最省錢的）方式。

不過這麼划算的投資方式不可能維持太久。到一九六〇年，全聯盟只有一支球隊的農場，附屬球隊少於七支，也只有一支球隊的農場，附屬球隊多於十二支。各隊之間農場規模的差距大幅縮小，球員發展變革的步調亦趨緩下來。即便是這樣，從瑞奇發起的農場系統革命，到現代球員發展出現之前，這中間數十年的過渡期，大聯盟球界還是有四個跳脫傳統框架的大型實驗。如今看來，這四個實驗都很有先見之明，但其中前三個最終都以失敗收場。

一九三二年，口香糖大亨瑞格利（William Wrigley）逝世，他的兒子菲利浦（Philip K. Wrigley）接手他留下的成功家族事業外，也成為芝加哥小熊隊的新老闆。菲利浦商業頭腦精明，靠著在當時十分創新的措施，如工廠自動化生產、投放廣播電視廣告、二戰期間跟軍隊合作等，使公司的財務更加壯大。有幾次，菲利浦嘗試把他在製造口香糖和市場行銷的思維，帶到棒球隊經營，試圖融入以數據資料為基礎的管理手法，卻未能見效。

一九三八年，菲利浦嚐到第一次失敗的滋味。他僱用新興運動心理學的創新學者葛里菲（Coleman R. Griffith）作為球隊顧問，希望他能幫球隊設計一套強而有力的訓練計畫。在普埃澤（Richard J. Puerzer）教授二〇〇六年為美國棒球研究學會（SABR, Society for American Baseball Research）所做的研究中可以看到，葛里菲的工作包含「拍攝球員做記錄、建議進階的訓練菜單、透過圖表顯示球員的訓練進展、調整打擊和投球練習的方式以更貼近真實比賽的狀況」。那個年代就在大量使用現代進階球員發展概念的葛里菲，比整個棒球界進步了足足八十年。

「葛里菲不認同當時棒球教練的想法。他認為大聯盟球員還沒有達到他們身體所能達到的能力極限。」心理學教授格林（Christopher D. Green）二〇〇三年在一篇關於葛里菲的文章中寫道：「棒球教練們所認為的球員極限，其實只是球員們當時所從事的訓練方法，為他們設下的極限。」在一份報告中，葛里菲抱怨：「總教練和大多數球員的訓練意圖，都只是恢復到前一季的判斷力和技術水準而已……而不是獲得新能力，或改變他們原本能力的基本性質。這樣一來，他們的技術不會變得更有用，表現也不會變好。」葛里菲也強調，把球員的缺失「歸因於本能、天賦的不足」，是「一個懶惰、無知又缺乏想像力的人，用來逃避工作責任的方法」。

小熊隊一九三八年的第一個教練葛林姆（Charlie Grimm），取代的人是侯恩斯比，不過他自己也沒比侯恩斯比開明多少。葛林姆在他的自傳裡強烈抨擊那些「教授」和「偽科學家」，在他眼裡，葛里菲就是一個拿著碼表和操作高速電影攝影機的學究。對他而言，葛里菲的存在也是一種威脅。

葛里菲診斷小熊隊訓練狀況的結果是，他們平均每天只花大約四十七點八分鐘的時間在「對打棒球有效」的訓練上，並建議小熊隊調整他們的訓練方式，包括在做「灑胡椒」（pepper）[3]的賽前暖身練習時，逐漸縮短打者跟防守者之間的距離；打擊練習時計算球數；投球練習時安排打者站在打擊區假裝打擊，以模擬真實情境。不過葛林姆忽視葛里菲的建議，而且想辦法削弱葛里菲的影響力，葛里菲為此感到非常不悅，而他寫給菲利浦的報告，用詞也愈來愈尖銳。其中一篇葛里菲就感嘆，大家對「棒球魔法」的普遍迷信，讓他沒辦法好好地讓打棒球這件事變得比較科學。葛里菲跟小熊的合作關係在一九四〇年畫下句點，談到後續，格林在他的文章中這麼寫道：「小熊跟大聯盟其他球隊就這樣依然故我，情況跟葛里菲進棒球圈以前一個樣。」

一九六一年球季尾聲，小熊即將迎來連續第十六個勝少敗多賽季，深受挫折的老闆菲利浦決定刪去總教練這個職務。普埃澤在他的研究中稱菲利浦的實驗「非常激進也很具顛覆性，違悖當時所有的棒球傳統」。菲利浦的實驗後來被稱作「教練巡迴制」（college of coaches）。

菲利浦的神來一筆是受到小熊捕手塔皮（El Tappe）建議的啟發。塔皮曾向老闆提議僱用專項技術的教練，讓他們在小聯盟各層級巡迴指導。跟瑞奇一樣，菲利浦想要使教練工作變得更有效率，所以他把塔皮的建議延伸到大聯盟球隊。這個新制度的執行方式是：請八到十四名身分地位和薪水都差不多的教練，在整個小熊球團內巡迴工作，除了在各個小聯盟球隊間輪轉擔任教練，也要輪流上大聯盟擔任小熊的總教練。菲利浦通常把教練巡迴制叫作「管理團隊」，他認為這個制度代表的是，把「對企業效率有幫助的商業策略應用到棒球上」。

一名《洛杉磯時報》（Los Angeles Times）的撰稿人比喻，菲利浦就像「急著想把人類送上月球的科學家，卻沒想到其實研究出防止宿醉的方法，對人類的貢獻還比較大」。這位撰稿人也覺得菲利浦像是已故美國總統甘迺迪（John F. Kennedy），甘迺迪不僅是下令讓那些科學家研究登月的人，也曾表示自動化生產不一定會代表大量失業，「因為現在要僱用十個人去管理小熊，而非僅一人」。當時的小熊投手群深度不足，不管有多少總教練，都很難贏球，但教練巡迴制本身也是個失敗。教練巡迴制的本意是減少球團內部執教風格的差異和摩擦，但實際執行上卻出現完全的反效果。一九六三年一月，菲利浦坦承教練巡迴制沒有達到預想的目標。「每個總教練都有他們自己的想法，」菲利浦說：「因此，球隊運作標準化的目標沒有達成。」

縱使遭遇失敗，菲利浦仍延續他對棒球傳統的反抗，找來退役空軍上校惠特洛（Robert W. Whitlow），請他擔任球隊的訓練主任。惠特洛的督導範圍涵蓋整個小熊球團，並直接向菲利浦回報。他購買新的訓練器材、制定訓練菜單和營養方針，還提出把心理學導入球隊運作的想法，不過就像在他前面的葛里菲，惠特洛所做的事情大多被忽視，一九六四年球季結束後，他就辭職了。菲利浦因此感慨地說：「棒球人實在很難接納任何抱有新點子的人。」

在小熊嘗試教練巡迴制和僱用圈外專業人才的實驗都宣告失敗的同時，另一支國聯隊伍委託學術單位進行了一項為期許久卻鮮為人知的研究，而這個研究的名字跟它存在的目的一樣，聽起來都非常平凡無聊：棒球研究計畫。德拉瓦大學（University of Delaware）棒球隊教練雷蒙（Tubby Raymond）找上費城費城人隊（Philadelphia Phillies）老闆卡本特（Bob Carpenter），向他提出一個大膽的提案。卡本特是德拉瓦大學體育項目的知名贊助者，因此他同意雷蒙的提案，該提案的想法是藉由測驗數百名打者的揮棒特性、視力和心理素

---

3 灑胡椒（pepper）是棒球常見的賽前暖身練習，數名防守者圍繞一名打者，防守者把球拋給打者打，打者則把球輪流打向每個防守者，進行數球之後，再換手輪不同人當打者，後續以此類推。此練習除了幫助球員暖身，也可以讓打者練習對球棒的控制力。

質，來建立費城人可以用來淘汰不適任小聯盟球員的底線，而這個底線或也可作為球員的努力目標。

一九六三年起，棒球研究計畫的研究人員每年春天都會到佛羅里達，觀察來自數支不同球團的數百名小聯盟球員，並蒐集他們的資訊。例行賽期間，研究人員也會到費城對大聯盟打者進行測驗。為了採集他們所需的數據，研究人員跟德拉瓦大學的教授合作主持心理測驗；跟來自博士倫公司（Bausch + Lomb）的代表合作，運用可攜式視力檢驗儀，來量測選手的視覺敏銳度、深度知覺、球路追蹤能力；跟陶氏杜邦（DuPont）的物理學家合作，打造一根能夠測量揮棒速度、揮棒加速、揮棒力量、揮棒流暢度的球棒。「那是當時獨一無二的研究計畫。」當時協助棒球研究計畫執行、並接替雷蒙擔任德拉瓦大學棒球教練的哈納（Bob Hannah）說：「有點像是你現在看到所有棒球科技的先驅。」

哈納當時的工作之一，是幫該計畫撰寫年度報告。他第一份報告的第一句話寫著：「這份研究的基本假設是，我們可以製造出具備足夠信度和效度的測量儀器和器材，以拿來在訓練和篩選職業棒球員時使用」。這個假設拿到現在來看，不會有人挑毛病，但在一九六〇年代可就不是那麼一回事。那個年代的棒球界，完全不覺得在取得球員和養成球員的過程中，有必要運用到複雜的科技。棒球研究計畫中，由陶氏杜邦公司設計的新潮球棒，內嵌加速計，而每個打者身上則是配戴一個記錄裝置，用金屬絲連結到球棒內的應變片。打者出棒時，感測器會把球棒的運行轉化成可量測的電流脈衝，而棒球研究計畫的人員就會把它們記錄下來。

「那時候我們做任何事情，都很像嬰兒學步。」哈納說：「沒有任何過去的背景資訊，能讓我們比較我們採取的研究方法。」計畫進行一段時間後，他們開始知道高強度的打者應該要長什麼樣子。左右開弓的大聯盟安打王羅斯（Pete Rose）右打時的揮棒速度，是所有受測打者中最快的，比下其他同意受測的棒壇傳奇，如阿倫（Hank Aaron）[4]。

根據卡本特在合約中加入的條款，棒球研究計畫的資料僅限於費城人內部調閱、使用，但哈納說費城人從沒把那些資料拿去做任何有意義的應用。唯一起到作用的一次，可能是研究計畫的視力測驗結果說服了費城人強打艾倫（Dick Allen）配戴眼鏡。「那個年代，大聯盟球界願意採用的東西只有老舊的棒球傳統。」哈納說。他還記得有一次會議，雷蒙對費城人球探做簡報，講述棒球研究計畫正在做的事情，還有計畫產出的資料能如何幫助他們更準確地辨認出好人才。「沒記錯的話，那場會議裡很多人都在打呵欠。」哈納說：「我們做出來的成果很難在球隊裡取得什麼進展。」

當時的球探只相信他們的眼睛，工作時的輔助器材最多就只有一個碼表。在大聯盟正式名單邊緣的球員更不喜歡棒球研究計畫。接受視力測驗結果不佳的三十多歲三壘手侯克（Don Hoak），就很不爽棒球研究計畫可能會給費城人另一個理由釋出他（侯克的打擊成績也不理想）。「他當時還真的跑進來威脅說，如果我們的測驗結果跟他丟工作有關的話，他會讓我們付出代價。」哈納回憶。

說服不了球探（工作是尋找外部人才）的哈納跟其他棒球研究計畫人員，決定把目標轉到球員發展上，想把計畫的成果應用在內部球員的養成和技術精進。研究人員發現，他們的計畫成果可以藉由提供客觀數據回饋、指出有進步空間的環節，提供球隊追蹤小聯盟球員表現、鼓勵選手追求成長的方法。克廉（**Kevin Kerrane**）在他一九八四年出版、關於球探的書《肌肉上的金錢符號》（**Dollar Sign on the Muscle**）中就說：「視力檢測結果，搭配揮棒測驗的數據，使研究人員每年春天都能對費城人農場裡年輕打者的進攻產出，做出非常準確的預測。」然而，他們的預測再準也沒有用，因為沒有一個球團內的重要人士注意到他們的成果。

棒球研究計畫一路進行到一九七二年，隨著卡本特辭去球隊總裁職務而終止。在那之後，當年那些有遠見的研究人員所產出的大量資料，不知怎麼地都消失了——有可能是被放到某個儲藏室內，也或者早就全部被放

4　阿倫是棒球名人堂的成員，生涯全壘打數七百五十五支，為史上第二多。

進碎紙機處理掉了。「那幾年我們產出的大量文件和資料，多到足以塞滿一個房間。」哈納說：「但我現在完全不清楚它們後來去哪了。」

從瑞奇的時代到今日，關於球員發展的歷史紀錄當中，還有一個跟其他大多數球隊作法大不相同的經典案例：雖然短命但成效卓著的皇家隊棒球學院（Royals Academy），它結合了瑞奇式的集中化管理指導，以及菲利浦、哈納等人的科學思維。

跟菲利浦的實驗類似，皇家隊學院的成立，也起自一名想要開創新棒球管理路數的知名商人。一九六八年，考夫曼（Ewing M. Kauffman）買下美聯的新擴編球隊，沒多久，這支新隊伍就獲得了「皇家」這個名字。考夫曼是一名企業家，一九五〇年，他從自家地下室起步，打造出後來盛極一時的「馬里昂實驗室」（Marion Laboratories）藥品公司。《運動新聞》的報導中描述，「富有的考夫曼雖然具備出色的商業頭腦，但他對棒球可說是一竅不通」。對皇家來說，「老闆不了解棒球」這點可能利大於弊，因為在此狀況下，考夫曼不會被昔日傳統的包袱所限制。

高齡九十多歲、現在仍擔任皇家隊顧問的傳奇球探史都華（Art Stewart），記得他與他的球探團隊，在堪薩斯市的老大陸飯店（Continental Hotel）跟考夫曼第一次開會。史都華說，考夫曼「很聰明，思想比當時任何人都進步許多」。這個新棒球隊的老闆想尋求棒球界沒有人聽過的解答。「他當時說：『各位，我們要做什麼，才能為我們的大聯盟球隊和農場體系獲得好人才？』」史都華說：「有人站起來回答：『選秀、交易、讓渡程序等等。然後，呃，差不多就這樣。』考夫曼覺得應該還有其他方式能夠養成球員。」

史都華回憶，考夫曼跟在場的球探說，他回去會再想想這個問題。第二次會議，考夫曼提出一個解決方案：針對未經棒球訓練的運動員，舉辦一系列的測試會，特別去找那些在田徑場上、美式足球場上、籃球場上發光發熱的明星，看他們的運動能力能不能轉化為棒球實力。考夫曼的馬里昂公司，不自行研發藥物，而是靠著重新調製、重新包裝他牌拒絕的藥物，賺取大量收益。但在棒球產業，考夫曼想要他的皇家隊成為那支自行挖掘人才、自行養成人才的球隊，試圖在一個大型的運動員實驗室，養出好的棒球員。

為了決定皇家隊在全美尋找可招募對象時應該鎖定的技能和條件，考夫曼僱用過去曾在美國航太總署（NASA, National Aeronautics and Space Administration）和美國海軍研究辦公室（Office of Naval Research）工作過的心理學家萊利（Raymond Reilly）博士。萊利檢測大約一百五十名職業球員（大多來自皇家球團內部）的視力、心理動作反應（psychomotor responses）、心理素質，並認定優質的跑步速度（瑞奇最喜歡的能力項目）、絕佳視力、快速的反射反應、出色的身體平衡等，是球員最應具備的特質。於是，皇家隊開始尋找可能具備前述能力的運動員，公告他們即將為符合條件的人選舉辦測試會的消息。測試會的最低報名門檻包含四個條件：至少具備高中學歷、沒有註冊四年制大學或被大聯盟球隊在選秀會挑中、年紀小於二十歲、穿釘鞋的六十碼衝刺花不超過六點九秒。

史都華剛成為球探時跟瑞奇結識、成為朋友，瑞奇曾告訴他，舉辦測試會對經營球隊的幫助很大，即便如此，看著考夫曼大刀闊斧籌辦測試會，史都華起初心裡還是不太看好這些測試會的成效。不過史都華內心的懷疑很快就被抹消了。一九七〇年六月，皇家在堪薩斯市舉辦首場測試會，接著花一年的時間，在全美和加拿大各地舉辦另外一百二十五場測試會，總共有七千六百八十二名參與者，他們從中篩選出來自二十六個不同州的四十二名運動員，組成皇家隊棒球學院的第一屆學員。為了收納這些優秀的運動員，考夫曼在佛羅里達薩拉索塔市（Sarasota）郊區委託建造了一座佔地將近四十九公頃的校區，校區內有五座棒球場，格局全仿效當時仍在堪薩斯市建造的的新球場——考夫曼球場（Kauffman Stadium），此外，還有一棟含有五十間房的選手宿舍，以及各式行政和娛樂的設施。考夫曼勞師動眾選出來的菁英運動員，將花至少十個月的時間在這個校區唸書、訓練，除了可以領月薪，球團還提供免費的食宿、免費的健康保險和人壽險，就連每逢節日他們返家的來回交通票券，球隊也包了。

下午時段，選手會接受密集的訓練和指導，由八個人組成的教練團負責帶他們。這八位教練包含具備不同棒球專長的人，以及一些棒球界少見的專家，像是田徑教練、負責幫選手制定營養攝取計畫及個人化阻力訓練的訓練員。普埃澤為SABR寫的另一篇文章中寫道：「回過頭看，這群專業人士，造就了史上第一個合力去測量、評價、改善棒球員表現和棒球打法的組織活動。」皇家學院的學員每週至少花二十五小時的時間，投身在練習場上，或是跟當地的大學隊、職業隊比賽。學員每週有三天的早晨要到隔壁的短期大學上課，一旦他們完成在學院的訓練，就能具備申請四年制大學獎學金的資格，當作另一個職涯選項。當然，建立起這麼完善的設施和制度，所需投入的資金亦十分可觀：學院本身的建造費用就達到一百五十萬美金，另外皇家每年還得掏出六十萬美金的營運費。投入這麼多，皇家希望他們能跟瑞奇當年一樣，養出一群能夠為他們賺進大把鈔票的球員，不僅把投入的成本都賺回來，甚至進一步獲利。

一九七〇年八月，考夫曼歡迎皇家隊學院第一批學員進駐，他跟學員說，他們是「棒球界的太空人」因為他們「正在做棒球界過去從來沒有人做過的事」。（到一九七〇年，已經沒有人會因為科學家嘗試使人類登上月球而嘲笑他們了。）「棒球的成長力量幾乎沒有極限。」當時的大聯盟主席庫恩（Bowie Kuhn）在皇家隊學院的落成典禮上就說：「這只是一個新時代的開端而已。很顯然的，棒球將會不斷進步，而我們自己也要準備好、也要有所成長，迎接一個跟五十年前完全不一樣的世界。」

皇家隊學院的首任院長斯里夫特（Syd Thrift），是前洋基隊的農場主任，他曾經在一九五〇年秋天，參與由洋基總教練史坦戈（Casey Stengel）在聖彼得堡（St. Petersburg）主持的季後訓練營。據業界說法，該營曾幫助曼托（Mickey Mantle）[5]和其他球員更快登上大聯盟，但它只是一項針對職業球員設計的短期計畫。史坦戈據傳曾說過這麼一句話：「你沒辦法教這群人（棒球員）他們不知道的事。」但皇家隊學院不認同史坦戈的說法。「棒球技術就像天氣一樣，」斯里夫特說：「所有棒球界的人都會討論棒球技術，卻很少人會去做什麼跟棒球技術有關的事。我們已經想出了一些全新的點子。」

沒有意外的，皇家隊學院被許多人鄙視，從皇家球團內部到其他球隊，都有人不看好這項計畫。「很多球隊都覺得我們設立學院根本沒有用，浪費時間又浪費錢。」史都華說。一九七一年，學院派出一支球隊代表皇家參與灣岸聯盟（Gulf Coast League），跟其他球團的新人聯盟球隊比賽，此舉又令更多人不滿。雖然學院隊的二十八名成員中，有七人高中時完全沒打過棒球、其他人也都是在選秀中被忽視的選手，但他們整季卻打出四十勝十三敗的壓倒性佳績，甚至拿下聯盟冠軍，而且他們團隊累積的一百零三次盜壘排名聯盟第一，數量幾乎是次多球隊的二倍。

被派去評價學院球員表現的史都華，仍記得有一次學院隊大勝之後，敵隊白襪系統的總教練大聲斥責球員。「他把球員聚集起來，然後開始瘋狂大罵，對那些孩子大吼，」史都華說：「那個教練說，『看看對面那些人，他們把我們打爆了，十比〇。你們這些拿一大堆簽約金的人，竟然完全比不上人家。』我永遠不會忘記那一幕。那讓我更加確定，球員發展和養成非常重要、刻意的重複練習很重要、個人化訓練也很重要。」

由於學院裡的球員一整年都住在那兒，所以他們花比大多數小聯盟球員都還多的時間投入訓練。舉例來說，學院球員每天打擊練習的時間是三十分鐘，而球團裡其他隊伍的球員每天只打幾分鐘而已，遠低於學院球員的量。皇家隊學院的特點不只是訓練的量較大，他們訓練的質也更優。教練會把通常面向本壘板的投球機轉一個面，作為守備練習的發球機，同時也會使用能製造類似實戰滾地球的發球機，來輔助訓練。他們用一台重

5 曼托是洋基隊史的著名球員，也是棒球名人堂成員，生涯累積五百三十六支全壘打。

達九十公斤的橘色攝影機，錄下學員的揮棒動作並進行分析，也用測速槍記錄學員的球速、用碼表讓計算跑者的離壘距離成為一種科學。

皇家隊學院是第一個要求球員做伸展運動、把游泳池用作受傷復建設備的棒球組織。在那個棒球界仍把飲食規劃和重量訓練視為離經叛道的年代裡，皇家隊學院已經開始採取那些作法。此外，學院亦相當重視學員心理層面的表現，教導他們如何先專注在訓練的特定面向和細節，直到它們完全被學員內化成本能。哈里森（Bill Harrison）和李伊（Bill Lee）這兩名眼科學者還執行了一套視覺化訓練，另外也做視力檢測。

學院也會邀請客座講者來上課，連可說是史上最佳打者的威廉斯（Ted Williams）[6]都曾是他們的講者之一。威廉斯是學院非傳統訓練方式的最佳代言人：小時候家庭生活不和諧的威廉斯，童年有很多時間都耗在他家附近的一座遊戲場。「那是我人生當中很重要的喘息空間。」威廉斯後來回憶：「一年十二個月都能打棒球。」一九三八年，仍在小聯盟打球的威廉斯，接受當時四十一歲的侯恩斯比指導，侯恩斯比調教他的打擊技巧，讓他既維持高打擊率，又能敲長打。威廉斯在他一九七〇年出版的書《打擊的科學》（The Science of Hitting）中提到，由瑞奇打造出來的侯恩斯比告訴他：「一個偉大的打者不是天生就很厲害。偉大的打者是練出來的，由不斷的練習、修正，以及足夠的自信所練就的。」威廉斯想把同一套思維傳授給學院裡的學生。「他那時候說，一天不要只揮一百次棒，要揮到五百次。」史都華回憶。

一九七一年十二月，學院的第一屆學生畢業了，總計他們在不同競爭層級所打的二百四十一場比賽中，拿下一百六十二場的勝利。那屆學生中成就最斐然者是二壘手懷特（Frank White），他是學院產出的第一個、也是最傑出的大聯盟球員，效力皇家隊長達十八年才退休。懷特後來回憶起那段時光，表示學院就像是新兵訓練中心，而他有時候感覺自己就像是「一個大型棒球實驗裡的白老鼠」，但他也提到，是學院的經驗使他從未經訓練的運動員蛻變成大聯盟選手。懷特之後，還有其他十三名學院校友陸續登上大聯盟。從一九七三年懷特首次踏上大聯盟紅土，到一九八二年為止，皇家隊獲得的勝場數是同期所有球隊的第六多。皇家於一九八〇年奪得美聯冠軍時，他們二游的固定組合就是懷特（二壘手）和另一名學院畢業校友華盛頓（U. L. Washington）（游擊手）。

可是學院在那之前老早就關閉了。一九七三年，皇家出現一百萬美金的赤字，在資金緊繃的情況下，花費高昂、作法違悖傳統、又缺乏立即性大聯盟球員成效的棒球學院，自然成為皇家球員發展部門成員的攻擊對象，因為他們把學院視為有可能搶他們飯碗的競爭對手。事實上，除了考夫曼，球團管理層內沒有人支持棒球學院，在如此艱困的環境下，斯里夫特決定辭去學院院長一職。即便如此，斯里夫特仍把他在學院的時光視為他人生中「最受到激勵的經驗」。有趣的是，學院於一九七四年五月關閉時的副院長，是瑞奇的孫子——瑞奇三世（Branch Rickey III）。

在皇家隊棒球學院之外，棒球歷史上大多數的球員發展故事都起自偶然的機會和運氣。一九八八年，勇士隊投手葛拉文（Tom Glavine）吞下全聯盟最多的敗投數（十七敗）。來到一九八九年春訓，有一次，站在外野接打擊練習球的葛拉文，撿起一顆朝他身邊滾的球。他用一種奇特的握法把球撿起來，中指和無名指都貼在縫線邊緣。葛拉文用該握法把球傳回內野，丟起來的感覺還不錯。就這樣，葛拉文發現了他的招牌圈指變速球。「如果我沒有用那個握法撿起那顆球，如果我沒有發現圈指變速球……會怎樣，一切都不知道了。」葛拉文在一九九二年《運動畫刊》的訪問中說道。在那個訪問的前一年，一九九一年，葛拉文榮登大聯盟勝投王，而他也在意外學會圈指變速球的二十五年後，入選棒球名人堂。

6　名人堂球員威廉斯被譽為「打擊之神」，生涯通算打擊率高達三成四四，另擊出五百二十一支全壘打。他也是大聯盟史上最後一位單季打擊率保持在四成以上的打者（一九四一年）。

有些球員的成長靈感，則來自他們跟隊友閒聊、分享各自打球技巧的過程，不過可不是所有球員都樂於分享。一九九一年，雙城隊新秀投手馬洪姆斯（Pat Mahomes）就請教日後的名人堂投手莫里斯（Jack Morris），問他是怎麼投他的指叉球的。「離我遠一點，你這小王八蛋。」馬洪姆斯還記得莫里斯接著說：「你明年就要開始搶我飯碗了。」當然也有比較陽光正面的案例：名人堂球員海爾曼（Harry Heilmann）生涯初期有好幾個球季的成績都普普通通，直到一九二一年，他在底特律老虎隊（Detroit Tigers）剛接下兼任總教練職務的隊友卡布（Ty Cobb），教導他在打擊區站得離投手遠一點、雙腿併攏一點、雙手握棒的位置離身體遠一點，然後等球過來時重心要壓低。靠著新打擊姿勢，海爾曼取代卡布，成為接下來十年，棒壇除了魯斯和侯恩斯比之外最強的打者。

許多史料都顯示卡布不只是很傑出的打者，也是很會指導打擊的專家。在他的指導下，老虎隊一九二一年的打擊率上升四點六個百分點，來到三成一一，這個數字到今天仍然是大聯盟單季最高的團隊打擊率。不過在大多數教練指導球員的案例中，很多調整其實都是不斷試誤、碰運氣而已，通常沒有什麼有利的科學依據，大部分都靠教練的直覺。成功的例子往往是天時、地利、人和促成的結果：對的球員，在對的時間，遇到對的教練和指導方式。那時候棒球的主流趨勢和原則，都是以毫無章法地方式應用在訓練和實戰上，缺乏系統性的規劃。

皇家隊棒球學院在當時就勾勒出現在棒球界的樣貌：球隊比較不再依賴運氣，而所有球員也都能獲得針對個人設計的科學化訓練。在皇家隊學院的年代裡，皇家就已經在農場裡每一支小聯盟球隊的總教練之外，再多安排一名教練，這樣的作法在當時的大聯盟是創舉。雖然學院後來關閉，但皇家隊運作學院的那套方式沒有就此絕跡，後來還被運用到美國本土之外。「現在許多大聯盟球隊在拉丁美洲設立棒球學校，而當年的皇家隊學院其實就是他們的先驅。」史都華說。然而，對於那些曾參與皇家隊學院計畫的人來說，皇家隊學院留下的啟示是，他們當時錯失一個創造更多回報的良機。現在想來懊悔的史都華說：「考夫曼去世前一年跟我說……他在棒球隊經營上犯下的最大錯誤，就是被那些管理階層的人說服，沒再繼續做棒球學院。」

皇家隊學院關閉的七年之後，德州遊騎兵的六十歲總管E・羅賓森（Eddie Robinson）——大聯盟球員出身，是資深棒球人，曾在六〇和七〇年代幫幾支球隊督導農場系統——僱用了一名二十九歲、名叫C・萊特（Craig R. Wright）的棒球圈外人。C・萊特在加入遊騎兵之前，是頗有抱負的教師，從高中起就培養出鑽研棒球的興趣。瑞奇（沒錯，又是他）早在一九一三年就曾僱用數據專家，但C・萊特是史上第一個以「賽伯計量學家」（sabermetrician）的身分，進大聯盟球團工作的人。這個C・萊特用來當作職稱的詞彙，被發明才約一年的時間，在當時非常新穎。有很多年，遊騎兵隊媒體手冊的編輯都不願意把「賽伯計量學家」這個詞印在手冊上。但不管職稱新穎與否，C・萊特把他的工作做得很好，很快就成為隊內在評估球員時可靠的意見提供者。C・萊特大多會在大聯盟球隊討論可能的交易案時，提出他的分析和想法，但球員發展部門就比較少諮詢他的意見。不過有一次，C・萊特針對某一筆潛在交易所做的報告，令他印象深刻，C・萊特說那份報告「可能是賽伯計量學概念輔助球員發展的最早典範之一」。

一九八二年十二月，道奇隊年輕捕手索夏（Mike Scioscia）剛結束一個打擊成績不佳的賽季，因此道奇想要尋找一個有名氣的捕手來取代他。遊騎兵隊有一個道奇看上的人選：曾拿下六座金手套獎的三十一歲捕手桑德伯格（Jim Sundberg）。雙方開始交涉、協商交易，道奇提出把包含新秀投手赫西瑟（Orel Hershiser）在內的數名球員送到遊騎兵隊，以換取桑德伯格。

C・萊特當時認為桑德伯格沒那麼有價值。C・萊特在他一九八九年出版的書《評價棒球》（The Diamond Appraised）中寫到，評價捕手的人通常「只專注在他們肉眼能觀察到的特質，比如捕手蹲捕時的敏捷性、發生捕逸的次數，以及最重要的，捕手的阻殺能力」。桑德伯格那時候的生涯阻殺率高達百分之四十三點二，比同期聯盟平均百分之三十四點八高出許多。

但C．萊特針對桑德伯格的研究顯示，投手跟桑德伯格搭配時，他們的失分都比跟其他替補捕手搭配時還要多。C．萊特後來在書中提到，他當時知道「有些球員、教練、球探都在質疑桑德伯格引導投手配球的能力」，而C．萊特下苦工去挖掘數據的努力也沒有白費，佐證了那些懷疑。C．萊特的研究結果指出，桑德伯格對投手群而言是「很大的扣分」。這份研究後來協助說服了遊騎兵的決策者，改變他們對桑德伯格的看法：儘管桑德伯格在蹲捕的其他面向表現頗出色，但還是「有一個重大缺失。好消息是，當缺失被發現之後，就有機會去修正它」。

遊騎兵跟道奇的交易胎死腹中後，遊騎兵面臨兩難。「就是在那個時候，大家把焦點從了解桑德伯格有問題，轉移到怎麼幫助他跟投手更有效地配合上。」C．萊特回憶：「後來球團人士決定：『我們要在下一次春訓解決這個問題。』」

雖然C．萊特在球隊的角色，不會讓他有太多跟球員直接接觸的機會，但他仍知道第一年到任的牛棚教練兼捕手教練厄賽爾（Glenn Ezell），其實早就先注意了這個問題，並且有跟桑德伯格討論過。退役前在小聯盟擔任捕手的厄賽爾表示，在當時要跟桑德伯格溝通技術的缺失，並不容易，因為桑德伯格在球界已具一定地位且拿過多座金手套獎，而他自己則是才剛到大聯盟任教不久的新教練。「一個剛從小聯盟升上來的人，不可能一下子就對球員頤指氣使，說：『嘿！你為什麼這樣配球？配那球的原因是什麼？你剛才配的那球到底是什麼？』」厄賽爾說。不過，他也坦承，他後來還是有鼓起勇氣跟桑德伯格討論配球的問題。

桑德伯格現在的說法是，當時的他「還在學習」怎麼配球，並從一九八三年開始做出改變。在一九八八年的訪談中，桑德伯格說，由於諸多批評他配球能力的說法浮現，他改變他跟投手溝通的方式，而從那之後，狀況就有所改善。三十年後，桑德伯格解釋他當年所做的改變，其實就是增加跟投手的對話和溝通，使他更了解每個投手喜歡的配球策略。「我後來要求自己比賽結束後，都要去跟投手討論剛才的配球……尤其是那些前一晚表現不佳的投手。」他說：「我會在打擊練習時站在外野，跟投手討論前一晚的比賽狀況，直到我覺得他們有受到一些鼓舞。從我開始做這件事之後，就沒有所謂的配球問題了。」

C．萊特後來進一步做的追蹤數據研究，佐證了桑德伯格提及的改變。從一九七七到一九八二年，在受到檢視的一千零七十五局中——這些局數有依據部分特定投手的投球局數，做局數樣本的加權，以免因為某捕手跟能力特別強的投手搭配得特別多次，導致數據結果遭到扭曲——投手跟桑德伯格搭配時的自責分率是三點九七，跟其他捕手搭配時則是三點六二。但從一九八三年起到桑德伯格的最後一季（一九八九年），檢視這段時間桑德伯格所屬四支球隊的投手局數，共計二千六百七十七又三分之二局——扣除掉一九八八年桑德伯格在季中被交易之後的數據，因為C．萊特發現捕手季中被交易後，他跟新球隊投手的搭配表現會受到負面影響——投手跟桑德伯格搭配時的自責分率進步到三點八〇，而跟其他捕手搭配時則是三點九四。桑德伯格搭配數據的進步，很大一部分來自投手的被長打率減少近百分之二十，而這樣的轉變平均每九局能為球隊省下約半分。

一九八三年，也是桑德伯格改善配球表現的那年，遊騎兵隊史首度（也是至今唯一一次）繳出全美聯最低的團隊防禦率。桑德伯格那年沒拿到金手套獎，之後也沒有，但其實他在一九八三年之後的蹲捕表現，或許比他得獎那幾年更值得獲獎。在一份季後的報告中，C．萊特寫下結論：「以前很長一段時間，投手跟桑德伯格搭配的防禦率，與投手跟其他捕手搭配的防禦率之間，一直存有落差，而這個落差之所以縮小、甚至幾乎消失，得歸因於桑德伯格自身的改進。」這個成功案例起自研究人員運用賽伯計量學的概念發覺問題，並把這問題轉告給球員知道，跨越了棒球人跟外來人之間長期存在的那道高牆。「科學化棒球應用在球員發展和表現的進程，大部分取決於縮小棒球人跟科學之間的落差，尤其是那些最需要弭平落差的環節。」C．萊特說：「未來棒球管理階層和教練團的成功與否，也是決定在減少隊內的資訊不平等跟認知落差上。」

一九八〇年代，球隊對於管理部門和球員休息室之間的資訊傳達，沒有什麼作為。桑德伯格說：「現在大聯盟球員接收到的資訊和指導，跟往年實在差很大。」他也提到當年他整個職業生涯，都只有從隊友身上學到東西而已。落磯的球探暨球員發展部門助理華恩斯坦（Jerry Weinstein），五十年的教練生涯教過從高中一路到大聯盟中間各個層級的棒球員，思想進步的他也說：「那個年代的大聯盟球隊，就是一個總教練跟一個防護員而已……頂多多一個巴士司機，但其實很多時候防護員就是那個巴士司機。」

最不可取的是，球員休息室通常很抗拒（或不在乎）管理部門提供的資訊。大約在一九九八年，C．萊特試圖在他的個人公司加入「球員強化顧問」這項服務，並對十二支他認為算是業界領頭羊的隊伍發出服務簡介，但最後卻沒有球隊願意僱用他。球隊拒絕他最常見的理由是，教練團跟球員發展部門的人不太可能有太多交涉和合作，因此C．萊特的貢獻預計也不會太大。

因為遭遇到重重障礙，當時的C．萊特跟《魔球》裡的比恩一樣，都認為球員發展不是棒球界最有機會開發的環節。「我那時候的想法是，球員發展應該不是最好著手的地方。看看球員評估的領域，那裡的發揮空間更大，因為當時各隊在球員評估上的落差實在太大了，可以好好利用。」C．萊特說：「但如今，我想情況應該要相反過來了，球員發展領域的發揮空間比球員評估還要大。」

二〇一五年，教士委託C．萊特製作一份報告，告訴他們對球隊長期利益最好的營運方針。「科學導入到棒球的應用，應該要從高階的管理部門開始，向下滲透到整個棒球隊，這才是符合邏輯的發展方向。」C．萊特寫道：「早在一九九二年，我就強烈建議有抱負的專業賽伯計量學家，應該要多注意如何將科學導入球員發展和養成的議題……我告訴他們，他們未來應該會遇到主流風向的轉變，球員發展和養成會變成他們主要的工作內容。」有賴於球員休息室不再對管理部門提供的資訊感到那麼抗拒，加上精確追蹤科技的出現，C．萊特認為屬於球員發展和養成的年代已經到來。「棒球界的資訊爆炸，將會推動棒球科學在球員強化和養成上的應用。」C・萊特接著說：「要取得競爭優勢，球隊得走在這波浪潮的最前端。大家衝刺的速度之快，你根本沒有時間再觀察風向了。」

當棒球終於要開始探索這些新領域的同時，其他運動已經先提供了藍圖。很多促成棒球球員發展革命的科技和工具，其實都是先在另一個擊球運動找到立足點，而這個運動的收視人口年齡層比棒球更高：高爾夫球。「高爾夫球在這方面的發展比棒球進步許多。他們可說是拿顯微鏡在檢視、調整頂級球員的機制。」班尼斯特說。

這有一部分得歸因於「追蹤者」。追蹤者是一套追蹤球體飛行的雷達系統，不僅裝設在大聯盟所有球場，也可以在幾乎所有小聯盟球場、許多大學球場、日本職棒球場、韓國、台灣發現它們的蹤跡。追蹤者二〇〇三年成立於丹麥，從做追蹤高爾夫揮桿和高爾夫球飛行軌跡起家。創辦人之一兼科技長塔克森（Fredrik Tuxen），本身是一名雷達工程師，過去專門研究用來追蹤飛彈武器的軍事科技，他說追蹤者當初成立的計畫是，為高爾夫球員提供立即性的數據回饋，讓打球變得更有樂趣的同時，也確保球員「每次的揮桿擊球都帶有目的性，而非單純的揮桿而已」。

很快地，追蹤者修正了許多教練的錯誤觀念。傳統的觀念是，球員揮桿的方向就是球飛行的方向，但追蹤者的資料顯示，球飛行的方向跟桿面的方向比較有關。「我們跳進高爾夫這個領域，然後跟他們說：『你們的觀念是錯的。喔對了，這裡有一套器材可以讓你們自己去測量到底發生什麼事。』」塔克森說。追蹤者的數據也告訴他們，對加長飛行距離最有利的理想擊球仰角和球體轉速，分別是十二度和二千七百轉，這代表球員要鎖定比傳統認知更高的揮桿角度，才能創造最遠的飛行距離。「當我第一次跟他們說這件事的時候，反抗的聲浪很大……沒有人相信我們的結論。」塔克森說：「不過現在所有進入高球界的年輕球員，都會追求那樣的揮桿方式。」

在高球界樹立起名聲後，追蹤者開始為棒球設計產品，這對他們來說是個不小的挑戰，因為棒球需要更細膩的量測且缺乏穩定的出手點和擊球頻率，而且直接在打者後方架設追蹤器材的難度也比較高。二〇〇八年初，追蹤者開始對大聯盟球隊提案，塔克森跟追蹤者的總經理歐山（John Olshan）親自拜訪各隊的春訓基地。追蹤者第一次蒐集到大聯盟投手數據的地點，正巧就是在道奇城。雖然球速和位移幅度的數據很直觀，但當塔克森指出投手的直球轉速時，大家都不知該如何解讀。「投手自己和道奇隊投手教練哈尼卡特（Rick Honeycutt）都看著我，問說：『這個轉速是好的嗎？』」塔克森回憶：「我說：『我不知道啊，難道你們不知道嗎？』他們都不知道，因為他們從來沒有這些數據。」

當時的球員發展通常沒什麼科技可言，所以管理部門的分析師往往得負責搭建追蹤者跟球隊之間的溝通橋樑。「我們來自資料分析和科技端，所以很多球員發展部門的人一開始都不信任我們。」歐山說。因為這樣，追蹤者很難說服球隊接納這套系統。「那些會議如今看來實在可笑。」歐山回憶：「我進到棒球場的會議室之後，所有穿著棒球制服的人也陸續走進會議室坐下，而我則一個人在前面簡報，跟他們介紹一個原本是拿來追蹤飛彈的系統。那些人看著我，就像看到一個瘋掉的人一樣。」

即便如此，管理部門的數據專家清楚「知道轉速」是有價值的，所以等到追蹤者正式在二〇一一年推出他們的棒球產品時，他們很快就打入市場。「我們成長的速度令人印象深刻。」歐山說：「但我們其實就只是在一間小辦公室的五人團隊而已。我們都覺得自己像《綠野仙蹤》（The Wizard of Oz）裡的奧茲國魔法師[7]，心裡想著：『可千萬別窺看幕後的情景啊。』」

從瑞奇到菲利浦，從哈納到考夫曼，再從C．萊特到今日，回顧球員發展的歷史，裡面充滿著斷斷續續的情節、溝通不良與衝突、獨立實驗和遲來的突破，一切種種堆疊起來，構成當今的球員發展革命浪潮——優化球員已經不再是對未來的想像，而是現在進行式。這令人想起詹姆斯為《評價棒球》所寫的序言，裡面有這麼一段話：「其實並不是我們沒有在進步，可能只是我們進步的過程，就像是一艘帆船以四十五度角迎來一陣逆風，朝向跟剛剛預定好的航線呈九十度角的方向航去。」從棒球被發明之初，球員發展這艘船就一直受逆風肆虐，但現在至少風帆正受到鼓動推進，整艘船已經動了起來。

二〇〇五年，也是侯恩斯比棄「聰明點子」如敝屣的八十年後，歷史上最優秀的二壘手之一、脾氣老是不好的摩根（Joe Morgan），就曾在「ＥＳＰＮ」網站的聊天室談到《魔球》時，說出跟侯恩斯比差不多的話：「『球員』才能贏球。理論是贏不了球的。」但隨著科技逐漸佔據棒球界的重要位置，球員也終於停止訕笑所謂的「理論棒球」跟「科學棒球」。

前教士隊小聯盟球員、現任密西根大學棒球隊投手教練的費特（Chris Fetter），不過三十出頭歲，但當他談到他的球員時，好像在指一群完全跟他不一樣的物種，準備要在思想上超越他。費特說：「現在到處都有各式各樣的豐富資訊，『Fangraphs』基本上已經是棒球界所有人的瀏覽器首頁了。」他特別提到目前在棒球數據和分析領域居有領導地位的網站「Fangraphs」。費特接著說：「現在的青少棒球員每次打開推特，都會看到擊球仰角、擊球初速等名詞，一直不斷接觸這些東西。他們自己也很好奇，想要學習更多。」與此同時，有愈來愈多成棒球員也開始了解這些新知識。「球員發展與養成可不是到大聯盟就結束了。」迪波托說：「無論什麼階段都得無止境地學習。」現年五十歲的迪波托，擁有八年的大聯盟投手資歷，但他選手時期的資訊量，完全無法跟現在相提並論。

7　在《綠野仙蹤》的故事中，當主角桃樂絲一行人終於見到偉大的奧茲國魔法師時，卻發現魔法師只是一個躲在綠色布幕後方的矮小老人，與預期落差極大。在魔法師的真實身分揭開前，他曾徒勞無功地跟桃樂絲一行人說：「千萬別注意那個在布幕後方的人。」

終於，球隊開始教導球員怎麼進步了，但他們的課程和教材卻都來自職業棒壇體系之外，由那些打破球員發展傳統的體制破壞者操刀設計。

第四章 第一原理

我知道要知道一件事情有多麼地困難。

——美國理論物理學家法恩曼（*Richard Feynman*）

跟包爾第一次見面的六個月前，波迪搭公車到西雅圖市中心。那是二〇一二年八月十五日，坦帕灣光芒（Tampa Bay Rays）來到西雅圖進行客場比賽，而他們的管理部門成員也全跟著球隊來到西岸。預算非常有限的光芒總是對新點子很感興趣，因為他們要試著跟美國聯盟東區的大市場球隊競爭，如洋基、紅襪。光芒的助理總管亞諾（Matt Arnold）讀到波迪在他個人部落格《傳動機制》（Driveline Mechanics）上刊出的文章，好奇心全被激發了起來。光芒那天要打一場週四午間的比賽，而波迪則是要在賽後跟幾名光芒隊的人員於球隊下榻的飯店見面。

當時的棒球界已經接納一種特定的圈外人進到管理階層：具有理工科學歷的常春藤名校畢業生，但在球員發展領域，圈外人仍不得其門而入，而且幾乎所有教練職都是由前球員擔任。圈內人一而再再而三地跟波迪說他的想法都是胡說八道，但波迪想，如果有球隊的思維跟其他隊不一樣，那肯定非思想先進的光芒莫屬，因為光芒比其他球隊更願意挑戰棒球傳統，他們採用內野防守佈陣[1]的大膽作法即明顯例證。

波迪非常渴望這次跟光芒的會面能進行順利，因為他總覺得自己已經找到人生的志業了。那時二十九歲的波迪懷抱一個具開創性的目標：藉由幫助投手增加球速、練出更好的變化球，將雜魚投手改造成明星投手。更廣泛地來說，波迪覺得美國職棒的整個小聯盟和球員發展體系，都要打掉重練，從零開始反思、設計、重建。每一個重大突破都起自一個對的問題，而波迪一直都在提出問題。為什麼小聯盟系統的架構是這樣？為什麼每一個教練團成員跟球員發展部門成員的職稱都一樣？為什麼他們的背景都差不多，甚至連體型身材都差不多？為什麼球員發展和養成的過程中，使用到的資料那麼少，大多數時候都憑「感覺」做事？

波迪搭車到市中心的途中，他打開收音機聽光芒和水手的賽況。水手王牌投手赫南德茲（Felix Hernandez）正在對光芒投出大聯盟史上第二十三場的完全比賽（perfect game）[2]。「你他媽的在跟我開玩笑嗎？」波迪心想。波迪跟光芒介紹他的想法時，他們的心情可能不會太好。

波迪走進飯店套房時，看到房內聚集的光芒代表包含了他們的總管弗里曼（Andrew Friedman），內心受到一陣鼓舞，因為弗里曼是球界公認最精明的總管之一。波迪向弗里曼詳細說明，為什麼他比其他人都更知道該怎麼培養投手，以及他的作法可以為光芒帶來什麼改變。弗里曼仔細聽完波迪的整套說法，然後告訴波迪他會信任他們內部人士的判斷，決定波迪所說的究竟是胡說八道，還是確有其道理。波迪記得弗里曼那時問了他一個尖銳的問題：「為什麼你會想在職業棒壇工作？」

弗里曼的問題令波迪感到驚訝。弗里曼認為，若波迪嘗試從圈外、從基層發起改變，可能會做出比較好的成效。如果波迪一開始就想從圈內改變球員發展，那他得先面臨巨大的官僚主義挑戰。為了支持他的論點，弗里曼問波迪對光芒隊投手養成的想法。當時光芒陣中，有一大票他們農場自產的優異投手，像普萊斯（David Price）、席爾茲（James Shields）、摩爾（Matt Moore）等人。

「你想要我說，你們有很不錯的投手群。」波迪說。

「沒錯。」波迪還記得弗里曼的回答：「你會覺得，我們認為自己在投手養成上做得不錯。」

「但其實沒有人知道你們到底做得好不好。」波迪說。

弗里曼坦承，他其實並不確定光芒隊的投手養成，是否已經達到最理想狀態。「但我可以跟你說的是，」波迪回憶弗里曼當時的說法：「我們大聯盟陣中已經有很多好投手了。所以你覺得我們的投手教練會怎麼想？」波迪那時候就知道這場非正式的面試，不會有什麼好結果。弗里曼不會因為一些看起來十分激進的概念，對既有的人事結構做出調整。

波迪沒辦法成為光芒的員工，他得從圈外著手改變棒球。「那不是我想聽到的答案。」波迪說：「那很令人沮喪。但必須說，弗里曼說得一點也沒錯。」

那不是波迪最後一次跟弗里曼見面。但在那個當下，波迪要繼續在圈外發展，而圈外也一直是他耕耘的地方。

直到今天，波迪談到他的抱負，語氣中帶著的革命熱忱，跟當年他前去跟光芒見面時所懷抱的期待是一樣的。「現在還是有太多可以做、但還沒有人做的事情。」波迪說：「這是我很感興趣的事情……如果能做出革命性的改變，我們的事蹟就會被載入史冊。如果我們只做加重球，沒有人會記得這件事。如果我只讓加重球普及的話，也不會有人記得是我普及加重球的。就算有人記得，也不會有人真的在意。但大家都記得是道奇隊創造出現在所知的小聯盟農場系統……我想要的改革是這種規模的……我想要被人們視為下一個瑞奇。」

1　守備佈陣／防守佈陣指的是，大幅調整內野手傳統的守備位置佈局，將三名內野手安排在內野任一側的極端作法。

2　完全比賽堪稱投手單場能達到的最完美表現，不僅完投九局，還讓對手一人次都沒上壘，二十七上二十七下。

「被人們視為下一個瑞奇」，這個目標對於一個前橄欖園（Olive Garden）餐廳服務生、一個還在尋找第一份棒球界工作的大學肄業生來說，似乎有點太過遠大。但波迪從不設不夠遠大的目標，他也不贊同緩慢而穩定地成長。即便波迪連在棒球界的立足點都還沒找到，但他已經預見未來的棒球會全面改造現有的組織架構和人事安排。

「大家覺得改變應該要慢慢來，一步步去改，但我不同意。」波迪說：「就跟瑞奇引進黑人球員到大聯盟的例子一樣，你不可能只先引進十分之一個黑人球員。實際上不可能那樣運作的。這是一種階梯函數，一變就是要徹徹底底的改變。我真心覺得未來棒球的球員發展也需要經歷這樣的變革。從『這是我們過去一百年來的作法』直接變成『不，我們不再那麼做了』。」

在跟弗里曼見面的六年前，波迪住在他父母位於俄亥俄州帕馬市（Parma）的家。二戰之後，帕馬市變成克里夫蘭最大的郊區，居民以藍領階級為主。帕馬市長期陷在煉鋼廠的陰影之下，如今大部分都已停止營運。波迪的父親是愛爾蘭裔的電工人員，而他來自日裔美籍家庭的母親則是在家帶孩子。波迪的外貌揉合了他父母親的特色：頂著一頭濃密黑髮，眼睛上方的眉毛也是又濃又粗，而眼窩裡則是深色的眼珠子。波迪的身材魁梧結實，高中時期是多棲的優秀運動員。此外，他頭腦也很聰明，對許多事物都很有好奇心。他的學術水準測驗考試（SAT, scholastic assessment test）[3]成績很不錯，但他們家負擔不起讓他去俄亥俄州以外頂級大學就讀的費用。波迪少年時期，俄亥俄州東北部的就業市場對求職者並不友善，他的父親在被公司解僱之後，花了一整年的時間找工作，那段艱苦的日子對形塑波迪的性格和價值觀有很大的影響，他自己也難以用言語解釋。或許這是他寧願自己創業也不願受僱於老闆的主因。但二〇〇六年從包德溫華勒斯大學（Baldwin Wallace University）退學之後，波迪就進入了失業狀態。

更早之前，波迪選擇在高中第四年那年退學，去凱亞霍加社區學院（Cuyahoga Community College）就讀累積大學學分。由於包德溫華勒斯大學承認波迪在社區學院的學分，因此他爭取到獎學金入學。波迪修經濟學和電腦科學，同時也擔任學校棒球隊的投手，但波迪不相信學校的課程設計，能幫助學生在真實世界成為出色的人才。他當時知道自己想要當一個創業家，但他不知道該怎麼著手。波迪擔心繼續在大學念下去，未來可能會變成前進保險公司（Progressive Insurance）[4]的奴工。

雖然波迪的個性一向和藹可親，對於人生目標的追尋充滿熱情，但他同時也是焦慮症和憂鬱症的患者，從青少年時期起就有相關症狀。波迪選擇退學時，他很訝異他的父母沒有責難他，但其實那是因為他們知道波迪過得很辛苦。波迪的母親一直建議他去當餐廳服務生，所以退學之後，波迪開始在帕馬的橄欖園餐廳端盤子。「那是我人生中做過最棒的決定之一。」波迪說：「從某種角度來說，服務顧客使我保持忙碌。那是我第一次感受到，我付出多少、工作得多賣力，能直接影響我收入的多寡。」

在橄欖園工作時，波迪會在顧客用完餐之後，送上冷藏的安迪士薄荷巧克力（Andes mint）。不是所有服務生都會在永無止境的義大利麵碗裡灑上現磨的胡椒粉，但波迪願意去做。波迪的表現好到店裡的經理都生氣了，因為有一晚，四組用晚餐的顧客都把經理叫出去，特別向他稱讚波迪的服務表現。「經理被叫出去的次數多到有點煩了。」波迪說：「這顯示在餐飲服務業，你不用多做太多，表現就能優於平均。」

離開大學後，波迪仍然在對抗憂鬱症，但他的朋友卻幫了倒忙，讓他養成不健康的生活習慣。由於他們都在做一些「爛工作」，所以經常聚在一起邊喝酒邊抱怨工作瑣事。這個循環每個週末都要重演一遍。波迪開始

3 SAT測驗，或稱學術水準測驗，是由美國大學委員會委託美國教育測驗服務社定期舉辦的測驗，為美國各大學申請入學的重要參考條件之一。（摘編自維基百科）

4 「前進保險」為美國一家知名保險公司，主打汽車保險，是全美最大的汽車保險公司之一，其總部就設在俄亥俄州。

服用成藥緩解憂鬱症狀。「我那時候濫用『安必恩』（Ambien，一種鎮靜安眠藥物）。」他說：「吃了安必恩，我才睡得著。」濫用藥物造成一些副作用，包含短暫失憶和嚴重的失憶症。

那時候，波迪已經在社群媒體「LiveJournal」上遇到他未來的妻子。她住在西雅圖，波迪希望能搬去離她近一點的地方住，但他家裡沒有任何人離開克里夫蘭地區久居過，所以波迪的想法感覺上有點叛逆。某天清晨，波迪從安必恩造成的短暫性失憶中醒來，坐在筆電前的他意外地發現，他在昏睡前已經幫自己在線上應徵了幾份工作。其中一份工作是線上撲克平台「撲克之星」（PokerStars）客戶服務中的遊戲理論顧問。波迪曾打過半職業的線上撲克比賽，經常光顧離他最近、位在加拿大安大略省溫莎市的賭場，也參與過桌遊「魔法風雲會」（Magic: The Gathering）的錦標賽。「我猜我在用藥情況下打出來的履歷和求職信還算可以，因為我得到了面試機會。」波迪說。他後來順利錄取，加入撲克之星的反勾結小組，從遠端工作，而這也代表他不必繼續待在克里夫蘭，因此在二〇〇六年搬到了西雅圖。

為了滿足他喜歡競爭的慾望，波迪開始在當地的少棒聯盟擔任教練，後來進一步到羅斯福高中（Roosevelt High School）帶高一棒球隊。波迪未來的岳父是羅斯福高中的壘球教練，是他介紹波迪給該校的體育主任。波迪在帶高一隊時，強調上壘率和選保送的重要性，卻被對手教練嘲笑，他們稱羅斯福高中的耐心選球「十分愚蠢」。波迪對此感到不解。

「為什麼大家不能接受耐心選球？」波迪說：「很明顯，愈多人在壘上愈有用。那時候我就開始想：『為什麼你們他媽的搞不懂棒球的基本原則？』」

波迪也開始去當地的棒球教練講習上課，仔細聽講並提出問題。但當他問的問題愈多，就會得到愈多無法令他滿意的回答。這些情況在他心中種下了對球員發展感興趣的種子。

波迪在羅斯福高中執兵符的最後一年，校隊在他們分區只拿下一勝，成績慘不忍睹，但波迪帶的高一隊卻打得還算可以。然而，球季結束後，波迪接到體育主任的電話，主任跟他說學校想改變高一棒球隊的營運方針，所以不再僱用他作教練。有趣的是，校隊的總教練繼續留任。

雖然波迪從沒跟校隊總教練撕破臉，但他們的關係也不是太好。「那就是問題所在。」波迪說：「他質疑我跟我的助理不是傳統科班出身，我們不是棒球人……我心想，去他的。」

丟了棒球教練的工作後，波迪依然對訓練和球員養成充滿興趣，花很多時間研讀相關資料和研究。那時，他也已經離開撲克之星到微軟（Microsoft）工作，負責「照顧」Xbox的線上社群，每週上四次大夜班，從晚上十一到做到早上十點。「除非出什麼大事，不然那工作其實很閒。」波迪說。

波迪把那些時間用來思考運動員訓練。他認為當時球界在訓練球員上，明顯缺乏適當的知識、資料和客觀的科學方法，且相信棒球投手訓練的情況更為嚴重。身為在克里夫蘭長大的小孩，波迪從小就一直有在丟球，常常把球丟得遠遠的，愈遠愈好。他跟小時候的玩伴在社區玩傳接球時，都會在短跳助跑之後，朝站在六十英尺外的夥伴使盡全力地丟，力道很大，通常會嚇到接球的人。

對於如何教導孩童的訓練意圖，波迪有一個激進的提議。「不要跟六歲小孩玩傳接球，」波迪說：「如果我有小孩，我會叫他站在圍籬旁，使出全力地朝圍籬丟球，愈用力愈好。」波迪說那樣的話，孩子就會學習並模仿到成人的極限意圖機制。波迪提到，小孩總是會模仿周遭大人的行為，這也是為什麼波迪相信，大聯盟後代之所以比較容易在運動場上成功，不是因為他們的基因特別好——可以算是一種加分——而是因為他們都會仿製最有效率的投球機制和動作。如果只是輕鬆地傳接球，保持低意圖的訓練，孩子會學到錯誤的動作。「然後等到他們十二歲的時候，你就會開始罵他們的動作協調性不夠好、運動能力不夠。」波迪說：「不過你沒想到的是，過去六年你都在教孩子錯的丟球方式，你能期待他們忽然間變成棒球天才嗎？」波迪始終相信全力擲球能幫助投手增加球速，但職業棒壇卻朝相反的方向前進。

一九九〇年，范波派爾（Todd Van Poppel）是業界公認當屆業餘球員選秀中的最佳投手，他跟運動家隊簽下一紙三年總值一百二十萬美金的合約，還附帶六十萬美元的簽約金。范波派爾轉職業後的第一場出賽，代表西北聯盟（Northwest League）的南奧勒岡運動家（Southern Oregon Athletics）主投，投出驚豔全場球探的九十四英里速球。一九九一年，范波派爾成為棒球界的最頂級新秀，年僅十九歲的他很快就被推上大聯盟前線，不過范波派爾的生涯就此走下坡，除了好幾次手臂受傷之外，投球表現也不理想，最終在大聯盟留下生涯通算WAR值[5]為負值的難堪成績。二〇〇一年，選秀榜眼普萊爾（Mark Prior）簽下保證薪資高達一千零五十萬美金的大聯盟合約，而他大聯盟生涯之初確實也投出不凡佳績，但接踵而至的傷病問題，使他早早就黯然退出大聯盟舞台。究竟范波派爾和普萊爾是不是被操壞的？他們是不是太早被推上大聯盟了？各隊都很擔心自己砸大錢投資的頂級新秀，變成下一個范波派爾和普萊爾，所以對他們的處置愈來愈謹慎，導入更嚴格的投球量和局數限制。

「皇家隊到現在還在做這種事：每天他們都會進行七分鐘的傳接球練習，其中一個人會喊六十、九十、一百二十等數字，每次他喊完，所有人就會移動到六十、九十、一百二十英尺處，然後就這樣子而已。」波迪說：「這他媽的竟然還是整個球團的訓練哲學，實在不可思議，但事實真是如此。不要丟超過一百二十英尺的距離？光從游擊區傳球到一壘，就不止一百六十英尺了，算算就知道皇家的訓練有多荒謬。」

一九九八年，「棒球指南」開發出一個以投球量為基礎的數據工具——投手濫用分數（Pitcher Abuse Points），他們宣稱這個數據能夠幫助預測投手的受傷風險，並設定一百球以上就屬於投手濫用的階段。《運動畫刊》亦刊出一篇文章，該文主張若一季增加年輕投手的工作量達二十局或更多，會讓他們更容易受傷。波迪表示，那個時期球界出現許多關於投球的規則和限制，但它們的根基都不太科學，而且事後證明也沒有用。

到二〇一八年底，棒球網站「硬球時報」（Hardball Times）分析師羅格利（Jon Roegele）所經營的湯米約翰手術資料庫，一共累積了一千六百五十一筆資料。雖然湯米約翰手術已經有四十一年的歷史，但資料庫中有一半以上的職業球員動刀案例，都是在二〇一二年四月一號之後才發生。沒有人知道該怎麼做，才能減少如同流行病般擴散的手肘傷勢。「棒球指南寫的東西，有大概百分之六十都是錯的。」波迪說：「他們不是惡意提供錯誤資訊，而是我們實在缺乏足夠的統計嚴謹性，以致於無法分辨哪些事情是真的、哪些事情是假的。」

在微軟值大夜班時，波迪花了一年時間，坐在螢光燈管下一排開放式的桌子前，完食大約三十本書和一百二十份關於運動員訓練的論文。透過學習各種理論、系統、訓練法的基本概念，波迪自學成為訓練棒球員的專家。

這個過程奠基在亞里斯多德（Aristotle）的哲學之上，亞里斯多德稱之為「用第一原理推理」。波迪的父親在波迪小時候曾於英國石油公司（British Petro）和美國航太總署格倫研究中心（Glemn Research Center）擔任電工一段時間，他那時灌輸了第一原理推理的想法給小波迪。創業家馬斯克也深信第一原理的概念。在一場二〇一六年的TED演講裡，馬斯克跟觀眾解釋，他每次發起創新的過程，都是先「將事物拆解到最基本的原理，然後再次基本原理往上推理思考」。馬斯克認為，第一原理的思維方式，遠比類推法要來得好，因為「類推法基本上就是在照抄別人的作法，只是加一點些微的改變而已」。

馬斯克跟美國知名月刊《連線》（Wired）的記者說，當他開始研究怎麼打造一架火箭時，他會先把傳統的作法放在一邊，用全新的觀點來看待手上的任務。「物理學教導我們要從第一原理開始推理……火箭是什麼做

5　綜合貢獻評量WAR值（Wins Above Replacement），是以進階數據為基底，試圖計算棒球員場上貢獻價值的數據，其所代表的意義為「比替補級球員多幫球隊拿下幾勝」。一般來說，單季WAR值〇為替補、板凳球員的水準，二左右為聯盟平均，四左右稱得上是明星級。由於此數據有經過球場和年代等不同環境的數據校正，因此一名球員的WAR值能被拿來跟在不同球場比賽、不同時期的球員作相互比較。

的？航太級鋁合金，加上一些鈦金屬、銅金屬和碳纖維。接著我問，商品市場上這些物料的價值是多少？結果我發現製造火箭的原物料成本大概是傳統價格的百分之二而已。」太空探索技術公司（SpaceX）[6]於焉誕生。

棒球界也需要類似的新思維。波迪展開他的研究時，棒球教練和棒球隊已經花了超過一百年的時間使用類推法，先複製別人的作法之後，再做微調。在球員發展上，幾乎沒有人採用第一原理推理的方式去思考真正重要的事情。波迪想要先從基礎開始，學習生物力學、學習運動員的動力鏈（kinetic chain）、學習如何增加移動能力和力量，然後再去了解改革球員發展的根本基礎、第一原理到底有哪些。

在這方面，一九七四年國聯賽揚獎得主馬修（Mike Marshall）是很有影響力的人物。馬修擁有人體運動學（kinesiology）的博士學位，他把牛頓物理學的概念應用在投球上，創造出非傳統的投球機制。馬修認為，如果由他來督導一支職業球團的話，他能讓「所有投手的球速都增加八到十英里」，而這想法深深吸引了波迪。波迪在他的部落格寫下，馬修採用不尋常的訓練方法（包含大量丟球）和不尋常的工具（包含手腕負重帶和塑膠標槍），去練習在臂部不向二壘轉動的情況下，創造「對準目標的直線動力傳動」。動力傳動是馬修很喜歡的概念之一，波迪二〇〇九年十月開始寫部落格時，就把「傳動」拿來當作他部落格的名稱，雖然波迪的讀者不多，但他仍持續筆耕。後來，波迪把他的個人公司命名為「傳動棒球」。

馬修撰寫的書籍《投手訓練》（Coaching Pitchers）技術含量非常高，他在書中談到了減速的重要性和手腕的重量訓練。馬修認為，如果投手的大腦不認為他的減速肌肉能承受投球動作所帶來的力量，那大腦就會下意識地限制丟球的速度。馬修寫道：「直線加速賽中，一台賽車能在四分之一英里的賽道上達到五百英里的時速，不過賽道終點線後方只有一百英尺的緩衝區，再過去就是一道二千英尺深的懸崖，這時問題就來了：賽車駕駛能在一百英尺的緩衝區內把車停下來嗎？當棒球投手每次嘗試投出具更快速度的直球時，他的小腦都會問：我們的肌肉……能夠在球脫離手掌心到投球手臂朝本壘板完全延展的這段距離之間，安全地煞住投球手臂嗎？從這個角度看，棒球投手的煞車系統一定很厲害！」馬修進行投手教學時，都會要他的學生戴手腕負重帶，用以增加他們手臂肌肉的煞車能力，而這套訓練法後來也成了傳動棒球的主要訓練方式之一。

批評馬修的人很好奇，既然馬修宣稱自己已經破解了投球機制的奧義，那為什麼他教出來的投手，球速都不超過九十英里？美國運動醫學研究所（ASMI, American Sports Medical Institute）是全美少數有在蒐集投球機制數據的生物力學實驗室之一，所內的研究員弗萊西格（Glenn Fleisig）就質疑馬修的理論不正確。自一九九〇年起，弗萊西格調查了二千名投手，範圍涵蓋青少棒球員到大聯盟明星球員。他在投手的身上裝追蹤器，追蹤他們四肢的移動，有了這些資料，就能比較、分析投手的投球動作。弗萊西格和美國運動醫學研究所認為，由長期保持健康的頂級大聯盟投手所發展出來的投球機制是最好的，因此應該要多多調查那些投手，並且複製他們的機制。然而馬修卻不這麼認為，他不覺得成功登上大聯盟就能證明一名投手擁有值得效法的投球機制。

馬修帶著一些投手學生到ASMI接受一連串的生物力學測驗，並比較他們跟弗萊西格研究的頂級大聯盟投手，兩者之間投球機制的差異。雖然在肩膀轉動幅度和手肘延展速度的表現（這兩者對創造球速的動力鏈十分重要）上，馬修的學生跟弗萊西格研究的大聯盟投手差不多，但他們實際丟出來的球速卻遠比大聯盟投手低。

波迪分析，從理論上來看，應該是馬修學生的動力鏈中間出現斷片。當投手的前腳接觸地面時，動力鏈隨之而生，將力量由下而上帶到肢體末端。馬修認為投手投球時，「前臂和手腕強而有力地向身體內側旋轉」能保護投手的尺骨附屬韌帶，但波迪認為「前臂和手腕向身體內側旋轉」的動作造成一部分的動力鏈減速。

6　太空探索技術公司是美國一家私人航太製造商和太空運輸公司，總部位於美國加州霍桑（Hawthorne）。該公司由馬斯克於二〇〇二年創辦，目標是降低太空運輸的成本，並進行火星殖民。（摘編自維基百科）

波迪能夠以第一原理推理，把投手創造速度的過程拆解成簡單的物理。舉例來說，速度的形成，起源其實在地面。「雙腿藉由地面的反作用力製造力量。」波迪在他的部落格寫道。投手的前腳跨步並踏在地面上，骨盆隨後繞著前腳轉動，產生旋轉動能，最後投球手臂跟著甩出，就像是在抽鞭子。

「任何熟悉抽鞭子的人都知道，鞭繩的鬆弛，是創造鞭繩尾端迷你音爆的主因。」波迪寫道：「如果你把鞭子的某一段變硬，就會切斷從鞭繩頭傳遞能量到鞭繩尾的動力鏈，讓能量流動地不順暢，使鞭繩尾巴最終的速度比沒有變硬的鞭子慢非常多。」

波迪的學思歷程也受到其他人物的影響，其中之一是前舉重選手克萊西（Eric Cressey）。克萊西旗下有數名大聯盟球員客戶，而他的教學方式提升了波迪對訓練的了解和認知。此外，波迪也研究蘇聯的運動科學。波迪後來甚至開始建構自己的理論，但到二〇一〇年時，波迪意識到他必須要實際測試那些理論，才能將它們變成運動員的規範、準則，但當時很多他想要的資訊根本還不存在。

這是創新者常常遇到的問題：測試、驗證全新的理論，需要打造新的檢測工具。就拿俄亥俄州史上最著名的兩位創業家——萊特兄弟（Wilbur and Orville Wright）——當作例子。一九〇一年，兩兄弟在北卡羅萊納小鷹鎮（Kitty Hawk）進行飛行測試，遭遇失敗，感到十分沮喪。「他們遭遇的困難，不只是他們打造出來的機器成效奇差，或是很多問題尚未解決而已，」萊特兄弟傳記作家麥卡勒（David McCullough）寫道：「更嚴重的是，許多建立已久、照理來說十分可靠且被他們奉為圭臬的運算公式和文獻資料，都證實是錯的、不靠譜的。」

奧維爾．萊特（Orville Wright）就在他的日記中寫下：「我們知道要花大量的時間跟資金，才能建立自己的資料數據……我們必須親自去解決所有問題。」所以萊特兄弟回到俄亥俄州代頓市（Dayton），打造了一個一百八十多公分的風洞，好讓他們自己搞懂航空學。波迪也想要自己搞懂投球技術，為了達到這個目標，他需要一個好比萊特兄弟風洞的實驗室——一個專為生物力學打造的實驗室。

波迪希望他的實驗室能夠進行三維空間（three-dimensional [3D] space）立體分析。二維影像分析有許多限制，因此波迪不認為那是真的生物力學研究。棒球動作包含三個面的移動：前後、左右、上下。先進的生物力學實驗室，造價高昂，但波迪認為他能用幾百塊美金就能做出來，不必傾家蕩產。跟馬斯克打造他的火箭一樣，波迪要用少少的錢建造他的實驗室。

要如何才能從零開始建造一間先進的生物力學實驗室？波迪決定直接去問專家，所以他打電話給美國運動醫學研究所。畢業於岩河高中（Rocky River High School，位在離帕馬市不遠的富裕郊區）的所內研究員佛騰堡（David Fortenbaugh），耐心地聆聽波迪解釋他的計畫。聽完的當下，佛騰堡認為波迪的計畫是不可能的任務，而且那時佛騰堡還不知道波迪只是一個大學肄業生，既不是工程師、整型外科醫生，也不是主攻運動醫學的醫生。

波迪沒有因此退卻。首先，他需要足夠的實體空間，所以他找到西雅圖北郊一間位於拖車公園旁的室內場地，這個地方距離他住的公寓很近，用走的就能到。波迪以維護整個場地作為交換條件，獲得較優惠的租金，並在裡面架設一個打擊籠，再用簡易的細鐵絲網、一套啞鈴和槓鈴，搭起一座簡易的健身房。現在波迪擁有一個離他家很近、又能訓練球員的空間，接下來一年半他都在此地經營事業。下一步，波迪需要能測量角速度（angular velocity）[7]和投球動作相關位移的器材和科技。

---

7 角速度在物理學中定義為角位移的變化率，能描述物體（肢體）圍繞一個軸心轉動時，在單位時間內轉過多少角度以及轉動方向的向量。（摘編自維基百科）

波迪曾讀到一個叫做「直接線性轉換」（DLT, direct linear transformation）的技術，這項技術在一九七〇年代被發明出來時，目的是量測物體在三維立體空間中的移動。為了使用DLT相關的理論，波迪必須學會背後非常複雜、算式看起來像象形文字的數學運算原理。

為此，波迪自學線性代數。

大致了解背後的數學原理後，波迪建造出一個無標記的生物力學實驗室，接著他要定義出一個用來檢測客戶的三維立體空間。為了標出這個三維空間，波迪需要實體的標示物。二〇一〇年十月，波迪跟長期在傳動棒球擔任生物力學專家的瓦格蕭（Matthew Wagshol），一起到西雅圖地區的家得寶（Home Depot）[8]找素材。在一個貨架之間的走道上，波迪跟瓦格蕭開始用白色的聚氯乙烯管組建一個四方塊的骨架，離開家得寶前，他們對著剛組好的骨架拍了張照，照片背景裡還可以看到家得寶結帳櫃檯上方「多做一點，就擁有的多一點」的標語。

他們把用白色塑膠管組成的方塊，運回剛成立不久的傳動棒球。這個塑膠骨架幫攝影機和簡單的軟體定義出一個三維空間。波迪測量方塊的高度和寬度，還有托梁間的距離，並把這些數據輸入到DLT的演算法內。然後波迪跟瓦格蕭花了無數個小時，使用專門為研究所學生設計的難用軟體，不斷進行調整，才好不容易設定成堪用的狀態。總計，波迪花了大概二千美金的現金——「我不想再刷爆信用卡了。以前我刷爆過一次，那徹底毀了我的信用。」——以及數以百計的小時數，終於完成了他的生物力學實驗室。有了這個實驗室，他就可以蒐集投手動作的數據，研究如何讓那些動作變得更有效率。「真正的研究是，運用你所能找到愈多的客觀手段，測試你自己的理論是否正確。」波迪寫道。

波迪現在的辦公室廁所裡，牆上釘著一段標語，上面寫著：「要嚴謹就要嚴謹到底，因為做事嚴謹就跟懷孕一樣，沒有只懷孕一點點這種事。」

隨著時間推移，波迪發覺他的實驗室有其限制，記錄下來的資料因缺乏完整的脈絡以及球員進展的固定追蹤，所代表的意義也不大。此外，有一些檢測項目是波迪的器材沒辦法記錄的，像是前臂和手腕的轉動。波迪的實驗室很快就會過時，但經歷一次從零到有、親手建造一個實驗室的過程後，要再打造一個更好更大的實驗室，對波迪來說不成問題。

波迪的生活進入一種固定模式。在傳動棒球最早的那幾年，波迪從微軟下班後，會先搭公車離開西雅圖市中心，回家之後吃點晚餐，再走到他的實驗室，繼續利用傍晚的時間在那裡工作。他到克雷格列表（Craiglist）[9]上刊登廣告，徵求想要訓練的運動員。每週四天，波迪會教打擊和投球的課程，每個月則會固定為每位來訓練的學員做一次生物力學檢測。

「那時候真的很慘。」波迪說：「我們當時最高的學生數量是八個人。有整整兩年的時間，我們平均的學員數量只有四人。」

那時候好像沒有任何人注意到波迪的研究，而且他又開始受到憂鬱症症狀的困擾。但此時好運降臨在他身上：有一組加重球被誤寄到傳動棒球。有好幾個月的時間，那些球就擺在健身房的角落，沒有人去動。「我那時候在清理健身房，看到那些球，心裡想：『我一定要把這些東西清掉。』」波迪說。他當時的合作夥伴史達夫（Jacob Staff）阻止了他。「我到現在還清楚記得史達夫說：『你這個傻子，你怎麼知道這些球沒有用？你根本不知道它們有沒有用。你那麼聰明的人，怎麼會說出這種話？實在有夠丟臉。』」

波迪記得那時候他心想：「該死，史達夫說得一點都沒錯⋯⋯我蠻確定加重球會使人受傷，但我還是稍微

8　家得寶是美國一家家庭裝飾品與建材的零售商，分店遍佈美國、加拿大、墨西哥、中國。（摘編自維基百科）

9　克雷格列表是一個美國線上大型免費分類廣告網站。（摘編自維基百科）

研究一下好了。」波迪說，從基本思維的角度切入，「那就是傳動棒球的起源：我會用科學方法去測試每個東西，然後問說，還有什麼事情是我不知道的？重訓真的對球員有幫助嗎？也有可能，做重訓其實是一件很愚蠢的事情。」

波迪開始研究加重球，發現一份一九九四年夏威夷大學（University of Hawaii）教授德蘭（Coop DeRenne）撰寫的論文，裡頭寫到採取加重球訓練使高中和大學階段的受試者在健康沒有受到負面影響的情況下，球速有所進步。德蘭的研究對象為四十五名高中投手和一百八十名大學投手，他們被隨機分配到三個組別裡，而其中一個是對照組。接著這些球員進行十週的訓練。結果顯示，採取加重球訓練的兩個組（一組的加重球較重，另一組的加重球較輕），球速增加幅度皆優於沒有使用加重球的組別，而且受傷頻率沒有因此提高。如果該研究的結果能夠被複製，那這種訓練方法將徹底改革球員發展與養成，讓更多投手達到原本被認為無法企及的能力高標。

波迪針對加重球訓練的概念和科學原理做進一步研究，讀到一本叫做《重量訓練與協調：整合方法》（Strength Training and Coordination: An Integrative Approach）的書，由波許（Frans Bosch）所著，內容非常紮實，在討論身體運作和提升運動技能的書裡面，其資訊量可謂數一數二。波許將加重球式的訓練定義為超負荷訓練，此種訓練的概念是採用運動員「尚未熟悉且需要適應」的訓練器材。包爾當時已經在使用的超負荷訓練工具也是加重球，而這顆加重球後來會跟波迪未來成立的公司緊密相連。

丟一顆較重的球——比如約二百克（大聯盟用球約為一百四十五克）——會增加總力量。當投手的投球手臂向後延展，展開投球動作，使出最大肩膀向外轉動幅度或向後傾倒時，手中的球會感覺更重，此時身體就會去適應更大的總力量。超負荷訓練也可以跟低負荷訓練做搭配，這種雙箭頭的訓練法能增進總力量和巔峰力量。減重球能增加手臂的移動速度，創造更高的巔峰力量，而巔峰力量在決定最終的投球速度上扮演重要角色。藉由加重球和更大的總力量來強化身體，可以使身體承受更大的巔峰力量。

對很多教練而言，超負荷訓練感覺起來十分危險，然而，有些人早在二〇〇九年就開始挑戰那種觀念，比如說克萊西。克萊西當時就點出，儘管棒球的重量（約一百四十五克）大概只有美式足球（約四百二十五克）的三分之一，但平常丟球次數可能不亞於棒球投手的美式足球四分衛所受的手臂傷勢、肩膀傷勢，卻遠比棒球投手來得少。一般來說，一組加重球有八十五克到三百一十克等不同的規格。「如果增加器材的重量（在這裡指的是棒球），手臂的移動速度就會變慢。」克萊西寫道：「一旦手臂速度下降，減速的需求就會降低，這樣感覺起來就對手臂比較友善。」二〇一七年，弗萊西格在ASMI測試一套假設：「使用減重球能使手臂移動速度和球速雙雙增加，而使用加重球則會使關節動力變大。」他發現使用減重球確實能產出更快的球速和手臂移動速度，但實驗也證實假設的第二部分是錯的，加重球「會使手臂的力量、身體的扭轉力、球速全部下降」。

整體而言，像前述這些針對球員發展和訓練法的研究、資料，在當時仍非常稀有。

二〇一一年，波迪已經把傳動棒球搬到一個更大的場地——一個之前用做食品雜貨店的店面——同時成為RIPS棒球訓練機構的體能教練。RIPS棒球機構是當時在西雅圖做球員訓練和營運青少棒選拔隊的組織，在那裡，波迪獲得接觸更多球員的管道。他從RIPS棒球機構裡募集了四十四名自願報名的國中和高中棒球投手，來參與他的「終極球速計畫」（MaxVelo Program）。終極球速計畫結合了「進階的減速訓練、連結球（connection ball）訓練、增強式訓練（plyometric training）、高速影像分析、節律穩定（rhythmic stabilization）等作法」，執行之後，產出的成果令人難以置信。

對照組的十四名球員照他們自己的方式訓練，強度大多不高。他們在最終測驗時球速都稍稍下滑，從計畫前的平均七十點八英里，下降到計畫後的七十點三英里。第二組做的訓練是日常的練投訓練，球速從訓練前的平均六十八點一英里，上升到訓練後的七十點三英里，增幅為二點二英里。至於第三組則是極速組，十名組員接受一整套波迪買帳的訓練手段，包含減速訓練和高速影像分析，他們的平均球速從原本的七十二英里，上升到計畫後的七十九點一英里，增幅高達七點一英里。

波迪創造的訓練菜單，融合了他過去透過自學學會的許多元素，最有名的就是全力擲球訓練，它已經變成傳動棒球的超負荷／低負荷球速訓練計畫中，主要的訓練手段。傑格跟波迪在為他們的學員執行長傳和全力擲球訓練時，最大的差異是，波迪所在的西雅圖，冬天的天氣遠比傑格所在的南加州難以捉摸，而且傳動棒球的空間也愈來愈不夠用。波迪沒有開放式的戶外訓練場，所以他的學員長傳時，只能在室內朝尼龍網丟球，而不能跟另一名學員互傳。

波迪訓練的學員球速都有所增長。二〇一六和二〇一七年，在傳動棒球完成加重球計畫的大學投手，比較他們第一次牛棚練投到最後一次的表現，發現平均分別增加了二點七英里和三點三英里的球速。（雖然傳動棒球在二〇一八年所做的第一份經研究同儕審核過的研究，顯示六週的加重球訓練能增加球員的肢體移動範圍，但卻沒有產生全面性的球速增加效果。不過，球速有增加的那個組別也沒有因此受傷。）即便如此，每當波迪上傳學員丟出超過一百英里的全力擲球影片，傳動棒球的訓練法總是受到抨擊。波迪舉出常見的批評與質疑：「那投手在投手板上做好準備動作之後，能投出多少球速？我猜全力擲球的結果根本沒辦法兌現在場上吧。」或是「看起來這些投手只是漫無目標地擲球，他們沒有練怎麼投好球啊！」

「我們所做的訓練菜單中，沒有一個項目有被任何一個我知道的教練接受過。完全沒有。」波迪說。

波迪在回應諸多懷疑與批評時，常會舉威瑟斯（Casey Weathers）的例子。二〇〇七年，威瑟斯是范德堡大學（Vanderbilt University）的明星投手，也在選秀會上被落磯以第一輪籤選中，但手肘傷勢和動湯米約翰手術之後的後遺症，使威瑟斯的球速下滑，其職業生涯因此受到重挫。二〇一四年三月，陷入失業狀態、無球可打的威瑟斯找上了波迪，他在寄給波迪的電子郵件中寫到，他不知道接下來還有什麼路可以走，好奇波迪是否能幫助他恢復球速。威瑟斯之所以會找上傳動棒球，是因為他的前大學隊隊友、當時在洋基農場投球的卡薩姆（Caleb Cotham）給他建議，要他嘗試聯繫看看。威瑟斯到傳動棒球的第一天，波迪就叫他以全力的意圖丟加重球，並用高速攝影機和測速槍記錄下他的投球動作與球速。

「我告訴威瑟斯要用全力去丟加重球的當下，他臉上的表情十分逗趣。」波迪寫道。威瑟斯第一次以全力附帶短跳助跑的方式，丟擲常規的一百四十五克棒球，創造出九十三英里的速度。傳動棒球跟其他威瑟斯去過的訓練機構都不一樣，來到這裡的第四天，威瑟斯的常規棒球極速已經上升到九十五點一英里。十天之後，威瑟斯用短跳助跑的的全力擲球已經能丟出九十六點九英里的速度。再過兩週，數字上升到九十八點七。那年夏天，威瑟斯跟光芒簽下一紙小聯盟合約。儘管威瑟斯最終還是沒能升到超過二A的層級，但他確實還是帶著進步的球速和能力，重返了職業棒壇。

外界最常批評傳動棒球的一點，是傳動棒球的訓練看起來會增加球員的受傷風險。有些職業隊就抱怨，自主用加重球訓練的投手有出現受傷的情況，而波迪的建議是，不要在沒有適當教練協助和重量訓練的情況下，使用加重球和全力擲球訓練。波迪知道有研究指出球速愈快的投手愈容易動湯米約翰手術的現象，但他的想法是，那些投手可能沒有經過正確的身體素質強化和訓練調教，如果他們接受不一樣的訓練法，或許就不會那麼容易受傷。雖然訓練投手確實仍存有使他們受傷的風險，但如果不具備優質的球速，投手也無法在大聯盟投球，所以承擔一些必要風險是值得的。

「我不會大言不慚地說，我們強化球速的方式就一定是對的。」波迪跟「棒球指南」的作家說：「但我覺得我們始終保持開明，持續做許多研究……從宏觀的角度來看，我也很擔心球員容易受傷的情況。我們還沒有解決這個問題，而且我也不確定那是不是個能夠解決的問題。」

在推特上，波迪寫道：「那些只想避險的人，太常把『風險與報酬的關係』掛在嘴邊。我在當職業賭徒時學到的一課是，實在太少人願意冒險追尋最高報酬了……在職業運動的場域，你不可能一直避險，因為對運動員來說，最大的風險就是機會風險，時間過了、人一老了，你就沒機會了，這一點誰都擋不了、擋也擋不住。身為運動員，一定要嘗試挑戰最大的產出，而要達到這個目標，就得承擔巨大的風險。如此而已。」

換句話說，確實有些投手可能會在嘗試投九十英里速球的過程中受傷，但如果他們連九十英里都上不去，那他們可能也沒辦法在美國大學聯賽第一級的學校投球，遑論大聯盟。「『不要再想投快了，投準比較重要！』然後三個禮拜之後，把人踢出球隊，再說是因為球員投得不夠快，才放棄他。」波迪在推文中寫道，嘲笑那些不重視球速訓練的教練。

在專業領域上，波迪一直以來都充滿自信，甚至到自以為是的地步，因此容易跟他人產生摩擦。跟包爾一樣，波迪那堅信自我理念的固執，或許造就了他獨樹一幟的成功故事，但同時也深化了他與其他沒那麼了解科學棒球的人之間的誤會。波迪很不能忍受無知和懶惰，如果有員工問他能在谷歌（Google）上很容易就搜尋到答案的問題，他會責罵他們。另外，波迪亦常常在推特上跟別人爭執、吵架，或是挑戰別人的說法。

雖然打過棒球通常是擔任教練的最基本要件，但波迪很不看重出身或頭銜。他甚至幾乎把名校學歷視為對傳動棒球求職者不利的資格條件。二〇一八年夏天，波迪就在推特上大力讚揚谷歌和蘋果（Apple）公司取消求職者須具大學學歷的應徵條件。波迪想要僱用非主流的人、異類、圈外人來當他的員工；畢竟，他自己就是一個異類。

二〇一二年，威瑟斯來到傳動棒球的兩年前，也是包爾在響尾蛇球團表現不佳的第一個完整職業賽季，波迪仍然沒什麼名氣。他在白天的正職工作上表現出色，離開微軟，到一家軟體開發公司上班，年薪達到十二萬美元。但波迪真正的熱情所在，還是傳動棒球，而也是在那一年，波迪選擇辭去給他穩定高收入的白天工作，全心全意投入營運他正起步的公司。這一步對波迪來說風險很大，因為已經有妻小、抵押貸款的他，放棄穩定的高薪資，投身一個只能讓他獲得非常微薄收入的事業。（波迪後來說他的妻子「總是能體諒他」。）二〇一一年二月，波迪開始在棒球分析網站「硬球時報」上寫文章，因此拓展了他在深度棒球迷社群的能見度。他曾研究並撰寫的主題包括林瑟肯球速衰退的問題，以及為什麼不要小看身材矮小的藍鳥新秀史卓曼（Marcus Stroman）。（事後證明波迪是對的。）

後來，波迪的文章吸引到沃佛斯的注意，沃佛斯留言稱讚波迪的觀點獨到。波迪查了一下沃佛斯的來歷，發現他最有名的客戶就是包爾。波迪曾在電視上觀看包爾在大學世界大賽（College Wolrd Series）投球。轉播單位「ESPN」在比賽開打前拍攝包爾使用肩膀訓練管熱身的畫面，那天擔任球評的前大聯盟明星球員賈西亞帕拉（Nomar Garciaparra）嘲笑包爾的訓練方式，說他的作法「很怪」。賈西亞帕拉宣稱包爾沒有辦法在職業棒壇持續做這套訓練，因為會造成額外的受傷風險。（諷刺的是，賈西亞帕拉自己球員時期也常常受傷。）在同一場賽事轉播中，後來當上大聯盟總教練的退役大聯盟選手范圖拉（Robin Ventura）說，包爾「之所以能繼續執行他獨特的訓練方式，是因為他的表現實在太好了」。波迪則認為包爾非常特別且有趣，他在「硬球時報」刊出的第一篇文章〈投球機制、資料的不確定性、恐懼〉（Pitching mechanics, the uncertainty of data, fear）中，就提到了素未謀面的包爾。

「我們必須了解到，選手用什麼方式登上大聯盟，他通常就會繼續用什麼方式在大聯盟生存。我們不必畏懼包爾非傳統的訓練方法，」波迪寫道：「我們反而應該感到驚豔，並進一步研究那些訓練法。」

波迪看到沃佛斯會時不時地舉辦一些教練講習，所以他就寄信向沃佛斯自薦，表明想到德州棒球農場分享他的一些研究。沃佛斯把波迪排進隔年的一次講習中擔任講者。波迪想要介紹一個非常原始的穿戴式科技：一款用氯丁橡膠（neoprene）和任天堂Wii主機零件組成的袖套，可以測量跟投球動作相關的各種力量和壓力。那款袖套非常不精緻，跟波迪之前用PVC自組工具的概念一樣，都是他自己原創打造的，但還堪用，能量測手臂移動的速度、手臂轉動幅度、前臂像身體內側翻轉的幅度、手臂在橫面上偏移旋轉（yaw）的程度。儘管從幫公司獲利的角度來看，這款袖套沒幫上什麼忙，但開發它的過程仍是很有價值的經驗。

「我去了解基本原理時所做的努力，也有助於我學習周邊相關的東西。」波迪說。

二〇一二年十二月，波迪在德州棒球農場兩天做了兩場演講，講述資料蒐集、訓練科技，也呈現他利用袖套和高速攝影機所獲得的資訊。第二場演講結束後，聽眾反應熱烈，提出許多問題，其中一題就是包爾問他關於高速攝影機影像不流暢的提問。這個看似平凡的邂逅，不僅改變了包爾和波迪兩人的職涯軌跡，也扭轉了棒球界定義「何謂可能」的主流觀念。

包爾和波迪對科技的愛好將他倆連結在一起，但另一個共同興趣更深化了他們的關係：投球的生物力學。二〇一三年，包爾到印地安人的第一年，他愈來愈擔心起前一季在響尾蛇就出現的疼痛感。從那之後，包爾經歷了各式各樣他不曾遇過的疼痛，包含鼠蹊部、背部、肋骨、二頭肌等部位，都有不適感。「種種跡象都顯示，如果我要在大聯盟待超過十年的話，我勢必得做（投球機制的）調整。」包爾說。

包爾以前有模仿過林瑟肯，因為包爾跟林瑟肯一樣，都是身材偏矮小的右投手。不過包爾也清楚，從二〇一二年起，林瑟肯的身體開始崩壞，而且二十八歲之後就不再是聯盟平均水準以上的投手了。「林瑟肯極端的投球動作還是有副作用。在沒有特別做肌肉強化、身體結構也沒有增強的情況下，沒辦法負荷長期做那種動作，久而久之累積起來，就會受傷。」包爾說：「我大聯盟生涯初期也面臨一模一樣的狀況。」

二〇一二年球季結束之後，包爾著手收集資訊，打算找出修正他投球機制的方法。除了請一名史丹佛大學的醫師幫他照臀部和肩膀的放射線影像（這已成為他每年季後的固定行程，他有好幾年手肘和肩膀的放射線影像存檔），包爾也請生物力學家基斯（Bob Keyes）協助記錄他投球動作的流程和機制。基斯發現雖然包爾投球時，能創造頂級的速度和能量，但他的姿勢跑掉了，脊椎傾斜程度太大。當球脫離包爾手掌時，他脊椎跟朝一壘的直線呈現四十五度角的傾斜，比麥達克斯（Greg Maddux）和克萊門斯（Roger Clemens）[10]等巨投都歪許多（兩人也都接受過基斯的量測）。這兩大象徵極致表現和超高耐投度的投手，投球時脊椎跟地面構成的角度皆為七十度左右，明顯較豎直，此外，他們的投球機制也能產生更多的臀肩分離（hip-shoulder separation）。就跟把橡皮筋纏緊再放鬆的道理一樣，如果把臀部固定住，肩膀移動得愈多，就能產生愈多能量。根據基斯測量的數據，包爾的臀肩分離角度為五十二度，但麥達克斯和克萊門斯卻能達到七十二度以上。

二〇一三年春訓，當印地安人告訴包爾他不會擠進開季二十五人名單時，包爾決定重建他的投球機制，但起初，他沒有把這計劃跟任何人說。

包爾自己調整投球機制的結果是完全搞砸，那年他在三A和大聯盟合計主投一百三十八又三分之一局，送出多達八十九次保送。包爾的直球均速從前一年在響尾蛇的九十三點四英里，下降至八十九到九十一英里間。「所有教練都對我感到非常失望，因為我從不聽他們的意見。」包爾回憶：「他們會說：『你要多把球壓低。』但把球壓低的意義是什麼？在我搞定投球機制前，去練習任何技巧都沒用，但他們不懂這點。」

印地安人管理部門派出小聯盟投球指導協調員尼布拉（Ruben Niebla），到三A球隊給包爾出功課。印地安人想多了解他究竟想做什麼。包爾在一張跟A4紙大小差不多的紙上，畫下一些圖表，並在隔天把這份作

10　麥達克斯和克萊門斯皆為大聯盟八〇年代到二十一世紀初期的頂尖長壽投手，兩人生涯勝場數都超過三百五十場、三振數都超過三千次。麥達克斯於二〇一四年入選名人堂。

業交給三A的球隊人員。

「他們覺得我好像是從火星來的人。」包爾說。印地安人現任總管車諾夫（Mike Chernoff）至今仍保有那張紙。

包爾跟教練團的歧異點之一是，部分教練希望包爾投球時，戴手套的左手能往身體前方、朝前腳的方向延展，而不是收攏在軀幹旁。那些教練相信傳統想法：進行投球動作時，四肢需保持均等平衡且反向相互牽制。「那是錯的。」包爾說。在描述那段經歷時，包爾愈來愈激動，甚至拍打桌面使桌上的玻璃杯和銀器當啷當啷響。「如果有人對於某件事的了解沒有跟我一樣多，然後還想要告訴我應該怎麼做，那我跟他通常處不來。」包爾主張「正向分離」（positvie disconnection）的概念才是正確的。正向分離指的是投手把球送出手之後，帶著手套的手收攏到靠近身體的位置，此動作可以促進軀幹的旋轉，提高軀幹旋轉速度，進而增加球速（軀幹轉動的速度也是左右球速的關鍵之一）。

二〇一三年球季結束後，包爾將他投球動作的生物力學影像寄給車諾夫，以支持自己的論點。在他父親的協助下，包爾將重點關節部位貼上反射膠帶，並錄下投球動作的影像。第一支影片看起來好像只有幾個點在畫面中移動，但第二支影片就能看出原來那些點其實是包爾的投球動作。影片顯示的結果是，最理想的上半身旋轉轉軸，並不是如某些人所認為的繞著脊椎，而是繞著戴手套的手臂。這可能是史上第一次，有球員把附有投球動作分析影片的電子郵件寄給球隊總管。

二〇一三年小聯盟球季畫下句點時，包爾終於知道他想打造什麼樣的投球機制。法爾維之前已經跟他合作，幫他做調整，但包爾還想找更多新方法來實現那些調整。包爾跟波迪那年球季中沒有說到什麼話，但此時他希望波迪能提供一些想法。

二〇一三年十月，包爾來到傳動棒球。波迪那時已經把傳動棒球搬到塔科馬市（Tacoma）的郊區，設在「七十一號俱樂部」（Clubhouse 71，一間訓練機構）的二樓。七十一號俱樂部過去曾在其主要的健身房內舉辦低階的終極格鬥賽（Ultimate Fighting），至於它的二樓在包爾眼裡，則是一個由裸露H型鋼柱支撐傾斜屋頂的閣樓空間。

包爾那天原本沒打算丟球，但在聽完波迪講完他提出的可能解決辦法和訓練方式後，包爾開始覺得手癢，因為他認為波迪講得很有道理。儘管包爾那天穿著日常的休閒服飾，腳上也踩著耐吉（Nike）的跑鞋，而非練球的鞋，但他沒管那麼多，隨手拿起一顆球就站上投手丘。

為了改善投球動作、增加軀幹扭轉力，波迪叫包爾左手先握著一顆約九百克的球（超負荷訓練工具），再用右手投球。這個訓練法的目的是讓包爾身體左側保持一定高度，下半身向前移動的同時，上半身向後，減少脊椎的傾斜、偏移。波迪把這個訓練法稱作「直線牽引」（linear distraction）。由於做直線牽引時，包爾從一啟動投球動作就把九百克的球收攏在靠近身體的地方，使他身體左側能按正確的動作順序減速，進而增加他軀幹的轉速，同一時間頭部跟身體還能盡量保持對準目標的方向。包爾很快就感受到投球機制的改善。

接著，波迪教包爾做一個傳動棒球的招牌訓練法：定點牽制（pivot pick）。他倆移動到一面膠合木板牆前，這座牆同樣也是由傳動棒球自己打造，目的是讓球員可以對著牆丟普萊球（PlyoCare ball）[11]，從事各種丟球的訓練。普萊球的外殼由具延展性的PVC塑料構成，內部填充沙子加重，其用意就是要球員拿起來的感覺跟棒球完全不一樣，讓他們摒除丟棒球的肌肉記憶，使他們丟球時不受到棒球投擲機制的限縮。

波迪要包爾的身體側邊跟木牆呈直角，右手在離牆較近的那一邊。接下來，包爾要執行的動作是：舉起右

11　普萊球是專門針對丟球訓練設計的彈性軟球，球的外殼由PVC塑料構成，內裡則填充沙子用以加重。

手肘到與肩同高的位置，在沒有移動腳的情況下，向右扭轉他的軀幹直到胸部跟木板平行，移動到定位後，再使盡全力朝木板丟球。包爾做了一次整套動作，他的臀部隨著軀幹扭轉，丟擲的動作跟角度皆十分詭異，球打到牆面上發出「蹦」的一聲時，他的左腳在原地軸轉。包爾可以感受到這套動作使他的核心肌群扭轉，也減少了不必要的手臂移動，強化他的正向分離，逼使左手穩固地收攏在靠近身體處，讓擲球手臂以奇怪的角度產生丟球的力量。

一百多年來，棒球教學的基本方法一直都是教練告訴選手該做什麼動作，但波迪的作法不一樣，他讓包爾藉由自己發展出的動作去學習，如此一來便能建構更有效率且自然的動作基礎。

「很多我想做的投球機制調整，都來自於基斯的分析。」包爾說：「但基斯沒有什麼實用的訓練法或改善方法。波迪就知道要怎麼做才能達到調整的目標。」

儘管絕大多數的教練指令都以口語表達呈現，但波迪卻在傳動棒球的網站上寫下：「我們不會花時間去檢視我們的指令、我們所說的話是否有效……幾乎沒有科學證據顯示，教練叫球員改變某個動作後，球員就真能立刻改變動作或是創造長久的轉變。」他在文章中舉出幾個很常見的教練教學指令以及隨之而來的不確定性：

「『多用你的腿。』這句話指的是腳多使點力？還是腳動得快一點？」

「『身體不要開掉。』上半身還是下半身？」

「『重心保持在後。』要保持多久？」

至於眼睛盯著目標呢？「又是一個迷思。」波迪寫道：「眼動追蹤的研究從沒有說，盯著目標看跟投出好球有任何關係。」投完球之後，立即呈現準備防守的動作？這也是錯的（因為那會破壞投球的動力鏈）。包爾很喜歡傳動棒球提倡的學習方式，以及波迪願意保持一顆懷疑、好奇的心。第一次一起做完訓練後，波迪寫道：「包爾能複製高水準的完美投球模式，這應該能使他的控球、球速、身體健康都大幅進步。」

二〇一四年春天，包爾在亞利桑納參與春訓，他的投球姿勢、正向分離、直線牽引都明顯進步，球速也跟著大幅躍進。「那年春訓我每球的速度都在九十五英里以上。」包爾說：「大家都嚇死了，叫我不要在春訓的時候催那麼快，留到例行賽再用全力就好。」

五月二十日，包爾回歸大聯盟，在主場先發對上老虎，他那天的直球均速高達九十七英里，跟大學巔峰時期的球速一樣。整季算下來，包爾的直球均速為九十四點九英里，不僅比二〇一二年的均速快了一點五英里，更在二〇一四年所有投至少一百五十局的投手中，排名第九快。最重要的是，包爾的身體健康有所改善。雖然從成績來看，包爾的二〇一四賽季起起伏伏，整季的防禦率四點一八略遜於美聯先發投手的平均值三點九二，但這是他第一次站穩大聯盟、在大聯盟度過大半個賽季。傳動棒球為包爾帶來具體的成效，也成為他休賽季的新家。

第五章　由下而上的變革

如果你做了奇特且不凡之事，
或打破禮俗的枯燥單調，
請恭喜你自己。
我曾聽過一句給予年輕人的受用箴言：
「做那些你害怕去做的事。」

——引用自〈英雄主義〉（*Heroism*），愛默生（*Ralph Waldo Emerson*）著

二〇一八年四月十六日，是紅襪作客洛杉磯的休兵日，但對紅襪外野手貝茲來說，這一天沒得休息。紅襪打擊教練海爾斯（Tim Hyers）建議貝茲那天去找自稱「打者溝通師」的拉塔（Doug Latta），跟他一起訓練。那是個星期一的早晨，頭髮斑白、眼珠碧藍的拉塔開車到紅襪下榻的飯店接貝茲。貝茲帶著兩支他訂製的「戰斧球棒」（Axe bat）上車，那球棒明顯與一般球棒不同，握把形狀像斧頭的底部。拉塔把車開到一處他偶爾才會用到的訓練場地，這個點跟他設在洛杉磯的總部相比，離安納罕市（Anaheim）較近：他們抵達加州大學爾灣分校（University of California Irvine）的食蟻獸球場（Anteater Ballpark），食蟻獸隊（Anteaters，加

州大學爾灣分校校隊吉祥物）的教練是拉塔的朋友，因此他們能使用球場附屬的打擊籠。

二十五歲的貝茲前一季（二〇一七年）打得非常出色，但以他的標準來說，還不夠好。儘管憑藉頂級的跑壘能力與右外野防守，貝茲仍帶給紅襪價值五勝的貢獻度，但〇點八〇三的攻擊指數（上壘率加長打率）僅略高於聯盟平均，比他二〇一六年的〇點八九七低很多。很多運動員都怕做出改變，不過貝茲不是那種運動員，即便提供意見的人來自職業棒壇圈外，他也沒問題。作為打擊訓練師，拉塔的球員生涯到社區學院就止步，從未踏入職業棒壇，但貝茲不管這些，已經入選過兩次明星賽的他，只想進步。

過去很多尋求轉變的打者，都身處瀕臨淘汰的邊緣，懷著孤注一擲的心情試圖延展職業生涯。貝茲向來以不凡的手眼協調和運動能力著稱，最近開始嘗試專門設計用來增加揮棒速度和球棒控制力的非傳統球棒。如果連貝茲這樣頂尖的打者，都願意去學習更好的揮棒機制，會發生什麼事？如果明星球員都開始重新想像他們的能力天花板，進一步做出改變，會發生什麼事？

二〇一七年球季結束後，海爾斯加入紅襪隊，在此之前，他在道奇當了兩年的助理打擊教練。來自喬治亞州、說話操著一點南方口音的海爾斯，打過幾年大聯盟，在教士、馬林魚、老虎等隊累積一百三十三場出賽，通算打擊率二成一七，轟出過二支全壘打。球員時期，海爾斯被教導要向下擊球。他不認為自己能成為長打型打者，甚至覺得自己的棒球水準是固定且不能改變的。

二〇一六年春訓尾聲，海爾斯跟透納討論到透納從拉塔那邊學到的揮棒機制，於是決定親自拜訪拉塔一趟。某天早上，海爾斯跟拉塔約在洛杉磯銀湖區的郊區吃早餐，一吃就是四個小時。

那時候，幾乎沒有職業隊教練願意把拉塔納入他們的信任小圈圈。拉塔被視為不受歡迎的圈外人，因為教練認為他不應該去干涉正在接受其他人指導的球員。不過當紅襪隊的包機抵達洛杉磯，紅襪即將展開季初的客場之旅時，海爾斯想要另一雙眼睛——拉塔的眼睛——來幫他看看貝茲在那年春訓所做的揮棒調整。拉塔知道身體各部位應該怎麼運作才能達到協調和平衡，在這方面，他是專家。

由草綠色波浪狀鐵皮遮蔽的開放式打擊練習場內，拉塔跟貝茲花了好幾個小時做私下的打擊訓練。隔天，貝茲重返賽場，面對天使隊的知名菜鳥大谷翔平，打第一棒。貝茲上大聯盟後，大多數出賽都擔任開路先鋒，身高一百七十五公分、體重八十二公斤的他，身形看起來就像個第一棒打者，附帶著頂尖的手眼協調能力，此外，他也曾展露出乎意料的長打實力。現在，貝茲的長打砲火即將變得更加猛烈。

在安納罕市暮光的映照下，大谷在滿球數時投出一顆膝蓋高度、本壘板上的速球。眼尖的人或許會注意到，那年春訓已先接受海爾斯指導調整揮棒機制的貝茲，揮棒看起來確實不太一樣。大谷進行投球動作時，貝茲抬起他的左腳，朝投手方向跨出步伐，雙手往腰帶方向放低，此時身體開始向前移動，雙手的位置則保持在後方且「低於」來球。雙手低於來球是拉塔的主意，那能幫助貝茲製造向上的揮棒軌跡。由於投手投球的地方是高於地面的投手丘，加上地心引力的牽引，所以投手投出的球，都是以向下的角度飛行。如果採水平的揮棒軌跡，那水平的球棒軌跡面跟向下的來球移動路徑，就很少重疊；反之，若採取向上的揮棒軌跡，就能增加球棒擊中來球甜蜜點的機率。

轉瞬之間，貝茲球棒的圓肥處掃中大谷的速球，把球送向紫羅蘭色的傍晚天空，遠處聖蓋博山（San Gabriel Mountains）的輪廓，依然清晰可見。貝茲揮棒動作的收尾，不像之前是繞到後背，而是已經改成繞向肩膀，在略高於肩膀的位置完成整套揮棒機制，很像高爾夫選手揮桿後的收尾動作，也像透納的揮棒收尾姿勢。

縫線球飛了足足四百一十一英尺，越過中左外野的全壘打牆，打在牆後的人工假岩上反彈回場內。貝茲快速地繞壘，臉上沒有一絲笑容。

貝茲第三局再次上場打擊時，後援投手巴德（Luke Bard）已經取代大谷的投球工作。巴德對貝茲投出的第二球，是一顆沒掉下去的滑球。貝茲再次放低他的雙手，這次出棒軌跡較早與來球的延伸面疊合，隨後以迅雷不及掩耳的速度，使球棒跟球面往下一點點的地方接觸，再將球棒延伸出去。貝茲的揮棒收尾動作變得更高了。他把這球打到中左外野牛棚練投區的後方，距離本壘板四百一十七英尺處。貝茲頭低下來，輕輕把球棒甩到一旁，開始繞壘。

來到第八局，貝茲的對手換成貝卓辛（Cam Bedrosian）。安納罕當地的氣溫隨著夜晚到來驟降，貝茲先對雙手呼了呼熱氣，才抓起戰斧球棒，再次站進右打者打擊區。貝卓辛的第一球是一記內角速球，貝茲積極出棒，在本壘板前方就讓球棒接觸到來球，很多全壘打的擊球點都跟這球一樣那麼早。縫線球向中外野飛去，這次貝茲稍微目送了一下自己的傑作，臉上露出淺淺的微笑。球最終落在中外野由人工草皮覆蓋的小圓丘上，成為一支四百二十七英尺的全壘打，也是貝茲此役的第三支紅不讓。然後五月二號，貝茲又打出一次單場三響砲。

過去跟貝茲走過一樣道路的人，是一群特定的打者，而其中一位，更是在接受拉塔的指導後，直接從棒球邊緣人躍升明星級球員。

二〇一三年九月六號，時任大都會內野工具人的透納，跟隊友杜達（Lucas Duda）借了一支球棒，走進印地安人主場前進球場（Progressive Field）的場中打擊籠。現代棒球史上最不可思議的轉變故事之一，於焉展開。

透納在大都會的隊友柏德（Marlon Byrd），前一週被交易到了海盜。在那之前，透納跟柏德經常討論打擊。柏德二〇一三年打出突破性的成績，但球迷們卻不怎麼買帳，因為他才在二〇一二年被檢出身體含有可能用作掩蓋類固醇禁藥的管制物質，被聯盟禁賽了五十場。（柏德二〇一六年再次被檢出使用禁藥，其後選擇退休。）但透納跟另一名不擅長打的大都會內野手墨菲（Daniel Murphy）之所以會在二〇一三年仔細聽柏德的分享，是因為他們知道，柏德已經徹底改變他的打擊機制，而這可跟禁藥一點關係都沒有。

柏德一百八十三公分、一百一十一公斤的身材，感覺起來應該屬於全壘打好手，但事實上，在二〇一三年以前，他是滾地球型打者。「我來自比較傳統的棒球背景。」柏德二〇一三年接受索契克（Travis Sawchik）訪問時說道：「一九七〇和一九八〇年代，我小時候遇到的教練，他們都被教導要向下揮棒。」

柏德二〇一三年賽季的爆炸性表現，包含其生涯單季最佳的全壘打數（二十二支）和長打率（〇點五二六），但他當年已經滿三十六歲了，照理來說，三十六歲球員的成績應該要退步才對。雖然二〇一二年的禁藥事件，讓柏德隔一年的數據看起來像是受到禁藥膨風的結果，但其實柏德在短短一個休賽季內，就徹底改變了他揮棒的基礎以及他擊球的角度。

柏德轉隊前，透納跟柏德時時刻刻都在討論打擊，打擊練習時談、比賽中也談，假如大聯盟緊湊的賽程逼使他們搭乘深夜橫越北美大陸的長途航班，他們也利用時間談打擊。透納對柏德激進的新打擊理論感到十分好奇。柏德談到拉塔在前一個冬天，如何幫助他在揮棒之前加入一個抬腳的動作，並提高揮棒的角度和軌跡，結果是，他的揮棒動作從啟動到接觸到球，變得更直接、更有效率。透納知道，柏德大幅減低了他的滾地球率，從二〇一二年的百分之四十九點六（接近他的生涯平均），下降到二〇一三年的百分之三十九點二，同時拉高飛球率達十二點二個百分點，增加幅度為全聯盟第三大。從第一次拿起球棒到打進職棒，職業打者在成長過程中揮了無數次的球棒，為的就是在肌肉記憶裡烙印下他們慣用的揮棒機制。大部分教練都覺得一旦打者的肌肉記憶已經記住一套打擊動作，就無法再改變，但柏德挑戰這樣的思維，主張打者可以不斷調整進化，而且改變速度比投手快，就算年紀很大，也來得及做出轉變。

柏德採信的打擊風格，與時任大都會打擊教練賀貞斯（Dave Hudgens）所提倡的打法完全不同。（後來賀貞斯到太空人擔任打擊教練時，就改變了他的想法。）那年春訓初期，柏德在大都會座落於聖露西港市（Port St. Lucie）的春訓基地上演煙火秀，把一顆又一顆的縫線球轟出基地的副球場之外。大都會教練團告訴柏德，他的新揮棒機制在實戰中行不通，但柏德很確定教練團的想法是錯的。以前，打者接收到的觀念都是，專注在嘗試擊出低空的平飛球就好，全壘打只是額外的紅利、意外的驚喜。然而，柏德相信無論練習還是實戰，都應該嘗試打全壘打，他已經受夠了傳統的打擊思維。

二〇一三年九月六號前，透納站上打擊區一百八十三次，一支全壘打都擠不出來，六號當天他的賽季攻擊指數為〇點六三九，遠低於聯盟平均值。他在大都會的角色，只是以守備為主的板凳球員。但那個在克里夫蘭的下午——比賽預計於晚間七點零五分開打——頂著濃密紅髮、蓄著個性落腮鬍的透納，開始嘗試改寫自己的角色。

杜達的球棒比透納原本的球棒（長三十四英寸、重三十三盎司）長一英寸、重一盎司，而這正是透納選擇用這根球棒的原因。或許這根比較大根的球棒，能替他產出更大的揮棒力量。當透納踏進場中打擊籠，準備開始進行實驗時，他想起之前柏德對他說的話：「跨步大一點，占好你腳下的地盤。」換句話說，就是朝投手的方向移動，創造更筆直的動線，使能量的轉移更有效率。柏德也特別強調擊球點的重要性，他說打者應該想著把擊球點提前，在本壘板前方就打到球，而不是像傳統打擊觀念所說的盡量把球跟裡面一點再打。打者把擊球點提前，可以使身體運作更有條理，也能打出拉打方向的高飛球。拉打高飛球是價值最高的擊球型態，二〇一八年的數據顯示，大聯盟打者擊出拉打飛球時，有高達百分之三十二點七的機率開轟，平均打擊率五成六五、長打率一點二六七。

透納打了一輩子球，都被教說盡量把球跟進來再打，試圖打出低空的平飛球就好。但現在，即將在十一月滿二十九歲的透納，已經準備好大膽實驗新打法了。他知道大都會球季結束之後可能不會跟他續約，所以如果他想繼續打職棒的話，就得有所改變。他需要打出一點成績。

在加州州立大學富勒頓分校（California State University, Fullerton）就讀時，透納學過人體運動學。雖然柏德的理論聽起來有道理，但透納實在不覺得自己能成為全壘打型打者，他在大聯盟的五個不完整賽季中，只勉強開轟六次。透納不僅在大聯盟打不出幾支全壘打，大學時期合計一千零八個打數裡，他也只敲出七發紅不讓。跟貝茲不一樣的是，這個階段的透納已經沒什麼好失去的了，所以他大幅改變思維，從定型心態轉變為成長心態。

「我當時想，就試著在打擊練習時把擊球點拉得愈前面愈好。」透納說。

那個當下見證透納開始轉變的人並不多，但他們都看到透納一次又一次地，把球打飛越左外野高近六公尺的全壘打牆。球在空無一人的外野座位區撞擊鐵椅的聲音，在大部分仍空蕩蕩的球場裡迴盪。這是透納很少聽到的聲音，而他的隊友也覺得頗不尋常。

「我甚至不覺得我有很用盡全力去揮。」透納說：「我當時心想，這實在太不可思議了。」

九月六號那場比賽的前兩個打數，透納面對印地安人先發左投卡茲米爾（Scott Kazmir）都打成滾地球出局。七局上，印地安人派出牛棚右投C．艾倫（Cody Allen）登板中繼。當透納在極早的擊球點抓到偏高的速球時，現場只有寥寥可數的一萬五千九百六十二名觀眾在看台上。

當年的透納還不太熟悉打出全壘打的感覺，因此仍以狂奔的方式離開打擊區。他的注意力全放在印地安人中外野手柏恩（Michael Bourn）身上，柏恩一路追著球向後退。「飛過他的頭頂！飛過他的頭頂！」透納內心吶喊著。他快跑到一壘時，心跳急遽加速，那球還在空中飛。縫線球最終消逝在中外野全壘打牆後方的一排樹叢中，看到這幅情景，沒有人能比透納自己更加震驚。

「當下我的心情很激動，想著，喔我的天啊，到底發生什麼事了？」透納說：「當時我打得全壘打實在不夠多，還不太清楚那種『一定是全壘打』的擊球感受。」

透納繞過三個壘包，過程中試著壓抑內心的激動、保持冷靜的撲克臉，就像是他早已習慣這一切。他的隊友都驚呆了，「飄髮哥」（Swaggy，透納隊友幫他取的綽號）竟然幹得出這種事？比賽結束後，透納跟他當時的女友、現在的老婆，約在克里夫蘭市中心的傑克賭場（Jack Casino）見面。在賭場絢麗的燈光和人聲鼎沸的嘈雜聲中，透納的嘴巴停不下來，一直述說著他那場比賽的感受，還有他可能開發出的新境界。

兩天後，豔陽高照的下午，大都會跟透納要對上印地安人的火球菜鳥薩拉札（Danny Salazar）。透納的第二個打數，選到一好三壞的球數領先，薩拉札塞了一顆偏高的九十六英里快速球進來，試圖挑戰透納。透納在本壘板前方打中這球，球乘著壯麗的軌跡竄升至空中，隨後落在中左外野被曬得熱騰騰的鐵板凳區中間。這就好比電影《天生好手》（The Natural）的主角哈柏斯（Roy Hobbs）[1]忽然穿上透納的球衣、站在右打擊區揮擊。這支全壘打是透納大聯盟生涯的第八支，也是他在三天內打的第二支。

那年九月透納又出賽了十次，每次都採用新的打擊方式，結果在有限的打擊樣本數裡，他繳出高達三成八七的打擊率和〇點六七七的長打率。透納知道，他必須自己去會一會這個叫做拉塔的打擊訓練師。

在洛杉磯北嶺區（Northridge）的都市地帶，鄰近一家好市多（Costco）、一座移動屋公園和一間出入漢堡（In-N-Out Burger），有一條又長又窄的商業園區，盡頭剛好接上數排火車鐵軌。這園區有著一排又一排、又窄又長的建築物群，而拉塔的打者改造實驗室就在其中一棟當中。

拉塔的訓練機構叫做「棒球園地」（Ball Yard），裡頭有兩個打擊籠、一些教練、半間廁所，以及一間迷你廚房。這些設施足夠一個人練習好幾小時的打擊。主要的打擊籠外，有一台大電視，螢幕上方被拉塔蓋上一片透明的塑膠板，如此一來他便能在播放影片的過程中按下暫停、在板上塗塗寫寫、指出打者揮棒的瑕疵。這是一套拉塔自製的簡易影像解說系統。棒球園地的空間裝潢毫不鋪張，牆壁由白色的石膏板構成、地板則是綠色的人工草皮，但有些剛來報到的打者可能會抱持著訓練中心應該要美輪美奐的期待，這時拉塔就會跟他們說：「我們不需要太大的排場，就能讓你變得更強。」同樣的想法也能套用在其他任何球員訓練機構：最重要的元素是想法、資訊、熱忱、努力，設備豪不豪華根本不是重點。二〇一三到二〇一四年的冬天，透納就是在棒球園地接受拉塔的指導，從棒球浪人蛻變成更有價值的球員。

二〇一八年，拉塔在棒球園地內瀏覽他的影片資料庫，找到一支透納早期的影片，拿到打擊籠外的平板電視播放。影片拍攝的日期是二〇一四年一月二十七日，透納當時已經被大都會執行不續約處分（non-tendered），遭到釋出，還沒找到新東家。影片裡，透納的落腮鬍還沒長得像現在那麼長，身上穿著輕便的T恤、短褲，頭上的帽子反戴。他揮了一次棒，左腳抬高，做了一個很誇張的跨步。

「那是在他的打擊姿勢變窄之前。」拉塔指著透納的打擊動作說：「那時候我們還在『打氣』（pumping）的階段。」

「打氣」就是指做非常多次揮棒。拉塔調出另一支攝於二〇一四年四月二十四日的影片，那時候，透納已經跟道奇隊簽下一張帶有大聯盟春訓邀請的小聯盟合約，並靠著在春訓的表現，擠上道奇的正式名單，取代剛退休不久的楊恩（Michael Young）。不過，透納仍是板凳球員。影片裡，他雙手的位置比一月時來得高，他的抬腳也是，有幾次揮棒，他感覺都失去平衡，揮完棒時腳踏在想像的打擊區之外。透納抬腳完、揮出球棒的過程中，先把重量導向後腳，再去推動身體往前，這是拉塔最希望選手改掉的習慣。

---

1 《天生好手》改編自一九五二年由馬拉默德（Bernard Malamud）所著的同名小說，描述天賦異稟的棒球好手哈柏斯，經歷青少年時期的一次悲劇後，仍力求拚上大聯盟的故事。

「大家都忘記當年透納揮棒的樣子。」拉塔說：「他後來窄化打擊站姿，抬腳抬得更高，整個揮擊機制變得愈來愈簡潔流暢。」

棒球園地當時不是只有拉塔跟透納在進行訓練，柏德也經常在那裡出沒，自己練習之外，也扮演半個助理教練的角色。

「調整打擊機制很難、很不容易，我必須改掉養了二十五年的習慣。」透納說：「還好我跟柏德前一年已經花很多時間聊這個，所以我一開始大概知道什麼在等著我，比較快進入狀況，也比較聽得懂拉塔在說什麼。」

那個冬天，透納花了三個月的時間在棒球園地訓練，每週找拉塔報到四次。每一次，透納跟拉塔都會進行三小時的課程，每小時進行七到八輪的打擊練習，每一輪打十五到二十球。透納粗估那段時間，他總共揮了二萬次棒。

藉由影片，拉塔把透納轉變打擊機制的過程全記錄了下來。自從那年冬天，拉塔跟透納之間的聯繫主要透過簡訊，如果順路經過棒球園地，透納有時候會特別拜訪一下，再做一點調整。拉塔跟比較沒那麼熟的客戶聯絡時，通常會選擇用FaceTime（網路視訊電話）。透納有比賽的話，拉塔會轉開現場直播看他的打席。起初，拉塔會經常傳一些補充素材給透納，比如說，如果他在大聯盟電視網（MLB Network）或其他地方看到魯斯的揮棒影片，他就會把影片錄下來傳給透納看。魯斯的打擊姿勢很窄，出棒前的跨步卻相當大，揮棒時他的後腳會微微離地，而擊球點則在身體的右前方（魯斯是左打者）。二〇一八年春訓，透納談到魯斯的打擊影片時，不禁笑了出來。

「看看魯斯的揮棒，那還真的是有跟球跟到最後，然後再把球打出去呢。」透納找出拉塔傳給他魯斯影片時附帶的文字訊息，並念出來。拉塔跟透納是在諷刺傳統的打擊觀念，因為魯斯在影片中的動作，恰恰跟傳統打擊觀念相反。魯斯所採取的，是向上的揮棒軌跡。

「你看看魯斯、看看曼托、看看那些過去的偉大打者，他們揮棒前都有抬腳或是點腳的動作，採取大跨步，腳下占據很大一片地盤……這個理論很簡單，啟動時力量多大，揮棒動作產生的力量就有多大……牛頓（Issac Newton）是我最喜歡的打擊教練。傳統上教打者要往下揮棒、甚至採取砍擊的老派思維，完全是一派胡言。」

說到這裡，透納沮喪地用拳頭搥了一下桌子。到底有多少教練誤人子弟，教壞了多少球員？

二○一四年，透納打出三成四○／四成○四／○點四九三的打擊三圍。雖然他只累積了三百二十二個打席，但在全聯盟所有至少累積三百打席的打者中，透納高達一百五十八的加權得分創造值（wRC+，Weighted Runs Created Plus）[2]，高居第九名。道奇看到了透納的好成績，決定再給他一年的機會，跟已經取得薪資仲裁資格[3]的他續約，年薪定在二百五十萬美金。二○一五年，透納在四百三十九個打席內，繳出幾乎跟去年一樣優異的成績單，打擊三圍為二成九四／三成七○／○點四九一、wRC+達到一百四十一。從二○一三到二○一五年，他的滾地球率大減了十二點五個百分點，跌幅為全聯盟第四多。二○一六年，透納爭取到主力先發的位置，揮出二十七支全壘打。那年球季結束，道奇跟他簽下一紙四年總值六千四百萬美金的複數年合約。

二○一八年夏天，棒球園地內的拉塔再調出一支記錄透納打擊演化史的影片，影片的拍攝日期為二○一七年七月。那時的透納，打擊站姿已經變窄，抬腳完的出棒也不再把重心導向後腳。當他抬起左腳要啟動出棒動

2 加權得分創造值wRC+為一考量眾多因素的全面性打擊數據，能比較正確地反映出打者的打擊表現優劣，以數字一百為聯盟平均，高於一百則代表打者表現優於聯盟平均，反之，則代表表現劣於聯盟平均。透納一百五十八的wRC+，代表他的打擊表現，比該季聯盟平均的打者好上百分之五十八。

3 薪資仲裁為大聯盟球員在尚未取得自由球員資格前，爭取更高薪資的權利。大多數情況下，只要球員累積滿三年的大聯盟年資，就能取得薪資仲裁的資格。

作前，雙手也已下放到適合創造向上揮棒軌跡的位置。

「這支影片裡的透納想要創造的是什麼？是平衡，以及流暢的力量傳導。」拉塔說。

拉塔再用慢動作播放一次影片。透納的後腳跟肩膀在同一條線上，沒有任何向後的重量轉移或動作。換言之，他的身體是平衡的。

透納跨步時，前（左）腳跨在距離身體頗遠的地方。他的雙手放低，準備出棒。「他的身體很有協調性。」拉塔說：「從這個姿勢開始，他能由下而上出擊，將力量從後方一路帶到前方，再灌注到棒球上。他這樣的揮棒擁有我們所謂的『很好的延伸』。」慢動作的透納，完成一個揮棒動作。拉塔拿出馬克筆，在電視螢幕前的透明塑膠板上，標示出透納由下而上的揮棒軌跡，並特別點出透納全部的力量都轉移到了本壘板前方的擊球接觸點。

拉塔有一個HitTrax[4]的雷達套組，來幫助他量測擊球仰角和擊球初速，但他其實很少使用最新的科技產品。拉塔認為，如果打者缺乏好的擊球時機掌握、揮棒平衡、打擊動作，那他就沒有機會成功。拉塔不太喜歡他在社群媒體上看到的一些打擊指導影片。那些影片只把重點放在創造更高的擊球初速，卻忽略了打擊動作的平衡以及能適應不同球路的打擊機制。拉塔評價打者時，很少用到「揮棒」或「揮棒軌跡」等辭彙。他做的事情是調整球員的身體與動作，讓球員能自然而然地產出好的揮棒。拉塔覺得有些投身獨立球員訓練事業的人，把太多心思多花在賣出更多產品，而非真心要幫助球員。

你可以說飛球革命的起始點就是在棒球園地。有許多認同飛球革命理念的打擊教練和支持者都在這裡聚集，討論彼此的想法。柏德在大都會把他在棒球園地學到的知識傳給透納和墨菲。（三十歲〔含〕以前，墨菲在大聯盟累積超過三千三百個打數，卻只打出六十二支全壘打；然後他在三十一至三十三歲徹底大爆發，不到一千四百個打數就開轟六十次。）現在則輪到透納在道奇隊休息室裡佈道，把他所相信的理念跟知識，交給天賦異稟的年輕打者貝林傑（Cody Bellinger）和西格（Corey Seager），甚至影響到一些打擊教練，如海爾斯。二○一七年，還是菜鳥的貝林傑發現自己沒辦法把滑球打好，開始懷疑是不是因為他的揮棒軌跡太向上，才對滑球吃鱉。眼見小老弟遇到麻煩，透納想到一個辦法幫他，球季中，他邀請貝林傑玩一個遊戲。兩人走進道奇球場的室內打擊籠，透納打開滑球的投球機，叫貝林傑試著朝滑球下方揮空棒。結果貝林傑辦不到，因為每一球他都打得紮紮實實。二○一七和二○一八年，貝林傑對滑球的加權上壘率（wOBA）[5]分別是○點四一八和○點三四一，兩個數字都遠高於該季的聯盟平均○點二七一和○點二六三。貝林傑由下而上的揮棒軌跡沒有問題。

二○一五年，大聯盟Statcast數據系統上線，開始在所有大聯盟球場偵測幾乎每一球的擊球仰角和擊球初速。拜Statcast所賜，飛球革命的傳佈變得更加快速。許多球隊開始在旗下各層級的打擊訓練設施裝設追蹤科技，記錄打者的揮棒和擊球品質。業界蒐集到的資料證實，飛球對贏球的幫助，勝過滾地球。根據二○一八年的大聯盟數據，在負三十度到正三十度的擊球仰角區間裡（擊球仰角○度即為平飛球），擊球仰角每增加十度，全聯盟的加權上壘率就會增加，而且很快就超過全角度的平均值○點三一五。（全壘打的平均擊球仰角為二十八點二度。）

除了愈來愈多人意識到飛球與優質打擊表現之間的高度關聯性，二○一五年季中大聯盟官方用球的組成沒來由地出現變化，導致球在空中容易飛得比較遠，種種因素都使打者有愈來愈多的誘因追求由下而上的揮棒。Statcast上線後，大聯盟每年的平均擊球仰角都在增加，從二○一五年的十點五度、二○一六年的十點八度、

4 HitTrax公司成立於二○一一年，主要產品是一套能夠模擬實際棒壘球情境並蒐集各式棒壘球數據的系統，能用於選手的訓練和技術評量。

5 加權上壘率可視為針對長打做加權的上壘率，能比上壘率更準確反映打者的打擊表現品質。二○一九年大聯盟平均的加權上壘率為○點三二一。

擊球仰角區間	加權上壘率
-30°到-20°	0.050
-20°到-10°	0.188
-10°到0°	0.245
0°到10°	0.462
10°到20°	0.712
20°到30°	0.731

二〇一七年的十一點一度，到二〇一八年的十一點七度。同期間，擊球仰角十度（含）以上的擊球比例也上升了三點三個百分點。根據「棒球指南」提供的資料，二〇一八年大聯盟的滾地球率寫下有統計資料以來的最低（一九五〇年至今）。

二〇一七年，大聯盟打者一共揮出六千一百零五支全壘打，締造單季新猷，比二〇〇〇年創下的原紀錄還多了四百一十二支。那一年，以及二〇一八和二〇一六年，分別是大聯盟史上飛球出牆率（全壘打除以界內飛球的比例）最高的前三名年份，甚至超越了所謂的「禁藥年代」（steroid era）。

「打高才是王道」還有「滾地球爛透了」等口號，已成為打擊練習時的常用語。二〇一八年，紅襪總教練寇拉（Alex Cora）就說：「我們不喜歡打滾地球。我們喜歡把球打到空中。」他的說法跟小熊隊陣中的流行語——「球往地上打，打不出長打」——相互輝映。海盜隊總教練賀多（Clint Hurdle）給他球員的忠告也是：「你們的攻擊指數要去空中找。」一個職棒圈外人的打擊哲學，如今已在職棒圈內造成一股口號風潮。

拉塔的初衷並不是要改變棒球，他只是單純熱愛這個運動。據他的說法，他從小生長於困頓的家庭經濟環境，直到高中才第一次加入有組織的棒球隊。小時候的拉塔，都跟他的夥伴在韓國城街區上打簡易棒球。拉塔有一個鄰居人很好，借用他們家的車庫大門給拉塔跟他朋友當作擋球板，讓他們盡情地玩。高中畢業後，拉塔加入公立社區學院——洛杉磯城市學院（Los Angeles City College）——的校隊，之後再到加州路德大學

（California Lutheran University）的球隊打球。離開大學的拉塔繼續投身棒球，參加業餘成棒聯盟的隊伍——帕薩迪納紅鳥隊（Pasadena Redbirds）。

「我的打球生涯一直都充滿挑戰，我得把自己打造成更好的球員、拿出更好的表現，才會有勝算。」拉塔說：「我們那時候的對手有很多都是大聯盟等級的投手，像是法瑪（Ed Farmer）、羅伊斯（Jerry Reuss）、張伯倫（Craig Chamberlain）等等，因此我們的能力備受考驗。」

拉塔婉拒一個去墨西哥聯盟打球的機會，因為那時他已經有一份薪水更高的工作：十九歲時，拉塔就自己創業，做私人游泳池的清潔整理。直到一九九五年，他都一直在紅鳥隊打球，那段期間，他遇到了一名叫做瓦倫布拉克（Craig Wallenbrock）的職業球探，兩人結識並成為朋友。拉塔說瓦倫布拉克是有頭腦的人：「瓦倫布拉克的閱讀量很大，他把自己的研究應用在棒球上，從一九八〇年代末期就開始教私人打擊課程。」

雖然拉塔的球員生涯到一九九〇年代尾聲已經告終，但他覺得自己也有一些關於棒球的心得跟資訊可以分享。他有足夠的實體空間跟別人分享棒球知識。在洛杉磯，拉塔擁有一棟大型工業建築一半的空間，儲放清洗泳池的化學製品。當時他採用的加氯系統，還算先進，而那些化學製品就是加氯系統所需的原料。當拉塔有機會買下工業建築的另一半空間時，他內心萌生了一個想法：他要把這一半新買下的空間改造成室內打擊場。跟瓦倫布拉克一樣，拉塔也想開班授課，或是單純把打擊籠場地租出去。他把這個棒球訓練空間命名為棒球園地。

「當時我們這個地方還沒有任何室內打擊籠。」拉塔說：「那時候沒有這種設施。」

拉塔花了四個月的時間把原本裝潢成辦公室的空間全部打掉，並在裡面安裝人工草皮和打擊籠。瓦倫布拉克聽聞後，問可不可以借用拉塔的空間上他部分的課程。另一個教練也有興趣使用拉塔的場地，但他要用扁頭棒來做教學，跟拉塔的理念相牴觸。「我當時告訴自己，這絕對不行出現在我的場地。」拉塔說。瓦倫布拉克對打擊的想法跟拉塔比較相近，所以他們達成合作協議，拉塔讓瓦倫布拉克在棒球園地訓練打者。拉塔說，在棒球園地，從沒有打者被教導要模仿伐木的動作、向下擊球，或是打滾地球。瓦倫布拉克帶了很多打者學生來棒球園地，其中甚至包含一些大聯盟球員。

棒球園地開始舉辦固定聚會，跟其他來自職棒圈外和圈內的打擊教練進行交流、討論，儼然成了一個棒球智庫。拉塔為了規模愈來愈大、舉辦頻率愈來愈高的聚會，在棒球園地準備了大約三十張的折疊椅。參與聚會的人會探討打擊哲學，有一些他們提出的想法在當時已經退流行或是被球界淡忘，比如「打擊之神」威廉斯早在飛球革命出現前就戮力提倡把球打高。「如果你能把球打到空中，揮棒力量又夠強，那你就具備足夠的能力，產出棒球運動最重要的安打：全壘打……為了達到這些目的，我提倡些微向上的揮棒軌跡。」威廉斯在他一九七〇年出版的打擊書——《打擊科學》（The Science of Hitting）——中寫道。從大聯盟賽場退休後轉任打擊訓練師的史勞特（Don Slaughter）是棒球園地的常客，而過去擔任過白襪和勇士隊打擊教練的沃克（Greg Walker）也經常拜訪。棒球園地的打擊智庫曾延續好幾年的時間。

「我覺得那些經驗對我來說，就像是上研究所一樣。」拉塔說：「能跟瓦倫布拉克合作長達十四年的時間，近距離觀察職業打者的訓練和演進，這種經驗是再有錢也買不到的。」

但好景不常，瓦倫布拉克跟拉塔後來發生一次爭執，瓦倫布拉克帶著他的知名客戶到其他地方另闢蹊徑，而拉塔也搬離原本的根據地，到現在棒球園地座落的地方。好幾年過去，拉塔繼續傳授他那套特別的向上揮擊打擊哲學，給大多由當地大學、高中球員組成的客戶群。二〇一二年秋天的某一天，當時正在尋找休賽季訓練場地的柏德，走進了棒球園地，他因此成為拉塔的第一個大聯盟球員客戶。

二〇一七年二月六日，索契克在「Fangraphs」上發表一篇題名〈會有愈來愈多打者追求飛球嗎？〉的文章，裡頭提及棒球園地的打擊智庫，以及拉塔的打擊哲學。從二〇一二到二〇一六年，大聯盟的飛球和平飛球比例大致上維持穩定。這五年的前三年，在官方用球的組成性質尚未神秘改變前，大聯盟曾經歷進攻火力的大蕭條，二〇一四年，平均每隊的場均得分只有四點〇七分，創下一九七六年以來非罷工年的最低紀錄。這五年間，有三座總冠軍金盃由長打實力貧弱的皇家隊和巨人隊抱走。進攻火力大蕭條時期，有許多美職業界人士和球迷都想問，在投手球速愈來愈快、表現愈來愈強勢的年代裡，進攻端究竟要怎麼做才能有效提升表現？在索契克文章貼出後的幾分鐘內，拉塔就接到來自海爾斯的電話。

「早上七點三十二分，海爾斯打電話給我說：『弗里曼剛剛打給我，提到你受訪的那篇文章。』」拉塔說：「哇，道奇隊的棒球事務總裁耶，太酷了吧。我有提前跟海爾斯說這篇文章會刊出的事情。海爾斯說：『弗里曼早上一進辦公室，就把那篇報導讀完。』我當時心想，哇，原來弗里曼有讀『Fangraphs』的習慣。他事前不知道會有這篇文章，而且一早就花兩分鐘讀完它。如果這種事都發生了，業界任何人都可能會讀到這則報導。」

索契克的文章在道奇內部的打擊圈創造話題。道奇的打擊人士有比較傳統派的球隊總打擊教練沃德（Turner Ward），也有另一群思想較新穎的打擊訓練師，如時任道奇顧問的瓦倫布拉克，以及他的門徒、二〇一八年球季後轉任道奇打擊教練的范史考伊克（Scott Van Scoyoc）。飛球革命，還有球員發展的思維改變，起初散佈的管道都是球員之間的口耳相傳。現在球隊開始直接在整個球團和農場系統裡灑下改革的種子。

有數十年的時間，大聯盟球隊關於球技指導和重大決策的權力位階，都是由退役球員出任的教練享有最高地位。但隨著時代演進，愈來愈多教練開始被他人質疑、挑戰。很多教練很快就禁不起考驗，遭到取代。那些在職棒圈外發起的新思維、新觀念，因此慢慢滲透到職業球團體系當中，而拉塔只不過是那些打破棒球產業既有結構的其中一個新創事業而已。

二〇一七年年末，海爾斯加入紅襪，成為他們的總打擊教練，他跟紅襪都希望能重新建構球團的打擊哲學。紅襪教練團跟剛加盟不久的馬丁尼茲說，請他幫忙看一下貝茲的打擊狀況，看他能不能提供一些想法。馬丁尼茲第一次在春訓看貝茲做他二〇一七年版本的揮棒時，就說：「我不太確定這個揮棒行不行得通。」貝茲不覺得被冒犯，反而主動提問，希望獲得更多資訊。

馬丁尼茲也是藉由改造打擊動作而獲得重生的案例，改造成功的幾年後，他跟紅襪在二〇一七到二〇一八年的冬天，簽下一紙五年一億一千萬美金的合約。從他升上大聯盟到二〇一三年為止，馬丁尼茲都是替補級的大聯盟球員。大聯盟生涯前三年，馬丁尼茲的wRC+只有八十七，打擊火力低於聯盟平均值，除此之外，他守備也不好。當時他的職業生涯陷入危機。

「你還是要跟教練討論怎麼改善，他們總是跟我說：『你要做的是，盡量打中間方向的平飛球，打到L型護網架的後面。』」馬丁尼茲在二〇一七年跟索契克說道：「聽起來好像很有道理，但那他媽的只是一支一壘安打而已啊。」

馬丁尼茲開始質疑：為什麼他最完美的揮擊，只能產出一壘安打？在透納尋求突破的同一個冬天，馬丁尼茲也想創造新的打擊機制。在瓦倫布拉克和范史考伊克的協助下，馬丁尼茲在洛杉磯郊區的一處訓練設施，成功打造了他心目中理想的揮棒動作。

「我是這麼覺得，」馬丁尼茲說：「最好的球員之所以能成為最好的球員，是因為他們對自己都有不安全感……因為他們不想要退步。這種心態使他們不斷努力，而我覺得貝茲就有這種特質……其他球員或許有某幾年打得特別好，但自那之後就不做任何改變。貝茲跟他們不一樣，他總是說：『嘿，兄弟，我想要搞定這個問題，我還沒有解決辦法。』」

貝茲的改造也是從基礎開始。海爾斯和馬丁尼茲首先強調貝茲的腳跟地面互動的關係，因為那是打擊機制動力鏈的起始點。「我得先調整他腳的問題，再去修正手。」馬丁尼茲說：「揮棒的動力引擎來自地面。」紅襪現在都會帶著四片能偵測地面反作用力的量測板，把這些可攜式的板子設在大聯盟球場的球員通道內，讓打者能隨時測量他們的力量表現和動作平衡。看上去，這些板子像是大型的數位體重計，而跟「追蹤者」系統一樣，它們最先也是被使用在高爾夫球員的訓練。在此之前，貝茲從沒想過要「善用地面」。

「他這輩子都是很直覺地出棒，沒想太多背後牽扯的因素。」海爾斯說。

跟道奇的透納一樣，馬丁尼茲開始在紅襪隊散佈新打擊機制的種子，他自己也很熱衷於分享知識與教學，協助海爾斯在休息區傳授打擊理念。二〇一七和二〇一八兩年合計，共有二百六十位累積至少一百五十個擊球的打者，在這群打者當中，貝茲、紅襪中外野手布萊德利（Jackie Bradley Jr.）、紅襪游擊手波賈茲（Xander Bogaerts）等三人的強擊球[6]比例增幅（二〇一七至二〇一八年），分別排在第四、第八、第十一名。此外，貝茲、波賈茲、布萊德利的出色擊球（barrel）[7]比例增幅（二〇一七至二〇一八年），也能依序排在全聯盟第一、第二、第十三。

「我必須感謝馬丁尼茲，他的功勞很大。」海爾斯說：「在教選手的時候，如果能有像他這樣已經親身經歷過改造的超級明星，出面協助，支持你教的內容，然後跟其他球員一對一地溝通，這對打擊教練的幫助實在太大了……他會對貝茲說：『嘿，貝茲，你也可以試試看這麼做。』另外，他們私底下關於打擊的討論也很有用。」

如今貝茲自己也成了引領新打擊潮流的代表人物，他對戰斧球棒的嘗試，刺激許多打者摒棄傳統的圓柄棒

6　強擊球指的是擊球初速在九十五英里（含）以上的擊球事件。

7　出色擊球（barrel）是由大聯盟官方在Statcast系統啟用後所發明的新數據項目，明確定義為「安打率不低於五成且長打率至少在一點五〇〇之上」的擊球，其所代表的意義是打得非常紮實、擊球仰角和初速都在優良範圍的擊球事件。

尾，探索不同可能性。現在有一些球棒公司仿效高爾夫球桿公司，開始使用感測器材來量測球員的揮棒數據，為球員決定適合他們的球棒規格，像是球棒的長度、重量、握柄的設計等等。「你可以看到貝茲在大聯盟有不小的影響力。」戰斧球棒公司的市場行銷主任史達金（Trevor Stocking）說：「史普林格（George Springer）跟貝茲要一支戰斧球棒試試看，忽然之間，史普林格已經在實戰中用了起來，所以現在換成史普林格把戰斧球棒推薦給其他球員。大概就是以這樣的方式……戰斧球棒在球員之間傳開來。」

新的有效打擊機制也在球員間傳了開來，打者能在更年輕的階段就開始追求飛球。柏德到生涯遲暮階段才相信飛球理論；透納在滿三十歲前得到啟發；馬丁尼茲和貝茲則是正值生涯巔峰期時做出改變。現在，透納、馬丁尼茲、貝茲都在向各方渴望學習的小聯盟球員們展示優良的打擊動作和機制，而紅襪農場的頂級新秀戴爾貝克（Bobby Dalbec）正是向他們看齊的小聯盟球員之一。二十三歲的戴爾貝克是一名三壘手，在二〇一六年選秀的第四輪中被紅襪挑走，二〇一八年他升上二A，整年下來在小聯盟合計揮出三十二支全壘打和三十五支二壘安打，而這兩個項目加起來的數量（六十七），為該季小聯盟最多。多年來，打者都會說「為了揮大棒、擊出長打而不惜被三振」，但戴爾貝克翻轉這個概念。「對我來說，為了避免三振而不敢揮大棒，根本是浪費打擊機會。在一個打席的初期就打出滾地球，是很糟糕的。」他說。

戴爾貝克想把球轟得又高又遠，但他也想用智慧去做到這件事。「達到對的出棒角度，並試著創造能跟來球路徑疊合的揮棒軌跡，是我想要不斷精進的環節。」戴爾貝克說：「看到一些我們球團的大聯盟球員在這方面做得很好，是一件很不錯的事情。」雖然他說自己跟馬丁尼茲還差了十萬八千里，但他仍然很想從馬丁尼茲和貝茲等前輩身上學習。「如果他們願意而且又有時間的話，我會想整天都跟他們學打擊。」戴爾貝克應該要感到幸運的是，馬丁尼茲永遠都有時間討論打擊。

第六章　一萬球法則

刻意練習指的是，學習者必須離開舒適圈，
而且不斷嘗試超乎其現有能力的事情。
因此，刻意練習需要近乎最大的努力，
而這通常會使人感到不舒服。

——引用自《刻意練習》，艾瑞克森（*Anders Ericsson*）著

二〇〇〇年，倫敦大學學院（University College of London）神經學家馬蓋兒（Eleanor Maguire）運用核磁共振造影（MRI, magnetic resonance imaging），檢視十六名計程車司機的大腦，並將他們的大腦顯影，拿去跟五十名非計程車司機的大腦做比較。倫敦是一座道路複雜的城市。這座古老的大都會，充斥著蜿蜒錯綜的街道，市中心則被曲曲折折的泰晤士河（Thames River）切成兩半。根據一篇《紐約時報雜誌》（New York Times Magazine）的文章，若要獲得「全倫敦」等級的計程車駕駛認證，有意申請的駕駛必須要知道倫敦市中心（查令閣〔Charing Cross〕方圓約十公里內的區域，涵蓋二萬五千條左右的街道和將近三百平方公里的面積）幾乎所有的街道、建築——包含每個旅館、公園、醫院、公家機關、信仰中心，以及其他城市景點。

馬蓋兒發現，計程車司機的海馬迴後部（大腦運作空間認知和回憶的區域）比其他參與研究者都來得大。五年後，馬蓋兒的比較研究對象變成：工作路線不固定的計程車司機和工作路線固定的公車司機，比較這兩群人大腦的發展差異，結果又是計程車司機的海馬迴發展較好。

二〇〇七年，馬蓋兒召集七十九名有意成為計程車司機的駕駛來做研究，並找到另外三十一名非計程車駕駛當作對照組。研究開始前，她先掃描兩組人的大腦，發現兩組在海馬迴後部的大小上並沒有差異，四年之後，馬蓋兒找回當初參與研究的兩組人，並再做一次掃描，沒什麼太大意外地，顯影結果顯示後來成為計程車司機的駕駛，海馬迴比後來沒去當計程車司機的駕駛以及對照組人員都還要大。只有正在執業的計程車司機，得每天面對隨機前往倫敦不同地點的挑戰，而他們的大腦也因此變得愈來愈能勝任這份工作。

艾瑞克森在他的著作《刻意練習》中寫到，人類大腦接受訓練之後確實會成長、改變，而馬蓋兒的研究「或許是最顯著的證據」。始終相信自己是被「打造」成大聯盟球員的包爾，一直都知道他的技術是會成長的。他對技能習得感到非常著迷。如果你問他髓磷脂（大腦內的一種物質）是什麼，他會先糾正你的發音（ㄙㄨㄟˇ、ㄌㄧㄣˊ、ㄓ），然後再告訴你髓磷脂是組成腦內神經纖維髓鞘的脂肪組織，可以加速神經衝動的傳導。換言之，髓磷脂是大腦的頻寬。一個人針對某一動作做愈多練習，就能在大腦內特定神經傳導的路徑上創造愈多髓磷脂，促使大腦傳遞更快、更有效率的神經訊息。髓磷脂的存在，代表人類的才能不被受限。

「我必須做超出我現有能力範圍的事。」包爾說：「我需要不斷找到方法增加我的技能，並試圖極大化技能表現。」

一九九三年，佛羅里達州立大學（Florida State University）心理學教授艾瑞克森發表了一份研究，裡面呈現不同種音樂家從新手變成專家所需的「推估累積練習時間」，結果顯示，專業音樂家不僅就天賦上比一般業餘音樂家好，他們也投入更多練習的時間。艾瑞克森的研究揭示，人類改變表現程度的能力比我們一般想像的好。這份研究原本沒什麼人知道，直到被知名作家葛拉威爾（Malcolm Gladwell）無意間發現，並寫進他在二〇〇八年出版的暢銷書《異數》（Outliers）中。葛拉威爾以艾瑞克森的研究為基礎，創造了「一萬小時練習法則」的概念。艾瑞克森後來澄清，練習的品質比練習的時間長短更重要，而葛拉威爾沒有去區分，艾瑞克森研究中專業音樂家所操作的刻意練習，以及其他任何能被稱作「練習」的各種活動。單純練習一項樂器一萬個小時，不代表你就能成為該樂器的大師。「刻意練習」——帶有目的性的專注訓練——的大量累積，才是更快精通技能的關鍵。

艾瑞克森不相信琢磨技藝的過程有任何捷徑。然而，包爾覺得他得找到更快的方法，幫助他學習新的技能、極大化他球員生涯的價值。就算是不吝於投入練習時間的包爾，一個休賽季所能訓練的時間也十分有限，不可能達到一萬小時的刻意練習，因此他需要更有效率的訓練手段。此外，包爾也知道歲月是一把殺豬刀，隨著時間遞嬗，運動員的基本體能會漸漸遭到吞噬。當時的包爾二十七歲，一旦到了三十出頭歲，他就會從體能巔峰下滑。

如果包爾要滿足他崇高的野心，就得增加球路武器的數量。包爾想要一顆新的滑球，供他在高壓情境下使用，對付那些地表最強的打者們，但想歸想，要在一個休賽季內就打造出一個新球種，又談何容易。

為了更快速地設計出滑球，包爾說他需要更多立即反饋，如此他才能更有效率地在沒有特別意識到的情況下，獲得對新球路的熟練度和控制力（創造更多的髓磷脂），而且這個新球路還得真的能在實戰中使用、解決打者。投手稱這種「不知不覺獲得的新球路熟練度與控制力」為出手感。「這球出手的感覺很不錯。」包爾解釋道：「當你找不到好的出手感，就會東試試，西試試，直到把對的感覺找回來……幸運的話，一個月就能找到好的出手感，這算很快的。有時候這過程得花上一年的時間，有時候則是怎麼找都找不到。這些事情會劇烈影響投手的生涯軌跡。」

近年以前，沒什麼人在探討職業投手投球背後的物理原理。大聯盟投手的手，能創造每秒好幾千度的角速度，速度快到不只是人類肉眼觀察不出，就連高畫質數位攝影機也無法捕捉得很清楚。因此，我們無法精細地得知投手的握球究竟如何造就棒球的旋轉。棒球歷史上大多數時間，投手都是靠著不斷的試誤來學習新球路。不知道有多少投手浪費了多少無謂的時間，只為找尋那難以捉摸的出手感。假如投手能在這過程中找到捷徑——更快取得回饋、更快執行練習、更快獲得技能——他就可以得到巨大的競爭優勢。

「究竟要怎麼做才能縮短獲取這些新技能的學習曲線？」包爾說：「這是終極目標。」

俗話說得好，工欲善其事，必先利其器，而包爾追尋目標的最佳利器是艾傑攝影機。他稱這款攝影機為「整個棒球界最強大的工具」。

包爾跟華倫一直都在找尋新點子和新科技，幫助包爾變得更強。他們讀到一台高速攝影機的介紹——聖斯崔克企業製造的艾傑SC1——發現它的畫質與拍攝速度不但不會比其他競品差（甚至更好），而且價格「相對來說」也比較親民。帳面上看，一台要價五千五百美金的艾傑SC1一點都不便宜，但跟其他所有功能類似的攝影機相比，這價格已經算是相當低廉。二〇一四到二〇一五年的冬天，包爾跟華倫購入了一台艾傑SC1。

「我們當時的想法是，如果不買一台，永遠不會知道它是否好用，所以就先買一台來試試，看用起來怎麼樣。」包爾說：「開箱之後第一次用它，一看影片，我們就知道中了，這就是我們要的東西。」

艾傑攝影機跟其他攝影機不同的一點是它的快門。一般數位攝影機（如iPhone的攝影鏡頭）大多採用滾動式快門（rolling shutter），曝光方式是像百葉窗一行一行漸次進行，因此每行的曝光時間不盡相同。如果拍攝靜止或移動速度緩慢的物體，滾動式快門不會造成影像品質的負面影響，但如果要拍攝移動速度飛快的物體

——如投手擲球的手——滾動式快門就會造成名為「果凍效應」（jello effect）的瑕疵，錄下的畫面會糊掉、影像中的物體會扭曲變形。對科學研究領域來說，有果凍效應的影像是沒有辦法用的，而才剛剛起步的棒球球種設計領域亦若是。

艾傑攝影機採用全局式快門（global shutter），它所捕捉的每張影像都是每個當下完整的畫面，而且拍攝速度極快，因此能避免果凍效應。此外，跟其他大多數的全局式快門高速攝影機比起來，艾傑攝影機能捕捉到較多的光線，所以能創造出更好的畫質。聖斯崔克的執行長麥特（Michael Matter）之所以把他的產品稱作艾傑攝影機，是為了向高速攝影界的創新者艾傑頓（Harold Edgerton，綽號「閃光老爹」〔Papa Flash〕）致敬。艾傑頓在世時，知名週刊雜誌《生活》（Life）會刊登他的攝影作品，麥特小時候對那些相片感到無比著迷。「一直以來，我都很擅長做出運作速度飛快的器材，突破人們想像的極限。」麥特說。

麥特知道他的產品會有科研上的應用價值。二〇一三年，聖斯崔克發表第一版營利性的艾傑攝影機產品後，麥特很快就看到艾傑攝影機出現在許多不同研究領域論文的註腳中。火箭科學家用麥特的高速攝影機來拍攝火箭排放的廢氣，檢視他們置入的化學混合物如何燃燒。一個來自加州河濱市（Riverside）的生物力學家，用艾傑攝影機研究跳囊鼠（kangaroo rat），因為牠們的反射動作實在太快。在YouTube上，你可以找到由艾傑攝影機記錄下的一段超慢速、毫無扭曲的高畫質影像，影片中一條響尾蛇對一隻跳囊鼠發動攻擊，血盆大口直朝牠的獵物而去，但跳囊鼠卻以比響尾蛇快上大概十倍的速度彈跳起來，驚險地躲過響尾蛇的偷襲。不過出乎麥特意料的是，後來購買最多艾傑攝影機、成為他公司最大客戶的事業體，竟然是美國職棒大聯盟。

艾傑攝影機進入大聯盟市場的濫觴，得追溯回由一名投手所下的訂單，而那名投手的名字，就是包爾。後來來自大聯盟的訂單如雪片般飛來：截至二〇一八年春訓，太空人已購買多達七十五台，不僅在球團系統上下所有球場，都裝設數台固定式的艾傑攝影機，他們也為負責操作器材的人員配置幾台可攜式的艾傑攝影機。

（波迪猜測購買數量第二多的是道奇隊，他們有六台。）麥特預期二〇一九年年初，會有至少十五支大聯盟球隊購買他的產品，而那時候聖斯崔克一半的業績都將由大聯盟創造。

包爾買了第一台艾傑攝影機後，華倫開始在二〇一五年初進行測試，把攝影機帶到華格納設在聖塔克拉利塔的「投球地帶學院」（ThrowZone Academy）。在這座由波浪狀鐵皮搭建而成、地板鋪設人工草皮的倉庫式建築裡，華倫用艾傑攝影機錄下運動員的動作，觀看影像成品時，他完全被這台攝影機的速度和高畫質震懾。當時，一般的高速攝影機只能呈現身體大部位的移動和運行，但華倫想要看到更精密的細節：投手把球送出手時，手指握球的方式如何對球的旋轉造成影響。包爾說，他以往使用的攝影機，沒辦法清楚呈現球出手的細節，指尖的影像往往充滿太多顆粒。現在華倫運用艾傑攝影機，終於能把手指製造球體旋轉的過程，以及球體確切的旋轉方向與轉軸，拍攝清楚。

「人體的肉眼很難追蹤到蜂鳥的移動，因為牠們的移動速度太快。」包爾說：「但只要有適當的慢動作攝影機，我們就能清晰地看見所有事物。蜂鳥翅膀上如果有個刺青，你就能明確知道牠如何運用翅膀創造上升力，在空中飛舞……不需要去推理或分析就可以知道蜂鳥怎麼飛了，因為影像就在那邊，它直接告訴你牠怎麼飛。」

有很長一段時間，針對投手是否能控制出手時機點的問題，華倫跟他兒子一直各執己見：包爾認為投手能有意識地決定出手的時機點，但華倫卻不這麼認為。現在有了艾傑攝影機的幫忙，華倫證明自己才是對的。慢動作影像顯示，投手不是透過手指的移動將球推出，而是藉由手掌的力量使球體直線加速，最終迫使手指向外延展或鬆開。這個發現建立了包爾後來設計球路時的思維基礎：設計球種時，要把握法想成幫球設定好的逃脫路徑。

那個冬天，包爾在艾傑攝影機的輔助下，第一次設計出新球種：一個被他稱作「層流特快車」（Laminar

Express）的二縫線速球。「層流」（laminar flow）是一種能夠影響空中行進球體移動的物理現象。在不受干擾的情況下，屬於流體的空氣分層流動，互不混合，這個狀態就叫做層流。假如旋轉中的球體一面光滑、一面粗糙，經過光滑面的氣流會受到比較少的干擾、較接近層流狀態，而經過粗糙面的氣流則會比較紊亂，這時候球體會朝著氣流較不穩定的那一面飛去，或是說「被拉過去」。這是為什麼投手有時候會把球的某一面磨粗糙的背後原理。即使把球磨粗糙的行為不符大聯盟規定，但投手還是願意為了創造球體額外的移動而鋌而走險。

一九九〇年代，名人堂右投麥達克斯把帶有尾勁的二縫線速球投得愈來愈好。他的二縫線速球出手時看似要往左打者的內角壞球區飛去，卻在最後一刻被氣流拉回來、轉進好球帶。麥達克斯不是藉由磨球才創造出那麼好的二縫線球尾勁，而是經由精進對層流的掌握。雖然麥達克斯並不知道層流的道理，但他仍有辦法把創造尾勁的物理現象發揮到極致。二〇一二年，包爾無意間發現一支主角是雪梨大學（University of Sydney）物理學教授克勞斯（Rod Cross）的影片，克勞斯在影片中解釋層流原理如何能被套用在板球和棒球的實戰中。在那之前，沒有人有意識地把層流原理應用在球種設計上。克勞斯之所以會注意到棒球裡的層流原理，是因為他看到二〇一一年四月三十日賈西亞（Freddy Garcia）在洋基球場（Yankee Stadium）投出的一顆指叉球，那顆指叉球沒有朝著一般指叉球的軌跡走，反而往另一個方向飛。克勞斯在YouTube影片中，用簡易的保麗龍球示範層流原理對球體飛行軌跡的影響，並且描述層流原理「有點像是在變魔法」。波迪一看完那影片，馬上就知道影片中解釋的科學原理有多重要。「這是投球技術發展史上最重要的影片。」波迪說。

二〇一五到二〇一六年的冬天，波迪在傳動棒球運用慢動作影像，幫包爾的新球路設計一個新轉軸。這轉軸能使球的光滑面在球體往本壘飛行旋轉的過程中，始終朝向前方。輔以艾傑攝影機的影像，包爾每試完一次不同的握法，就能立刻得到回饋，因此能夠慢慢打造出一個近似於麥達克斯高尾勁二縫線球的球種。包爾學會這個能在最高競技水準使用的新球路，所花的時間出奇地短。波迪認為像包爾這麼快就學會新球種的案例，未來會越來越多，成為新的棒球界常態。「我後來才知道，有一些打擊教練看到那支講解層流原理的影片，然後再看到我們開發出高尾勁的二縫線球速球，就覺得如果更多人找到方法設計新球路，那未來十年打者很可能會被搞得很慘。」波迪說：「他們的想法一點也沒錯。」

像艾傑攝影機這樣的新科技，不僅能幫投手更快地學會新球路，也能幫他們優化原本就在使用的球種。二〇一五到二〇一六年的休賽季，包爾一邊研發新的二縫線速球，一邊用艾傑攝影機檢視其他原本就會的球路，為的是更了解自己球種的性質，再決定還有沒有進步的空間。當時業界使用的球路追蹤系統，只會量測球出手之後的移動軌跡和速度，不太追蹤其他的球路性質。導入艾傑攝影機的第一個冬天，每當包爾換一種握法，他就要把影片匯入奧多比（Adobe）的Photoshop軟體，運用該軟體的功能去看球的轉軸以及轉速。（如今，這項作業流程透過瑞布索托這個工具就能辦到。跟以雷達科技為基礎的追蹤者不同，瑞布索托是能夠辨識球體轉軸、區分不同旋轉性質的球路追蹤設備。）令包爾興奮的是，他只要在握曲球的握法中加一個動作：彎曲食指，使食指指尖抵在球面上，他就能增加每分鐘約二百五十轉的轉速，使曲球的軌跡更犀利。「這真的太重要、太重要了。」包爾說。兩年後，二〇一七到二〇一八年的冬天，包爾轉而開始設計新滑球。

就算艾傑攝影機提供了一條通往「學會新球路」的捷徑，但設計新球路的基本功，還是要從第一原理開始。棒球界有既定的球路標籤：速球、變速球、滑球等等，但到底什麼是一個球種？以第一原理的角度來看，它就是某種球速、轉速、轉軸的結合。創造新球種不是施魔法，而是應用物理學的過程。將各個球種拆解到它們最基本的性質，就能解鎖「球路開發」這項技能，如同包爾設計出層流特快車的起始點。要設計新球路，得先從最根本的道理著手，去了解掌管棒球移動路徑的旋轉。

有兩類旋轉會影響球的移動：橫向旋轉（transverse spin）與迴轉旋轉（gyroscopic spin）。另一個大概念是，球種取決於旋轉轉軸，而旋轉轉軸則取決於投手的握法。橫向旋轉容易受到馬格努斯效應（Magnus effect）的影響，因此橫向旋轉會改變球的移動軌跡，使球在飛行過程中轉向。

一八五二年，德國物理學家馬格努斯（H. Gustav Magnus）不太理解，為什麼砲彈從平滑的砲管射出時，飛行的軌跡會產生不可預測的彎曲。他發現，砲彈之所以無法維持直線的飛行方向，是因為旋轉中的物體，周遭會有氣壓落差，而這個落差會因為旋轉的增加而擴大。當一顆棒球（或任何球體、圓柱體）在空中飛行時，它會拖著一層薄氣流，使球體每一面的氣壓都不太一樣。棒球會朝著氣壓較低的那一面飛去。如果旋轉愈快，各面之間的氣壓落差愈大，球的變化軌跡就會愈明顯。曲球之所以會向下墜，是因為它的上旋（topspin）[1]會製造向下的馬格努斯力；而高轉速的速球之所以看起來有上竄效果（其實只是下墜幅度比低轉速的球少），則是因為速球的下旋（backspin）[2]會產生向上的馬格努斯力，抵銷掉部分地心引力。

用最直觀的方式解釋迴轉旋轉[3]，可以請大家想像以螺旋狀旋轉的美式足球，或是子彈從來福槍噴出時的旋轉方式。帶著迴轉旋轉的球，不受馬格努斯力影響，因此能筆直飛行。（十九世紀中期，人類藉由打造內部凹槽鱗次排列的砲管，發明出線膛鳥銃槍〔rifled musket〕。此種槍款能創造穩定子彈飛行路徑的迴轉旋轉，射擊準確度因而大幅增加，同時射程亦優於過去的武器，使得十九世紀中葉發生的美國南北戰爭傷亡慘重。）

如果一個投擲物以完全的迴轉旋轉移動，那它的轉軸就會跟它的移動方向一致，而非呈垂直。然而，大多數的球路轉軸，很難呈完全的迴轉旋轉，多少都會帶一點傾斜。換言之，絕大多數的球路，都帶著兩種主要旋轉方式——橫向旋轉和迴轉旋轉——的特性。至於球路設計者則會說，大多數的球路都無法達到百分之百的旋

1 上旋：從投手視角面對球出手的方向，球由下而上轉動。

2 下旋：從投手視角面對球出手的方向，球由上而下轉動。

3 迴轉旋轉：從投手視角面對球出手的方向，球以順時針或逆時針的方向旋轉。

轉效率[4]。包爾知道，了解並運用物理學去設計新球路，或優化既有球種，將大大左右他未來的投球生涯，還有整個投球科學的發展。

二〇一八年球季開始前，我們親眼目擊包爾設計新球路的過程，當時他想多加一顆滑球到他的球路武器庫。促使包爾決定設計新球路的起始點，發生在二〇一七年十月中，印地安人那時剛在分區系列賽被洋基淘汰，包爾打包回家，回到洛杉磯。包爾父母位在聖塔克拉利塔的房子，具有英國殖民時期的風格，在屋內包爾童年的房間裡，包爾跟他父親花了六個小時構想新球路的概念。

包爾那個休賽季想設計的球路，不只是單純的滑球而已，而是完美的滑球。在包爾的設想中，這顆滑球的垂直移動不受旋轉影響，只受到地心引力的牽引，水平移動方面，則會劇烈地往右打者的外角和左打者的內角移動。他希望創造出具頂級水準的約二十五公分水平位移。（二〇一七年，道奇隊達比修有平均的滑球水平位移為二十三公分，居全聯盟滑球之首。）要創造那麼大的水平位移，需要兩極幾乎成完全南北向的旋轉轉軸。完美的滑球還要具備另一個特性：出手之後看起來要像他的速球，直到最後階段才發生位移變化。此外，這顆滑球的速度、變化軌跡要跟他的曲球不一樣，移動方向也要跟他的二縫線速球和變速球呈反方向。多一個新球路的好處很多，最重要的一個是增加球種變數，使打者更沒辦法預測或辨識下一球的球種。

包爾在兩顆棒球上插入圖釘，模擬球的轉軸位置，使他更容易預想要用什麼握法產出他想要的轉軸。包爾設計球路的目標聽起來簡單，但受限於人類手掌和手腕先天的生物力學機制，要創造出兩極完全在南北端的轉軸，遠比東西端（像是四縫線速球的主要轉軸）來得困難。華倫用筆電打開之前用艾傑攝影機錄下的包爾投滑球影片，看著他出手時拇指上翹，心裡想，究竟這顆滑球是怎麼脫離手掌的？我們要如何調整這個握法？

包爾父子檔想觀摩他們想仿效的滑球，如隊友克魯柏（Corey Kluber）和克萊文傑（Mike Clevinger）的滑球，因此他們開啟那些滑球的慢動作影片檔。包爾跟華倫有時會在主場前進球場或春訓球場架設艾傑攝影機，除了錄包爾投球的影像，有時也會拍其他隊友的球路，包含克魯柏和克萊文傑的滑球。

構想好新滑球的概念後，包爾父子前往華格納的訓練設施「投球地帶」。投球地帶關門之後的晚上，包爾繼續在裡面待了六個小時，測試各式各樣不同的握法，與此同時，用艾傑攝影機和球路追蹤科技記錄下每顆球的影像和資訊。第一次進行測試，包爾就有投出幾顆具備他心目中理想性質的滑球，水平位移大於垂直位移。

十二月四號，包爾前去西雅圖。他之前已經在那邊買了幾戶公寓，留一間給自己在冬天時居住，其他則是能租出去就租出去。有了在西雅圖的住處，包爾就能把傳動棒球當作他休賽季的固定訓練基地。

從成立之初，傳動棒球就標榜能幫選手增加球速，但波迪的興趣不僅止於此，他還喜歡研究其他任何跟投球和棒球表現相關的技術精進。傳動棒球四處可見正在執行全力擲球、極限意圖擲球的運動員，以及顯示球速的電子讀板，這些都在在凸顯球速的重要性，但二〇一五年球季之後，華倫介紹艾傑攝影機給波迪，球路設計忽然就成了傳動棒球的新主軸。

一開始，華倫還不想給波迪看任何艾傑攝影機錄下的影片，把那些影片當作商業機密。不過波迪不斷挑戰他：「我們來看看你有什麼影片嘛。」最終，華倫還是讓步了，他跟包爾特地帶著艾傑攝影機到傳動棒球，用特別強化的盒子運送，避免攝影機在運送過程中受到傷害。

抵達波迪的訓練機構後，華倫拿出艾傑攝影機，瞄準當時已經會固定到傳動棒球報到的威瑟斯，錄下他的投球影像。錄完之後，他們坐下來一起看成品，華倫按下筆電上的播放鍵，波迪看到威瑟斯的投球動作以每秒數千張高畫質影像的幀率，在螢幕上呈現，包含球從他手中脫離的細節都一覽無遺。波迪從沒看過這樣的影

4　旋轉效率：「能產生位移的旋轉數」除以「總旋轉數」。迴轉旋轉對球體的位移不會造成影響，排除掉迴轉旋轉，剩下的就是「能產生位移的旋轉」，也就是「橫向旋轉」。簡單來說，旋轉效率就是「一個球的旋轉當中，有多少比例會對球的位移造成影響」或是「一個球的旋轉當中，有多少比例是橫向旋轉」。

像。事實上，當時整個棒球界看過艾傑攝影機影像的人，只有華倫和包爾。

雙手擺在桌上的波迪，把頭埋進手臂中。那時的他，在球路設計領域上，並沒有走在最前端。波迪站起身，走向他的電腦；五分鐘之後，他走回來。「我也買了一台。」波迪說。雖然當時的波迪資金並不豐沛，但他還是立刻下訂了艾傑攝影機。僅僅一球的投球影片，就足以讓波迪知道艾傑攝影機是革命性的器材。「那場會面的後續影響，徹底改變了整個職業棒球的樣貌。」包爾說。

艾傑攝影機與球路追蹤科技如瑞布索托等器材搭配在一起，就像是球路設計領域的羅塞塔石碑（Rosetta Stone）[5]。包爾跟波迪都認為這套體系會是未來棒球的主流。「棒球的下一個發展方向是：如何設計並學會新球路。」波迪當時說：「我跟你保證絕對沒有球隊做過這件事。就連太空人、印地安人等球隊，也都沒有。」

但在那時候，包爾跟波迪已經開始進行設計球路的工程了。

包爾設計球路的實驗不是每次都成功。事實上，他累積不少的失敗經驗，就連那些算成功的案例，也是經過無數小挫敗的淬鍊之後，才終於成就突破。二〇一六到二〇一七年的冬天，包爾曾試著以他設計滑球的方式，發展出另一種球路——叉指變速球，但卻遭遇兩個困難。

第一個困難是，他那年設計球路的時程到休賽季後期才開始，導致他設計出叉指變速球後，只在傳動棒球的模擬實戰打擊練習中累積十五局投球，實戰訓練不足。隔年，二〇一七到二〇一八年的冬天，包爾較早開始設計滑球，不僅設計球路的時間較長、訓練次數較多，設計完成後，他投打擊練習的局數也達到四十局。

另一個困難是，他設計叉指變速球時，凱洛威（Mickey Callaway）還是印地安人的投手教練。除了投球的觀念和思維不一樣，凱洛威在印地安人時，經常對包爾增加球路、測試球路的嘗試提出反對，久而久之，他倆的關係變得十分緊繃。

「我老闆不太喜歡我的實驗。」包爾提到凱洛威時說：「凱洛威一直要我減少球種……到最後，我還是繼續做我想做的事，但那時候心裡其實仍會擔心教練挑毛病、提出反對。」

二〇一八年春天，凱洛威離開印地安人成為大都會的新總教練，印地安人找威利斯（Carl Willis）來取代他的位置。包爾認為威利斯應該會比凱洛威包容一些。包爾那時候的想法是，等春訓開始後，他要跟教練團展示他已經練成的新球路，而非仍在建構階段的實驗品。整個休賽季，包爾一直都在訓練、一直都在丟球，保持球速的強度。在一次全力擲球的訓練中，他丟一顆八十五克的減重球，丟出高達一百一十六點九英里的球速，寫下傳動棒球的新紀錄，一旁的球員不禁發出讚嘆聲。

那個冬天進行模擬實戰的練投時，包爾只對打者投速球和滑球。他知道只投兩種球路，面對他的那些業餘打者或小聯盟打者，實力都會忽然提升到「接近大聯盟打者」的程度，因為他們能排除其他球路的可能性。「他們把包爾打爆了。」波迪說。但包爾不介意，他只專注投速球和滑球的目標，是訓練自己把這兩種球路出手時的軌跡投得愈像愈好，而不是要解決打者。

每投完一個打席，包爾會詢問打者剛才看球的感覺。儘管傳動棒球充斥著攝影機、球路追蹤系統、各式各樣的數據資料，球員本身的意見反饋仍受到重視。打者告訴包爾，他的滑球看起來還是太像他的曲球了，橫向位移還不夠。

包爾大可在離他家較近的洛杉磯或其他地方訓練，但他之所以不辭千里也要到傳動棒球，是因為那裡的環境和同儕文化實在太重要了。其他傳動棒球的運動員會逼迫包爾挑戰極限，這一點對技能發展來說很關鍵。傳動棒球的客戶，大多是想進職棒或有意申請優質棒球名校的運動員，追求進步的動能非常強，有些人甚至抱持

5　羅塞塔石碑（Rosetta Stone），是一塊製作於公元前一九六年的花崗閃長岩石碑，原本只是一塊刻有古埃及法老托勒密五世（Ptolemy V Epiphanes）詔書的石碑，但由於這塊石碑同時刻有同一段內容的三種不同語言版本，使得近代考古學家得以有機會對照各語言版本的內容後，解讀出已經失傳千餘年的埃及象形文之意義與結構，成為今日研究古埃及歷史的重要里程碑。（摘編自維基百科）

孤注一擲的心態，因此能營造一種緊迫的氛圍。此外，波迪也不會收那些不適合傳動棒球文化的報名者。二〇一六到二〇一七年的冬天，有一次，包爾跟威瑟斯抱怨傳動棒球的重量訓練有點太操。

「不然你是覺得來這邊訓練應該要有很趣、很好玩嗎？」威瑟斯一邊在槓鈴桿上加上槓片，一邊回答包爾：「我寧願回家陪我老婆。你這自討沒趣的婊子。」

在激怒包爾的一百種方式裡，「罵包爾婊子」絕對排行第一名，包爾很快就氣沖沖地衝出健身房，想要一個人靜一靜。每當有人罵他婊子，包爾總會回想起《唯一倖存者》（Lone Survivor）這本書。《唯一倖存者》的作者是前美國海軍海豹部隊成員魯崔爾（Marcus Luttrell），他在服役時，於阿富汗山區遭到塔利班（Taliban）恐怖組織的襲擊，不僅斷了一條腿，身上還中了多處槍傷。包爾心想，如果魯崔爾都能在那種險峻的環境生存下來了，區區枯燥的重量訓練又算什麼？

包爾回到健身房時，他很訝異威瑟斯正在卸下槓鈴桿上的槓片。

「你在幹嘛？」包爾問。

「喔，我練完了。」威瑟斯回答。他結束了那天的訓練。

回想起那次對話，包爾忍不住笑出來。威瑟斯回家了，但包爾卻因為被他激怒，而把後面的訓練都順利完成。

二〇一八年一月底，波迪問包爾何時才要在模擬實戰的練習中增加球種。當時包爾幾乎已經快完成模擬實戰的訓練量了，卻還是只用兩種球路。打者們都知道包爾曲球的威力不容小覷，但仍想在模擬實戰中試看看打不打得到。他們起初「詢問」包爾可不可以在配球中加入曲球，後來改成「要求」，最後直接「挑戰」包爾，叫他不要再閃躲。

「你們不會想要我投曲球的。那樣的訓練對大家都沒幫助。」包爾一而再，再而三地說。

打者們不信邪，繼續要求道：「快點啦！別掃興。今天都是你訓練的最後一天了，把你所有球種都用出來吧！」打者不斷懇求包爾使出所有的球種。包爾讓步了，他說：「好吧，五種球路都用嗎？我對你們投五局，就這五局。」語畢，訓練中心內響起一陣歡呼。

幾名職業打者站進打擊區面對包爾，包含在獨立聯盟打球的康姆斯達克（Don Comstock）和馬林魚小聯盟選手波曼（Gunner Pollman）。結果他們不是被包爾的球路逼得後退，就是揮空棒，離開打擊區時，個個都像是受到一番震撼教育。包爾模擬五局的投球，只面對下限的十五名打者，並且三振掉其中十三人。波迪在一旁邊看邊笑。

「那實在太荒謬了。面對擁有五種球路的大聯盟投手，那些打者完全沒有機會。」波迪說：「包爾第一次使出曲球的時候，大家他媽的都驚呆了。」

雖然在一月份面對低階打者的練投成果，不代表什麼，無法真實反映包爾面對大聯盟打者的情境，但多少透露出經過擴充之後的球路武器庫，威力十分驚人。包爾現在多了一顆新的滑球，而這顆滑球又被他稱作「髓磷脂特快車」（Myelin Express）。

艾傑攝影機確實創造了一條通往技能習得的捷徑，但刻意練習仍是所有成就卓越的人必經的道路。雖然沒有數據能證實包爾在二〇一七到二〇一八年的冬天，究竟投了多少球，但他自己估計他投得比其他任何職棒投手都還要多。（二〇一八到二〇一九年的休賽季，包爾就有記錄他在傳動棒球的訓練量：總共投了八千八百二十球，而他在訓練中跟打者對賭所輸掉的賭金達三千美金。）更重要的是，包爾的訓練不只量大，而且質精。包爾訓練時總是要求自己保持專注、拿出高強度的表現。

「包爾總是對著自己怒吼。聽起來很可怕，但也蠻好笑的。」波迪說：「我有時候在辦公室裡，聽到他在外面丟完一球之後大喊：『媽的！』我問他：『老兄，怎麼啦？幹嘛那麼氣？你今天的好球率不錯啊。』……然後他會悶悶不樂地說：『我還不夠專注。』」

包爾知道他對自己設下高標準。「如果我訓練的當下沒辦法維持專注、如果有人佔用我的訓練時間或讓我分心，我就會超不爽。」

當今有許多大聯盟管理部門的主管都把投手受傷愈來愈頻繁的情況，怪罪到太過專精的單項運動訓練，在如此風氣下，包爾單項運動的專精化程度更顯極端。美國運動醫學研究所和其他運動科學單位，都建議投手在休賽季時休個長假，能不丟球就不丟球。但包爾從不停止丟球，而傳統的防護思維可能是錯的。選手受到需要湯米約翰手術治療的傷勢襲擊，最常發生在三月；之所以會這樣，有可能是因為投手剛結束沒什麼在丟球的休賽季之後，到了春訓，身體無法快速適應正式訓練的模式。根據棒球研究者羅格利的統計，百分之六十的湯米約翰手術都發生在一月到五月。

波迪認為「單項運動專精化很危險、對選手不好」的觀念很矛盾，因為如果人刻意練習某一項技能愈多遍，他就會變得愈熟練。「很多人都說小孩子應該要多方嘗試，因為沒有人十三歲的時候就知道他以後要做什麼……我認同這個觀點。」波迪說：「但如果說是因為專精化很危險、很不好，才要多方嘗試，這種思維我就無法接受。看看多明尼加，他們的球員是大聯盟近年來數量成長最快的一個族群。他們從小到大唯一做的事情就是打棒球，受傷頻率也沒有比較高。」

「大家都把因果關係搞反了。」波迪接著說：「大家認為『許多大聯盟球員都打過很多種運動，所以從事很多不同的運動能讓人變成大聯盟球員。』但事實並非如此。大聯盟球員之所以打過很多不同的運動，是因為他們都是全世界最頂尖的運動員。如果你十四歲的時候跑得跟克勞佛（Carl Crawford）一樣快，那當然什麼運動都可以投入，因為你在每個運動都能主宰賽場。此外，學生運動的教練又很貪心，頂尖運動員每種運動的教練都想要。包爾在很早的時候——十三、十四歲——就認清現實，知道自己如果不做些什麼，一定沒辦法成為職業球員。」

包爾青少年時期就學到訓練意圖和勤奮不懈的重要性。他不常跟他父親玩傳接球，而是不斷試著把球丟得又強又遠、不斷挑戰極限。他已經訓練自己成為一名有速度的投手，現在，他要訓練自己學會投滑球。

「很少投手的運動條件比包爾差，大聯盟找不到，三A、二A應該也沒有。」波迪說：「或許職業棒壇真沒有人的運動條件比包爾還糟。照理來說，他根本不是打職棒的料子。但這卻更能凸顯出包爾的不凡。」

波迪這套說法具有一定的客觀性，因為他在傳動棒球已經測試過非常多種類的職業球員。波迪特別點出包爾的彈跳能力和跑步速度都非常淒慘。「他的垂直彈跳能力，大概比一般職業運動員低了兩個標準差[6]，也比一般男性成人低一個標準差。」波迪說：「他只能跳到五十公分左右的高度。」更慘的是，包爾的擺臂速度不快，體內睪固酮含量也較低。「簡單來說，他的運動條件真的不好。」波迪說：「很多人看他的身材，都覺得他不做重訓，但事實並非如此。他硬舉的重量可以達到二百四十五公斤，臥推啞鈴的重量也能達到四十五公斤。不過他舉得再重都沒有用，因為他體內分泌的睪固酮不夠，身體長不出太多肌肉。」

談到《ESPN雜誌》（ESPN The Magazine）最新一期的《身體特刊》（The Body Issue）[7]，有人就開玩笑地說，包爾絕對沒有勇氣去拍《身體特刊》，因為他的體態實在太沒有美感了。

「我一直在休息室裡跟大家說，我會上二〇一九年的《身體特刊》。」包爾說：「他們都叫我不要再唬爛了，一直笑我。明年我上《身體特刊》之後，我要把跟實體一樣大的屁股照片貼在健身房的牆上，然後大聲

6　標準差（standard deviation）是一組數值自平均值分散開來的程度。一個較大的標準差，代表大部分的數值和其平均值之間差異較大；一個較小的標準差，代表這些數值較接近平均值。（摘編自MBA智庫）

7　《身體特刊》是美國體育媒體「ESPN」每年製作的一份特刊，主打當年度體壇最佳運動員的全裸或半裸運動狀態寫真。

說：『我早跟你們預告過了吧！』」

波迪說包爾差勁的運動條件還是有好處：比較慢的擺臂速度對他的手肘和肩膀造成的壓力比較小。因此，包爾能夠承受較大的訓練量，而這正好也是他需要的。

波迪表示，包爾擺臂的角速度比一般職業投手低了至少一個甚至到兩個的標準差。他接著說：「包爾應該是球速能飆到九十五到九十七英里的大聯盟投手當中，投球機制最有效率的。他以最少的手臂壓力創造出最高的球速。」

包爾似乎是一萬小時理論的最佳代言人，他的存在和經驗證明了，只要以正確的方法練習得夠多，人人能成為高手、專家。不過波迪卻反駁這種說法。「在技能習得上，如果沒有熱情，就談不上其他思維跟策略。」他說：「如果你跟某人說只要付出一萬小時的深度刻意練習，就能習得一項技能，我覺得並沒有錯，但這前提是，這個人得對競爭感到痴狂，而且達到偏執的程度。包爾就是這樣的人。當其他人說他們想要拿下賽揚獎、沒得獎都算失敗，他們只是要說給媒體聽，覺得那些話聽起來很體面。但如果是從包爾的口中說出來，他就沒在跟你開玩笑的。這就是他內心的目標，一個很愚蠢的目標。但也因為這種愚蠢的目標，他成就了很多不可思議的事情，例如在選秀會第一輪就被選中、贏得金靴獎等等。曾經，那些目標聽起來也很愚蠢。」波迪所說的愚蠢，指的是不切實際，但就包爾的觀點來看，那些目標一點都不會不實際。

包爾的案例證明了，只要採取夠專注的刻意練習，每個人都能變得更強、更好，但從練投量的角度切入，並非所有投手都應該向包爾學習，也不是所有投手都可以成為包爾。

「包爾的故事好像在跟大家說：『這世上沒有過度訓練或投球過量這回事。』但我跟他都非常不樂見大家這樣解讀。」波迪說：「他很早就開始在沒有父親的陪伴下，每天對著圍籬丟球；也在很小的年紀就開始丟加重球。我知道包爾不認為他那一套適用於所有人……一個在夏季園遊會裡玩丟棒球遊戲投不到五十五英里的小棒球科學迷，或許就可以多多了解包爾的故事，試著模仿他。但如果是運動條件很好的小棒球科學迷，比如說十二歲的葛蘭基（Zack Greinke），就很不適合仿效包爾……包爾把『運動條件差』這項最大劣勢，轉化為一項優勢。即便先天的運動條件不好，卻因此非常耐操。表面上看起來是禍害，但其實是老天爺暗藏的恩賜。」

波迪還說，外界常把包爾的形象塑造成古怪的天才，但其實這描述也不太對。

「就分析資訊的能力來說，包爾其實沒那麼聰明。」波迪說：「我認為的聰明是，可以很快地學會做某件事情，但他學事情的速度一點都不快。包爾厲害的是，他很會用蠻力、用很粗暴的方式達成目標……照理來說，他上不了大聯盟，但因為夠瘋狂，所以他還是上去了。我覺得這才是包爾故事的真相，也是媒體應該要報導的那一面，但顯然多數人聽到的故事不是這樣。真正的包爾故事，要傳達給我們下一代的意義，並非『你什麼事都辦得到』。」波迪認為包爾的故事所要傳達的訊息，應該是「假如你想達成非常遠大的目標，那就必須對該目標感到近乎瘋狂地步的執著」。「對我來說，那才是真正的技能習得。包爾付出最大的努力，把自己的潛能發揮到極致。」

跟他充滿爭議的偶像馬斯克一樣，包爾總是對工作念念不忘，而且經常立定看似遙不可及的誇張志向。馬斯克想飛上火星，也想創造超級高鐵（Hyperloop）[8]；包爾則是想贏得三座賽揚獎。包爾說：「歷史上有十位拿過三次賽揚獎的投手。」然後開始念出幾個名字和數字。「這十個人裡面，有七人已經進名人堂，有兩人是現役球員（克蕭和薛則〔Max Scherzer〕），還有一個是克萊門斯（因為涉嫌使用禁藥導致聲譽受損，不然單就數據來看值得進名人堂）……如果我要拿三座賽揚獎的話，機會大不大？我現在二十七歲，但三十三歲之後我

8　超級高鐵，又稱超迴路列車，是一種高速運輸系統概念的總稱，由馬斯克及其公司——太空探索技術公司——於二〇一二年所提出，推估最高時速可超過每小時一千公里。（摘編自維基百科）

得獎的機率就會大大減少，因為我的球技將因為年齡開始衰退。」

「老實說，我不知道是什麼在驅策著我。我已經花了十到十五年的時間，試圖去弄明白為什麼我想追求頂尖。是對個人成就的嚮往嗎？還是只是想跟那些不看好我的人證明我辦得到？追求頂尖是對的嗎？其實我真的不知道。所有的事情想到最後，還是老話一句，我就是想成為最好的。就這樣。」

時間滴滴答答地流逝，若要達成他所設定的目標，包爾已經沒有時間可以浪費了。二月初，已經建立好新滑球基礎的包爾，離開西雅圖，前往印地安人設在亞利桑納固特異（Goodyear）的春訓基地。雖然當時還沒把滑球修到最完美的狀態，但包爾覺得已經差不多了，他在春訓開始時跟記者說，他覺得自己比以前任何時候都還接近能力極大化。不過那些都只是紙上談兵，實際到場上拿出表現才是真的。

第七章　中介溝通人

不是「拍」照片，而是「做」照片。

——亞當斯（*Ansel Adams*）

「他明明只有兩種球路而已！」惱怒的塞爾在紅襪休息區內吼道。這是二〇一八年世界大賽第四戰，紅襪對上的道奇先發投手是希爾，也是塞爾宣洩怒氣的對象。當天凌晨才剛在十八局大戰輸給道奇的紅襪，第四戰六局下陷入四分落後的局面，距離他們被道奇扳成系列賽平手，只剩下三局。

紅襪隨後靠著兩支全壘打追平比數，並在第九局取得超前，獲得最終勝利。隔天，他們再贏道奇，奪得世界大賽冠軍。「塞爾的怒吼激起紅襪士氣，豆城軍系列賽聽牌」是第四戰結束後美聯社（Associated Press）發出的新聞標題。或許這標題說得沒錯，但紅襪逆轉時擊潰的投手們全來自道奇牛棚，不包含令塞爾生氣的「兩種球路先生」。

塞爾怒吼的內容千真萬確。三十八歲的希爾在第四戰投了九十二球，五十三球是四縫線速球，另外三十九球全是曲球。希爾不需要第三種球路，被換下場前，他把紅襪打者吃得死死的，投六又三分之一局，只被打一支安打，送出七次三振和三次保送，而他所屬的道奇仍以四比〇領先對手。

神奇的是，把希爾改造成一代強投的一大功臣，當時身著紅襪制服：他是班尼斯特。

第四戰打得激烈時，身為紅襪投手發展副總裁兼助理投手教練的班尼斯特，正在球場內部的球員休息室看比賽，因為大聯盟規定一隊最多只能有七名教練在場邊的休息區出沒。「從一個棒球迷的角度來說，我既享受希爾的出色表現，也恨不得他趕快被打爆。」班尼斯特傳給我們的簡訊中寫道。他傳這則訊息的時間點，跟塞爾怒吼的時間點差不多。「為希爾這個人加油，但心中非常渴望他球衣前面繡著的那支球隊輸球。」

二〇一一年從大聯盟賽場退下來的班尼斯特，於二〇一五年一月被紅襪聘雇，成為他們的職業球員球探兼分析師。他進紅襪那年的八月，是他跟希爾第一次認識。當年三十五歲的希爾，球季之初從國民隊三A的牛棚起步，卻在六月遭到釋出。這是十六個月內，第三度有大聯盟球隊將他釋出；就連他曾在二〇一〇到二〇一二年效力的紅襪（主要在三A，偶爾在大聯盟亮相），前一年三月也對他做出一樣的事情。最終，希爾前往許多被丟棄的棒球浪人都會去再賭一把的地方：獨立聯盟。七月，希爾加入大西洋聯盟（Atlantic League）的長島鴨隊（Long Island Ducks），投了兩場精彩的先發後，紅襪再度看上他，因此希爾球員生涯第三度被紅襪簽下。八月十四日，紅襪把他派往他們在三A的波塔基特球隊（Pawtucket Red Sox）。

同一天，紅襪總教練法洛（John Farrell）宣布，他將因接受淋巴瘤相關治療請病假，紅襪的教練團因此出現不少人事異動：三A的投手教練基普（Bob Kipper）被拉上大聯盟，而比較低層級的投手教練則被調上三A接替他的位置。在新的投手教練到任前，班尼斯特被派往波塔基特支援三A教練團。班尼斯特在紅襪的第一年除了做球探工作，也會寫一些建議給球團，告訴他們如何改進投手養成，同時希望多接觸球員、多待在比賽現場。前往三A支援教練團的機會，對班尼斯特來說再好不過，他可以好好用來實踐想法，並直接幫助球員。而他心中已經有一個他想幫助的人選。

八月十五日，家鄉位在麻州米爾頓（Milton）小鎮的希爾，擔任波塔基特紅襪的先發投手。他面對費城人的三A球隊，主投六又三分之一局沒有失分，帳面成績看起來不錯，但就實際投球內容上，希爾投得不算太好，只有兩次三振也就算了，還送出三次保送。比希爾還小一歲的班尼斯特，連續兩天都跟希爾面談一個半小時，跟他商討改變投球策略。「我一直想要測試內心的一些想法，所以我就把其中一個說給希爾聽，看他買不買帳。」班尼斯特說。班尼斯特在「追蹤者」記錄下的數據中發現，希爾的曲球犀利無比，而且看上去跟他那顆均速落在九十英里附近的速球頗類似。「我調希爾的數據出來看，驚覺他控制球旋轉的能力非常凸出。」班尼斯特說。如果希爾能在曲球的投法上做出不同變化，就可以大幅提高曲球的使用比例。

數週之後，希爾離開小聯盟，重返大聯盟，而且正在跟他說話的球隊主管，把他的曲球拿去跟克蕭、薛則、塞爾等人相提並論。從希爾上一次在大聯盟單季累積一百局投球，一路到二〇一五年球季尾聲，這中間他總共經歷八年、五支球隊、一次肩膀手術、一次手肘手術，沒人比他清楚什麼叫挫折。因此，他更願意聆聽別人給他的建議。「班尼斯特讓我大開眼界，原來投球可以那麼有創意。」希爾說：「重新思考我的曲球、改變曲球的投法、增加曲球的種類。這是我第一次聽到有人這樣談投球。」

班尼斯特跟希爾解釋，他可以改變曲球的速度、轉速、進壘點，比如說，他可以把曲球投在偏高的位置，讓它看起來就像他的速球。希爾聽完之後心想：「好喔，所以我現在可以多投曲球，而且投的量可以超過所有我過去所學到的投球原則。」為此，他捨棄二縫線球，並導入全新的曲球使用方式。接下來四場在三A的先發，他飆出二十七次三振且只保送六名打者。

九月八號，紅襪為擴編的大聯盟球員名單[1]加入最後一批生力軍，而希爾正是其中之一。五天之後，希爾

1　二〇二〇年以前，大聯盟規定從九月份開始到例行賽結束，各隊的正式可出賽球員名單人數上限，從二十五人，增加到四十人。此規定為俗稱的九月擴編名單。二〇二〇年起，大聯盟改制，原本四十人的九月擴編名單，改為自九月起至例行賽結束，各隊都得帶滿二十八人在正式可出賽球員名單上。

登上大聯盟投手丘擔任先發投手，這是他自從二〇〇九年七月之後就沒做過的事。希爾投得不錯：光芒在他七局的投球中只打出一支安打、沒有得分，還遭到三振十次。下一次出賽，希爾再K掉十名藍鳥打者；再下一場，他對金鶯也投出十次三振，而且比前兩次出賽更厲害的是，他投出二安打的完投完封。在希爾之外，那年大聯盟只有六名投手曾連三場先發飆出至少十次三振，而希爾則是在六年先發空窗期之後的頭三次先發，就完成這項壯舉。該季最後一次先發登板，希爾對洋基投六局只失二分，送出六次三振。

二〇一五年球季最後一個月，希爾以高達百分之三十九的曲球使用率，面對美聯東區的所有對手，繳出一點五五的超低防禦率和百分之三十四的超高三振率。百分之三十九的曲球使用比例，是那年大聯盟所有投至少二十局的先發投手中，第二高的數字。從希爾重返大聯盟投手丘，到例行賽季結束，中間一共有九十名先發投手投至少十局，其中僅四人的三振數比希爾多，而且只有該季國聯賽揚獎得主艾瑞亞塔（Jake Arrieta）的被打擊率和對手WHIP值[2]比希爾的還低（希爾二〇一五年的被打擊率為一成四一、對手WHIP值為〇點六六）。「那可說是我這輩子看過最精彩的連四戰先發。」班尼斯特隔年這麼跟我們說。

到那一刻為止，希爾生涯從好幾張大聯盟保證合約獲得的總薪資為三百九十萬美金。跟班尼斯特見面的三個月之後，他用一個簽名就換到了遠超過三百九十萬美金的金額：奧克蘭運動家跟他簽下一張一年六百萬美金的合約，希爾成了名副其實的「六百萬金臂」[3]。

二〇一六年，希爾不管在運動家還是在道奇（他季中被運動家交易至道奇），都持續繳出好成績，賽季防禦率僅二點一二。因此，儘管希爾已年逾三十六歲，道奇仍在球季結束之後跟他簽下三年四千八百萬美金的複數年合約。那年，希爾的曲球使用率高達百分之四十七，寫下有紀錄以來單季百局投手的最高紀錄。雖然自那之後，希爾經常被手指水泡問題困擾，投球局數多少受到影響，但從二〇一五到二〇一八年，希爾百分之二十九點三的三振率，在同期所有投至少四百局的大聯盟投手中，高居第五名，而他二點九八的防禦率，也排第六好，介於艾瑞亞塔和兩屆賽揚獎得主克魯柏之間。

在跟希爾合作之前，班尼斯特就一直深信只要給出對的建議和指導，很多走偏的球員生涯都能被導回正軌。「只要做一些改變，或是教球員正確的心態、正確的投球機制、正確的配球策略，輔以新球路的設計，就能徹底改寫球員的未來發展和能力天花板。這一點一直深深吸引著我。」班尼斯特在二〇一六年說道。但班尼斯特所提到的球員命運改寫，在二〇一五年以前仍停留在理論階段，沒什麼實際案例。希爾球員生涯的劇烈轉折，證明班尼斯特所言不假，也為後人留下一段激勵人心的故事。「他辦到了我從沒看過的壯舉，這令我感到非常興奮。」班尼斯特說：「另一個值得開心的點是，他的故事說明了很多理論其實是可以被實現的。」

在希爾的大破大立之後，棒球界出現改革球員的新潮流，很多類似希爾的故事如雨後春筍般冒出。「自那之後，你看到很多投手開始大幅提高變化球的使用率。」希爾說：「以前……如果不常丟速球，就會被貼上軟弱、不夠強勢的標籤。但現在，思維出現變化，大家不再管遵循什麼投球傳統。投手的工作就是上去製造出局數，無論用什麼方法，只要能製造出局就是好方法。」

每一年，球員的思維轉變都愈來愈明顯，整個潮流被提升到更高的境界。二〇一七年，太空人投手麥卡勒斯（Lance McCullers Jr.）單季的曲球使用率超過希爾所寫下的紀錄。二〇〇八到二〇一七這十年間，僅五名投至少一百局的投手，滑球使用率達到百分之四十以上；但光二〇一八年，就出現六名達到相同標準的投手，而其中之一，是響尾蛇先發投手寇賓（Patrick Corbin）。

2　WHIP值（walks plus hits per inning pitched）為一投手數據，其數值為投手平均每局的被安打數加上平均每局的保送數。

3　這邊作者所用的梗是二〇一四年上映的知名棒球電影《百萬金臂》（Million Dollar Arm），該電影改編自真人真事，敘述一名失意的運動經紀人伯恩斯坦（J.B. Bernstein），被電視上正在播放的板球比賽激發靈感，決定遠赴印度舉辦一場實境秀「百萬金臂」，欲從四萬名競爭中者中選出有潛力的新秀，帶領他們前進大聯盟。

有好幾年的時間，縱使寇賓的滑球都能有效解決打者，但他仍把滑球的使用率壓在大約百分之二十五。直到二〇一八年，他才在球隊的建議下，提高滑球比例到超過百分之四十，結果立刻產出好結果：寇賓投出大聯盟生涯最佳的一季。同年十二月，寇賓跟華盛頓國民（Washington Nationals）簽下一紙六年總值一億四千萬美金的巨約。「過去這幾年來，主流的投球哲學出現改變。」響尾蛇投球策略分析師哈倫（跟班尼斯特和希爾同期的退役球員）說：「真的是這樣。現在大家的思維都是，要怎麼樣才能讓投手在比賽中投愈多他最擅長的球路。」

球界愈來愈看重變化球的趨勢，能反映在大聯盟的整體數據上。二〇一〇年，伸卡球使用率比滑球還多上百分之七十五，但來到二〇一八年，滑球的使用率已經超越伸卡球了，而這還是有球種記錄以來的頭一遭。「對我來說，這是個很簡單的概念。」班尼斯特說：「打軌跡彎曲的球，遠比打軌跡近乎筆直的球來得難。」二〇一八年，打者對滑球揮棒落空的機率（揮空次數除以揮棒次數）高達百分之三十六；反觀伸卡球只能創造百分之十四的揮棒落空率。打者打中球時，對滑球的加權上壘率為〇點二六三，但對伸卡球卻高達〇點三五一。打者對這兩種球路的進攻火力落差，在不同球數的情況下皆然。「我覺得現在所有球隊的想法都是，跟著比較能解決打者的球路走就對了。」班尼斯特說：「這是個對伸卡球投手不友善的年代。」從數據來看，應該要用什麼球種才能更有效地解決打者，是再明顯不過的事，但真正促使投手拋棄「反變化球」傳統思維的主要動力，還是班尼斯特和希爾搭配之後所創造的故事。

希爾職業生涯的重生，實在是一個天時、地利、人和都到位的案例，他自己也覺得不可思議。首先，希爾必須先跟剛雇用班尼斯特不久的紅襪簽約；班尼斯特也得因為法洛生病了才能到波塔基特當教練；然後，要不是紅襪投手S．萊特（Steven Wright）八月在打擊練習中的衝壘，被傳球砸到頸部背面，出現腦震盪症狀，希爾也不會在九月份被拉上大聯盟。當然，記錄希爾曲球轉速的追蹤科技也得已經到位，班尼斯特才能挖出希爾未竟的潛能，而其他球隊也才會認為他二〇一五年僅僅四場出色先發的小樣本數據，並非僥倖。「如果我們把時間再往前推一點，到二〇一三年，大家就不會看到我的轉速數據了，因為當時那些數據根本不存在。」希爾說：「新數據帶給球員新契機。以前，球探的思想都蠻封閉的……他們只會看投手的球速快不快，來決定要不要給球員機會。」

說服投手多投變化球的另一個有力依據，來自近年的研究。近年研究顯示，速球對投手手臂造成的壓力其實才是最大的，推翻長期以來棒球界認為變化球較容易造成投手受傷的觀念。「當愈來愈多投手開始提高變化球使用量，卻不見投手受傷案例顯著增加——事實上還可能減少——就開啟了非常多前所未有的可能性。以前大家不敢多丟變化球，是因為怕受傷。」班尼斯特說。班尼斯特認為，過去對變化球的偏見，不僅未經科學證實，而且還「導致許多投手沒辦法改進他們的投球成績」。不知道過去有多少跟希爾一樣球速不快的投手，得不到關愛的眼神，最終被球隊棄若敝屣，只因球團沒有工具去挖掘他們未竟的潛能、也沒有意願讓他們採取對他們生涯最有利的投球方式。希爾表示，如果沒有現在的工具和新思維，「球員真正的潛力永遠不會被發現」。

新科技工具與會解讀新資料的教練，在對的時間點結合在一起，幫助希爾成為新球員改革浪潮的典範人物。現在，班尼斯特與其他擁抱數據資訊的球員，要延續這股浪潮，確保不會再有球員等到三十五歲才把未被發現的潛力開發出來，更要避免那些從來沒有機會釋放潛能的案例再次發生。

過去曾擔任投資分析師的揮棒機制專家威勒森（D.K. Willardson），在他二〇一八年出版的著作《量化打擊學》（Quantitative Hitting）中提到，自從棒球產業解鎖了進階數據的奧秘，就一直有一個資訊落差阻礙了球員發展領域的進步。「球隊裡，數據分析部門只專注於資料分析，幾乎不談棒球的動作機制，而相對較『傳統』的教練團和球員發展部門，則只專注在指導選手的動作機制，不太去管數據和資料。」威勒森寫道：「結果是，在這兩個立場極端對立的陣營中間，有一大塊很少人耕耘的知識沃土。」

理論上，率先在這塊土地上播種的球隊，能取得非常可觀的收成。「最大的挑戰是，」威勒森接著寫：「棒球界沒有一個職涯道路能同時涵蓋資料分析和動作機制探討，因此也就沒有兼顧這兩種領域的人才庫。然而，再清楚不過的是，不把這兩個領域結合在一起，就沒辦法創造出最大的價值。」換言之，棒球界已經能產出對的資訊了，卻缺少對的資訊傳遞者。

大聯盟球隊的農場體系，其實可以看成一套學校教育系統。隨著科技和數據不斷充實棒球這項運動，連位屬最高層級的大聯盟，感覺都愈來愈像進修教育的一環。棒球歷史上，有好幾次由上而下的科學化棒球改革最終都宣告失敗，如果說球界人士能從中學到什麼教訓的話，其中之一絕對是：長期遭到漠視的溝通能力和文化覺察能力，非常重要。

已故耶魯大學（Yale University）教授、社區心理學之父薩拉森（Seymour Sarason），在他於一九七一年出版的著作《學校文化與改革障礙》（The Culture of the School and the Problem of Change）中，無意地點出當代棒球在球員發展上所遇到的阻礙。薩拉森寫道：「來自學校外部的改革者，大多不了解學校內部的文化。如果改革者本身就屬於校內文化的一部分，往往他們自己也會變成改革後的受害者。」從另一個角度切入，來自外部的改變發起者，「往往會低估學校作為一個社會體系縮影的複雜性，也容易輕忽學校文化複雜性面對改革所產生的阻力」。同一時間，許多文化內部的成員「要不是不想尋求改變，就是不願熱情響應改變的發生」。這種雙方對彼此的不了解，會使雙邊關係更加兩極化。當代棒球界的兩極化雙邊關係，造就了兩種有幾分真實性的刻板印象：思想倒退的老派棒球人，以及自大跋扈且從沒打過棒球的數據狂。這兩個陣營唯一的共通點，是他們都覺得自己已經掌握如何贏球的答案，並且怨恨試圖干涉對方的彼此。

近幾年以前，大多數球員一談到數據，說出來的話聽起來就像一九三〇年代的強投、名人堂投手迪恩

（Dizzy Dean）。迪恩曾說：「我痛恨數據。我該知道的事，都已經在我腦袋裡了。」那時候，球員實在不了解數據的重要性和進階棒球數據的概念。然而，當那些沒當過運動員的數據分析師急著想教導球員他們發現的新知識時，有時候卻也太自以為是，忽略掉某些需要更嚴謹看待的棒球傳統、棒球技術、棒球現象。

名人堂教頭麥葛羅在他一九一四年的棒球教學書《如何打棒球》（How to Play Baseball）中寫到，捕手接球時，可以藉由巧妙地把手套往本壘板的方向移動，以引誘主審判好球帶邊邊角角的球為好球。他稱這項技藝為「形塑進壘點」。九十年後，賽伯計量學家卻否認偷好球技術的存在，並嘲笑教練選擇使用守優於攻的捕手。事實上，無論是各式守備的技藝、球員的個性與態度、休息室內的化學效應、還是打順風球，這些概念在數據專家們用懷疑的眼光看待它們前，老早就存在於棒球的智慧中。它們在被數據派嘲笑一陣子之後，獲得某種程度上的平反，因為賽伯計量學家後來坦承現有數據無法精確為所有問題定調，而且他們採用更多品質更優的新資料數據，重新檢視那些概念，發現它們不是全都毫無用處。有一段時間，身材矮小的內野手艾克斯坦（David Eckstein）被許多人稱讚打球「拚勁十足」又「耐操」，但如此說法卻受到數據派的嘲諷和不屑。身高僅一百六十八公分的艾克斯坦，一九九七年選秀會第十九輪才被選中，進職業時完全不被看好，但他依然能夠拚上大聯盟而且還待了十年，其所創造的價值，跟他同屆轉入職業棒壇的一千二百二十四名球員相比，更能排到第十四名。「耐操」，或者說是「充滿恆毅力」，這項如今被許多新世代的教育家視為成功秘訣的特質，或許正是艾克斯坦如此成功的關鍵因子。

另一個跟「耐操」、「充滿拚勁」等說法一樣、獲得近年數據專家平反的案例，是實力已被定調的球員，表現忽然出現劇烈變化的現象。有好一陣子，實力已被定調的球員如果忽然打出一波好成績，都會被數據派無視，因為數據派認為那些突然之間的進步，數據樣本都太小，沒有代表性。此外，數據派也對賽伯計量學家佛羅斯・麥克拉肯（Voros McCracken）在二〇〇〇年寫下的「佛羅斯定律」（Voros' law）深信不疑：「在六十個打數內，打者什麼樣的數據都打得出來。」二〇一四年九月，太空人放棄馬丁尼茲的數個月後，馬丁尼茲已經在老虎打出亮眼的數據，但「棒球指南」的創辦人之一席恩（Joe Sheen）仍在推特上寫道：「撇除那些關於打擊機制的討論，我認為馬丁尼茲跟他以前一樣，沒什麼變，只是多打了幾支全壘打而已。在高強度的打線裡，他還是沒辦法成為第五棒打者。」

四年後，席恩在他的個人新聞信中坦承他當年的誤判：「其實就在不久前，我還是傾向不去理會那些球員調整打擊姿勢、調整打擊動作、投手改變在投手丘上站位的報導和故事……但在當今這個年代，我無法再很有把握地那麼說了。」席恩注意到改變球路和調整打擊動作等機制的轉變，確實可能對球員表現造成顯著影響。「長久以來，我堅信要使用數據來評估棒球員。但我錯估了現在這些新數據、新資訊的影響力，這些新東西讓我也開始懷疑起自己過去的許多論述。」

席恩的思維轉變所代表的意義是，在球場上、球員休息室中、球隊訓練時間裡，有太多外人所看不見的事情，而那些事情的複雜性，遠比用大數據分析棒球來得高。因此，數據派也不得不開始學著洗耳恭聽。然而，更多更好的資訊，通常還不足以改變人們的想法，因為大家往往太堅持自己所相信的道理，以致於當另一方提出反證反駁時，他們傾向更堅定原本的立場——這個現象就是所謂的「逆火效應」（backfire effect）。可是曾研究過錯誤資訊傳布的麻省理工學院（MIT, Massachusetts Institute of Technology）政治學家柏林斯基（Adam Berinsky）卻發現，立場偏頗、懷抱既定意識形態的受試者，特別容易相信某一種資訊傳遞媒介：出乎意料的資訊來源。

對於球員來說，出乎意料的資訊來源就是那些曾穿過制服、打過職棒的數據專家。這種人滿足了薩拉森對理想的校園文化改革者所設下的條件：「讓他們在學校裡面負責一些工作和任務，使他們成為學校文化裡的一份子。」既打過職棒又熟稔數據的人才，在棒球界非常稀少，他們能說著流利的管理部門語言，也懂得如何在休息區跟球員互動。「這種人就是完美的中介溝通人，他們能把訊息從負責主導理論和策略的高層，正確傳達給球場上習慣專注打球的選手。」教士隊總教練A．格林（Andy Green）[4]在二〇一七年說道。如果訊息沒有經由精通「管理部門語言」和「休息室語言」的中介人傳達，那通常沒有一方會把彼此的訊息聽進去。假如今天管理部門想出了一個完美的作戰計劃，卻沒有透過好的中介人傳遞，那該計畫最終的命運，要不是不被理解、沒有被執行，就是受到教練團和球員的鄙視。

當希爾聽到自己之前的投球方式不對時，他得先確認訊息來源是一個他信得過的人：簡單來說，就是打過大聯盟的人。從紅襪的角度來看，簽下希爾這件事本身沒什麼厲害之處，最讓人印象深刻的是後續的發展。法斯特說：「當今這些走在新潮流前端的管理部門，最厲害的地方不是很會談合約、簽對自由球員，而是懂得找到適當的中介溝通人，並採用能夠作為他們工作基礎的科技工具。」

「最後一哩路」（last mile）是通信業工程師經常使用的詞彙，意指遞送網路服務給終端使用者的最後階段，達成難度遠比其他程序高。要搭建從美國東岸到西岸、長度超過四千八百公里的網路系統，相對來說還比較簡單，因為最後那一段連結到一般家戶和辦公室的佈線工程與相關開通程序，常常會遇到瓶頸。棒球界的最後一哩路，就是管理階層與球員休息區中間的區隔，它阻礙了資訊和數據的傳遞，使真正能應用資訊和數據的人無法有效地接收。二〇一五年，班尼斯特成為接起那段區隔的中介溝通人，但其實，早在棒球界發現這種人才的重要性之前，他就已經在做準備了。

4 A．格林於二〇一九年球季尾聲遭教士解僱，由博拉哈斯（Rod Barajas）擔任臨時總教練，帶完剩餘賽季。二〇一九年十月，教士宣布雇用汀格勒（Jayce Tingler）為他們的新總教練。

班尼斯特出生於一個投手世家。他的父親佛洛依德（Floyd Bannister）是一九七六年的選秀狀元，並在大聯盟投了十五年的球才退休。他的舅舅比他父親早一年被選，是選秀第二輪的投手，最高層級打到三A。身為三兄弟的老大，班尼斯特的兩個弟弟也都是投手，一個曾在史丹佛大學校隊投球，另一個跟班尼斯特類似，讀南加州大學（University of Southern California）然後經由選秀會轉入職業，只是他從沒晉升新人聯盟以上的層級。佛洛依德的大學母校是亞利桑納州立大學（Arizona State University），後來他也在亞利桑納落地生根，因此班尼斯特三兄弟從小都在亞利桑納的斯科茨代爾市（Scottsdale）長大。

佛洛依德高掛球鞋時，班尼斯特已經十一歲了。他曾跟成功方式各有不同的多位傳奇投手當過隊友，包括以完美投球機制和精準控球著稱的西佛（Tom Seaver）、滑球犀利無比且訓練方式顛覆傳統的卡爾頓（Steve Carlton）、口水球專家派瑞（Gaylord Perry）、快速火球的化身萊恩等等。班尼斯特經常問他父親問題，大量吸收棒球知識，他想知道為什麼球的飛行軌跡能詭譎多變，也想知道為什麼每個投手的投球動作都不一樣。

雖然佛洛依德的大聯盟生涯很長，但從經過球場因素校正的自責分率來看，他控制失分的表現正好落在聯盟平均值上，不高也不低，對一個選秀狀元來說，這樣的成績似乎有點普通。不過若你有這種想法，就代表你有點錯判了佛洛依德的真正價值：一九六五到二〇〇三年，大聯盟選秀狀元平均的生涯WAR值為二十二點三，而佛洛依德生涯的WAR值高於那個數值，為二十六點六。佛洛依德最知名的武器是他的速球，大多數的投手教練都要他「先投速球，建立打者揮棒時機的基礎」，才能在後續搭配其他球種時成功拐騙打者；但現在回過頭看，佛洛依德反倒希望當時能多投一點他水準不錯的變化球。「我應該要多投很多曲球才對，那樣的話，我的職業生涯應該會更加成功。」佛洛依德說。

佛洛依德少年時期愛玩車，喜歡在腦中設計點子，再用雙手把那些點子化為真實。班尼斯特就遺傳到他父親的理工腦。「班尼斯特從小就喜歡做東西。」佛洛依德說：「他會在遊戲間花好幾小時玩樂高、組裝積木、建築玩具。感覺起來，他的目標經常是把每一塊積木都用上，一坐下就是好幾個小時。每次我都對他做出來的東西感到驚豔。」班尼斯特長大一點之後，就開始玩起「模擬城市」（SimCity）[5]電玩遊戲。

班尼斯特大約十歲時，佛洛依德幫他買了一款叫做「Photoshop」的新軟體，班尼斯特就此深深迷上影像編輯。此外，他能精準地素描眼前看到的景象，對於數字的敏感度也很高：他在SAT的表現很好，數學只錯一題。最終，他把大多數的休閒時間都投注在攝影上，因為攝影跟投球很像，能讓他結合他在藝術和科學兩個領域的長才。

二〇〇二年，班尼斯特從南加大畢業後，他跟佛洛依德提議，把佛洛依德買來原本要當作投資工具的房子，改造成攝影工作室，由他倆共同經營。佛洛依德費了好一番功夫，才整頓好超過二百五十坪的專業工作室空間，並取名叫「十九號閣樓」（Loft 19）。班尼斯特沒空的時候，就由佛洛依德獨自經營這間工作室，直到今天，十九號閣樓仍在租借攝影器材和拍攝場地。「我們打造這間工作室的時候，班尼斯特會坐在電腦前很長一段時間，研究他喜歡的不同攝影師，然後上網看他們到底是怎麼打光的。」佛洛依德說。

做事態度一向認真的班尼斯特說：「我在投手養成上的知識，都來自安塞爾．亞當斯。」他把自己教導球員的哲學比作亞當斯的區域系統。亞當斯在他於一九四八年出版的第二本著作《論底片》（The Negative）中，說明區域系統是一個能確保最佳底片曝光和成像的技巧。「區域系統的概念是，藉由了解底片負片中化學物質的物理特性和限制，想盡辦法在各種限制中，聰明運用底片的特性，並將其發揮到極致，以創造出品質更好的影像作品。」班尼斯特說。班尼斯特表示，亞當斯會先在腦中想像一幅景緻的最佳影像，比如說優勝美地國家

5　模擬城市是一款開放世界城市建造遊戲，於一九八九年首次發布，並衍生出數個版本在全球發行。在模擬城市中，玩家要完成建立、開發城市的任務，維持城市幸福值的同時，也要保持穩定營運。（摘編自維基百科）

公園（Yosemite National Park），接著利用對現有底片和相機規格的了解、對光影性質的掌握，計算出適合當下拍攝的最佳設定。

「我覺得指導棒球員是一樣的道理。」班尼斯特說：「一半是藝術，得靠經驗和創意；另一半是科學，透過對現有資料和數據的正確解讀，有效運用資訊以達到輔助球員的最佳效果。」班尼斯特指導某一投手時，他會先在腦海中想像該投手的最完美樣態：無論投球機制抑或球路品質皆達到極致。由於他知道身體運作和棒球旋轉的物理特性與限制，所以能夠在那些限制範圍內，調整該投手的擺臂動作、手腕角度、握球方法，以達成最終目標。班尼斯特說，亞當斯的終極目標是拍出最美的優勝美地相片，而他的終極目標則是打造出最接近完美、極致狀態的棒球員。

班尼斯特球員時代離完美狀態非常遙遠。面容酷似父親的班尼斯特，身高一百八十八公分、體重九十二公斤，比他的球員老爸還高壯一些。不過班尼斯特跟佛洛依德的投手型態很不一樣：佛洛依德是球速飛快的左投，曾兩度榮膺美聯三振率王；而班尼斯特則是四縫線速球均速不及九十英里的右投手。二〇〇三年選秀會第七輪，大都會選中班尼斯特，他在小聯盟投了七十四場比賽，才完成大聯盟初登板；反觀他父親，只花了七場比賽就直升最高層級。班尼斯特不是頂級新秀，所以二〇〇六年，身為二十五歲菜鳥的他，只在大都會投了三十六局，就被交易到皇家。

二〇〇七年，班尼斯特用成績告訴大都會當初不應該交易他，在二十七場先發裡，繳出三點八七的優質防禦率，季末美聯年度新人王票選，他獲得第三名，比他父親在一九七七年的名次還高了一位。然而，深諳數據的班尼斯特知道，他二〇〇七年的好成績不會持續太久。大都會時期，在投手教練彼得森（Rick Peterson）的介紹下，班尼斯特認識了賽伯計量學，並開始花大量時間跟精力學習、研究棒球數據，專注程度就跟他過去投入組裝積木、Photoshop、亞當斯攝影理論一樣。

在班尼斯特之前，數據派社群最接近影響大聯盟球員表現的一次，發生於二〇〇七年六月，後來被稱作「菲力克斯事件」（Felix Incident）。當時擔任海恩斯服飾（Hanes）全職成本分析師的卡麥隆（Dave Cameron），會利用業餘時間在水手隊球迷部落格「美國船艦水手」（U.S.S. Mariner）上撰寫文章。（後來他成為棒球內容網站「Fangraphs」的總編輯，並於二〇一八年初被教士挖角，成為他們的數據分析師。）那時他寫了一篇題名〈給查維斯（Rafael Chaves）的公開信〉（An Open Letter to Rafael Chaves）的文章，希望水手投手教練查維斯能聽到他的意見。卡麥隆在信中寫到，他發現天賦滿溢但表現起伏劇烈的王牌接班人菲力克斯・赫南德茲，比賽初期太倚賴速球，因此請求查維斯建議赫南德茲改變配球，多加一點球路變化。沒過多久，有球迷把卡麥隆的文章印出來，從觀眾看台遞給查維斯。查維斯宣稱自己在那之前就已經試圖說服赫南德茲增加配球變化，但他還是把卡麥隆的文章拿給赫南德茲看，證明赫南德茲的配球模式已經被對手摸透了。七月初，已經連續兩場先發都表現精彩的赫南德茲說：「查維斯給我看一篇網路文章，他們說我第一局投太多速球，所以對手可以得很多分。從那之後我就開始增加第一局的變化球使用量。」

對數據派社群來說，菲力克斯事件是一個重要的里程碑，但本質上也只是個偶發事件，畢竟那個年代，球隊仍不讓棒球部落客進入媒體室，遑論雇用他們為管理部門的員工、決策者。後來有記者問赫南德茲，他有沒有因此多上網看文章，赫南德茲笑著說沒有。雖然班尼斯特的棒球實力和影響力遠不及赫南德茲，但對數據派社群而言，有願意提倡數據的球員已經很不錯了，不必再奢求名氣大不大。班尼斯特是第一個在網路上公開表明自己有在研究賽伯計量學、PITCHf/x系統的大聯盟球員，因此成為棒球數據派的英雄人物。早在那時候，班尼斯特的思維就已經像稱職的中介溝通人，當時他就說：「不爭的事實是，職棒圈外的社群也想表達一些有趣的想法。如果我能縮小職棒圈外人跟圈內人之間的鴻溝，我會很樂意效勞。」

班尼斯特成為球員界的數據拓荒者，其實是很諷刺的一件事。首先，班尼斯特效力的球隊是非常老派的皇家，他們的總管D．摩爾（Dayton Moore）為球探出身，非常重視肉眼觀察和球探經驗值。其次，班尼斯特是那種進階數據遠比傳統數據糟糕的投手。真正厲害的投手，能藉由控制好「三純數據」（three true outcomes）[6]的表現，減少他們對隊友防守的依賴。然而，班尼斯特完全不是那樣的投手：二〇〇七年共有九十四位投至少一百五十局的投手，而班尼斯特的三振率只能排在其中的倒數第八名。他之所以能繳出不錯的防禦率，是因為他的場內球安打率（BABIP, batting average on balls in play）[7]為九十四人當中的第三低（二成六一），亦遠低於美聯平均值（三成〇五）。班尼斯特知道那麼低的場內球安打率無法維持太久，之後勢必會上升，連帶使他的防禦率增加。

為了避免可預期的負面發展，班尼斯特二〇〇八年試圖追求更多三振，而他也確實提高了一點三振率，但他的ＢＡＢＩＰ一如預期地上升（三成〇八），加上偏高的飛球率造成不理想的被全壘打率，使其防禦率激增到慘不忍睹的五點七六，更慘烈的是，班尼斯特在三純數據的表現上，也沒有比前一年好。

當班尼斯特的老闆還在抗拒魔球理論時，他已經展現出「後魔球時代」的棒球哲學。「大多數人研究數據的用途，是去做未來數據的預測。」班尼斯特當時跟《西雅圖時報》（Seattle Times）的記者說：「但我研究數據的目的，是為了改變預測。我想先發現自己的弱點，找到能協助改善的數據，再依據分析數據的結果，調整投球方式。」

班尼斯特的弱點是沒辦法製造揮棒落空。他曾試圖改善這項缺失，但都沒什麼效果。既然打者勢必打得到他的球，班尼斯特心想，那至少要讓打者打不好，多製造軟弱的擊球，並努力避免打者把球轟出全壘打牆。PITCHf/x系統的數據告訴班尼斯特，四縫線速球阻礙了他的進步，因此二〇〇九年，他減少四縫線速球的使用量，改多丟卡特球。這顆卡特球的軌跡，既像伸卡球也像滑球，容易讓打者擊到地上。跟二〇〇八年相比，班尼斯特的卡特球用量增加三十個百分點，幾乎有一半的投球都是卡特球。此外，他還設計了一顆高尾勁的變速球，握法模仿知名右投席爾茲，帶有較大的下沉幅度。

班尼斯特自己主導的大改造成效奇佳，雖然二〇〇九年從三A起步，但他很快就重返大聯盟，而且感覺像是不同的投手。他的滾地球率一口氣增加了十二個百分點，如此顯著的單季滾地球率增幅，是二〇〇二到二〇一八年間的第二大，僅次於二〇〇四年的賽揚獎得主桑塔納（Johan Santana）。儘管上揚的滾地球率沒讓班尼斯特成為賽揚獎競爭者，但確實幫他再次站穩大聯盟的先發位置，那年他的自責分率降到四點七三，而他的投手獨立防禦率（FIP, fielding independent pitching）[8]亦降至生涯單季最低的四點一四。

事實上，班尼斯特的二〇〇九年數據原本有機會更精美。前二十場先發，他繳出三點五九的自責分率、四點〇〇的投手獨立防禦率，以及比季末結算更高的滾地球率。正當班尼斯特看似真的找到了讓自己接近完美的方法，另一個新問題浮現。八月二號，班尼斯特該季第二十次登板，用一百一十七球對光芒投出完封七局的內容，表現精彩，但也是在那天，他部分撕裂了肩迴旋肌。第一時間，班尼斯特沒有掛傷號，而是試著帶傷投球，不過結果很不理想，接下來六場先發，他在三十一局的投球裡面失掉三十四分，沒過多久的九月初，皇家就決定提前讓班尼斯特停機。下個賽季，班尼斯特的狀況依舊不佳，防禦率膨脹到六點三四。就算他懂得鑽研數據、做出改變、獲得實質進步，倘若手臂沒辦法健康配合，一切都只是白搭。班尼斯特原本打算在二〇一一年赴日本職棒投球，但由於他跟老婆正試著生第二胎，加上日本東北大地震及後續海嘯的災情尚未平息，因此

---

6 三純數據指的是三振、保送、全壘打。由於這三項數據多與場上守備無關，純粹是投手跟打者較勁的結果，故有此名。

7 場內球安打率指的是，被打者打進界內的球（不包含全壘打），最終形成安打的機率。一般來說，場內球安打率大多會趨近三成左右的平均值，因此過高或過低，都代表投手多少受到運氣成份好壞或隊友守備優劣所影響。

8 投手獨立防禦率排除守備因素，只參考投手三振、保送、觸身球、被全壘打率的表現，試圖用成因大多僅能由投手控制的幾個數據，更正確評價投手的實質投球內容。

作罷，決定還是待在家裡比較合適。那時候班尼斯特不過才三十歲，但他的球員生涯已經畫下句點。

二〇一一年十一月，之前在皇家擔任班尼斯特投手教練的馬克魯爾（Bob McClure）接受「Fangraphs」的訪問，他在訪談中表示，班尼斯特之所以無法長保成功，是因為他犯下了傳統棒球思維裡的大忌：想得太多。「班尼斯特有點太投入數據那一塊，試著做一些他能力所不及的事情。」馬克魯爾說：「他開始去研究球怎麼轉、怎麼跑的那些東西。就我看來，投球沒有那麼複雜。」馬克魯爾跟佛洛依德是同期的投手，也是一輩子的棒球人，他對使用進階數據的態度有所保留。在訪問的其他部分，馬克魯爾大談長久以來阻礙希爾成功的老派投球方法：「先投速球，建立打者揮棒時機的基礎，可以的話，對愈多打者建立速球的基礎愈好。」隔年，馬克魯爾成為紅襪和希爾的投手教練，但在球季還沒打完的八月，他就被開除了。當時分區墊底的紅襪，投手群繳出的投手獨立防禦率，經球場因素校正後，數值為隊史最差。

班尼斯特認為自己已經盡了最大努力，發揮出有限天賦底下的最大效益，要不是因為受傷，或許能延續很長一段大聯盟投球生涯。因此，當他聽到馬克魯爾的批評時，覺得有點受傷：「我覺得他的評論有失公允。」班尼斯特說。此外，班尼斯特二〇〇八到二〇一〇年的總教練希爾曼（Trey Hillman），也做出類似馬克魯爾的評論，他說：「我覺得班尼斯特當時太注重數據分析了。」有趣的是，離開皇家後，希爾曼陸續到大量採行科學棒球的球隊擔任教練，如道奇、洋基、太空人，最終改變了他的想法，坦承皇家時期的班尼斯特確實「走在所有人的前面」。班尼斯特至今仍跟馬克魯爾維持不錯的關係，而馬克魯爾近年來也愈來愈接納能幫助球員的新數據工具，只是在早期，「那些概念實在太新了，而他又已經在棒球界耕耘那麼長一段時間，難免會有所抗拒。當他回過頭看我的表現，會覺得是我在研究的那些資訊干擾了我的投球。」班尼斯特說。班尼斯特回憶，就是馬克魯爾和希爾曼這些教練當年的抗拒，使他決定先暫時離開棒球界。當時的棒球還沒準備好迎接改變。

為了促成棒球界改變的契機，班尼斯特需要先充實自己。皇家隊時期，班尼斯特有一個研究投球技術的好夥伴：葛蘭基。跟班尼斯特一樣，葛蘭基把投球視為一種科學。二〇〇七年，也是班尼斯特的大聯盟菜鳥年，葛蘭基賽季前七場先發投出難看的五點七一防禦率，因此遭教練團轉派牛棚。班尼斯特說，在牛棚的歲月裡，葛蘭基了解到，雖然他的控球非常好，但不用一定要投在好球帶邊邊角角；他可以讓自己的投球策略多變一些，直接用球威壓制打者也不失為一個好計策。球季尾聲，葛蘭基回到先發輪值，投了七場合計防禦率僅一點八五的先發，並從此開啟一段名人堂等級的投球生涯。

「我們那時常常會去想，什麼樣的配球順序能讓葛蘭基的主宰力發揮到極致？」班尼斯特說。班尼斯特最喜歡的一個，來自二〇〇九年，面對右打者的配球順序如下：葛蘭基先投一顆球速大約六十五英里的超慢大曲球搶好球數；接著投一顆九十五英里以上內角高的速球，出手角度跟第一球曲球差不多，通常打者會把這球打成界外；最後再來一顆絕殺的九十英里外角低滑球，三振對手。「光靠這個三球的配球順序，葛蘭基就拿下那年的賽揚獎。」班尼斯特說。二〇〇九年，葛蘭基的WAR值高達十點四，這是自二〇〇二年強森（Randy Johnson）連續第四年奪得賽揚獎後的十五年間，投手最高的WAR值。葛蘭基獲獎之後跟《紐約時報》的記者說：「由於班尼斯特在我們隊上，我也成了賽伯計量學的追隨者。我會去看哪些數據是投手能掌控的。試著把FIP壓得愈低愈好，就是我的投球方式。」

與班尼斯特不同的是，葛蘭基是天賦極佳的投球大師，具備五種球路之外，還擁有出色的球威。葛蘭基不僅能輕鬆催出比班尼斯特極速還快好幾個檔次的火球，當他跟班尼斯特比賽誰能投出最慢的曲球進好球帶時，也是由他勝出。二〇〇九年，葛蘭基的球速變化達到極致，從六十到一百英里的每一種球速數字，他都投過。他跟班尼斯特不斷測試極限，查看PITCHf/x的數據來檢視哪些作法比較有效。「我們談到配球順序、共軌效應等概念，也探討不同球路的最大對比、把球投到什麼位置才能徹底發揮尾勁的威力。」班尼斯特說：「看著全世界最強的投手之一，認真花時間去研究最先進的資訊和數據，並真的應用在實戰上，這一切實在太有趣了。」

引領葛蘭基進入賽伯計量學世界的經驗，使班尼斯特更感受到，或許扮演中介溝通人的角色，就是他的使命。班尼斯特說：「那時候，我發現我的未來不是在於挑戰賽揚獎，或試著擠進明星賽……而是學習數據和資訊分析，學得比任何人都好，然後運用這份專業去幫助全世界最好的投手們變得更強，或是提早找出其他球員的不足之處、效率不彰的環節，告訴他們為什麼沒辦法有效地激發潛能。」

貫穿棒球球員發展史的一個重大啟示是：人類其實不怎麼了解他們自以為了解的事物，而班尼斯特的經驗就印證了這一點。球員時期，班尼斯特每每看到那些球威不佳卻能投出頂尖數據的投手——如他二〇〇六年的隊友葛拉文，即便已經四十歲、速球只有八十五英里，仍能入選明星賽——以及那些明明球威很強卻投不出成績的球員，都會感到很不可思議。隨著他親眼見證的案例愈來愈多，他開始發現，「原來沒有人真的知道要怎麼創造好的球路品質」。「我心裡想，我們投球的方式會不會根本都是錯的？」班尼斯特說：「過去數十年來，教練指導球員的握球方法、投球機制是不是都不正確？每一種球路是不是都還有更優化的投法？而我們現在距離最優化的狀態，還有多遠？」

接下來三年，班尼斯特每天花八到十小時的時間，泡在公開的PITCHf/x數據網站「布魯克斯棒球」（Brooks Baseball）上，從最基礎開始，去了解他認為的好投手究竟做了哪些事。如果能把那些好投手的優點都挑出來，他就能複製在別人身上，跟他可以在Photoshop上不斷複製三維立體圖像一樣。班尼斯特發現一個所有投手都重蹈覆轍的模式：他們都習慣把速球投到錯誤的進壘點。兩好球的時候，大家幾乎無一例外地全把速球投到外角低的位置。在球路追蹤科技出現以前，這種做法很合理，因為那時主審容易給外角低的球多一點判好球的空間；但隨著追蹤科技的出現，主審判好壞球的表現開始接受客觀機制的評分，他們判別好壞球的能力亦有所進步，不再把那些打者根本打不到的球判成好球。同一時間，追蹤科技的數據也顯示，高轉速的速球會產生視覺上的上竄效果，如果投在高的進壘點，就能誘使打者揮空。

「那些東西對我來說都是革命性的發現，因為從小到大我們被灌輸的思想都是，要把球投在外角低。」班尼斯特說：「有很多投手都把球投在無法有效發揮球路威力的進壘點，或許是因為受限於傳統、過時的投球哲學，也或許是因為欠缺解讀資料的能力。」

班尼斯特跟包爾和波迪都不一樣，他不會自視甚高。他不喜歡在推特上戰別人，也不會特別點名那些理念與他不同的教練。「球員時代，我的目標一直是成為那個最好教、最好相處的球員。」班尼斯特說。但他後來的研究不斷將他帶向同一個結論：在後PITCHf/x時代，更新穎的數據和科技將打破更多棒球傳統的神話，而以前的棒球就是經常受到那些傳統的阻礙和限制。那些傳統包括：右投手的投手板站位一定要靠三壘那一側，如此出手的角度才能欺瞞打者；投手應該要在做投球動作的過程中，達到一個平衡點；變速球的速度一定要比速球慢至少十英里以上；投手一定要採取下壓的出手角。「每個投手新秀往上爬的時候，都會一再聽到那些傳統觀念，而我已經一一揭穿它們的真相了。」班尼斯特說：「必須說，幾乎每一項傳統觀念，我都持完全相反的看法……我認為那些觀念雖然聽起來蠻無害的，但數十年來，它們已經不知道毀了多少投手的生涯。」

班尼斯特一度有意開一間類似傳動棒球的獨立棒球訓練機構，教授新的投球概念和原則給願意接納改變的投手。在二〇一四年的一段訪談中，班尼斯特描述他的構想是，創造「球員版的魔球革命」，用「數據推動表現而非類固醇」。不過出乎意料地，大聯盟球隊率先對他釋出善意：在班尼斯特從大聯盟退休後的數年後，至少有一支球隊已經準備好接納他的思維了。

二〇一三年，「布魯克斯棒球」網站的擁有者布魯克斯（Dan Brooks）邀請班尼斯特擔任賽伯研討會的講者。班尼斯特在研討會上發表球員能如何應用賽伯計學在真實球場上，富有先見之明。隔年，班尼斯特再次回到賽伯研討會，這次他在戶外示範操作「追蹤者」系統。紅襪隊資深分析師提佩特（Tom Tippett）是當天的觀眾之一，他上前介紹自己，並詢問班尼斯特是否有興趣面試紅襪農場助理主任的職缺。

班尼斯特並不是為了找工作才到波士頓的，但芬威球場（Fenway Park）[9]就在研討會會場附近，他認為去聊聊無傷大雅。隔天，他跟提佩特走到紅襪富有歷史的主場，坐在綠色怪物（The Green Monster）[10]上方的看台，與紅襪助理總管海森（Mike Hazen）面談。交談時，雙方發現農場助理主任的職缺不太適合班尼斯特，因為他的熱情還是在於投球技術，而且他希望能近距離指導投手。「我覺得他們當時不太知道該怎麼用我這個人。」班尼斯特說。班尼斯特所能扮演的角色，不適合紅襪任何已存在的職位，所以他們協議先讓班尼斯特進球團，邊做邊摸索，再決定要怎麼處理職務的問題。懂數據的退役球員是棒球界的新物種，雖然還不知道能怎麼發揮作用，但紅襪知道他們需要一個這樣的人才。

亞當斯曾寫道：「若要如實地、有力道地攝影，那必須看透景象的表層，抓住所有事物內在的本質、人物的人性。」把「攝影」二字換成「投手養成」，就是班尼斯特到紅襪隊的主要工作：察覺投手的潛力所在，並幫助他們把潛能激發出來。二〇一五年希爾升上大聯盟後的隔一天，班尼斯特升職成為紅襪的投手分析與發展主任。隔年七月，他進入大聯盟教練團，擔任助理投手教練；十一月，他繼續擔綱助理投手教練之餘，還多加了一個新職稱：投手發展副總裁。

「很多人都有上大聯盟投球的潛力。」班尼斯特說：「前提是你必須給予他們對的素材和養分。」但不是所有球員都想要那些素材和養分。班尼斯特比喻，推薦球員採取某種新作法，就跟「廣告公司試圖說服業主採納他們的廣告提案」一樣。當班尼斯特第一次跟球員或教練說明他的數據分析建議時，經常會遇到以下四種反應的任一種：有些人會變得防備心很重，因為跟他們建議不同的作法，形同暗示他們現有的作法不夠好；有些人會感到害怕，不太敢修正既有的投球方式，畢竟他們可是靠著這一套投球方法拚上大聯盟的；有些人會非常生氣，咒罵科技和數據毀了棒球；而有些人則是太投入新數據和資訊，渴望的資訊多到就連班尼斯特也覺得會使他們投起球來綁手綁腳。「跟他們溝通這些新資訊時，實在很難得到一個輕鬆、正常的反應。我希望看到的是，不要有太多情緒性反應、認真解讀消化我講的內容、發現新作法有哪些好處、並且願意嘗試做做看。」班尼斯特說。

班尼斯特用醫院運作的方式，來比喻棒球管理部門和教練球員的互動關係。辦公室裡的分析師就像是放射科醫師，剖析檢驗資料之後，把結果交給外科醫師（教練），外科醫師在依據分析結果對病人（球員）進行手術。三個角色都扮演過的班尼斯特說，在沒有科技工具和資料的情況下改造球員，就如同在沒有照過核磁共振造影的情況下，對病人進行手術。

延續醫學的類比：李斯特（Joseph Lister）在十九世紀時發現無菌手術能大幅降低術後感染的機率，可是等到外科手術室全面採取標準消毒作業流程前，中間仍過了好幾年的時間。這好幾年的時間裡，有許多能被挽救的生命就這樣白白逝去了。棒球決策不牽涉生死，但各隊仍試著減少那段等更有效的新觀念被接納應用的延遲。在缺乏正確資訊的年代裡，經驗值還有長年的試誤結果都是球隊的競爭優勢。如今，它們已經成了阻礙球隊快速進步的限制，除非那些原本仰賴個人經驗做事的老派棒球人，懷著開放的態度和謙卑的心。「管理階層的人學習的速度比球隊其他人都還要快，我贏不過他們。」班尼斯特說：「所以我必須成為中介溝通人。」

9　芬威球場為紅襪隊主場，也是大聯盟現存歷史最悠久的球場，建於一九一二年。
10　綠色怪物意指芬威球場左外野一排高約十一公尺的高牆。

願意接受中介溝通人角色的教練，不是沒有好處：他們盡好自我本分的同時，不必擔心結果不好會丟了工作。身為前選秀狀元，佛洛依德比其他人都還要清楚，以前教練介入頂級新秀的養成，要是新秀表現不佳或發生什麼意外，帳都會算到教練頭上，危及他們的工作和職涯。「很多投手教練都擔心，假如他們改了新秀的投球機制，會傷到新秀，或讓新秀投不出之前的水準。一旦這種情況發生，所有人的矛頭都會指向這些教練。」佛洛依德說：「這種情況我看過太多了。」教練盡量省麻煩的逃避心態，使得球隊裡最優秀的球員，往往是受到最少指導的一群。現在，教練想測試什麼機制的調整，都能獲得球團的支持，而且可以得到完整數據和分析資料的支援。雖然這並不代表那些調整一定有用，但整個球隊文化的扭轉，確保教練在試驗失敗之後不會遭受嚴厲的抨擊。

科技演進自然而然會改變球隊想做的球員改造和調整。馬克魯爾在他二〇一一年批評班尼斯特的訪談中說：「不一定要球威很強才能成為好投手。只要有好的控球跟球感，人人都能成為好投手。」班尼斯特研究之後得出的結論，卻跟馬克魯爾的想法相反。「我寧願要一個球路品質七十到八十分[11]但不知道球會往哪跑的投手，也不要一個控球精確但球路品質五十分的球員。」班尼斯特說：「要我賭，我永遠都會賭球路品質較好的那一方。」

精確的微小調整，就有可能創造出奇的好效果，舉例來說，稍稍調整滑球的轉軸十五度，就有機會造就更有效率的位移、更多的揮棒落空，使一顆原本容易被打者破壞成界外球的變化球，晉升能有效在兩好球之後解決打者的絕殺武器。「看到一個身材符合好投手條件、球路品質七十到八十分的投手，握球的方式卻不太正確，這時候我的感覺就像收到一份聖誕節大禮。」班尼斯特說：「握球方法就是他的最後一塊拼圖。球員自己本身不知道，就算他的球質有七十到八十分，一旦握法不夠正確，投出來的效果可能跟球質五十、六十分的球路沒兩樣。」

要找出球員比別人優異的地方，並開發更多進步的可能，這中間摻雜了點藝術成分，但也並非難以言喻。「投球技術一點都不神秘，它就是物理學而已。」班尼斯特說：「我們想摒除的思維是，『這個投手的特質沒辦法複製到其他人身上。』……這不是無法理解的法術。那個投手只是做了某些事情，使他的表現比別人更好而已。」如果球隊能夠分析出「某些事情」究竟是什麼，了解造就好球威、好球質的因素，他們就能標準化找球員的作業流程，因為他們知道擁有什麼特質的球員適合重新改造。一套結合機器學習和基礎人工智慧的程式，可以在爬梳大量關於配球策略、投球機制、球路品質的數據之後，標記出任何看起來尚未達到理想狀態的項目，比如說：一種使用量過少的絕佳球路，或是一顆明明有高轉速、但旋轉效率不佳的普通球種。對於班尼斯特來說，這些未達理想狀態的項目，就像一台具備超強馬力引擎、但輪胎全磨平的賽車，此時維修站的人員——也就是棒球隊的教練和中介溝通人——就可以跳進來，設計出最能改善問題的辦法。

談到他現在的職務，班尼斯特說：「我做的事，百分之九十九都是在打擊練習戰時站在外野，或參與牛棚練投，拿我的手機給投手看，告訴他們數據顯示什麼結果，解釋為什麼我認為他們應該要做調整，並立馬在當下提出證據和理論基礎。」班尼斯特到任前，紅襪過去從沒有教練或員工會那樣子應用資料和數據。以前紅襪隊舊的內部資訊系統，在智慧型手機和平板電腦問世前就已經建立，沒辦法套用在行動裝置上。加入紅襪後，班尼斯特學習使用一個叫做「結構化查詢語言」（SQL, structured query language）[12]的程式語言，使自己能夠更快速地從球隊資料庫中抓取資訊，但他寫出來的搜尋指令，仍無法滿足所有他想達到的目的。

11　一般棒球球探常用的球員能力評價體系，上限為八十分、下限為二十分，二十至三十分屬「明顯低於平均」、四十分屬「低於平均」、五十分屬「平均」、六十分屬「高於平均」、七十至八十分屬「明顯高於平均」。

12　結構化查詢語言是一種具特殊目的的程式語言，用於資料庫中的標準資料查詢。若求職者想進入現今的大聯盟球團管理部門工作，會用結構化查詢語言已是基本要件之一。

於是一個名為「佩卓」（PEDRO, pitching, evaluation, development, research, and optimization）的應用程式誕生了。這個應用程式的名稱一看就知道，是在向紅襪隊史傳奇、班尼斯特大都會時期的前隊友佩卓・馬丁尼茲（Pedro Martinez）致敬，而它主要的用途是發揮在球員發展和球探工作上。班尼斯特找來紅襪擔任研發部門分析師的前棒球部落格寫手賓戈（Spencer Bingol），是「佩卓」的建置者，他的應用程式替班尼斯特省下很多麻煩，之前班尼斯特可能要花好幾個小時、甚至好幾天，才能把對的搜尋指令寫出來，現在只要點一點就能得到他想要的資訊。「佩卓」讓班尼斯特可以大量地幫球員做個人化的能力評估，此外，他也能利用那些原本花在電腦前面的時間，跟球員做面對面溝通。

除了資料庫和應用程式，班尼斯特也花很多時間跟攝影機、追蹤系統打交道。班尼斯特的攝影嗜好，不僅是他用來做譬喻的豐富來源而已，更適用於每天對付一堆專門記錄、追蹤棒球的光學工具，如艾傑攝影機、瑞布索托，以及基納追蹤（KinaTrax）。基納追蹤是一套要價六位數美金的無標記遠距離動作捕捉系統，包含八到十六台架設在一壘側至三壘側觀眾席的高速攝影機，能記錄運動員身體二十五個關節部位的運動，使其客戶（二〇一八年有四支大聯盟隊伍採用此系統）能深度剖析球員的運動機制。

班尼斯特曾使用基納追蹤來測量自己，找尋以前沒辦法獲得的解答。雖然本來就清楚自己速球的球速不快，但他認為他速球的缺陷不光如此。班尼斯特用檢驗其他新投手的方式來檢驗自己，終於解開了謎團：他速球的旋轉效率不彰。「如果當初擁有這些資訊，我不會再照以前那方式投球。」他說。與其用更好的控球和卡特球來做改善，已經發覺速球最大缺陷的班尼斯特會採取的唯一改進措施，是「把投球機制和擺臂方式徹底打掉重練」。

班尼斯特不是在抱怨自己的命運有多悲慘。「我們當時就是沒有這些資料。成為職業球員的機會就只有那麼一次，草草結束，沒有就沒有了。沒什麼好抱怨的。」他說。最新科技來不及幫到當年還是球員的班尼斯特，但他拿這些科技來幫助別人還不算太遲。

比賽中，班尼斯特通常會坐在球員休息室內，打開Statcast的資訊頁監控投手的球種、轉速、球速變化，如果球速忽然之間下降很多，代表投手或許已經受傷。如果投手遭遇控球問題，班尼斯特會檢視基納追蹤所記錄的運動機制數據，找出病灶；假如是其他疑難雜症，投手自己或投手教練勒凡基（Dana LeVangie）會從球員通道走進來徵詢意見。但班尼斯特大展身手的時刻，主要發生在賽前，他會在外野和牛棚架設攝影機和追蹤器材，把投手練球的區域變成互動式的投球實驗室，歡迎投手隨時問問題，跟隊友交流、分享資訊，在單純輕鬆傳接球的過程中，也能花點時間專注做一些測試和實驗。「我發現營造一種類似咖啡廳的互動環境和氛圍，能形成良好的溝通文化，因為投手都變得比較願意談論球技。」班尼斯特說：「也因為這樣，有許多球員得以做出調整提升一點表現，發生過不少小奇蹟。」

班尼斯特為紅襪帶來的影響中，最明顯的莫過於投手把四縫線球投在好球帶上方或上緣的比例大大增加。班尼斯特到任沒多久，紅襪就成了大聯盟球界的「偏高四縫線速球」之王。「把分析數據後的理論付諸實現，讓其他球隊措手不及，這過程十分有趣。」他說。

二〇一五年，紅襪團隊的球場校正防禦率為全聯盟第二十名，但接下來從二〇一六到二〇一八年，他們的排名先是躍升第五、第三，最終更爬到第二名。然而，紅襪透過多丟偏高四縫線球所獲得的戰力優勢，不會持續太久。班尼斯特認為紅襪在棒球分析領域的發展，只領先外界兩年，但面對其他思想也很先進的球隊，這種優勢本來就很難維持。有用的計策馬上就會吸引許多球隊爭相模仿，而那些已經落後太多的球隊，則乾脆採取「打不贏他們，就挖角他們」的策略。二〇一六年底，曾頑固拒絕新棒球思潮的響尾蛇隊，從紅襪挖走海森作為他們的新總管。海森離隊時，帶著他在紅襪的班底梭戴恩（Amiel Sawdaye）一起到響尾蛇，讓梭戴恩擔任助理總管，同時雇用前紅襪板凳教練勒維洛（Torey Lovullo）為響尾蛇的新總教練。沒過多久，響尾蛇的寇賓

2015至2018年，偏高四縫線球的使用率

年份	大聯盟平均	紅襪	全聯盟排名
2015	40%	39.4%	16
2016	39.9%	48.6%	2
2017	45.3%	59.1%	1
2018	45.9%	59.1%	1

開始增加滑球使用量，瞬間躋身陣中王牌的地位。

為了在這個廝殺激烈的環境中繼續生存，班尼斯特想到他也有在密切關注的股票市場，借用其中的操作手法。「我沒辦法長期在大聯盟保持領先地位，但如果能找到一個有用的新概念，我就可以在短期間致勝。這就是我現在在做的事情。」他說。當球隊藉由資料分析發現一個不錯的新想法，卻還要花時間拿到小聯盟給一小群投手做測試、評估測試結果、通過管理部門的審核，再施用於大聯盟球隊上，那時機點都太晚了，競爭優勢早已蕩然無存。班尼斯特認為比較好的方式是，任用那些敢大膽冒險但不魯莽的人，就像是球員發展領域的包爾斯（Jack Bauers）[13]：他們能除去繁文縟節，把想法直接應用在有機會受惠的球員身上，並監控後續表現，如果有用，就將該方法拓展到陣中其他球員。

班尼斯特一發現能超越對手的新球員發展策略，就要開始倒數競爭優勢逐漸消逝的時間。「必須不斷研究、找出下一個能夠創造優勢的新方法。有時候會懊惱說，『要是我們前一年就開始做某件事，就可以領先別人非常多了，但我當時卻沒想到。』這是一個永遠停不下來的迴圈，複雜程度也超乎想像。」

紅襪現在已經有兩個中介溝通人。班尼斯特跟著大聯盟球隊去客場時，他昔日在大聯盟的對手之一布許（Dave Bush），就會在小聯盟扮演跟他一樣的角色。隨著當代的球員發展技術在大聯盟愈來愈普遍，愈來愈多小聯盟球員也想模仿大聯盟球員的作法。「他們想要看起來像大聯盟球員、做事情做起來像大聯盟球員。」布許說：「所以自然而然，使用資料的方式也要跟大聯盟球員一樣。」尤其是曾上過大聯盟的教練，叫小聯盟球員這麼做，更具說服力。

班尼斯特對於其他球隊追趕上來的擔憂，不是沒有道理，因為已經有不少球隊也趕緊去延攬自己的中介溝通人。現在至少已經有八支非紅襪的球隊，雇用頭腦聰明、剛退休沒多久的球員，來幫助他們在管理部門和教練團間傳遞資訊。除了二十幾歲時曾躍居全聯盟頂尖投手之一的哈倫，其他扮演中介溝通人的退役選手，都不是明星球員。他們裡面，大部分打者都打替補、生涯很短，多數投手的速球球速不超過九十英里，即便是哈倫，到三十歲之後也轉化成容易被打全壘打的控球派投手，推特帳號更使用自嘲效果十足的「@我球速八十八英里」（@ithrow88）。他們每個人在退休前，都必須「認真思考」自己的所作所為對繼續在棒壇生存有沒有幫助，因為他們沒有強大的揮棒力量或飛快的球速可以仰賴。「絕對有那麼一群球員，必須非常努力地訓練或特別專精於某些特質，才得以在大聯盟存活。」布許說：「各隊找到的中介溝通人大多是這一類的球員，老實說不太令人感到意外。」

除了哈倫和遊騎兵的麥卡錫（Brandon McCarthy），這些中介溝通人沒有一個在球員時間賺到大聯盟等級的大錢，所以這點也會讓他們更願意持續工作、更投入在工作中。前大聯盟外野手富德（Sam Fuld）就說：「我蠻確定這跟大家賺得多寡有關。」富德八年的大聯盟生涯於二〇一五年畫下句點時，累積的薪資總額為七百萬美金。二〇一八年，他加入費城人隊，擔任一個職稱語焉不詳的職位——大聯盟球員資訊協調員。「我只

13 包爾斯為美國福斯廣播公司影集《反恐任務》（24）的男主角，由蘇格蘭裔加拿大演員蘇德蘭（Kiefer Sutherlan）飾演。包爾斯堅持的理念是——「目的證明手段」：特別能為達到目的而不擇手段。為取得墨西哥毒梟的信任，他在主管面前射殺污點證人。當主管表達對其極端行為的驚愕時，包爾斯卻說：「那是像你這樣的人的問題。你想事事有個結果，卻從不把自己的手弄髒。」（摘編自維基百科）

想搞清楚一件事：我到底是教練還是管理部門的人？」富德二〇一九年五月時跟我們說。答案很明顯：都是。有時候，富德得先花好幾個小時在管理部門開會，結束後像超人換裝一樣，趕緊換上球服衝到球場內指導球員；有時侯則是剛好相反。

富德五歲的時候，他父親給他一本叫做《完全棒球手冊》（The Complete Handbook of Baseball）的年鑑，富德一翻開封面，就被裡面滿滿的數據資料給迷住了，花很多時間研讀。二〇〇四年，富德從史丹佛大學經濟系畢業，並在選秀會第十輪被小熊隊選中，隔年，也是富德轉入職業棒壇的第一年，他發現了《魔球》這本書。「《魔球》替我驗證了很多我曾經思考過的概念。」他說：「知道世界上有一群人的思維方式跟我類似，那種感覺很不錯。」

選手時期，富德就是個想盡辦法只為爭取球員名單上一個席次的邊緣野手，因此面對那些成績不上不下、害怕做出改變會危及大聯盟出賽機會的球員，他更能感同身受。即使那些改變確實能幫助球員的長遠未來，他們仍不敢承擔過大的短期經濟風險。「球員會說：『我現在好不容易拚到百萬美金的年薪，我可不想明年回到三A、一年只領個五萬美金。』遇到這種選手，你能反駁他嗎？」富德說。中介溝通人的任務之一，就是好說歹說，說服球員破除內心的糾結和懼怕。春訓和明星週期間，富德會跟總教練凱普勒（Gabe Kapler）、總管克蘭塔克（Matt Klentak）、其他教練、管理部門人員，一起跟每個球員進行以數據分析為導向的個人化改進研討會，試圖鞏固球員原本就做得不錯的環節，並為他們設定進步的具體目標。「其實我們有點像在提供選手情感支持，確保他們知道，有人會跟他們解釋球隊的作法。」富德說。二〇一八到二〇一九年的休賽季，費城人找來另外兩個近期退役的球員——魯卡斯（Ed Lucas）和賽格丁（Rob Segedin）——擔任小聯盟的球員資訊助理。

本身就算是中介溝通人的凱普勒，過去也曾扮演大聯盟外野手和農場主任等角色。由於中介溝通人大多接觸過棒球界的各種面向和最新發展，因此成為許多球隊理想的總教練人選。總教練管轄範圍不及小聯盟體系的日子，已經成為過去式；現在的總教練，都得親自投身球團的球員發展與養成。「我還記得我被（小熊）叫上大聯盟時，皮奈拉（Lou Piniella，時任小熊總教練）根本不知道我是誰。」富德回憶：「他問我：『你能守左外野嗎？』我心想：『當然沒問題啊，但你怎麼不知道我能守哪？』」二〇一八年年底，富德成為競爭藍鳥新總教練職缺的候選人之一，而且據報導很有機會雀屏中選，不過他最終還是選擇放棄，因為現有的工作仍令他滿意，此外，他也不太想舉家搬遷到多倫多。

當代球員發展的思潮，以及隨之而起的中介溝通人，甚至遠播到美國之外。日本職棒（Nippon Professional Baseball）不僅是日本國內最高層級的棒球競技殿堂，也是世界技術水準第二高的棒球聯盟，裡面的球隊之一——東北樂天金鷲（Tohoku Rakuten Golden Eagles）——就出現了中介溝通人的身影。金鷲是日職第一支開發出球團內部資料庫的球隊，於二〇一四年引進追蹤者系統，二〇一八年起測試類似Statcast的系統，並積極擴編策略部門的員工到十人。策略部門成員之一是退役左投金刃憲人，他在二〇一七年退休前，累積了十年的日職資歷，其中有一半的時間都效力金鷲隊。

球員時期的金刃並非數據派，但自從加入策略部門後，就完全變了個樣。金刃說：「我的想法出現一百八十度的大轉變。」（金鷲策略部門主任村田慎吾協助口譯。）村田補充道：「金刃很後悔當初沒有早點接觸資料和數據，幫助改善投球成績。他現在不想看到年輕球員犯下跟他一樣的錯誤，所以想讓後輩知道其實有很多各式各樣的資源，能供他們取用。我都笑稱他是我們策略部門的業務員。」

球員發展在日本職棒的重要性可能更勝大聯盟。日職球員要累積滿八年的服務年資才能獲得自由球員資格，這項規定限縮了球員在這十二隊聯盟的流動，此外，日職球團體系控制的球員數量遠比大聯盟少。除了每年選秀加入的心血，以及調動洋將名額（每隊最多四人）中的外籍球員，大部分的球員名單不會出現太多變化，所以如果日職球隊欲有效提升戰力，就必須做好內部的球員強化。

日本文化非常強調具高低位階關係的學長學弟制，年紀較輕、資歷較淺的學弟，都必須尊敬年紀較大、資歷較深的「賢拜」。學長學弟制大大增加了年輕球員違抗傳統的難度。「教練說什麼就是什麼，沒什麼好商量的。」村田解釋。因此，村田需要隊內有些教練能聽懂他說的東西，除了金刃，二〇一一年退休的前金鷲隊內野手塩川達也也是一個，塩川之前曾在策略部門工作，後來才回到球員休息區擔任策略暨內野防守教練。為了球員和策略部門溝通無礙，金刃就很堅持球員要在休息室跟村田一對一面談。二〇一八年太平洋聯盟（Pacific League）WAR值榜投手組第一名、現年二十八歲的金鷲王牌則本昂大，是第一個與數據分析部門會面的球員，也是金鷲首位嘗試使用追蹤者系統測驗不同球路的投手。「則本的目標是每場比賽都投出一種讓我們摸不著頭緒的球路。」村田說。金鷲終結者赫曼（Frank Herrman），過去曾在大聯盟投球，並於印地安人體系理解到現代球員發展的細節，在他眼裏，金鷲隊知道自己在做什麼，有計畫且按部就班地執行新球員發展專案。赫曼到日本職棒的第二年，開始重用他的滑球，跟赴日首年相比，使用量成長了近四倍，他說正是村田幫他做出這個改變的。

生物力學專家神事努博士，過去曾任職於金鷲隊，二〇一六他離開金鷲，加入日本版的傳動棒球——「進壘」（Next Base）。進壘成立於二〇一四年，創辦人是打過日本大學棒球隊的前電信公司資訊科技部門主管中尾信一，他們提供一個名叫「巴克斯」（BACS, Baseball Analytics and Coaching System）的網路應用程式，以追蹤者的數據為基礎提供球員養成與發展的建議。進壘也做動作分析，已經記錄了將近七十名職業投手的投球影像。現任進壘公司主任的神事表示，他們的理念是「追蹤科技產出的數據，對球員發展很有用，所以球員自己也應該懂得取用這些資訊」。雖然神事知道很少日職球員會想使用這些資訊，但有一位頂尖的日本投手跟他保持密切的合作關係：菊池雄星。過去在西武獅（Seibu Lions）擔任先發投手的菊池，二〇一八年球季結束後跟水手簽約，赴美之前，他找上進壘，請他們幫忙優化球路、調整配球策略、創造更多共軌效應，為前進大聯盟做好準備。

威勒森之前寫到，棒球界缺乏兼顧數據分析和運動機制專長的人才庫，如今情況早已不是如此，而且隨著時間遞進，這種人才愈來愈多。班尼斯特開啟了一個正向循環：少數懂得數據知識的退役球員成為中介溝通人，教導出會善用數據資料的球員，而這批球員中，又會有一些人在退休之後，回到球隊擔任中介溝通人。當中介溝通人和深諳數據的教練變成球員發展過程中的必備人才，球隊也就不用再花力氣說服球員接納數據了，因為他們勢必得融入科學化的棒球。

「每一波新球員都比上個世代更易於接納科學化棒球。」布許說。至於那些依然故我、堅持反對數據的球員呢？「老實說，他們是在害自己被棒球界淘汰掉。」

第八章　完美球路

何謂完美主義者？完美主義者就是，
不在乎任何社會包袱和外界觀感，
只在乎做好手上的任務，
堅持實事求是，而不願譁眾取寵。

——引用自網路廣播節目《修正主義者的歷史》（*Revisionist History*），葛拉威爾主持

一個寧靜的早晨，太陽從位在亞利桑納固特異東方的迷信山（Superstition Mountains）上升起。春訓營很早就動了起來，球員在七點前就陸續抵達訓練基地。隨著時間過去，投手傳接球時球砸在手套皮革上的陣陣聲響，逐漸取代早上的寧靜。近幾年，熟悉的手套皮革聲響出現變化，從副球場傳出的撞擊聲，音色不同，加入了手套皮革聲的行列。副球場的金屬圍籬上掛著好幾片軟墊，加重球一次又一次地重擊在上面，啪啪作響。跟其他日子不同的是，固特異的這天早晨更嘈雜一些，因為包爾很不爽。

在挑高寬敞的球員休息室裡，包爾拉高了音量，說話的聲音清晰可辨。他大聲質問克萊文傑，想知道他借給克萊文傑的加重球究竟跑去哪了。克萊文傑解釋他忘記把球放回包爾的置物櫃裡，包爾咒罵克萊文傑干擾到

他的固定訓練。包爾因此決定不再把器材借給克萊文傑。周遭的隊友看到他們的爭執，都不禁笑了出來，覺得包爾生氣的點很有趣。

「他不爽我攪亂他的日常訓練，之類的。」克萊文傑說：「我們當下吵很兇，我說了一些蠻難聽的話，但沒多久就和好了……我們就像一般的兄弟吧。我平常也會對我哥生氣，叫他滾開之類的。我跟包爾的關係也差不多是這樣。」

克萊文傑是印地安人休息室裡面跟包爾最親近的隊友之一。比賽中，他倆常常肩並肩靠在休息區的欄杆上聊天。即便如此，克萊文傑不否認包爾有時候很難搞、不好相處。

「他確實蠻難搞的，但這就是他吧。只要認識他，就知道他這個性……有些人會說，他怎麼都不稍微掩飾一下，就這樣把不爽的事大聲講出來。但包爾在這方面真的很坦率。」克萊文傑說：「我其實蠻認同他的坦率和誠實。就算我覺得你是個爛人、很白目，你只要願意說出心裡話、內心真正的想法，我還是會尊重你。」

印地安人管理部門知道，跟包爾共事不是件容易的事情。

二〇一六年季後賽著名的無人機事件之後，隔年二月，包爾在推特上花了一整天的時間發政治推文。起因是包爾發文抱怨，推特和蘋果公司不斷推薦反川普的自由派文章給他，毫無平衡報導可言。那則推文引發大量網友批評，累積留言數達數百則。包爾跟網友筆戰，在其中一則回應裡寫到，他「幾乎所有」的隊友，都在前一年十一月的美國總統大選中支持川普。印地安人二壘手吉普尼斯（Jason Kipnis）對一則反駁該論述的貼文按讚；包爾隊友歐特羅（Dan Otero）的妻子蒂芬尼（Tiffany Otero），被包爾的挺川普推文嚇到，趕緊回覆一則報導的連結，澄清他們家不可能支持川普，那則報導的內容寫到歐特羅的祖母是叛逃古巴的移民。

包爾跟我們說，他其實沒有投給川普，也沒有投給其他人，因為他覺得自己的一票在共和黨大票倉德州沒什麼實質意義。有時候，他只是單純想當酸民。那天在推特上跟網友交火的過程中，包爾也對氣候變遷提出質疑，不認為人類行為是造成當今氣候轉變的原因，另外也提及，他從沒遇過任何一個美國原住民，被印地安人的瓦虎酋長（Chief Wahoo）[1]吉祥物冒犯到。包爾常常在社群媒體上用一些令人感到幼稚且不成熟的幽默感，比如跟大麻或性有關的玩笑話，但那天與網友的激戰，他們的用詞愈來愈不文明。有網友詛咒包爾得癌症，而包爾則是叫另一個網友別活了。

包爾說，那次事件之後，他被棒球事務總裁安東奈提叫進辦公室。管理部門的人請他要當個好隊友，但包爾卻反問他們，要如何定義「當個好隊友」。對包爾來說，當個好隊友不是融入大家，而是跟大家分享有用的資訊，幫助隊友挖掘未竟的潛能。印地安人列出一張清單，告訴包爾他們認為的好隊友應該做到哪些事。清單的項目包括，準時到隊上做伸展熱身、達到球隊的訓練要求等，這些包爾都沒問題。「接著有一項，不僅粗體加斜體，還被特別標記、圈起來，加上箭頭指示。上面寫著：『不要做任何讓別人不爽的事。』」包爾說。他回憶，那次跟安東奈提的面談，主要都是在講社群媒體的使用，後來包爾主動承諾他在二〇一七年不會再去動他的推特。

雖然在社群媒體上犯了錯，但那年春天包爾跟隊友的相處改善很多，他也更被接納。響尾蛇隊時期，以及剛到印地安人的那段時間，包爾被貼上獨行俠的標籤。大部分時間，他都在休息室裡編輯影片、研究攝影和無人機，不太跟別人說話。

自那之後，包爾漸漸能融入隊友，開始會跟他們打屁聊天。

「你說我真的喜歡融入隊友嗎？其實也不盡然。」包爾二〇一七年時跟索契克說：「但融入團隊對我比較有

---

1 印地安人隊的瓦虎酋長吉祥物，原本是該隊的主要商標圖案，但近年來受到不少美國原住民、美國原民團體、社會學家的批評，被視為歧視的標誌。二〇一八年一月，大聯盟主席曼弗瑞（Rob Manfred）和印地安人老闆多蘭（Paul Dolan）宣布，瓦虎酋長的圖案將於二〇一八年球季結束後在大聯盟消失。

幫助，這是我必須學習的事情。必須承認有時候蠻困難的，因為我常會覺得沒辦法做自己。我都跟別人開玩笑地說，兩年前，我都不跟隊友講我對他們的感受，所以我是爛隊友；現在我跟他們直白地說他們表現得有多爛，我反而成了好隊友。這實在很反邏輯。」

姑且不論包爾是否有達到印地安人對他的「好隊友」要求，至少在幫助隊友提升表現上，他確實做出不少貢獻。剛加入印地安人時，克萊文傑對包爾的認識，只有包爾在大學時期戴的那頂「髒帽子」。二〇一五年，克萊文傑第一次參與印地安人春訓，他主動跟包爾談論起投球機制。

「起初，我覺得包爾根本瘋了。」克萊文傑說：「我看到他做一大堆奇奇怪怪的訓練，配合著我沒看過的彈力帶跟各式各樣的工具。當時我心想：『他到底在幹嘛啊？』……但我看著看著，也開始做起研究，認識到傳動棒球，並跟波迪建立起聯繫。」

包爾介紹克萊文傑給波迪認識。克萊文傑說，他剛被交易到印地安人時（二〇一四年八月），印地安人已經採行一些德州棒球農場使用的加重球訓練法，但跟包爾一整套完整的日常訓練相比，他當時做的三個「加重球小訓練」根本小巫見大巫。波迪寄給克萊文傑一些文件檔，跟他說明為什麼傳動棒球會採用加重球訓練。「我看完所有文件，我知道波迪有科學實證支持他的訓練法。我很熱衷於科學，給我證據，其餘免談。我可不想沒來由地對著牆亂丟東西。」克萊文傑說：「到印地安人的這段時間，包爾給我的幫助很大。」

克萊文傑花時間了解為什麼包爾要做那些訓練、為什麼他能成為那種球員；包爾則教導克萊文傑做他的加重球訓練。透過讓球員不知不覺學習到正確動作的訓練方式，包爾使克萊文傑的投球機制更具運動協調性。

後來克萊文傑發現，包爾除了非常不能容忍他的日常訓練遭到擾亂（像是找不到加重球），他可能也有很低的「投入門檻」（threshold）。知名社會學家葛萊諾維特（Mark Granovetter）定義「投入門檻」的概念。他在研究人們為什麼會投入暴亂運動和抗議遊行時，提出「集體行為的投入門檻模型」。葛萊諾維特認為，每個人都有一個容易受到同儕壓力影響的投入門檻分數。後來，葛拉威爾在他的網路廣播節目《修正主義者的歷史》進一步解釋葛萊諾維特的理論：「你的投入門檻，其實就是讓你決定投身某一活動所需的最低人數。」葛拉威爾表示，如果投入門檻很低，代表你不太需要他人的支持、同意、陪伴，就能夠去做你覺得對的事情。假如投入門檻很低，就算高中隊友笑稱你的肩膀訓練管是一根長屌棒，你還是會繼續用它。在技術養成上，包爾的投入門檻或許是零。

葛拉威爾觀察到，前美國職籃球星拜瑞（Rick Barry）也有非常低的投入門檻。拜瑞的罰球表現很出色（生涯罰球命中率高達八成九三），但他的投法十分特殊：雙手捧著球，由下而上將球拋出，而這種下手拋球法被許多人嘲笑為「老婆婆投法」。儘管如此，對於暫時找不到罰球準星的選手來說，老婆婆投法簡單的生物力學機制，其實很有助於提升命中率。幾乎沒有任何其他的NBA球星曾採取老婆婆投法，就連生涯罰球命中率極低（五成二七）的歐尼爾（Shaquille O'Neal）也非常抗拒。歐尼爾曾跟拜瑞說，他寧願完全投不中，也不想用老婆婆投法罰球。另一個罰球能力不佳的知名球星W．張伯倫（Wilt Chamberlain，生涯罰球命中率僅五成一一），在一九六一到一九六二年賽季改採老婆婆投法罰球，結果繳出其生涯最佳的單季罰球命中率（六成一三），不過下一個賽季，他又改回原本的罰球投法。後來W．張伯倫寫到，老婆婆投法讓他看起來很娘，所以才決定不再使用。很顯然，歐尼爾和W．張伯倫有比較高的投入門檻。當然，那些投入門檻較低的人，有時候確實不太好相處。大家會覺得他們很自負、總是堅持己見、不願遵守社會常規。拜瑞在紐約籃網隊（New York Nets）的隊友波茲（Billy Paultz）就曾說過這麼一段有名的話：「陣中有一半的球員都不喜歡拜瑞，另一半則是恨透他了。」

拜瑞跟葛拉威爾說：「令我不解的是，為什麼會有人的心態會是那樣？寧願擔心別人怎麼看你，也不願好好專注在獲得成功上。這其實蠻悲哀的，真的。」

低投入門檻的人往往很孤單，但就如葛拉威爾的結論所言：「拜瑞盡到了全力，成為他能力所及最好的球員，但W．張伯倫卻沒做到這一點。」包爾也想跟拜瑞一樣，成為他能力所及最好的投手。

法爾維過去在印地安人和包爾之間扮演中介溝通人的角色，他就說：「包爾很願意做嘗試，並從多次的失敗中不斷學習。這個循環是很正向有益的，但很多人卻不願那麼做，因為他們要顧及顏面。包爾不在乎顏面，因此他無所畏懼。」

雖然包爾的固執確實令人抓狂，但他有一項很好的特質經常被眾人忽視。「包爾願意分享。」法爾維說。

二〇一三年，荷蘭運動防護員波許到德州棒球農場做演講，談到動作學習領域時，特別點出喬治亞大學（University of Georgia）人體運動學教授紐威爾（Karl Newell）的限制導向訓練理論（theory of constraint training）。波許告訴聽眾，只要在訓練時調整三個特定限制的任一項，就能增加進步的速度。包爾把耳朵拉長仔細聽。

「他的說法是，學習一個新技能最快的方式，就是強迫自己在不斷改變環境、器材、活動的情況下，持續操作那項技能。」包爾說：「如果每次訓練時，都能調整其中一個變項，然後朝同樣的目標邁進，身體習得技能的速度就會變快。」

加重球，以及重量和大小些微不同的各式訓練球，就是在訓練中變換「器材變項」的例子，形同每次訓練都有不同的條件限制。「排除春訓，投手一年要進行三十二次的牛棚練投。如果三十二次都沒有改變限制或變項，那基本上都在浪費時間，因為投手沒有強迫自己的心思全程保持活躍。」包爾說：「你會想，好，來丟牛棚了。第二球、第三球之後，你就開始自動導航模式，因為大家牛棚練投都照固定的模式在丟，先五顆速球，再來三顆曲球之類的。這樣的練法完全沒有技能習得。」

包爾表示，更有效的訓練方法，是每次練投都採用一系列不同大小、不同重量的球。每一球投出去的感覺都不太一樣，會逼使球員的心思保持活躍，也能讓身體去做適應調整。如果投手的控球出狀況、找不到球感，那他下一次的牛棚練投，就應該導入非標準規格的用球。傳動棒球也把那些不同規格的球稱作「差異控制練習球」，運用它們的好處不僅止於增加球速而已。「忽然間，下一次登板控球就回來了。」包爾說。到休賽季，包爾還會提高訓練變項的多樣性，比如在不同階段的練投之間，投投籃球、揮揮棒，或踢踢足球。

法爾維說，包爾把「差異性練習」（differential practice）的概念帶到印地安人隊。差異性練習已經被證實能幫助記憶和背誦等任務，使任務執行者更容易達成目標。包爾跟管理部門的人分享一份研究，裡面談到隨機式練習（random practice，差異性練習的一種），如何幫助學習打字的人，更快把技能學起來。

棒球界傳統上採取的訓練法是段落式練習（block practice，先練好一項技能，才繼續練下一項技能），它的性質恰恰與差異性練習相反。以打擊練習為例，每天，打者都要在球場上進行打擊練習，教練不斷拋出軌跡類似的球路，球速遠比實戰來得低。

一九九四年，加州理工州立大學（California Polytechnic State University）的一份研究，對比隨機式打擊練習和段落式打擊練習的成效。他們把三十名短期大學的棒球員分成三組：對照組、段落式練習組、隨機式練習組。打者會在實驗中面對十五球，而這十五球可能包含三種球路：速球、曲球、變速球。隨機式練習組的球種出現順序不固定，有可能是：速球、變速球、變速球、曲球、速球、曲球等等；而段落式練習組的球種出現順序，則以固定順序出現，都是：速球、速球、變速球、變速球、變速球、曲球、曲球、曲球，後續以此類推。在研究尚未告終前，研究人員便發現隨機式練習組的球員，在實戰中的擊球品質遠超乎段落式練習組的打者。

印地安人愈來愈能接受新式的技能養成練習法，並且調整、擴編教練人事。除了法爾維的崛起，他們還雇用克萊西的學徒布雷克（Matt Blake），擔任他們二〇一六年的投球技術協調員。同年十月，印地安人找來過去從沒參加過棒球隊、只在職業棒壇工作過一年的哈里斯（James Harris），來負責督導他們的農場體系。加入印地安人前，哈里斯曾在海盜隊和國家美式足球聯盟（NFL, National Football League）的費城老鷹隊（Philadelphia Eagles）任職。老鷹隊時期，他負責總教練凱利（Chip Kelly）的助理工作。凱利走在美式足球球員發展領域的前端，每天早上，老鷹隊球員的置物櫃都會出現一個塑膠杯，等著他們做尿檢。尿檢的目的不是檢查有沒有使用禁藥，而是每日身體數據監測的一環，除了尿檢，還有心跳次數檢驗。球隊也會用平板電腦給球員做酸痛調查問卷、情緒調查問卷等。接著，印地安人甚至延攬信奉一萬小時理論的作家寇伊爾（Daniel Coyle），來作他們的顧問。

凱洛威離開印地安人後，包爾覺得比較能夠自在地分享資訊和想法，也不必擔心做加重球訓練會被指責。即便如此，包爾認為還不夠。縱使印地安人已經算是大聯盟球隊當中，頗積極改變球員發展和訓練方式的球隊之一，而且波迪也認為包爾身處印地安人的環境是件好事，但包爾想要球隊走得更前面，更快做出策略的轉變、更傾向接納他提出的點子。

「我覺得他想做的是，推動整個投球領域向前進。他想的不是只有自己進步而已。」法爾維說：「我想大家都誤會了關於他的這一點。」

包爾一直以來都想挑戰極限，包含球路設計這個全新領域，但他很快就意識到，創造新球種的過程並非一帆風順，中間也是會遭遇許多起起伏伏。

二〇一八年三月七號，春訓賽事進行到第二週，包爾的滑球開始遇到問題。

晚場對上小熊的熱身賽中，已經丟了五分的包爾，對小熊中外野手亞摩拉（Albert Almora）投出一顆滑球。那顆滑球沒有出現犀利的位移，反倒往好球帶中央飛，被亞摩拉掃成一發三分砲。球最終落在外野看台的草坪區，周遭的球迷爭相去撿球。球一被打出去，包爾就立刻搖頭，厭惡自己沒把那球投好。

事實上，隨著春訓的進行，包爾不僅厭惡自己的表現，也對印地安人感到惱火。他跟球隊的摩擦點之一是，印地安人沒有購買足夠的艾傑攝影機。包爾說，春訓基地的投手明明非常多，但整個球團卻只有一台艾傑攝影機可用。當時波迪特地跑到印地安人春訓基地，準備觀察包爾預定在三月十二日登板的先發，他在中外野架設艾傑攝影機，希望能錄下包爾近期的投球樣態。然而，在春訓基地，取得艾傑攝影機影像的難度比較高，包爾沒辦法像他在傳動棒球時，一投完馬上就能得到超慢動作影像的反饋。有人或許會覺得包爾使用自己的攝影機錄影無傷大雅，但有一年春訓，包爾請他父親幫他在副球場架設攝影機時，就惹怒了球團的教練，教練們覺得包爾父子根本把春訓基地當成他們自家的投球實驗室。為此，總教練法蘭科納還把包爾父子叫進他的辦公室，試圖化解他們跟其他教練之間的扞格。

那年春天，包爾能穩定地產出九十五英里左右的速球，而他的曲球也具有銳利的變化軌跡。結算春訓的投球成績，包爾的表現算不錯，二十九又三分之一局投球，送出全隊最多的三十九次三振，雖然挨轟五次，但瑕不掩瑜。不過隨著例行賽開幕日將近，包爾滑球的變化軌跡卻變得愈來愈垂直，而非往理想中的橫向位移發展。更不好的是，包爾沒有能讓他找出問題癥結點的資訊和影像。三月二十二日，他倒數第二場的春訓先發，一顆不完美的滑球慘遭教士隊的瑪戈（Manuel Margot）重砲狙擊，成為他在春訓被打的五支全壘打之一。

除此之外，還有另一個問題。

「我的投球動作出現些微的變化。」包爾說：「我休賽季的投球動作跟例行賽的投球動作不太一樣。休賽季的時候，我比較放鬆，而且訓練量比較大，所以投球動作的狀態比較好。春訓之初，我的滑球還很不錯，但當春訓快要結束的時候，它的位移軌跡卻變得不太一樣，橫向位移都快不見了。」

三月底，印地安人把整支球隊的器材、設備、行李都裝上卡車，準備向北移動展開新球季，但包爾的新滑球卻朝著錯誤的方向發展。

整個四月，包爾愈來愈對他的滑球感到沮喪。每次賽後他都會坐在置物櫃前，用手機查看滑球的橫向位移數據，結果每次數字都在減少。包爾休賽季的最大工程看似就要崩壞。雖然他例行賽首月的成績很不錯（四十又三分之一局，防禦率二點四五，送出四十六次三振和十六次保送），但他很不滿意滑球的退步，認為少了理想中的滑球，好成績不會持續太久。

四月一號，包爾滑球平均的水平位移約為十七公分。四月七號，他第二場先發，對上皇家，滑球平均水平位移掉到約十五點八公分；四月十二號對上老虎時，更只剩下約十一點四公分。要記得，包爾的目標是二十五點四公分。儘管包爾的投球成績看上去仍然很好，但那或許是因為他球季初期的對手都是全聯盟最弱的幾支球隊。以對上分區外對手的表現來看，二〇一八年的美聯中區是歷史上第二弱的分區，而包爾甚至還不用對到這個分區最強的球隊（就是他所屬的印地安人）。四月二十日，印地安人作客巴爾的摩金鶯，包爾滑球的平均水平位移還是只有約十三公分。除了對水平位移斤斤計較，包爾也希望這顆滑球盡量不要有垂直位移，如此一來，它剛出手的軌跡看起來才會更加接近速球，讓打者難以辨識。但事與願違，包爾當時的滑球垂直位移還不小，落在七點六公分至十點二公分之間。這顆滑球的樣子，跟他的曲球差異不大，只是品質比較差而已。

包爾說，那時候的印地安人不會把艾傑攝影機帶到客場，而且在主場也不是場場都使用。有幾次艾傑攝影機被晾在一旁，是因為美國福斯體育台（Fox Sports）的電視攝影機佔據了本壘板後方的攝影區。「電視台的人把攝影席佔走了。」包爾回憶球隊員工跟他解釋。「我才不管什麼電視台的人。」包爾回覆他：「叫那電視台的人滾出去。」

印地安人沒有好好使用艾傑攝影機的另一個面向是：情資蒐集。當時太空人和包爾都已經有在用艾傑攝影機做情蒐，記錄他隊投手和不同投手的投球動作。包爾不只想研究自己，也想了解棒球界其他頂尖投手的投球機制。包含包爾昔日的捕手隊友蒙特羅在內，有不少隊友都曾批評包爾自以為什麼都懂；諷刺的是，包爾「並不相信」自己什麼都懂。他一直都在尋找更完整的資訊、更好的訓練法。在他自己的隊上，克魯柏和克萊文傑擁有棒球界品質最優的兩顆滑球。包爾在冬天設計新滑球時，就曾透過前一季他用艾傑攝影機錄下的影像，仔細研究他們的滑球握法。來到四月十三日，包爾想研究的另一個對象出現了：藍鳥隊的史卓曼。

史卓曼和包爾很早就開始隔空對彼此表達英雄惜英雄的情懷。史卓曼在二〇一二年選秀中選，選秀前，他曾在推特上公開稱包爾是「投球世界的先鋒」。他說他以前常常在杜克大學（Duke University）的宿舍裡，觀看包爾大學時期的投球影片。包爾則說，在印地安人投手之外，他最喜歡看史卓曼投球。

現在包爾想知道史卓曼到底是怎麼投出他那顆頂級滑球的。

史卓曼先發當天，四月初夜晚的寒風凜凜地吹，賽前包爾糾纏印地安人的影片小組和協調員切斯特（Bob Chester），確保他們這場比賽一定要用艾傑攝影機錄下史卓曼的投球影片。不過當第一局開始，跟史卓曼對陣的克萊文傑上場投球時，本壘板後方的攝影區卻仍不見頭髮斑白、樣貌嚴肅的切斯特，也看不到艾傑攝影機的蹤影。如果史卓曼的投球影像沒有被艾傑攝影機捕捉下來，包爾大概會氣瘋。上下半局交替期間，切斯特和艾傑攝影機總算現身本後的攝影區。史卓曼準備開始投球時，切斯特把艾傑攝影機架在立於本壘正後方的三腳架，按下錄影後就離開，但他沒注意到的是，攝影機的畫面被擋住，沒辦法拍到史卓曼的動作。這是包爾唯一能透過艾傑攝影機的鏡頭，觀察史卓曼和他滑球的機會，錯過就沒有了。第一局結束之後，艾傑攝影機錄下的影像完全不能用，幸好切斯特及時發現了錯誤，趕緊在第二局回到攝影區，重新調整攝影機的位置，將它移到本壘左邊的位置，確認鏡頭能完整捕捉到史卓曼的投球機制。切斯特的及時修正，可能是球路設計領域短暫的歷史中，最重要的高速攝影機位置調整。

賽後，包爾立刻打開熱騰騰的影片檔：裡面記錄史卓曼投球的影像，長度共計十一分鐘又五十一秒。艾傑攝影機的全局式快門，以每秒數千張影像的幀率，捕捉下史卓曼投球的每個細節。五月時，包爾把那段影片分享給索契克看，並將手指指向史卓曼的右手。

「你有看到他的拇指嗎？」包爾說：「球很早就從他拇指滑出去了。」那就是關鍵。當史卓曼上半身轉動、右臂跟著旋轉要把球送出時，他的拇指率先與球體脫離，到完全脫手前，食指和中指仍跟棒球保持接觸。史卓曼的中指位在球的右側，而食指則在球的後方。（此描述的視角為，投手朝本壘板投球的方向。）這時包爾按下暫停鍵。

「他的中指從來沒有碰到球的前面，大概只有從球的側邊擦過去。」包爾說：「然後看到食指。球跟手掌一分離，就只剩食指在球面上了……食指把球推向史卓曼的左側，創造出更多的側旋（sidespin）。我看到這段影片的當下，心裡想，我必須想辦法在手掌還在球後方的時候，讓拇指早一點跟球分離。」

兩天之後，包爾在室內進行牛棚練投，地點位在前進球場混凝土結構深處的練投空間。他把球隊的艾傑攝影機拿來架好，記錄下整個練投的過程。他最先投的幾球當中，有一球呈完全的迴轉旋轉（轉軸與球的移動方向平行，也是日本俗稱的「子彈球」），飛行過程中不受馬格努斯力的影響；但這不是他想要的。他的食指和中指停留在球面上太久了，而拇指也沒有提早讓球滑出。為了讓球早一點脫離他的拇指，包爾改變握法，把拇指放在球的下方，希望使旋轉轉軸更加朝上，以創造更多能導致橫向位移的側旋。初期嘗試的幾球裡，有一球完全滑掉失控，如果有右打者站在打擊區，頭盔可能已經挨了一球。包爾稍作調整，食指和中指沿著馬蹄形縫線較寬的區域，對球的右側施加更多壓力。有進步，轉軸往上了一點，不過還不夠。

接下來四場先發，包爾把他的滑球實驗帶到了實際賽場上：四月二十日在巴爾的摩客場對金鶯，滑球平均的水平位移約為十三公分；四月二十五日在芝加哥客場對小熊，十二點二公分；四月三十日在克里夫蘭主場對遊騎兵，十三點七公分；五月五日在紐約客場對洋基，十一點二公分。新實驗看起來沒什麼效果。

五月十一日，包爾預定在主場對皇家先發，前一天，他在打者進行打擊練習時，從外野把球拋傳回內野。

拋傳時，他忽然有了一個新想法：與其堅持他從冬天起採用的握法（中指沿著馬蹄形縫線的U形部位擺放）——也是多數投手握滑球的方法——不如嘗試看看用二縫線速球的握法來投滑球，唯一不同之處是把拇指扣在球的下方，跟史卓曼一樣。包爾將他的食指和中指併攏在縫線間隔較窄的位置上，與縫線疊合，拇指則扣在球的下緣，並照他平常投球時的習慣鎖住手腕。

「我心想，哇賽，這握法丟出來的轉軸絕對不一樣。」包爾回憶：「我瞄準球籃，試著投了幾球，看到球的軌跡往我左手邊轉去……我告訴自己，隔天先發就要來試試這握法。」

新握法讓包爾的拇指可以更快地與球分離，創造更直立的旋轉轉軸。他的食指是最後才離開球面的手指，脫手時輕輕擦過球皮，製造側旋。包爾透過新握法，找到了迴轉旋轉與側旋旋轉的理想混合比例。他知道他沒辦法創造完美的南北向旋轉轉軸，所以把目標放在做出「朝向他呈六十度角」的轉軸。

大部分投手都不敢在比賽中做實驗，想說留到牛棚練投時再嘗試陌生的作法就好，但包爾不在意在幾萬人面前出醜。這是具備低投入門檻的好處之一：你根本不在乎別人怎麼想，可以毫無顧忌地去做你覺得對的事情。包爾認為，如果他每次都乖乖聽投手教練的話，他不會有機會在大聯盟生存。「然後大家還在那邊好奇說，為什麼我都不愛聽教練的話。」包爾說。

五月十一日先發，包爾在第二和第三局測試滑球的新握法，他的滑球開始出現橫向位移。賽後他檢視數據，果然印證了在球場上看到的成果，有一顆滑球的水平位移達到二十點三公分。包爾為此感到振奮，不過興奮感沒有持續多久，因為他很快得知自己只有一局的投球被艾傑攝影機記錄下來，心情大受影響。此外，雖然新握法讓滑球的軌跡發展走回正軌，但包爾卻沒辦法控制滑球的進壘點。

「比賽中我決定換回原本的握法，因為在新握法之下，我完全不知道球會飛去哪。」包爾說：「我開啟自我保護的模式，換回老握法，至少投起來比較安心一點。不過老握法還是沒有我想要的變化軌跡。」

那場先發簡直是場災難：包爾在四又三分之二局的投球中，被打十一支安打失五分。然而，那卻可能是他二〇一八賽季最重要的一場先發。新握法終於讓包爾找到理想的滑球變化軌跡。

印地安人接下來移動到底特律，包爾在那邊進行例行的牛棚練投。他覺得自己漸漸能夠確立新握法的機制和轉軸。在旁觀察牛棚練投的教練和隊友，都不怎麼覺得包爾的滑球有進步。「其實那當下，我內心正在狂歡。」包爾說：「那次練投我全部都採取新握法，成效卓著，滑球的位移數據變得跟之前很不一樣。」

對滑球新握法更有信心的包爾，擔任球隊離開底特律前的午場賽事先發投手。由於老虎隊正處重建階段，因此主場聯信球場（Comerica Park）的看台上，觀眾稀稀落落，沒幾個人。

一局下二出局，包爾對卡斯提亞諾（Nick Castellanos）投到兩好兩壞，接著使用新握法投出一顆滑球。本壘板後方，捕手裴瑞茲（Roberto Perez）把手套擺在外角略低於好球帶下緣的位置。包爾的滑球飛到接近本壘板時朝左側偏移，最後落進裴瑞茲的手套中。卡斯提亞諾揮棒落空，三振出局。二局下，包爾故技重施，一樣在兩好球時對希克斯（John Hicks）使出滑球。這顆滑球跟三振卡斯提亞諾的那顆一樣，出手時看似要往好球帶中央飛去，卻在最後時刻向左急轉彎，希克斯也躲不過揮棒落空的命運。

包爾渴望學會新滑球的原因之一，是想要把它拿來跟他的「層流特快車」（二縫線速球）作搭配。由於這兩種球路都沒有什麼垂直位移，所以能在出手之後保持差不多的移動路徑（共軌效應），直到接近本壘板時才朝著相反方向各奔東西，通常打者意識到球路出現變化時，早已反應不及。四局下一開始，面對右打的卡茲瑪（Pete Kozma），包爾投到兩好球，這時他使出一顆朝外角而去的九十五英里二縫線速球。這顆二縫線速球的轉軸，讓球在旋轉時，於球的左前方創造出一塊相對平滑處（縫線經過次數和面積較少）；當球接近好球帶時，球右後方的相對粗糙處（縫線經過次數和面積較多）會擾亂周遭氣流，使球被氣流不穩定的粗糙面拉過去，因此出現走後門的軌跡，在進壘的最後一刻轉進好球帶外角。卡茲瑪根本沒有想揮這球的意思，因為他判

包爾滑球水平位移的逐場先發數據

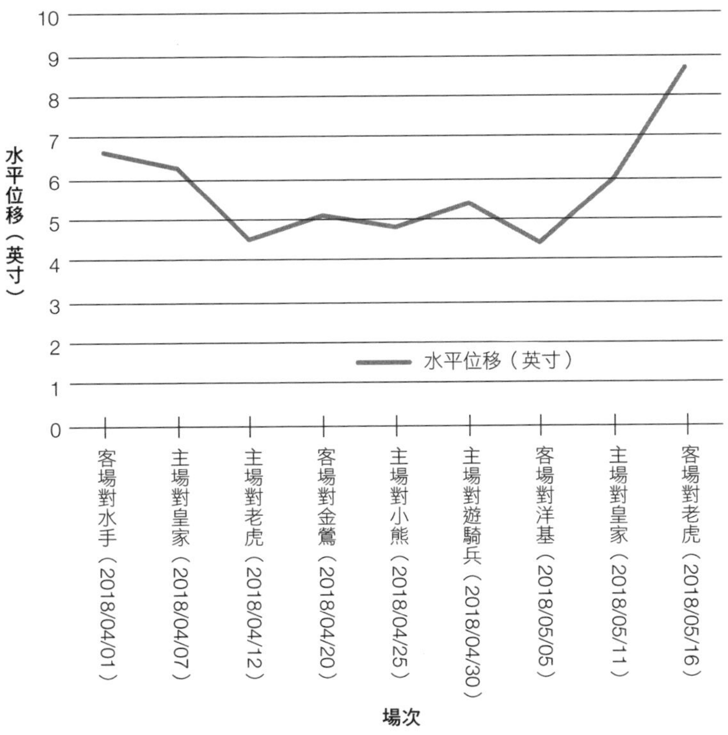

定會在好球帶外側進壘，卻沒想到自己最後站著不動遭到三振。

七局下二出局，包爾再次對上希克斯。兩好兩壞，包爾又投出一顆完美的滑球。出手時，這顆滑球在空中維持住飛行高度、沒什麼下墜，假裝自己是一顆朝好球帶外角而去的速球，直到快進壘時才轉向壞球區域。希克斯再次揮了個空棒，吞下三振，半局結束。包爾走下投手丘時，面容冷靜，沒什麼情緒，看起來好像跟以往沒什麼兩樣；但實際上，他心裡面的小天地正煙火齊放、狂歡慶祝。那場先發可說是包爾大聯盟生涯投得最精彩的一役：投八局只被打四支安打，沒有失分、沒有保送，附帶十次三振。那十次三振，全都是打者對滑球揮棒落空，或看著走後門的二縫線速球進壘被判好球。包爾的新滑球是那天表現最好的球路，十六顆就製造八次揮棒落空，打者對每顆滑球的揮空率高

包爾滑球垂直位移的逐場先發數據

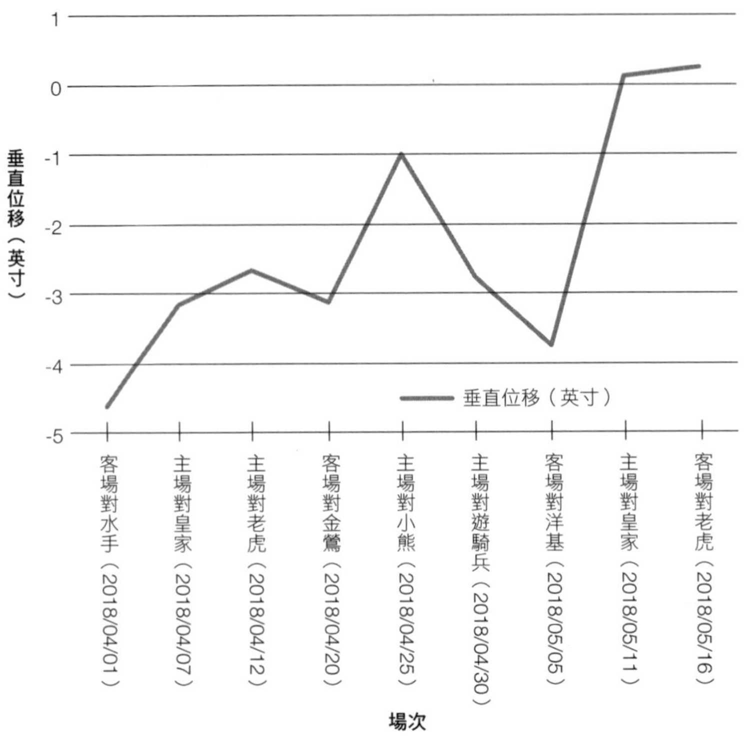

達五成。它的平均水平位移達到二十一點八公分，十分接近包爾的理想水準，而且幾乎是前六場先發的二倍。此外，新滑球的平均垂直位移只有大約〇點八公分，達到近乎完美的狀態。

包爾二〇一八賽季的前九場先發，繳出二點五九的自責分率和二點八二的投手獨立防禦率。他在五十九局的投球裡三振掉六十七名打者，而且只被打出四十五支安打。更誇張的是，這九次登板中，只有一場（最後一場）是他覺得所有球路都完整發揮效用的先發。此時此刻，包爾首次感受到自己如此接近心目中的理想境界。

第九章　我們都是太空人

飛行員堅信，若要常常飛到大氣層鄰近外太空的邊緣，
就得保持操作熟練度和「決策能力」。
如此思維，就某種程度而言，跟運動員欲維持體能和身材的心態很像；
但從另一個角度看，這也跟具備合適的生心理特質有關，
因為你會想對自己和全世界證明，
自己擁有合適的特質與能力，
以從中獲取言語無法形容的快樂。

——引用自《真材實料》（*The Right Stuff*），沃爾夫（*Tom Wolfe*）著

二〇一八年七月二十七日，有六位大聯盟球員被交易，而普萊斯利也是其中之一。在這六人當中，普萊斯利的名氣頂多算得上第五大，但他加入太空人之後，生涯軌跡出現極大的變化。普萊斯利在二〇〇七年選秀會第十一輪被紅襪隊選中，小聯盟時期，他先擔任先發投手，卻投不出不成績，隨後才在二〇一二年轉入牛棚。

他在後援上的表現比較好，但不足以說服紅襪將他放進四十人名單[1]。由於不在四十人名單內，普萊斯利成為有可能在規則五選秀（Rule 5 draft）中被他隊挑走的球員。規則五選秀就像是一年一度的小聯盟球員跳蚤市場，讓那些在同一球團升遷管道被卡住許久的選手，可以有機會被其他有需要的球隊撿走，以獲得更多表現空間（從規則五選秀獲得球員後，球隊隔年必須把該球員放入大聯盟可出賽名單）。雙城隊二〇一二年年底逛跳蚤市場時，撿走了普萊斯利，因此他在二〇一三年登上大聯盟。普萊斯利投得不算太差，保住了大聯盟的一席之地，但從未令人留下深刻印象：二〇一三至二〇一七年，普萊斯利大聯盟生涯的前五年，他繳出平均三點八一的自責分率，同一期間，大聯盟後援投手整體的平均自責分率為三點八〇。

事實上，二〇一七年開季，普萊斯利還曾因表現大崩盤、投十八局就丟了十九分，而被雙城下放至三A。二〇一八年上半季，普萊斯利的表現就好多了，截至七月二十六日他被交易那天，他累積的登板次數為全聯盟最多，比第二名還多了一次。當時已經二十九歲、生涯毫無亮點的普萊斯利，不過是一名普普通通的後援右投，他三點四〇的防禦率算不錯、但稱不上出色，任誰也沒料到，他卻在下半季投出不可思議的壯舉。

雖然季中被交易讓普萊斯利感到有些迷惘，但塞翁失馬、焉知非福，到新球隊對他來說還是有些好處。家鄉位在達拉斯（Dallas）的普萊斯利回到了熟悉的德州[2]，此外，根據「Fangraphs」的晉級季後賽機率數據，他也從一支季後賽率僅百分之一點二的球隊，轉至一支季後賽率高達百分之九十九點九的勁旅。普萊斯利從波士頓出發（當時雙城作客波士頓）飛往休士頓，並趕在隔天的德州內戰（太空人對遊騎兵）開打前，抵達太空人主場美粒果球場（Minute Maid Park）。

普萊斯利進入球員休息室，把行李安頓好之後不過十五分鐘，就被叫去開會。與會者除了普萊斯利，還有太空人投手教練史卓姆、牛棚教練D・懷特（Doug White），以及數名來自管理部門的分析師。球隊告訴普萊斯利，他們有一套能讓他變得更強的計畫，接著分析師開始說明細節。「他們要我坐下來，然後給我看一堆有

XY軸的表格跟數據資料。」普萊斯利說：「那感覺就像是他們在說完全不同的語言。所以我舉手，然後直接跟他們說：『嘿，大夥兒，告訴我要投什麼、不要投什麼就好。』」太空人跟普萊斯利說，他對左打者使用的二縫線速球沒什麼用處，但他們喜歡他的曲球，希望他能多投一點。太空人也建議普萊斯利，把四縫線球投在高的位置，並增加滑球的使用頻率，好讓速球更能解決打者。

剛加入太空人的普萊斯利願意聆聽建議、做出改變。雙城時期，普萊斯利經常想：『為什麼我就是投不出好成績？』現在有人給他可能的答案，他不會排斥。而給他可能答案的人，不是別人，正是前一年才剛拿下冠軍的太空人。太空人不僅戰績好，之前也有成功促使資深投手進步的案例：他們從老虎隊交易來王牌投手韋蘭德，使資歷豐富的他，投球成績更上一層樓。「我很好奇他們的建議究竟有沒有用。」普萊斯利說：「所以想說就先信他們吧。畢竟這裡也有一個準名人堂投手了。」他指的就是從二〇〇六年至今美聯的最佳投手韋蘭德。「他（韋蘭德）已經三十五歲了，卻還能投出生涯最佳的成績。看到這種情況，會讓你想認真聽他們說話。」

當晚，普萊斯利就上場了，於第七局登板後援，他面對第一名打者是遊騎兵二壘手歐多（Rougned Odor）。普萊斯利對他投了六球，遵照太空人的指示：四顆四縫線速球（其中三顆投高）、一顆曲球、一顆滑球。歐多把第六球——滑球——扛成越過右外野全壘打牆的紅不讓。「我當時心想：『好喔，這根本是鬼扯淡。你們這群傢伙根本在騙我。』」普萊斯利說：「但同一時間，我也想再給這些新方法多一點機會。」

1　在美國職棒，四十人名單無論對球隊還是對球員，皆具重大意義。在四十人名單的球員，要不是已經在大聯盟，就是距離大聯盟不遠了，具有大聯盟球隊登錄名單的意味，要上大聯盟的球員，一定得在這名單中。此外，大聯盟球員工會所代表向資方爭取權利的球員，只有四十人名單裡的球員，因此在四十人名單以外的小聯盟球員，不在球員工會的考慮範圍內。

2　太空人隊主場美粒果球場（Minute Maid Park）位在休士頓，而休士頓與達拉斯都是德州境內的大城市。

普萊斯利繼續照著太空人畫給他的藍圖走。二〇一七和二〇一八年在雙城隊，普萊斯利對左打者的二縫線球使用比例為百分之十三，卻只有一球讓左打者揮棒落空。來到太空人隊，他對左打幾乎不再投二縫線球，使用率降到百分之一以下。二〇一八年在雙城，普萊斯利的曲球使用率為百分之二十四；這個數字到太空人後成長至百分之三十九。在太空人，普萊斯利提高四縫線速球的進壘點，同時增加滑球的使用量。太空人交易普萊斯利時，人還在太空人當研發部門主管的法斯特說：「棒球界一般瀰漫著一股『我一定要投速球挑戰你』的男子氣概文化。一定要塞內角、一定要夠強勢。最後這種心態演變成，就算速球不是我最好的球種，我也要繼續一直丟。相反地，太空人已經有好一陣子沒有叫球員那麼做了，他們反而會毫不猶豫地叫投手投他們『最擅長的球路』。」二〇一七和二〇一八年，太空人團隊的曲球和滑球使用率，合計超過百分之三十四，創下史上最高紀錄；二〇一七年太空人拿下的美聯冠軍系列賽第七戰，摩頓和麥卡勒斯合計在一百零八球中使出六十五顆曲球，超高的曲球比例亦締造單場比賽的新猷。

普萊斯利特別記得一個案例，印證了太空人教他的新投球方法確實有效。八月三十一日在休士頓主場，普萊斯利第八局登板救援，對上近十年地表最強球員、坐擁兩座MVP大獎的天使中外野手楚奧特（Mike Trout）。普萊斯利第一球投內角速球，接著連投兩顆滑球，一顆被打成界外，另一顆則是壞球。球數一好兩壞，普萊斯利投出一顆看似違反物理定律的曲球，出手時看起來要飛向內角，進壘時卻已經跑到了外角，搭配捕手熟稔的接球技術，這球是顆好球。兩好兩壞，普萊斯利再回頭用滑球，投在比剛剛的曲球稍遠高一點的進壘點，把楚奧特凍結在打擊區，三振出局。楚奧特沒有意見，也覺得那是顆好球，他站在打擊區上，一邊摘下護肘，一邊緩緩地點了幾次頭，承認自己徹徹底底地被普萊斯利擊敗。

「麥克休（太空人投手）賽後跟我說：『我從沒看過楚奧特做那種動作。』」普萊斯利說：「楚奧特完全預期不到下一球會是什麼。我心想，能讓如此頂級的打者都摸不著頭緒，這套方法或許真的有用喔。」

普萊斯利的新配球策略，不光只對楚奧特有用而已。從七月二十八號起，大聯盟共有一百三十名累積至少二十局投球的後援投手，而普萊斯利的各項投球數據都在這些投手當中名列前茅：防禦率（〇點七七）排名第四、投手獨立防禦率（一點四九）排名第三、被上壘率（一成七九）排名第三、三振率減保送率（百分之三十四點五）排名第五、對手加權上壘率（〇點一七一）排名第五。此外，他的滾地球率（百分之六十點四）排名第八，對手的弱擊球比例（百分之三十一點三）排名第一。「他讓全聯盟都驚呆了。」太空人捕手史戴西（Max Stassi）說。

轉隊後，普萊斯利二十六次的例行賽登板為全隊同期最多，而且只有擔任終結者大半季的朗東（Hector Rondon），出賽時的張力指數（leverage index）[3]平均起來，比普萊斯利還高。太空人進季後賽後，普萊斯利還出戰八場比賽的其中五場，投五局，飆出七次三振只失一分。經過一筆交易和一場會議，普萊斯利搖身一變，晉升全聯盟最佳的後援投手之一。

「如果你在二〇一八年季前跟我說，我這一季會有這樣的經歷，我可能會大笑你是瘋子。」他說。

根據大聯盟官網，太空人在普萊斯利交案中送走的兩名新秀，分別排在他們農場的第十和第十五名，這在當時算很不錯的新秀評價，不過事後回顧，太空人還是賺，因為他們得到一名他們能控制到二〇一九年的頂級後援投手。「普萊斯利適合我們球團的投球哲學。」太空人總教練辛屈（A.J. Hinch）[4]在交易案塵埃落定時對記者說。太空人看上普萊斯利的其中一點是：他的球路具備幾乎無人可及的高轉速。二〇一八年，太空人團隊

3 張力指數能計算投手上場時，當下的情境對決定比賽的結果有多重要，是一個能量化比賽情境張力的數據。

4 二〇一九年球季結束後，太空人被爆出偷暗號案，至少在二〇一七年於大量比賽中運用違反規定的科技手段，竊取對手配球暗號以幫助自家打者進攻。大聯盟官方認定當時身為總教練的辛屈未盡督導職責，裁處他二〇二〇年禁賽一年的處分，而太空人隨後也將他開除。

平均的轉速為全聯盟最快，優於第二名的印地安人。在二〇一八年一百三十四位投至少一百五十顆曲球的投手當中，沒有人的平均曲球轉速比普萊斯利的三千二百二十五轉還要快（大聯盟平均為二千四百九十三轉）。此外，普萊斯利四縫線速球和滑球的轉速，也都排在前段班。事實上，在二〇一八年五百零六位任意球路至少累積四百球的投手當中，普萊斯利所有球路的平均轉速是最高的。

普萊斯利至今仍不知道自己能製造高轉速的確切原因，但自從太空人幫他調整配球策略後，他終於能好好善用高轉速的三種球路：四縫線速球、滑球、曲球，而打者對上他幾乎沒轍。以後援投手的標準來看，普萊斯利能那麼頻繁地使用兩種變化球，而且還都投得那麼好，實在非常罕見，也令人稱羨。二〇一八年，有二百五十名投手，以牛棚投手身分投至少三十局，但其中只有普萊斯利一人，曲球和滑球的使用率皆超過百分之二十五。在所有投至少二百顆曲球的美聯投手當中，普萊斯利的曲球因為轉速夠頂尖，所以具備第二高的平均水平位移，僅次於隊友摩頓。有趣的是，摩頓的曲球平均轉速，剛好也只比普萊斯利低。同一時間，普萊斯利的滑球更可說是全聯盟最難打的球路之一：由於出手時機大多在兩好球，且進壘點偏低，普萊斯利的滑球大約每三球就有一球能讓打者揮空棒，這個製造揮空頻率是二〇一八年所有出現至少二百次的球路中最高的。講到這裡，我們甚至還沒提到，普萊斯利的四縫線速球均速達到近九十七英里，極速更可逼近一百英里。

普萊斯利捨棄伸卡球不用，並把三種拿手球路的使用率，都控制在百分之二十九到三十九之間，如此配球型態使打者猜不到他下一球會投什麼，因此得以有效製造出局數。曾面對過普萊斯利的太空人打者說，他的高轉速速球若投在偏高的進壘點，看起來就像不斷在上竄，而他的變化球出手時看上去都像他的速球，往往到很晚才會顯露銳利變化。「他們跟我說：『老兄，你的球剛出手時看起來都一樣，飛到一半才忽然變成不同球種。這樣我們根本沒辦法設定球路攻擊。』」普萊斯利說。

高轉速是普萊斯利一直具備的特質，不是到太空人才養出來的能力。如果太空人只是比其他隊更快蒐集到這些曾展現過高轉速的投手，那他們的作法基本上跟魔球時代擁抱上壘率的運動家，沒什麼兩樣。單單轉速高，沒辦法使普萊斯利成為好投手；真正使他提升到他口中「另一個檔次」的關鍵，在於太空人要求他做的配球調整。對普萊斯利來說，被交易到太空人，就跟哈利波特抵達霍格華茲一樣，他第一次體會到徹底了解自我能耐和盡情揮灑潛能的感覺。終於，普萊斯利擺脫了之前常糾纏他的自我懷疑。

比起與隊友談話，普萊斯利從觀察他們的投球中學到的更多。「我很清楚地注意到，他們會先把速球投在高的位置，隨後再補上下墜的曲球。」普萊斯利說：「這讓我想通了：我的球威、球質跟他們差不多，所以如果他們能投出好成績，照理來說……」普萊斯利從牛棚裡看著隊友在場上三振一個又一個無功而返的打者，很快就被說服應該要仿效他們，遠比分析師拿著圖表向他解釋來得有用。「這就是太空人的哲學。」他說：「他們的心態跟其他隊都不太一樣。」

「心態」（mindset）這個心理學概念近年來受到愈來愈多關注，你可以在TED上找到專門探討心態的演講。就像本書前面所提，史丹佛大學心理學教授迪威克，定義出能區分高成就者和低成就者的心態差異，「心態」一詞因而成為時下最流行的用語之一。「相信能力可以（透過努力、擬定好策略、尋求他人協助）進步的人，擁有成長心態。」她寫道：「他們所能成就的，通常比定型心態的人（認為能力取決於天賦）更多。」太空人重視球員的成長心態，球團本身也貫徹成長心態所代表的意義。他們證明了即便是頂尖的球員，也還有潛能尚未被開發。

二〇〇九到二〇一四年，太空人只贏了三百八十二場比賽，不僅在全聯盟墊底，還比倒數第二名少四十七勝。若把那六年拆成兩半，看到後面三年，會發現更悲慘的事實。從二〇〇九到二〇一一年，太空人的合計勝場數為全聯盟倒數第四，勝率四成二四雖然不好，但不至於跌入谷底的地步；然而從二〇一二到二〇一四年，他們的總勝場數落後聯盟其他任何球隊的數字，不少於二十四，勝率僅三成六二。那六年的前半段，太空人的掌權者分別是前老闆麥克連（Drayton McLane）和前總管韋德（Ed Wade），後半段則換成新老闆克瑞恩（Jim Crane）和過去在紅雀擔任主管的新總管魯諾（Jeff Luhnow）[5]。克瑞恩是經由船舶貨運業致富的億萬富翁，買下太空人後，於二〇一一年十二月雇用魯諾。

離開太空人的前球團高層留給魯諾一個爛攤子，當時的太空人不只戰績差、陣容老化、缺乏好的大聯盟球員，農場體系也乏善可陳。二〇一一年，太空人的戰績為五十六勝一百零六敗，毫無疑問在全聯盟墊底，而且農場素質被《棒球美國》評為差勁的全聯盟第二十六名。那時候的太空人既沒有競爭力也看不到未來，所以魯諾決定採取極端做法：徹徹底底地把大聯盟隊伍打掉重建，犧牲慘輸數個球季的代價，以累積優質新秀。雖然球場上的球員仍盡力搶勝，但管理部門本質上希望短期間球隊能多輸一點。

魯諾任期的前幾年，太空人的球賽根本不能看，甚至可以說真的沒人看：二〇一三到二〇一四年，太空人比賽的電視收視率偶爾會掉到零，顯示沒有任何尼爾森公司（ACNielsen）[6]取樣的收視戶有勇氣收看太空人的比賽。來到二〇一三年例行賽開幕日，魯諾已經把團隊薪資砍到只剩二千六百零一萬美金，寫下自二〇〇八年以來最低的大聯盟團隊薪資數目。那一季，太空人的戰績跌入萬丈深淵，只剩五十一勝。太空人那幾年在球場上最具代表性且最令人難忘的一幕，就是二〇一二年八月一次對上國民隊的比賽中，他們上演一場猶如基石警察（Keystone Kops）[7]般荒謬的延長賽鬧劇：國民原本只是想用犧牲觸擊推進一壘上的跑者，孰料太空人守備完全崩壞，先是一壘手跟投手在搶著拿球的過程中發生衝撞，後來另外兩名野手又各發生一次傳球失誤，拱手把超前分讓給國民。當時的太空人隊正經歷一波四勝三十四敗的可怕低潮，大聯盟前一次有球隊在三十八戰的區間中苦吞三十四敗，得追溯到近百年前的一九一六年。

大聯盟過去有許多球隊都曾經歷重建黑暗期，但幾乎沒有球隊把重建做得像太空人那麼徹底。魯諾和克瑞恩通過了大聯盟版的棉花糖測試（marshmallow test，又是一個史丹佛大學的產物）[8]，拒絕接受短期滿足，選擇長遠的成功。他們的耐心起初為球隊帶來了災難，球員的場上表現淪為笑柄，球隊產出極差的連三年戰績，寫下自一九六〇年代的大都會（當時才因大聯盟擴編，剛成立不久）以來最爛的紀錄，甚至以十五連敗之姿為二〇一三年賽季畫下句點。然而，災難式的犧牲帶來了豐沛的回報，藉由獲得較高的選秀順位、較多的業餘球員簽約金配額，以及清倉陣中資深球員等方式，他們獲得了不少頂級新秀和備戰未來的資源。太空人無所畏懼的大重建，展示了他們堅定不移的決心，如此偏激的作法既不討人喜歡，也使他們在日後更不容易被擊垮。此外，即使得付出極大的人力成本，他們也要迎戰被舊思維佔據最久的球員發展部門，打造出前所未見的球員養成機器。

太空人照著他們重建前就寫好的劇本走，漸漸從最陰暗的幾個賽季中走出來，成為充斥最多優質球員的大聯盟球隊。二〇一五年，他們搶下外卡，首度在二〇一〇年代打進季後賽；二〇一七年，他們拿下隊史首座世

5　魯諾跟辛屈一樣，涉入太空人於二〇一九年年底被爆出的偷暗號弊案，被聯盟認定未盡督導職責，遭裁處二〇二〇年禁賽一年的處分。太空人隨後也將他解雇。

6　AC尼爾森公司（ACNielsen），是一家總部設於美國紐約市的國際市場調查研究公司。AC尼爾森最著名的產品是尼爾森收視率，主要功能是調查電視、廣播、報紙在媒體市場上的顧客數目。（摘編自維基百科）

7　一九一二年成立於美國加州的基石電影公司（Keystone Studios），拍攝的默片中出現一群愚昧無能的警察，後來在美國文化中，「基石警察」一詞便成為形容「混亂、毫無章法」的詞彙。

8　一九七〇年代，心理學教授米歇爾（Walter Mischel）帶學生在史丹佛大學附設幼稚園進行一個測試。他們讓接受測試的孩子單獨留在房間內，給他一塊棉花糖，告訴他：我會離開十五分鐘，如果這段期間你沒有把棉花糖吃掉，那我就再給你一塊。米歇爾教授之後持續追蹤這群受試者，發現驚人的結果：當初能忍住不吃棉花糖的孩子，無論是學業、經濟、健康、甚至人際關係的成就都比較高。（摘編自《忍耐力：其實你比自己想的更有耐力！棉花糖實驗之父寫給每個人的意志增強計畫》）

界大賽冠軍，同時還坐擁《棒球美國》評比全聯盟第三好的農場。花了差不多六年的時間，太空人從實力最爛、農場最貧脊的球隊，轉變為具備頂尖農場的大聯盟最強勁旅。

二〇一五到二〇一八年，太空人獲得獨步美聯的三百七十四勝，若把範圍縮小到二〇一七和二〇一八這兩年，他們的二百零四勝更領先全聯盟。雖然二〇一八年他們「只」拿下一百零三場例行賽勝利，但從某些角度來看，太空人那年的表現可說是大聯盟數十年來最優。二〇一八年，太空人的得失分差（正二百六十三分）為大聯盟自一九五四年以來的第三高，僅次於排名史上單季勝場數前三的一九九八年洋基和二〇〇一年水手。他們的「畢氏勝率」（Pythagorean winning percentage）[9]高達六成七九，締造二戰以來第二高的數字。儘管太空人在美聯冠軍系列賽五戰敗給紅襪，但其實他們的進攻火力比對手還要好。

太空人靠著超爛戰績所獲得的高選秀順位籤，產出了布萊格曼（Alex Bregman），而他如今已是太空人二〇一八賽季的最佳球員。二〇一二年選秀狀元柯瑞亞（Carlos Correa），是二〇一六和二〇一七賽季次佳的太空人球員，也是太空人二〇一五年表現第三好的選手。二〇一五年，太空人結束了戰績黑暗期，陣中四名最佳球員中有三人——艾圖維（Jose Altuve）、史普林格、凱柯爾（Dallas Keuchel）——來自魯諾的前朝，太空人以此三名核心成員為基礎，打造出後來的冠軍隊，而這整個過程看起來一點都不複雜：承繼前朝遺留的一些未來球星、擺爛個幾年，然後再收割優渥成果。然而，前朝留下來（且過去都不被視為有未來性）的新秀，以及高選秀順位籤，都不是可（輕易）再生的資源，所以與其仰賴它們，太空人選擇更積極的作為：建置一套能自給自足的模型，並把重點放在人才挖掘與球員養成。如此一來，他們便能在前朝產物和高選秀順位球員都成名且離隊之後（球隊戰績變好之後，不可能留得住所有明星球員），依然保持競爭力。

因此，太空人農場系統的主宰力更勝他們的大聯盟球隊。太空人拿到選秀狀元籤的四年後，也就是二〇一八年，太空人下至短期一A、上至大聯盟的每一支球隊（共六支），投手三振率皆居各聯盟之首。（至於最低階的新人聯盟，太空人旗下隊伍繳出的投手三振率「僅」排第二高。）層級前五高的五支球隊通算，太空人的投手繳出百分之二十六點五的三振率，為三十支球團的龍頭。排名第二的洋基球團，三振率比他們少了二點四個百分點，而這個差距同時也是洋基跟第十九名的小熊之間的三振率落差。太空人小聯盟投手群絕佳的投球內容，亦非資深投手膨風數據的結果：太空人新人聯盟以上的小聯盟投手，平均年齡為二十二點九（針對出賽時間作加權調整），此數字為三十支球團中的第三低，也是美聯球團中的最低者。另一方面，太空人新人聯盟以上的小聯盟打者，數據亦不遑多讓，平均歲數為第八年輕、保送三振比第二高、全壘打率第四高（各隊主場都不是特別容易開轟的打者天堂）。全壘打率領先他們的三個球團，每一個旗下都有至少一支球隊的主場，地處高海拔或外野幅員不大[10]。至於勝場數，太空人小聯盟球隊在各個層級以上的合計勝率，皆優於其他球團：新人聯盟以上為五成八五、短期一A以上為五成八七、一A以上為五成八九、高階一A以上則為五成九二。

太空人農場勝率之所以那麼好，其來有自，且頗具說服力。根據從其他球團取得的追蹤者數據，太空人小聯盟打者的拉球比例和非滾地球比例都領先群雄，同時繳出第七高的強擊球率。儘管非常強調長打和揮棒力量，但他們依然保持平均水準之上的擊球率，且追打壞球的機率為第三低。投手端，太空人小聯盟隊伍的平均速球球速、變化球轉速、變速球使用率、四縫線速球投在好球帶上部的頻率、對手揮棒落空率，都排名三十支球團第一，而他們讓對手擊成無害沖天砲飛球的比例，亦能排在第三名。談到任何跟當今科學化棒球有關的發展，太空人不只是打造出引領潮流的大聯盟球隊，他們也在三A一路到多明尼加夏季聯盟的各個小聯盟組織養成未來的優質戰力。

9　畢氏勝率：以球隊得分和失分的表現為基礎，並考慮聯盟整體的得分環境因素，所運算出來的勝率值，其代表的意義為「從得失分狀況來看，球隊理論上應該要拿下幾場勝利」。

10　地處高海拔和外野不大的球場，都比較容易出現全壘打。

二〇一二年八月，在那齣荒唐可笑的內野守備鬧劇發生後，魯諾寫了一封信給太空人的季票持有者。「為了創造長久的競爭力，太空人必須發展出永續且效能超群的人才挖掘與養成系統。」信中如是寫道：「透過人才挖掘與球員養成，我們就可以產出並持有能夠贏球的球員。能把這些工作做到頂尖的球隊，通常能拿下世界大賽冠軍。」五年之後，太空人果真奪冠，證明魯諾所言不假。到奪冠階段，太空人的人才挖掘和球員養成也已經達到前有未見的境界。

跟大多數擁抱新式球員發展的球隊一樣，太空人棒球事務的領導者並非傳統棒球人。魯諾先是在麥肯錫公司（McKinsey）擔任顧問，後來被紅雀老闆迪威特（William O. Dewitt Jr.）找去當球探部門主任，協助紅雀追上賽伯計量學浪潮。二〇〇五年，魯諾雇用魔球信奉者梅戴爾（Sig Mejdal）來管理紅雀當時新成立的數據分析部門。梅戴爾在投入棒球界以前，曾是一名半職業的二十一點玩家，後來獲得許多不同學位，到過洛克希德・馬丁（Lockheed Martin）[11]和美國航太總署擔任工程師。藉由辛勤地蒐集不易取得的大學球員數據，梅戴爾建置了一套業餘球員的預測系統，幫助紅雀在接下來幾年的選秀，選中多名未來升上大聯盟球員的新秀，數量比其他球隊都還多。這些新秀當中，有些甚至是輪次很後面的意外收穫。

雖然魯諾的管轄範圍涵蓋紅雀的球員發展工作，但比起選秀，他跟梅戴爾當時都比較少干涉球員發展的業務。「紅雀時期，我們花在球員發展上的心力，遠少於太空人時期。」梅戴爾說：「那時候我們大多只是觀察球員發展的工作，沒有太參與其中。」

魯諾跳槽太空人時，帶著梅戴爾跟他一起南遷，讓他擔任太空人的決策科學主任。（太空人另一個與眾不同之處：職稱的命名。）梅戴爾在太空人重製他的選秀模型，希望能像他在紅雀隊的時候，很有效率地找到未受注意的優秀選手。無奈事與願違，因為其他球隊很快就效法他們，跟上最新的發展。忽然間，梅戴爾選秀模型喜歡的球員，被挑走的輪次變得以往早很多。太空人評估會落到第五輪的選手，在第二或第三輪就被劫走，而那些原本到第十至十五輪還可能留在待選名單中的樂透型球員（基本價值不高，但若打通任督二脈可望大爆發的球員），也早就不見了。「回過頭看，當時的我太天真了。」梅戴爾說：「我以為我們在選秀上的優勢，仍可再維持個幾年，沒想到其他球隊跟上潮流的速度太快，讓我措手不及……二〇〇五年還很少球隊採用的操作手法，到二〇一〇年已經成為競爭的基本條件了。」

隨著太空人在選秀上的優勢逐漸消逝，管理部門把重心轉移到很少人著墨的領域上。「懷抱成長心態的組織，會鼓勵員工多冒險，而且知道有些嘗試勢必會失敗。」迪威克寫道。太空人就是這樣的組織。「在魯諾底下工作，總是能沉浸在創新的氛圍中，大家都在尋找下一個可能讓球隊進步的方法。」梅戴爾說：「提出不好的想法，沒關係；給出錯誤的警訊，讓大家虛驚一場，也沒關係。或許就是這樣的文化，導引我們的注意力到球員發展的世界。」

太空人在二〇一二年雇用法斯特，請他擔任管理部門的分析師。他的到來，一部分促成了太空人以數據資料為導向的球員發展工作，使他們球員發展部門從二〇一三年起，就開始產出一連串的成功案例。大學畢業於工程物理系的法斯特，曾做過科技工程師，二〇〇七年起他在個人部落格上撰寫棒球分析，獲得賽伯計量學社群的關注，受邀到更多更知名的網站撰稿。他具開創性的PITCHf/x數據分析，很快就吸引到大聯盟球隊的注意。二〇一一年九月，「棒球指南」網站發布法斯特迄今最具影響力的一篇文章，裡面闡明了捕手偷好球技術的作用，並證實那是不容忽視的捕手技能；文章發布沒多久，太空人就說服他離開公開的棒球討論圈，前進職

11　洛克希德·馬丁是一家美國航空航太製造廠商，一九九五年由洛克希德公司與馬丁·瑪麗埃塔公司共同合併而成。洛克希德·馬丁以開發、製造軍用飛機聞名世界，旗下產品被諸多國家採用。目前洛克希德·馬丁的總部設於美國馬里蘭州。（摘編自維基百科）

業球團內部開拓新天地。

法斯特早在二〇〇八年就注意到運用科技工具輔助球員發展的可能性。當年，法斯特在棒球分析網站「數據說」（Stat Speak）寫了一個三部曲的系列文章，針對班尼斯特的留言做回應。班尼斯特在網站留言談到，那時為了壓低場內球安打率（BABIP）他所採取的作法，法斯特幫他做了詳盡的分析。後來，班尼斯特又在三部曲的第三篇底下，留下長長的回應，稱讚法斯特精闢的文章，再進一步寄信問法斯特，他該怎麼做才能減少挨轟率。法斯特花了二十七小時研究數據和資料，產出一份十五頁的文件檔，裡面有將近五十個表格。文件尾聲，他給班尼斯特一些具體建議，但也坦承他的研究有其限制。「我認為最有效的解決方案，還是必須結合多種觀點和工具，例如投手自己的洞悉、傳統球探報告和影像資料、PITCHf/x的球路追蹤數據等等，創造更即時的回饋機制。」法斯特如此做出結論。若沒有管道能直接取得球團內部的資料，他當時描述的機制就無法成真。四年之後，法斯特獲得了那些管道。

成為大聯盟球團內部一份子的法斯特，開始與教練、球員合作，將他的分析及建議傳遞給他們知道。「我剛到太空人時，看到球員發展部門訂定的一些目標，心裡想，喔我的天，這些目標根本行不通。」法斯特說：「像什麼『改善你的控球』之類的。就這樣。請問投手是要如何在休賽季自行提升控球能力？他們需要的是訓練方法。他們必須知道該採取什麼手段，他才能進步。」瑞奇老早就知曉這個道理，所以才會禁止教練在沒有提出修正方案的情況下，指責球員犯錯。「只跟年輕打者講說他被三振的次數太多，這是不夠的。他自己也知道這件事。」瑞奇的左右手湯普森寫道：「教練要跟他說的是，他該怎麼做才能降低三振次數。」

就跟C．萊特與桑德伯格的案例一樣，法斯特的第一個突破也發生在捕手身上：卡斯楚（Jason Castro）。卡斯楚是太空人二〇〇八年選秀第一輪選進的球員，二〇一二年登上大聯盟後，憑藉不錯的打擊能力，站穩一席之地，獲得不少蹲捕的機會。然而，當時的卡斯楚守備技巧極差，捕手工作的各個面向他都做不好，為球隊帶來負面影響，而其中最值得一提的，莫過於他貧弱的偷好球能力。

法斯特之前做過偷好球能力的通透研究，所以從偷好球這一點著手改進卡斯楚的表現，十分合理。二〇一三年春訓，卡斯楚和太空人教練拉迪森（Dan Radison）每天早上都碰面，觀看影片，優化他的接捕技巧，挑出那些數據指出他沒接好的位置，特別做加強。這套更即時的回饋機制，發揮了成效：根據「棒球指南」的數據，卡斯楚的偷好球表現，從二〇一二年的遠低於平均，上升到二〇一三年的近乎平均，再進步到二〇一四年的遠高過平均。卡斯楚上大聯盟的前兩個球季，光是防守就讓球隊多丟了二十四分，導致他的貢獻甚至不比替補級球員，但接下來的四年，他力挽狂瀾，藉由進步的防守功夫，幫球隊省下四十一分的分數。雖然卡斯楚後來成為自由球員，離開了太空人隊，但他在離開前，把所學都傳給了捕手學弟史戴西。史戴西加入太空人球團的頭幾年，不被視為接捕能力出色的捕手，但與卡斯楚相處過後，史戴西也覺得自己應該好好修煉一下偷好球的技巧。「他是第一個教我這件事的人。」史戴西說：「他真的清楚偷好球的重要性。」二〇一八年，史戴西雖然只先發蹲捕六十四場比賽，但他透過偷好球幫球隊省下的十四分，排名全美聯捕手第一。

下一個早期成功案例發生在二〇一三至二〇一四年的休賽季。二〇一二年，艾圖維在他生涯第一個完整賽季就入選明星賽，即便如此，當時的他，打擊產出只比聯盟平均好一點點而已。那時年僅二十二歲的艾圖維，之所以能夠入選明星賽，主要是因為大聯盟要求每支球隊都要有明星賽代表的規定，而非因為他真的打得有多好。隔年，艾圖維的打擊成績退步，跌到平均值以下。來自委內瑞拉、身材矮小的艾圖維，當年跟太空人協議好的簽約金不過一萬五千美金，小聯盟時期也從沒出現在任何新秀榜上，他能夠拚上大聯盟，本身就是一個奇蹟，跌破不少球探、專家的眼鏡。然而，身高只有大約一百六十六公分的艾圖維，仍然遭遇長打火力的瓶頸：截至二〇一三年，艾圖維生涯超過一千五百個打席，只繳出〇點三七七的長打率。

二〇一三年球季結束後，他跟教練合作，改採更有力量的揮棒模式。「那是（打擊教練）梅利（John

Mallee）的點子。」法斯特說：「他之前問我關於飛球的問題，我就做了一點分析，把飛球價值的數據和資料分享給他。他以那些資料為基礎，向艾圖維提出建議。梅利幫助艾圖維調整揮棒機制，告訴他盡量把擊球點提前到身體左前方，使他能夠擊出更多飛球。」艾圖維花了一點時間尋找最佳的抬腳節奏，導致春訓打不好，開季前二十三場比賽也沒擊出全壘打，到四月份結束，他的長打率仍只有〇點三七一。但自那之後，艾圖維的新揮棒奏效了：從五月開始到例行賽完結，他繳出三成五五的高打擊率和〇點四七一的優質長打率，不僅成為大聯盟打擊王（年度打擊率最高者），其安打數和二壘安打數也分別排名聯盟第一和第三。艾圖維從此停不下來，年年雙位數的全壘打不說，還獲得二〇一七年的最有價值球員獎。

艾圖維改善打擊機制的那個冬天，太空人也在評估當時二十六歲的搖擺人麥克休。先發、後援都投過的他，二〇一二和二〇一三年在大都會、落磯兩支球隊，投四十七又三分之二局就掉了五十分。那時《棒球指南年鑑》（Baseball Prospectus Annual）給他的評語是：「麥克休又度過了一個悲劇的賽季……現在的問題是，到底麥克休能為大聯盟球隊做出什麼貢獻？」太空人也問了這個問題，而他們內部得出的答案是，「麥克休能帶給他們很多貢獻」。那時鮮為人知的是，麥克休擁有一顆高轉速的曲球，以及一顆他太倚賴的伸卡球。太空人從落磯的讓渡名單（waiver list）上撿到麥克休後，馬上建議他放棄伸卡球，改多投曲球，並將他排入固定的先發輪值內。結果麥克休投出二點七三的超低防禦率，平均每局可三振超過一人次，並在季末的新人王票選中，得到第四名的肯定。隔年，麥克休甚至獲得些許賽揚獎選票的支持。

僅僅一年，就出現了卡斯楚、艾圖維、麥克休等三個成功的球員發展案例，證明這一套是行得通的。這三個人都從比替補級球員還差的程度（比理論上剛從三A升上大聯盟的邊緣球員還沒價值），變成了太空人陣中的中流砥柱。更令人振奮的是，這些球員發展新作法的影響層面，涵蓋了棒球的所有面向：防守、打擊、投球。從上述成果看來，太空人能優化棒球場上的任何環節。

然而，太空人的球員發展之路可不是一帆風順。在前述的案例之外，他們遭遇了兩次重大的失敗。馬丁尼茲和艾圖維一起在二〇一一年登上大聯盟，兩人生涯前三年，馬丁尼茲的長打率只比艾圖維高了〇點〇一〇。二〇一四年馬丁尼茲到春訓營報到時，宣稱已經把自己徹底改造，但太空人沒有再給他證明身手的機會。在總教練波特（Bo Porter）的麾下（波特在那年季中被炒魷魚），馬丁尼茲只在春訓十四場比賽累積十八個打數，就被太空人釋出。

當時沒有其他球隊預期得到馬丁尼茲接下來會出現劇烈的變化，所以馬丁尼茲能取得的最佳條件，只有老虎隊給的一張小聯盟合約。加入老虎後，馬丁尼茲先被送到三A，在十七場比賽裡狂轟十發全壘打後，馬上又被拉上大聯盟。照理來說，那時候的太空人應該比其他球隊都還要了解馬丁尼茲，但他們仍大大低估了他的價值。「你有球界數一數二的強打者，卻輕易將他釋出，而其他球隊也沒有立刻把他放進四十人名單。由此可見，我們的知識實在非常有限。」梅戴爾說：「我們從那次經驗學到的教訓，就跟馬丁尼茲後來的進攻產出一樣大。」

令人難以置信的是，太空人在同一個球季遭遇了另一個更廣為人知的挫敗。二〇一二年的墊底，讓太空人獲得二〇一三年的狀元籤，他們在選秀會上挑中先發右投厄派爾（Mark Appel）。身高一百九十六公分的厄派爾是休士頓在地人，他大四時，代表史丹佛大學繳出二點一二的超優防禦率，平均每九局可三振高達十一人次，表現精彩。但隔一年，他在高階一A的開季卻投得一團糟，主投四十四又三分之一局就被打了九支全壘打，狂濺五十一分。二〇一五年，厄派爾仍然只能投出平庸的數據，十二月，太空人就決定把他當作換取費城人終結者翟爾斯（Ken Giles）的交易籌碼之一，將他送至費城。那個時候，厄派爾的潛在價值已經暴跌，因此他只能算交易中的「配菜」而不是「主菜」。接下來兩季，厄派爾在三A的表現依然好不到哪去，二〇一八年他毅然決然選擇退休，加入飽受傷病困擾的契爾考特（Steve Chilcott）和B・泰勒（Brien Taylor）[12]的行列，成為史上唯三沒升上大聯盟的選秀狀元之一。

從管理部門的觀點切入，厄派爾成長受阻，是資訊傳達太混亂的結果。「一部分的問題是，我們球團裡的每個教練、每個協調員、每個特別助理，都覺得自己知道厄派爾的癥結點是什麼，有的人說是投球機制、有的人說是心理問題，總之充斥各式各樣的說法。」一個太空人內部的消息來源表示：「所以當厄派爾在高階一A投不出成績時，他聽到來自四面八方、各式各樣、有些互相矛盾的建議。每個建議都針對他的困境而來。」太空人此時遇到的問題，就是當年瑞奇成立道奇城的主要目的：不讓農場各層級的指導建議相互抵觸。「我聽到很多不同的建議跟說法。」厄派爾事後坦承：「很難不去回想那段經歷。有時候我會想說，要是當時某些教練沒有提出什麼建議的話，事情發展是不是就會不一樣。」

上述的兩個案例，都給太空人好好上了一課。以馬丁尼茲的例子來講，太空人不願改變對他的既定想法，導致最終的失敗，這顯示他們需要更好的科技，更有效率地判斷球員的真正實力；最好的情況是，新科技還能讓他們進一步提升球員的能力值。至於厄派爾的慘劇，法斯特說：「那次失敗，促使我們在隔一年春訓召集管理部門的人和所有小聯盟投手，統一跟他們解釋接下來的投手養成計畫，呈現包含追蹤者數據在內的各項資料給他們。」

根據太空人隊媒體手冊的資料，二〇一一年春天，在太空人迎來魯諾之前，他們的球員發展部門員工人數（包含所有教練、總教練、專司球員發展的管理部門主管），正好跟聯盟平均一樣，都是五十一人。這個數字在二〇一五年春天，已經增加到七十八人，符合整個棒球界的趨勢：各隊的球員發展部門都在快速擴編。二〇一一到二〇一八年，球員發展部門的平均規模成長了百分之五十一，從二〇一一年的五十一人，增長到二〇一八年的七十七人。（財力雄厚的洋基，二〇一八年的球員發展部門員工數多達一百零二人，居大聯盟之首。）此時此刻，各隊的球員發展部門員工數仍持續增加。

二〇一五年春天，太空人為這股球員發展部門擴編潮推波助瀾，首創「養成教練」（development coach）的職務。他們一聘雇新的養成教練，其他球隊馬上也跟著照做。養成教練不會取代任何現有的教練職，他的工作內容是處理各式各樣的科技工具和隨之而來的數據資料，幫小聯盟教練分憂解勞。梅戴爾說，這一類新世代的教練「應該要比傳統教練更懂科技、更知道怎麼跟數字打交道……他們要會餵球給球員做打擊練習，也要會寫結構化查詢語言的指令」。

太空人沒辦法教現有的教練寫程式語言，因為他們已經夠忙了。「一般投手教練都是下午大概三、四點到球場，稍微閒晃一下，然後才開始跟投手進行練投。」一名前太空人球探說：「太空人的投手教練可沒那麼輕鬆，早上九點多就到球場，準備影片、準備教學素材。他們的工作量超大。這就是未來棒球教練的工作樣貌。太空人花了五年的時間，換掉將近百分之九十的教練，才終於讓所有人取得共識。」

現在大聯盟各隊的教練團成員，愈來愈反映出球隊對非傳統球員養成的重視。水手隊球員發展部門主任麥凱就說：「在二〇一八年，教練最需要具備的，不是打球經驗，而是讓人保有好奇心的成長心態。擁有成長心態，教練才會好好利用一切可用的資訊……過去有很長一段時間，球團面試教練的第一個問題都是：『你以前在哪裡打球？』現在那個問題已經變成：『你的學習能力有多強？』」

這些轉變不僅限於農場。以前，由於大聯盟總教練能不受干預地欽點他想要的教練團成員，因此教練通常都是總教練的好麻吉。現在，注重球員發展的管理部門，不再完全放任總教練為所欲為，因為他跟他的好夥伴

12　契爾考特和泰勒分別為一九六六和一九九一年的選秀狀元。

們有可能傳達跟農場體系不一樣的訊息和想法。「充滿優質小聯盟新秀的球團，想要在大聯盟層級繼續做球員養成，所以希望大聯盟的打擊教練和投手教練能真的去對球員做『教學』。」一名太空人的消息來源說：「以大聯盟的標準來看，這是很激進的想法。」

跟球員發展部門的情況一樣，各球團也逐年擴編大聯盟教練團：二〇一九年開始，大聯盟三十支球隊在原本的「六人教練團」[13]之外，合計增列了八十名大聯盟教練。這八十人當中，有二十五個助理打擊教練、六個助理投手教練、數名專司捕手技術的教練，以及品質控管教練[14]。（道奇、白襪、天使等球隊，除了雇用在社群媒體上獲得不少關注且充滿先進思想的教練，也一次任用多達三名打擊教練。）隨著大聯盟球員的平均年薪漲到超過四百五十萬美金，球隊多投資一點相對較小的金額，組成能有效幫助選手的後勤團隊，確保球員都能盡量發揮潛能，是一件再合理不過的事情。「有一種教練總是想當過濾器，會說：『嘿，千萬別給球員看那些東西，那會使他們無法保持專注。』」法斯特說：「另一種不怕數據資料的教練則會說：『哇，這些數據告訴我們好多事情。我有一套訓練法能幫助球員做出相應的改善。』後面這一種教練就能為球隊帶來很多貢獻。」

這也是為什麼，走在新浪潮前端的球隊，通常會想雇用年輕且沒什麼執教經驗的人，來擔任總教練。一般來說，剛卸下球員身分的總教練，比較能理解年輕球員的想法；而且現在的管理部門會想主導打線排序和牛棚調度等比賽中策略，如果總教練是資深的老派棒球人，可能就不會允許他們做這種事。太空人的消息來源點出另一個原因：管理部門為了確保能指派「他們的人」進教練團，所以要找一個沒什麼教練朋友的人來擔任總教練。這些年輕總教練本來就不在教練互相介紹工作的小圈圈，沒有欠太多教練人情，因此在包袱很小的情況下，就會讓管理階層選用他們想要的其他教練。

普萊斯利的老東家雙城，就是一個近期的經典案例。普萊斯利還在雙城的時候，雙城管理部門其實已經知道其曲球的威力不容小覷。交易發生那年的十月，雙城棒球事務主任艾德勒（Daniel Adler）跟運動內容網站

「運動員」（The Athletic）的記者說，他們沒有在普萊斯利離隊前就讓他做出改變，是個「很慘痛的教訓」。

二〇一八年球季結束後，雙城隊開除了六十二歲的總教練莫利特（Paul Molitor），同時撤換了大部分的教練團（莫利特的人馬）。雙城棒球事務長法爾維在解雇莫利特的記者會中說：「我們認為，幫年輕球員換換環境、換換教練風格，或許會對球隊有幫助。」他也提到，雙城需要為年輕球員提供最好的資源。數週後，法爾維從光芒隊挖角三十七歲的波戴利（Rocco Baldelli）來雙城擔任菜鳥總教練。「波戴利不只了解新資訊，也知道怎麼應用它們。他懂得和球員合作，一起改善他們的表現。」法爾維說。

太空人也曾經歷過類似的人事角力。二〇一四年，太空人管理部門在沒有經過總教練波特的同意下，安排厄派爾到休士頓主場牛棚，練投給大聯盟投手教練史卓姆看。有時思想頗為封閉、不太能接受權威被挑戰的波特，為此感到不滿，抱怨魯諾沒先跟他告知。更令波特不爽的是，史卓姆竟然直接向管理部門做匯報，而不是對他。球季後半段，魯諾決定開除波特，留住史卓姆，透露他更信任來自德州棒球農場的史卓姆。魯諾會留下史卓姆不是沒有原因：身為退役大聯盟投手的他，儘管年紀很大（目前高齡七十歲，為大聯盟最老的現役投手教練），卻具備太空人最渴望的教練特質。「在推動數據分析的浪潮上，史卓姆投入的積極程度可說被大多數人忽視。」梅戴爾說：「他的棒球經驗比任何人都豐富，但同時懷著一顆無法被滿足的好奇心，以及強大鬥志，使他一直想找出對他和太空人都有利的競爭優勢。」

迪威克曾談到擁有成長心態的組織會有的另一個特質：「他們鼓勵組織內部不同部門、員工之間，相互合作支持，而非創造一個競爭關係的環境。」二〇一四年九月，太空人延攬一個不會阻撓史卓姆做事的總教練

---

13 傳統的六人教練團包含板凳教練、打擊教練、投手教練、一壘指導教練、三壘指導教練、牛棚教練。

14 品管教練負責協助球員準備比賽，確保球探和數據分析部門的資訊，能正確地傳達給球員。

──辛屈。當時才四十歲的辛屈，畢業於史丹佛大學心理系，曾在美國職棒擔任過各個不同職務，包含大聯盟捕手、響尾蛇農場主任、響尾蛇總教練、教士職棒球員球探部門副總裁、教士助理總管等，經歷相當多元豐富。因此，辛屈知道球員發展是一段漫長的過程，而總教練的工作，只是負責督導球員發展的最後一環。辛屈說：「我的思想蠻開放的。雇用我的太空人也要求員工具備開放的心胸和思維。」二〇一八年夏天，太空人延長辛屈的合約到二〇二二年。

梅戴爾表示，漸漸地，球團內愈來愈多人知道艾瑞克森的研究及刻意練習的力量，而管理部門不僅套用那套哲學在球員身上，也套用在各個部門的運作。「大概在最近三年，太空人球員發展部門歷經了大躍進，每年他們都進步非常非常多。」法斯特說。

養成教練發揮了他的作用，而太空人也持續花心思尋找對的人才，來促成更好的球員發展，無視人事替換率究竟有多高。二〇一三和二〇一四年，波迪受邀到太空人位在基西米市（Kissimmee）市的春訓基地，擔任他們的投球機制顧問，那次經驗讓波迪見識到魯諾的意志堅決。「他對於每件事情的投入都達到百分之百。」波迪說：「一旦他做出決定，就是全力以赴把任務完成。」

波迪回憶他當時聽到的一個故事。二〇一二年，魯諾下令要在小聯盟執行長傳訓練，但太空人小聯盟體系的投手教練不願配合。為了減少他們的疑慮，魯諾安排一個不認同長傳訓練的教練──麥特拉克（Jon Matlack）──到德州棒球農場，去多瞭解充滿爭議的長傳訓練到底是怎麼一回事。六十多歲的麥特拉克，過去是大聯盟投手，當時他第一年擔任太空人小聯盟的投球技術協調員，去了一趟棒球農場回來後，他還是不認同非傳統的訓練方式。「麥特拉克從棒球農場回來之後說：『太蠢了。他們那麼做，手臂肯定會受傷。』」波迪說：「魯諾回覆他：『好……我願意相信你的看法，但前提是你要先提出證據。你的資料是什麼？有什麼東西可以佐證你的說法？你的推論又是什麼？』麥特拉克只說：『單純就是那些方法太蠢了。』然後魯諾說：『你已經被開除了，離開吧。』魯諾不只炒掉麥特拉克，也把其他不配合的投手教練全部開除。球團裡另一個人問魯諾：『你是不是原本就打算要炒掉所有投手教練？』魯諾回說：『沒有。但我不容許不服從指令。』」

太空人找了一些較願意接納管理部門指示的人選，來取代被撤換的教練。這些新來的人才大多來自大學球隊。二〇一二年春訓，也是魯諾到太空人第一個完整年份的濫觴，太空人球員發展部門有五十三名員工，六年之後，那五十三人當中只剩下兩個人，仍在從事明顯與球員發展業務有關的工作。二〇一七年離隊的Q・麥克拉肯（Quinton McCracken），是當時的球員發展部門主任（後來晉升球員人事主任），就連他也無法倖免於魯諾的人員撤換，只因太空人管理部門認為他不夠冷酷、不太願意淘汰那些沒有什麼貢獻的球員和教練。「那段時間很多被換掉的人，都是沒辦法叫手下遵從管理部門指示的人。」一個太空人的消息來源表示：「我沒聽過有人把球隊的人事撤換得那麼徹底的。上至管理階層，下至教練、球探，幾乎都有大動作調整。」

雖然魯諾的肅清活動樹立了他的威權，但沒有扼殺倖存員工的創新思維。二〇一二年球季間，梅戴爾在一篇《運動畫刊》的報導中讀到，德拉瓦州立大學（Delaware State University）棒球隊的打者，打破了第一級棒球聯賽的觸身球紀錄。當時德拉瓦州立大學棒球隊的教練之一是史戴侯恩（Russ Steinhorn），他教球員要對上壘感到飢渴，即使犧牲肉體挨觸身球也在所不惜，這樣的思維跟太空人不惜一切代價只為達成目標的管理部門哲學，不謀而合。二〇一三年，太空人聘雇史戴侯恩作小聯盟打擊教練。進入球團後，史戴侯恩先後擔任小聯盟打擊教練和小聯盟總教練，並於二〇一七年十月離開太空人，接手克萊門森大學（Clemson University）棒球隊的球員發展主任職。

太空人時期，史戴侯恩有權限做他想做的訓練法，他說他會想盡各種辦法，在球員身上養成有意圖的訓練習慣以及不斷學習的動能，避免營造缺乏挑戰性的氛圍。「有人會認為好的球員自然而然會浮現出來……但採取這種心態的人都只是在虛應故事而已，無論在什麼層級，都沒辦法讓大多數球員獲得成長。」史戴侯恩說。

二〇一一年一月以實習生身分進入太空人棒球事務部的普提拉（Pete Putila），雖然年輕但行為舉止非常成熟，也很好親近。他在太空人管理部門和農場之間，建立起信任和溝通的橋樑，有前員工就說普提拉「幾乎是整個球團最有價值的員工」，另一個前員工則說他是太空人主管群中最值得在未來成為大聯盟總管的人。普提拉可說是魯諾團隊從前朝繼承下來最有價值的新秀人才（艾圖維、史普林格、凱柯爾等人，同樣是來自前朝的高價值新秀，沒有對他們不敬的意思），居中在教練和數據分析師之間，扮演創造合作文化的重要角色，而他升職也升得很快，二〇一六年八月就已當上球員發展部門主任。

隨著教練素質變好、球團內的溝通機制獲得改善，太空人蒐集的數據資料品質亦有所提升。為了解開更多球員表現的謎團，他們投資穿戴式偵測裝置和高速影像。「其實就在不久前，太空人球團內部也多少認同『會打的打者就是會打』的消極思維。」法斯特說。但自那之後，太空人學會如何分辨好打者和壞打者，也知道該如何訓練出好打者。在小聯盟比賽中，太空人投手開始穿戴「可達沛公司」（Catapult）製造的裝備上場。可達沛是一家澳洲的運動追蹤科技公司，他們裝置所產出的數據，能讓管理部門推斷投手的肢體移動和投球機制。太空人也採用可達沛搭載全球定位系統（GPS, Global Positioning System）的追蹤器，裝在被球衣覆蓋的球員背部，用以監測他們比賽中的跑動範圍和能量消耗狀況。練習時，太空人小聯盟球員也開始穿上「K運動科技」（K Motion）和「四維運動科技」（4D Motion）等無線運動追蹤裝置公司的產品。運用「深度學習」（deep learning）技術，太空人可以把高速影像轉換成資料數據，幫助教練和分析師整理出球員生理機制的缺失，並且做到量化，使那些缺點能夠被有效修正。

二〇一六年，太空人的科技技術再提升一個檔次。沒有包爾或波迪的介紹，普提拉自己發現了功能強大的艾傑攝影機，並說服球團購買。法斯特在「硬球時報」刊出的倒數第二篇文章，題名為〈量化球路握法〉（A digital salute to pitch grips），他在裡面提出一套用數字和字母描述球路握法的記法系統，讓研究者可以依據手掌握球的方法、每根手指觸碰球的部位、球被手指碰觸到的位置，運用數字和字母代號，描繪出某一種球路握法。在職棒體系之外，一般大眾很難取得投手投球時的高畫質握球影像，但在球團內部就不一樣了。法斯特跟管理部門只要搬動攝影機、對準投手，便能取得投手投球時的高畫質握球影像，搭配法斯特以前設計出的記法系統，太空人因此可以更有組織地對投手的球路握法做出診斷，並提出改進建議。些微的握法調整，就能提高球體旋轉創造位移的效率，把一顆轉速很高卻不怎麼會跑的球種，改造成位移效率高的高尾勁球路。「具備高轉速的變化球不一定就是好球路。高轉速變化球只是原料，要配上好的投球動作，才會變成有效的武器。」法斯特說。

迪威克曾寫到，擁抱成長心態的組織「會特別強調每個成員的個人成長，而且不會光說不練，確實提供非常多進修和升遷的機會」。這就是太空人球團的寫照，整個組織從上到下，即便是最低階的小聯盟球員，都會接受到球團整套科技工具組合的生物力學檢測與評估。二〇一六年，太空人簽下在選秀會中乏人問津的自由球員Re.強森（Reggie Johnson）。Re.強森來自漢普登—雪梨學院（Hampden-Sydney College），一所從一九六二年之後就沒產出過大聯盟球員的學校，他們的棒球隊位屬第三級棒球聯賽，實力不強。剛加入太空人的Re.強森在新人聯盟擔任後援右投，速球球速大概只有八十八到九十英里，累積二十四局投球就失多達十七分（其中七分為非自責分）。二〇一七年春訓開始時，Re.強森可說是太空人體系裡面最底層的球員之一。然而，即使是像他這樣的球員，也能接觸到追蹤者系統和艾傑攝影機。「我剛到太空人的時候，會覺得為什麼要用這麼多科技工具，因為我認為能製造出局數就是能製造出局數，不需要管其他那麼多。」Re.強森說：「但在球隊待完一年且經歷春訓之後，我看到那些科技工具如何幫助球隊和球員，原本的想法因此有所改變。」

雖然太空人的高科技工具，幫助Re.強森在更高的小聯盟層級投出更好的成績（三振保送比首年成長幾乎一倍），但也同時加快了他被職棒淘汰的速度。二〇一七到二〇一八年間，太空人縮編他們的農場球隊，從九支隊伍縮減到七支，砍掉他們在多明尼加夏季聯盟的第二隊，以及在阿帕拉契聯盟（Appalachian League，屬於新人聯盟層級）的球隊。Re. 強森二〇一六年大半時間都在阿帕拉契聯盟的球隊投球，少了兩支農場球隊後，許多像Re. 強森這樣實力不強的低階小聯盟選手，就被迫進入失業狀態。一支在球員發展上佔有極大優勢的球團，照理來說不應該縮編小聯盟才是，但太空人之所以會想減少小聯盟球員數量，正是因為他們在球員發展領域佔盡優勢。一名前太空人的員工說：「我們當時會那麼做，是因為覺得我們評估球員的能力改善了，不需要再多花一兩年的時間，讓那些球員多打一到兩個完整賽季。我們在那之前就可以判斷他們是否具備升上大聯盟的條件和潛力。」不過這位前員工亦坦言，球團老闆也蠻樂意看到伴隨縮編球隊而來的支出減少。除了分辨球員潛力好壞的所需數據樣本減少，要在競爭愈來愈激烈的業餘球員市場上挖到好球員，也愈來愈難，因此太空人決定多把養成的資源和精力，花在比較有潛質的那一群球員身上。太空人用「有『量化』就有質」的口號，取代了瑞奇當年「有量就有質」的策略。

太空人的新科技工具，賦予他們以前所沒有的球員發展技術水準。以厄派爾為例：他現在認為他當年的球速和球威之所以衰退，是因為他手臂有傷，但一直沒有被診斷出來，且自己也不願承認。結果是，他帶傷投球好一段時間，造成手臂崩壞。肩膀和手肘的傷勢問題，成為最終迫使他退休的關鍵。回過頭看，厄派爾想知道他當時到底從什麼時候開始受傷、又受傷多久。「我轉職業之後的健康狀況明顯不比大學時期。」他說。

一名前太空人的管理部門主管說，以他觀察厄派爾的情況來看，隱疾可能就是最大的癥結點：厄派爾的速球控球很差，代表投球動作應該出了問題，但當時太空人還沒開始系統性地蒐集球員的生理機制數據。到二〇一七年，太空人在春訓就會替投手量身打造個人化的具體目標，並依據他們每場出賽後的追蹤者數據，給予他們立即回饋。如果還需要更多更細的影像和資訊，他們能使用多部架設在旗下球場的固定式艾傑攝影機（主場美粒果球場有七台，每座小聯盟球場也各有一台），以及可攜式艾傑攝影機。「我不是說我們有辦法從這個過程中診斷球員究竟受了什麼傷，但至少，我們可以知道球員到底做了哪些事、沒做哪些事。」那名前管理部門主管說。運用數據，球隊能挖出被覆蓋在球員男子氣概和逞強心態之下的健康問題，讓他們沒辦法再裝作沒這回事。「說投手的手臂狀態未達到百分之百，這聽起來像是在幫他的爛表現找藉口。」該消息來源說：「但如果我們換個方式，跟投手講：『你跨步腳落地之後，手臂舉起的速度不夠快』，然後再設計一套逼使他改進的訓練方式，球員就會比較容易坦承說：『我做不來，因為哪裡哪裡痛。』」

進階科技也使太空人對打者養成改觀。史普林格上大聯盟前一年——二〇一三年——的球季尾聲，他在二A和三A合計的三振率超過百分之二十七。如果在小聯盟都那麼容易被三振，到大聯盟可能會吞下更多次三振，其打擊產出的天花板也不會太高。然而，這種思維方式已經過時了。在後魔球時代，史普林格偏高的三振率不是改變不了的定案，太空人有辦法幫他創造更高的擊球率。

二〇一四到二〇一六年，只有七名打席數比史普林格多的大聯盟打者，繳出比史普林格（百分之二十六）更高的三振率。同期間，太空人整條打線的三振率也都偏高：二〇一四年為美聯最高、二〇一五年為全聯盟第二高、二〇一六年比前一季還高。近年來，棒球界不再認為三振是多麼嚴重的一件事，因為各隊意識到三振不會比其他出局方式差，而且三振多，通常代表保送和全壘打也多；即便如此，太空人仍覺得他們能做得更好。他們運用科技學到打擊知識，再用那些知識訓練打者，使打者既能選保送、轟全壘打，也能維持很好的擊球率。

透過高速影像和「布拉斯特運動科技」（Blast Motion）[15]的偵測裝置，太空人著手以科學方式研究如何提

15 布拉斯特運動科技為一家提供運動追蹤器材、科技輔助方案的公司。

升打者的表現。結果他們發現，老早就有人做過類似的研究，領先他們數十年，而且得出的結論跟他們相去不遠。著名打擊教練勞爾（Charlie Lau），曾因成功教出布瑞特（George Brett）及其他多位知名打擊好手，而成為大聯盟史上首位獲得六年合約、十萬年薪等超高待遇的技術教練。他也曾參與皇家隊棒球學院，並在那裡首創利用影片分析打者的作法。「我們在二〇一六年運用艾傑攝影機發現的東西，跟勞爾在三十多年前就得出的道理，基本上差不了太多。」法斯特說：「我們教選手的打擊機制，幾乎跟勞爾當年傳授的內容一模一樣。」勞爾強調打擊平衡的重要性，他認為好的揮棒機制應該具備流暢的重量轉移、運行節奏，以及漂亮的收尾。法斯特說，雖然後來勞爾這個名字跟「向下揮棒的機制」牽連在一起，但事實上他教導的內容跟「向下揮棒」並不一樣，也不會使球員容易打出滾地球。

太空人應用新學到的打擊知識，延攬那些不完全犧牲擊球率的長打好手，並指導他們如何使揮棒軌跡停留在好球帶裡更久。太空人開發出一套以應用程式形式呈現的計分系統，提倡球員做出聰明的出棒選擇，鼓勵他們在兩好球之前盡量多等幾球。他們也依循勞爾的打擊哲學改造史普林格的揮棒機制。二〇一七年，史普林格不僅把擊球率提升到聯盟平均之上，還同時提高長打火力（純長打率[16]增加），造就出其生涯的最佳賽季。「Fangraphs」棒球作家蘇利文（Jeff Sullivan）在他一篇題名為〈棒球界最令人難以置信的高擊球率打者〉（Baseball's Improbable Contact Hitter）的文章中寫道：「棒球界沒人辦得到的事情，史普林格辦到了。沒人能達到像他這麼誇張的地步。」大聯盟歷史上也沒有多少條打線，能與太空人二〇一七年的打線匹敵：那年奪冠的太空人打者群，繳出全聯盟最低的三振率和最高的純長打率，整體進攻火力寫下自魯斯和賈里格（Lou Gehrig）共組洋基三、四棒[17]以來的最佳水準。「現在大家都會說，太空人是因為有柯瑞亞、史普林格、艾圖維、布萊格曼等頂級打者，才可以打出那麼誇張的成績。」法斯特說：「但事實上，在我們調教他們之前，他們沒有一個人能達到那樣的程度。」

球隊完全擁抱新世代的球員發展之後，旗下球員通常也會耳濡目染，漸漸接納新思維，並藉由口耳相傳的方式，增加每個人對新資訊的渴求。不過當球隊欲從其他地方交易來他們認為的可造之材，就很難預測交易目標對新資訊的容受程度有多高。如果交易目標是擔心快沒有出賽機會的球員，容受程度通常就會高一點。「交易前，能做多少情蒐和偵查，就做多少。」運動家總管佛斯特說：「球員願不願意接納新資訊，這真的很難預測。我們也遇過不接納的案例。把球員交易來之後，我們跟他說：『嘿，只要你做到一、二、三這三件事，成績就可以有所進步喔。』但他只說：『沒關係啦，我現在這樣就很好了。』」

太空人偶爾也會遇到不想採納新資訊的新成員，但只要成功的故事和案例變多了，要說服下一個新來的人接受，就簡單許多。二〇一八年，《波士頓環球報》（Boston Globe）刊出一篇報導投手摩頓在太空人重生的文章，裡面寫到太空人似乎擁有把投手變強的魔法，但其實太空人改造投手的過程，可沒有任何超自然力量的介入。二〇一六年十一月，太空人以二年一千四百萬美金的合約，簽下當時成為自由球員的摩頓。雖然球路具備高轉速，但摩頓那時候的傷病史非常不美觀，投球成績又起起伏伏，生涯累積的WAR值是難看的負〇點五。報導範圍涵蓋全美的棒球記者黑曼（Jon Heyman）當時在推特上發文：「今年先發投手市場上最瘋狂的案例出現了。這真的太扯了！」結果不到一年的時間，摩頓已經站在世界大賽第七戰的投手丘上，主宰道奇隊，這時黑曼又發出一則推文，點出摩頓的球路尾勁十分「噁心」，稱讚魯諾在前一個休賽季簽下摩頓的決策「非常明智」。外界對摩頓的評價之所以出現如此巨大的轉變，全起自太空人的建議。

「以前我一直被視為二縫線投手，經常使用伸卡球，試圖讓打者擊出滾地球出局。」摩頓說：「到休士頓之

---

16 純長打率（ISO, isolated power）為「長打率減打擊率」的數值，可用來評斷打者的長打能力。

17 一九二〇年代和三〇年代初期，洋基強打魯斯和賈里格經常共組打線三、四棒，砲聲隆隆，可說是史上最強的三四棒連線組合。當時洋基屢屢繳出領先全聯盟的最佳打擊成績，甚至締造多項團隊打擊紀錄。

後，他們希望我試著製造揮棒落空。這是我當時從沒聽過的建議。」跟普萊斯利和麥克休的案例一樣，太空人請摩頓捨棄伸卡球、改投四縫線速球，並大幅提高曲球的使用率。曲球比例的增加，確實幫助摩頓有效壓制左打者，因此他進一步增加使用量，創下其生涯曲球使用率的新高。「回顧過去，我希望自己從一開始就多投曲球。」摩頓說。在休士頓的兩個賽季，摩頓大開眼界，不僅投球成績進步、在二〇一八年首度入選明星賽，他也擺脫了一些阻礙他進步的習慣，例如把球投在固定的幾個進壘點，以及不敢刻意把球投在好球帶外作引誘。「我現在望向捕手時，不會再去抓好球帶的範圍了。我現在抓的是，打者會想積極出棒的區塊。」摩頓說。二〇一八年年底，三十五歲的摩頓再次成為自由球員，他獲得一紙價值比前一張多出一倍以上的合約：光芒用二年三千萬美金的條件將他簽下。

二〇一七年八月，八三一交易大限（waiver deadline）[18]截止前的最後幾秒鐘，太空人從老虎隊交易來王牌投手韋蘭德。就當時的生涯成就而言，韋蘭德跟摩頓之間的差距不可能再更大了，不過韋蘭德仍渴望學習。「太空人厲害的地方是，他們很懂得找出球員最強的能力是什麼。」曾拿過美聯MVP獎的韋蘭德說。韋蘭德的新東家告訴他，他的四縫線速球確實如他所想，非常頂尖，轉速和尾勁都非常好，但他的另一種速球卻只是個拖油瓶。「我之前不曉得，原來我的二縫線速球基本上就是一顆威力不強的四縫線球而已。」韋蘭德說。此外，他也運用艾傑攝影機優化他的滑球。加盟太空人後，韋蘭德的滑球使用率締生涯新高，多投在偏低的進壘點亦獲得極佳成效，製造揮棒落空的次數為數年來最多。改變配球策略的韋蘭德，差點就拿下二〇一八年的美聯賽揚獎，在票選中排名第二。

二〇一八年春訓，韋蘭德花了好幾個小時跟隊友柯爾做傳接球，順便討論投球技術。同樣經由交易來到太空人的柯爾，之後成了韋蘭德追逐陣中王牌頭銜時的最大競爭者。那年春訓開始的一個月前，柯爾在一間加州葡萄酒廠和妻子一起品嚐丹魄葡萄酒（Tempranillo）[19]，忽然收到了他被交易的消息。二〇一一年選秀「選柯爾，棄包爾」的海盜，把柯爾交易到了太空人隊。「一掛掉電話，我又多喝了好幾杯酒。」柯爾說。起初，柯爾的表現沒有讓海盜失望，二〇一五年他在賽揚獎票選中獲得第四名的佳績，不過到二十七歲時，他的生涯似乎陷入停滯。跟摩頓一樣，柯爾在海盜隊時期，遵循球隊的喜好，把自己塑造成專門製造滾地球的伸卡球投手，但事實上，他最強的能力所在也是四縫線速球和曲球的搭配。受限於海盜隊灌輸的投球模式，柯爾二〇一七年淪為成績僅跟聯盟均值打平的一般投手，而太空人想要他做的，就是拋棄那套模式。「作為一支球團，能發揮最大影響力的事情，就是提供選手個人化的發展計畫和追蹤關注。」辛屈說：「同一套方法，沒辦法適用所有棒球員。」

柯爾第一次到太空人春訓營報到時，球團把他帶進一間會議室，花了一小時的時間，向他說明一套為他量身打造的投球方針。坐在桌子另一端的柯爾，聽著前方的管理部門人員跟他說，過去兩年左右，他們都在觀察他投球，而且不斷嘗試要把他交易過來。他們告訴柯爾太空人喜歡他的地方，以及他還能改進的環節。「告訴球員他們有東西需要大改，並不是要恐嚇他們。」辛屈說：「我們更不可能會想恐嚇柯爾。」太空人提出的每個建議，都有影像資料、冷熱區分佈圖、清楚論述佐證支持。太空人的簡報發揮了預期效果：柯爾描述他當下的感受是「印象非常深刻」，並且說道：「我這輩子從沒經歷過那種會議，從來沒有。」

故事聽到現在，相信大家也都清楚後續的發展會是什麼：柯爾增加四縫線球的比例、減少伸卡球的使用量、提高曲球的使用率到生涯新高點，因而繳出絕佳的成績單，不僅第二度入選明星賽，也在賽揚獎票選得到

---

18 大聯盟於二〇一九年改制前，球季中有兩個交易截止日，一個在七月三十一日，另一個在八月三十一日。七三一交易大限前，各隊可以自由地談交易；從七三一到八三一的第二個交易截止日前，球隊若要交易，必須先讓球員經過讓渡名單（waiver）的程序後，始能交易。二〇一九年改制後，一季只剩一個交易截止日——七三一交易大限——過了七三一，球隊就不能做任何交易。

19 丹魄為一種葡萄品種，原產於伊比利亞半島，後來成為西班牙的標誌性紅葡萄品種。

第五名的佳績。在所有固定出賽的先發投手當中，只有塞爾、韋蘭德、薛則等三人的三振率比柯爾還高。柯爾表示，太空人點出了曲球是他最佳球路的事實，他累積了六年的大聯盟資歷，才好不容易有人告訴他這件事。一直以來，柯爾始終具備王牌投手等級的武器，但直到那樁交易前，他都拿著錯的武器上戰場。

這群經由交易來到太空人，並且徹底採納新資訊的球員，證明了迪威克的論點：「當整家公司都擁抱成長心態時，員工也會更投入工作、更覺得自己有能力完成事情。」二〇一三年四月，時任太空人投手諾里斯（Bud Norris）說：「我知道他們有一套自己的哲學，但我們球員卻不幸地被迫成為實驗白老鼠。」今非昔比，如今太空人球員已經變得完全不一樣，願意參與管理部門的實驗，而且實驗結果也不像早前經常發生災難了。

二〇一三年選秀第三十三輪才被太空人選中的T．懷特（Tyler White），運用布拉斯特運動科技的產品，使自己在一片不看好的情況下，成為打擊火力優於大聯盟平均水準的打者。他待在太空人的時間很長[20]，看著球隊從眾人眼中的笑柄，一路變成業界的領導者。T．懷特在其他球隊的朋友們也開始感到好奇，甚至羨慕：到底太空人教了什麼東西、做了什麼事情，讓旗下球員能夠成就最佳版本的自己？太空人把科學導向的球員發展發揮到極致，能在這樣的球隊打球，T．懷特感到很驕傲。他說：「我們受惠於科學導向的球員發展，打出好成績，接下來我還想繼續利用相關技術，使自己變得更強更好。」

談到太空人管理部門和球員教練的關係，史戴侯恩表示他們之間沒有什麼思想的落差，因為兩邊「一直都在溝通」。這種狀態跟過去球員發展部門的運作方式大相逕庭。

「以前，球隊內各個部門幾乎都分開來獨立運作。」前教士數據分析師隆恩說：「球員發展部門的人，在完全不同的城市，甚至州工作……他們是球團的一份子沒錯，但跟大聯盟球隊距離十萬八千里，所以兩邊幾乎沒什麼互動。」地理位置的差距造成了不同部門之間的資訊落差、思想落差。「我們完全不知道球員發展部門設計給球員的訓練菜單是什麼。」隆恩說：「那時候網路科技還不發達……所有東西都要等到我們實際去小聯盟球隊才能知道，或是一直打電話煩他們。」

科技使大聯盟各部門間的隔閡愈變愈小。拜追蹤者系統和快速的影像傳輸工具所賜，管理部門如今能即時地從遠端掌控所有小聯盟球員的表現。此外，球團旗下的所有員工，都可以透過專門設計給公司內部通訊使用的工具軟體Slack，進行聯繫、溝通、資料取用，而養成教練以及體能學徒（performance apprentice，太空人在二〇一九年新設的職位，主要工作內容為球員的體能訓練）也都提供多種聯絡管道。二〇一七年，太空人管理部門想到比建立流暢溝通管道更直接的手段：直接讓梅戴爾轉教練職，安排他在夏天去填補短期一A三城谷貓隊（Tri-City ValleyCats）的職缺，擔任養成教練。「我去那裡的原因之一，是希望讓管理部門更了解小聯盟球隊在實際執行面上，會遇到的限制。」梅戴爾說：「我們在辦公室裡紙上談兵很容易，卻無法預期想出的點子是否都能付諸實現。有時候我們的點子很不錯，球員能確實執行；不過也有時候，我們的想法根本沒什麼實際用處。」

然而，梅戴爾也沒辦法預測他轉當教練的作法，能否成功。他從少棒聯盟之後，就再也沒穿上棒球制服，雖然還能在打擊練習負責餵球，但自拋自打給防守球員做練習，就超出了他的能力範圍。即使梅戴爾採用刻意練習的方法，訓練自拋自打的能力，幫助還是不大，只是從「超級爛」進步到「很爛」而已。梅戴爾回憶：「一開始蠻擔心球員會怎麼看待我……會不會想說：『媽的，怎麼找一個從NASA來的傢伙當我們的教練？真正的教練在哪裡？太空人實在有夠瞎。』」

當時效力於谷貓隊的Re.強森坦承，起初球員確實心存懷疑。他說：「一開始我們都不太理解他來這裡幹

20　T．懷特於二〇一九年七月被交易至道奇隊，總計他在太空人待了六年。

嘛……他是不是有什麼特殊的目的？」但梅戴爾表示，他很快就融入了新環境，變得跟隊上一般員工沒什麼兩樣，擔任一壘指導教練之外，平時也會跟球員一起用餐、在巴士上聊天打屁。Re.強森也同意他的說法。在谷貓隊擔任教練期間，梅戴爾強調投手搶好球數的重要性，並教打者如何利用揮棒感測器輔助訓練。他隨身攜帶筆電，隨時查找資料，用球員較容易消化吸收的方式呈現給他們看。

梅戴爾的小聯盟歷險記，凸顯了後魔球時代，球隊大小專案皆以球員發展為核心的運作方式。對於徹底擁抱棒球新思潮的太空人而言，球員發展就是一切。然而，在整個棒球界因為新科技而受惠的同時，有些人卻成了新浪潮底下的受害者：球探。一個太空人的消息來源就指出：「未來五年，有些球隊會把傳統球探全部裁撤掉。」至於太空人自己的球探，現在已經是瀕臨絕種的生物了。

《魔球》出版後沒多久，棒球傳統派就開始擔心數據可能會把球探工作淘汰。不過接下來十年，相反的趨勢發生了：各隊招攬的球探變得更多，因為管理部門需要的資訊愈來愈多，而且國際球員市場的投資報酬率也愈來愈高。但從現在的角度來看，那些球探人數的成長，就跟恆星死亡崩塌前還會膨脹一樣，只是彌留之際的回光返照。如果老派球探在大聯盟消失，他們絕種的原因就是球員發展革命的成因：新科技產出新資訊、新數據，而這些新產物的功能，不僅與傳統球探的工作內容重疊，它們的效用亦優於人類表現。

跟許多球隊一樣，太空人已經完全摒除了親身觀賽分析的進階球探工作，以Statcast的數據和影像資料取而代之。此外，他們近期還做了一件更極端的事：汰除所有親身觀賽的職業球員球探，連小聯盟球探也不放過。一名最近被太空人解雇的球探，提到一本流傳於業界的職業球員球探名冊，他說：「在二〇一八年太空人的頁面上，大大的標題寫著『太空人』，下面是一張特別助理戈斯丁（Kevin Goldstein）的照片，然後就沒了。一張照片而已。」該球探現在已到新球隊任職，他說：「我常常戴著世界大賽戒指在大聯盟各球場到處跑。幾乎每天晚上，都有人問我說：『我可以看看你的戒指嗎？我今年完全沒有遇到任何太空人的球探。』」

二〇一七年八月，太空人叫八名球探走路，魯諾接受大聯盟官網訪問時，稱那次裁員是「重新編排人事」，他說：「我們球探部門的總人數仍會跟之前差不多，甚至可能更多。」魯諾表示他們的操作很「正常」，而且是「每年都有球隊在做的事」。一名當時被裁掉的球探說：「魯諾的說法令我們不太開心。」二〇〇九年，太空人的球探數量為五十五人，多於大聯盟平均的四十一點五人；來到二〇一六年春訓，他們雖然還有五十二名球探，但大聯盟平均值已經上升將近十人；二〇一九年年初，由於先前幾次大幅度的球探裁員，太空人的球探數已經降到二十人以下，人數排全聯盟倒數第一，甚至不到倒數第二名的一半。太空人不必親自動手處理部分他們覺得非必要的球探，因為有些球探在看到第一波的裁撤名單之後，就決定自己離開或退休，保留最後一絲顏面。「太空人城府很深，那些球探會在當時自主離開，絕不是巧合。」另一名前太空人員工說：「太空人很精明、很會算計，稱得上是陰險狡詐。」

事實上，在大規模裁員前，太空人就已經削弱了球探的功能和勢力。一名太空人球探說：「在數字面前，任何主觀判斷和直覺感受，都只能算次要中的次要。」太空人常常會用數據決定要把球探派往何處。另一名前太空人的業餘球員球探就說：「球探會被派去偵查的球員，一定都具備良好的數據評價。太空人不可能選沒有良好數據評價的人。」該球探回憶起他在太空人第一年的案例：「那次我被狠狠地嘲笑了一番，一點都不誇張。我回報了一名念到大五的捕手，認為他可以接接牛棚。如果有人受傷了，能接捕的人應該還是有點價值吧？就算一定上不了大聯盟，他在小聯盟也可以有所貢獻，所以我把他回報給球團……但他們只是一直笑我，然後說：『那傢伙的數據評價是負五十分，你知道嗎？』」

對球探來說不幸的消息是，人類肉眼的觀察力比不上超高速攝影機和能夠記錄轉速的追蹤器材，而球探也不能只靠經驗值在棒球界生存。太空人之所以想要爭取摩頓、柯爾、普萊斯利等球員，不是因為他們有派球探去調查，而是因為他們徵詢球員調查分析小組（scouting analysis group）的意見。這個球員調查分析小組，不到現場觀看球員，只在辦公室裡遠端研究球員的素質和表現。另一名前太空人球探說：「我覺得太空人對球探部門的想像，就是充斥著一大堆專門分析影片的人，至於真的球探，只需要少少幾個就好。球員調查分析小組也需要很多懂科技的人才。這些人跟管理部門的人合作，不斷分析資料、分析數據、分析影片，就夠了。」

有些人可能會認為，部分願意敞開心胸的太空人球探，可以藉由主動接觸數據分析領域而免於被炒的命運，但對於新科技和資訊分析流程保密到家的管理部門，不太願意把技術分享給球探。一名前太空人球探就說：「他們會跟我說：『有機會的話，把這個布拉斯特的感測器裝到球員的球棒上，因為我們可以透過它的輔助，分析出哪些東西比較重要。』但他們沒跟我說那些東西到底是什麼，也沒說明布拉斯特感測器的用途。我不知道他們想挖什麼資料，也不知道為什麼我要把感測器裝到球棒上……我想試著去學，但他們沒提供任何方向。」

有些調適能力不錯的球探，試圖向太空人表達開放的態度，但依舊無功而返。「我其實對太空人在搞的新科技和科學棒球很感興趣，而且也很積極地想把那些東西融入在我的工作中。」另一名前太空人球探說：「我不像很多其他球探，一聽球隊用數據決定他要去看什麼球員，就覺得反感。我知道球隊做的數據評價很有用。」這名球探請球隊提供多一點追蹤者系統的數據給他、教他如何使用艾傑攝影機，但他的高度學習意願，沒讓他保住工作。派攝影人員或影片小組的實習生去操作攝影機和資訊系統，遠比派一個球探去做來得便宜。除此之外，太空人其實比較希望留任的球探盡量不要接觸新科技，這樣一來，他們才能夠回報自己的看法，而不會受限於數據、新資料可能造成的偏見和先入為主的成見。

棒球界還是有一些領域和工作地點，科技建置不夠發達，需要親身到訪的球探，但那樣子的棒球學校和國際市場環境每年都在減少。有一陣子，太空人為了保有影片技術上的競爭優勢，會在派遣人員去錄球員影像時，指示他們用膠帶把艾傑攝影機的商標貼起來，不讓其他人分辨出器材的品牌。後來，艾傑攝影機的製造公司提出抗議，太空人才終止這套反情蒐的伎倆；即便如此，大部分其他球隊的球探還是用手機錄影，使太空人在球員影片上仍佔有優勢。「太空人在國際市場上做球探工作時，經常使用艾傑攝影機。」班尼斯特說：「常見的情況是，有二十個球探站在本壘板後方的位置，然後有一個人跟大家都不一樣，帶著裝有高速攝影機的腳架。大家不用特別去看他的名牌，就知道那人來自太空人。」

二〇一九年業餘球員選秀前夕，太空人要在全美各地舉辦一系列的業餘球員測試會。每一個測試會上，太空人都會架設六到八台的艾傑攝影機，記錄選手每個動作的細節，另外搭配追蹤者系統，蒐集各式各樣的技術數據。如果可以一次請一大群學生球員來接受他們的檢驗，為什麼還要派球探出去一個一個慢慢情蒐呢？前面提到，二〇〇九年春天，大聯盟每隊平均的球探數量為四十一點五人，這個數字因為各隊擴編國際市場球探的人員，而上升到二〇一九年的五十四點六人；儘管如此，很多球隊仍開始追隨太空人的腳步，刪減職業球員球探的數量。更甚者，大聯盟在一九七〇年代成立、用來輔助各隊球探工作的大聯盟球探局（MLB Scouting Bureau），也在二〇一八年宣告解散。

沒錯，科學棒球還是有其限制與盲點：數據沒辦法正確評價投手投球動作當中的欺敵效果，也無法評價球員的心理素質、人性品格。但這些項目換作人類球探來評價，同樣容易出錯或失準。太空人知道，透過科學和數據的大網去撈捕球員，一定會遺漏一些好球員，但他們覺得那些好球員只會是少數，畢竟以分析進階資料的方式去找球員，比較有效率，也讓他們能更有信心地推測選手的未來表現、予以正確的養成方法。而在這過程中，球員因為人為干預、人為判斷的錯誤，導致評估願景受影響的機率，也較低。就算是丟掉工作的球探，他們大多數也都看得出來太空人調整人事背後的想法，確實有其道理，因此更加擔憂球探職業未來的命運。「你很難去辯駁什麼，因為他們真的有打出成績。」一名球探坦言，接著說：「如果他們的策略繼續產出好結果，所有球探都應該擔心自己的飯碗不保，因為以後球隊都不太需要球探了。」雖說如此，該球探還是覺得摒棄球探不全然是件好事：「我覺得長遠來看，他們還是會因為缺乏球探而嚐到一點苦頭。」至少到目前為止，太空人大幅裁撤球探的決定看似明智，而球探的立場則明顯居於下風。

老派球探的式微，使得球探部門和球員發展部門的業務不再需要太多分野。在以前，球探部門負責簽球員，而球員發展部門則負責養球員，涇渭分明。一名前大聯盟農場主任說：「選秀時，你會在會議室裡看到球探部門主任和農場主任意見不合、發生爭執。」但在二〇一七年太空人的選秀前會議中，卻看不到這種情景。太空人當時已經在球探不知情的情況下，導入了以球員發展為中心的全新選秀備戰模式。

「那個情況實在太離奇了。」一名太空人消息來源說：「白天，一大群人坐在會議室裡開選秀會議，說話的人大多是球探，管理部門的人只是在聽。」那天太空人在主場比賽，所以一到傍晚，球探就得去看球賽。然而，球探一走，選秀會議非但沒有結束，而且變得比剛才還熱絡。普提拉和助理總管艾利亞斯（Mark Elias）已經把球隊從學生賽事蒐集到的艾傑攝影機影像分析了一遍，而其他管理部門成員則是已經仔細爬梳過可取得的大學球隊追蹤者數據。當所有人把投手逐一拿出來討論時，一名研發部門的人員會解釋該投手的數據有什麼意義、他的球種能力值是多少。普提拉接著會分析球隊農場能幫那名投手改進什麼、又有哪些缺失是農場幫不上忙的。「隔天，球探回到會議室，發現白板上原本討論的選秀順序全變了調，卻沒人告訴他們發生了什麼事。」太空人的消息來源說。

二〇一八年，太空人備戰選秀的任務，落到了球員調查分析小組身上，而他們都非常熟悉球員發展的運作流程。傳統球探在太空人選秀上的影響力持續下滑。「在棒球界普遍的認知裡，球員發展和球探工作是兩個截然不同的業務，但太空人卻不那麼想。」一名前太空人的員工說。如果一名球員對太空人來說沒有進步空間，那他們從一開始就不會相中他。

太空人在球員養成上的優勢，是相對的。所有在二〇〇六到二〇〇八年間進入美國職棒小聯盟的選手中，只有百分之十三點六的人有登上大聯盟。跟任何球隊一樣，太空人小聯盟球員最終上到大聯盟的比例也不高，失敗的案例遠多過成功的案例。只是在這個大家都是輸家的競賽中，太空人輸得比較少一點而已。

雖然他們極力保持低調，但太空人很難完全封鎖關於他們的資訊，因為大聯盟其他每一支球隊都能收看他們的比賽，查找並且分析他們的追蹤者數據。不過就算是這樣，大多數的球員發展過程，還是發生在鎂光燈之外。此外，就如同球員覺得只聽理想的結果和期望，對實際進步沒什麼幫助一般，其他球隊單純從一旁觀察太空人贏球，也很難真的複製他們的作法。「我覺得整個聯盟都有一種『什麼鬼？他們到底怎麼辦到的？』的感覺。」梅戴爾說。魯諾不想解開他們的困惑，也不願接受我們的提問。魯諾婉拒我們的訪問邀約時說：「你們自己也說了，球員發展是當代棒球最大的創新來源，也是大聯盟各隊間競爭最激烈的領域。為什麼會有球隊願意去談論他們認為無法公開的創新進展呢？」

太空人知道保密在棒球界是多麼困難的一件事，因為他們曾是資訊安全的受害者。二〇一三年起，魯諾和梅戴爾在紅雀時期的前同事Ch. 柯瑞亞（Chris Correa）駭入太空人名為「地面控制中心」（Ground Control）的資料庫，竊取資訊好一段時間才被發現，隨後遭到起訴判刑。Ch. 柯瑞亞為他的犯行付出代價，進監獄服刑，但其實棒球界仍有許多了解競爭對手的合法手段。「我從其他球隊聽到的情況是，只要太空人經由交易送走他們的小聯盟球員，獲得太空人球員的球隊都會想知道，這些球員的訓練目標是什麼，他們以前都在做什麼事情。」法斯特說。球員之間會交流、會溝通、會打屁，除此之外，他們也會跟煩人的記者透露訊息。

雖然保密協議禁止離隊的數據分析師和教練帶走球團的資產，但這些人沒辦法忘掉已經裝進腦子裡的東西。這對太空人來說是個問題，因為就算他們藉由推倒棒球部門之間的陳年高牆，成功改革了球員發展與養成，但天下無不散的筵席，有些攜手打拚的夥伴終究會離開。追尋冠軍的過程能把團隊緊密地連結在一起，但即使如此，太空人在拿下二〇一七年的冠軍後，還是無法人人盡歡，就連一些非球探的員工也開始對魯諾感到不滿，他們認為魯諾太重視成本效益、太仰賴數據分析。事實上，早在太空人展開毫不保留的徹底大重建時，外界就已經批評過太空人獨厚理性和數字的作風。

太空人管理部門內部起過爭執，爭執主題包括是否該跟球探分享資訊、要雇用多少球探、該不該交易後援投手歐蘇納（Roberto Osuna）等等。二〇一八年，太空人還是決定把因涉入家暴案而正在服球監的歐蘇納交易過來，引發公眾撻伐，而魯諾對外的解釋非但沒有平息眾怒，還火上加油，因為他試圖把這樁交易案包裝成符合所謂的「家暴零容忍政策」。根據多個消息來源指出，大部分（也有人說幾乎所有）的管理部門成員其實都強烈反對該交易案，但魯諾仍在獲得老闆克瑞恩的支持下執意把歐蘇納換來。這並不是魯諾第一次想爭取具道德爭議的球員入隊，那年六月選秀，他想選曾因性侵幼童遭到定罪的左投捍力克（Luke Heimlich）[21]加入球團，最後在周遭同事的大力阻撓下才收手。當初促使克瑞恩和魯諾瘋狂刪減球隊薪資、徹底重整球員養成體系的思維，以及為了消除一切效率不彰而無所不用其極的野心，再次影響太空人兩位最高領導者的決策，說服他們跨越那條自己員工和下屬都覺得不該跨過的道德界線。「老實說，他們根本不在乎人家怎麼想他們。」一位前太空人員工說：「魯諾想幹嘛就幹嘛。」由此可見，太空人的投入門檻也非常低。

縱然太空人高層不把外界觀感放在眼裏，球團內部的不平之聲仍可能使團隊向心力受損。另一個太空人消息來源說：「不幸的是，自從拿下世界大賽冠軍後，我確實覺得太空人變得不近人情。」他進一步表示，魯諾在歐蘇納交易案之後對外的辯解，令他感到作嘔。另外，太空人棒球事務組織的高人員流轉率以及行事不透明的風格，亦對團隊士氣造成傷害；一名太空人消息來源就說：「如果有人離隊，球隊不會通知大家，只是把那個人的Slack帳號刪除而已。」

儘管如此，太空人投入大量心力建置的人才生產線，在業界所佔有的優勢，還是很難被撼動。史戴侯恩說：「太空人整個小聯盟體系的連貫性太高，其他球隊很難複製。基本上根本辦不到。」可是，其他球隊仍努力打造類似的體系，而且有不少球隊會得到太空人員工的倒戈助陣。

二〇一八年年底，數名太空人員工的Slack帳號都被刪除了。金鶯隊雇用艾利亞斯作為他們的新總管；法斯特決定放棄在十月底續約的機會，離開太空人。恢復自由身的法斯特，收到來自十六支大聯盟球團的主動邀約，但最終選擇加入勇士，與不久前才離開太空人的球員調查分析師沙阿再次聚首；梅戴爾和投球技術協調助理侯特（Chris Holt）跟著艾利亞斯到金鶯，展開新任務；小聯盟內野協調員波納菲（Josh Bonifay）取代據報導十分抗拒數據分析的費城人球員發展部門主任，成為新的費城人農場主任；「地面控制中心」資料庫的主要建構人、資深技術工程師海拉漢（Ryan Hallahan），辭掉在太空人的全職工作，轉職到非棒球領域發展。太空人數據分析部門在二〇一二年最早期的「數據狂小窩」成員，如今全都離隊了。二〇一九年二月，魯諾對資深棒球作家賈斯提斯（Richard Justice）說：「（二〇一八到二〇一九年）休賽季期間，各隊開出的棒球事務相關部門資深主管職缺，大約有百分之二十都是由前太空人員工填補上的。」魯諾補充這是所有成功球團都會遇到的狀況，但一名太空人前員工顯然不買帳：「魯諾說，很多員工被挖角是成功球團的表徵，但我不信他的說法。如果你很喜歡你工作的地方，你總是會想辦法留下來的。」

太空人教練離隊的速度比管理部門更快。二〇一七年球季結束後，巨人隊雇用太空人的助理打擊教練包威爾（Alonzo Powell），作為他們的打擊教練；費城人挖走太空人球探主管C・楊恩（Chris Young），請他擔任助理投手教練（後晉升投手教練）；紅襪則延攬太空人板凳教練寇拉和牛棚教練比昂森（Craig Bjornson），太

21 兩個月後，捍力克爭取加盟中職，甚至在八月七號宣布與Lamigo桃猿隊簽約。不過中職在接受桃猿隊的洋將申請後，依據聯盟規章外國籍隊職球員管理辦法第九十四條的規定，認定無法提出無罪證明的捍力克，不得受雇於中職球團，捍力克確定無法加入中職，因而結束了這場風波。

空人選擇不跟他續約），分別擔任球隊的新總教練和新牛棚教練。到紅襪之後，寇拉以太空人熟悉的計策擊敗他們，這些他在太空人學到的策略包括：季後賽時安排先發投手後援登板、強調打者把球打到空中、協助打者做到兼顧長打率和擊球率等等。二〇一八年球季告終，一樣的劇本再次上演：洋基把太空人小聯盟打擊教練勞森（Dillon Lawson）找去，並將他升職到打擊技術協調員；光芒雇走太空人三A總教練李納瑞斯（Rodney Linares），讓他接手三壘指導教練職位；紅雀請走助理打擊教練艾伯特（Jeff Albert），任用他為打擊教練；藍鳥招攬打擊教練賀貞斯擔任板凳教練；而天使則是收羅牛棚教練D・懷特，賦予他投手教練的身分。一大群教練出走之後，太空人只剩史卓姆和三壘指導教練派提斯（Gary Pettis），是二〇一四年辛屈剛上任時的人馬。

「我們的強項之一是，不怕成為第一個去嘗試新方法（並且失敗）的隊伍。」普提拉說。在當今這個什麼都能被記錄、量化的年代，究竟還有多少尚未被開發的新方法，而太空人（或其他任何球隊）是否能繼續快速地把新方法找出來，實在值得好奇。那些長期走在棒球新技術浪潮前端的人認為，棒球界未來的發展速度只會更快、不會變慢。「在太空人待了幾年後，我們得到追蹤者系統，了解它的使用方式，並消化吸收它產出的資料。我那時候想，接下來棒球科技的發展速度應該會緩一緩了吧。」法斯特說：「結果沒有。後來我們搞懂了布拉斯特運動科技的產品，也消化吸收它產出的資料。那時候我又想，棒球科技的發展速度應該會緩一緩了吧。結果還是沒有。現在出現了Statcast以及其他隨之而來的各種新科技、新技術[22]，整體發展的步調又加速了。」隨著新科技發展的步調愈來愈緊湊，傳統球員發展的老路也愈來愈過時。

密蘇里大學（University of Missouri）棒球隊投手教練柯瑞爾（Fred Corral），記得他在一九八〇年代參與了美國棒球教練協會（ABCA, American Baseball Coaches Association）於納許維爾（Nashville）舉辦的大會，而裡面有一場以手臂養護為主題的會議。會議中，邁阿密戴德學院（Miami Dade College）的資深教練葛林（Charlie Greene）起立發言，為他以前採用過時且品質不佳的球員訓練法感到深切懊悔。柯瑞爾記得葛林說：

「我真的覺得很抱歉，因為我們以前教的東西全都是錯的。我們現在教球員的方式比以前好太多了。」柯瑞爾跟我們說：「我非常敬重葛林，而且很在乎他。我無法忍受他這樣譴責自己，所以我打斷他，然後說：『你不必道歉，因為你就像是當年那個帶著阿波羅一號上月球的太空人……我們都是太空人。你不必為了當過太空人而道歉。』」大聯盟的太空人隊，正是棒球界過去幾年來最勇於冒險的太空人。如果球員找不到合適自己的特質與能力，來太空人隊走一遭，通常就會得到了。

22　大聯盟於二〇一九年五月宣布，他們將更換追蹤科技的官方合作夥伴，從追蹤者換成鷹眼（Hawk-Eye）。從二〇一九年八月開始，各隊在球場建置以光學科技為基礎的鷹眼系統，取代原本以雷達科技為基礎的追蹤者系統。

第十章　轉速門

我認為我在棒球上抹過鹽巴、胡椒、巧克力醬以外的任何東西……
我會把潤滑油塗在至少兩個身體部位上，
以免裁判叫我把某個部位的油擦掉。
我從不想在場上被抓到塗抹東西，
因為那樣就太不專業了。

——名人堂投手、口水球愛好者派瑞

五月二十七日是包爾的先發日，他一如往常在賽前做熱身，準備迎戰當天的對手太空人隊。站在主場前進球場的外野草坪上，包爾一次又一次地在豔陽中擲出飛行距離超過三百英尺的長傳，幾乎從一個界外標竿，傳到另一個界外標竿。接著他慢慢縮短跟傳球夥伴之間的距離，到大約六十英尺時，轉換丟球模式，改採全力擲球，其用力程度和傳球速度，勢必曾讓不少接球夥伴冷汗直流。作為棒球界成長心態的代表人物，包爾即將面對的球隊，把他所擁護的思維和訓練策略，徹底融入到他們的球團運作中，而且融入得程度比其他球隊都更高。在諸多面向上，包爾都很尊敬太空人，他認為太空人是大聯盟的模範組織。不過在二〇一八年，太空人佷透了包爾。

比賽時間將近，包爾來到前進球場主隊牛棚區的投手丘上練投。前進球場的主客隊牛棚區都設在右外野全壘打牆後方，兩者並排相鄰，客隊牛棚區又比主隊牛棚區高出一些。在包爾一旁的客隊牛棚區熱身的投手，不是別人，正是他的大學校隊隊友——柯爾。那大概是棒球史上最尷尬的賽前練投時間。柯爾和包爾兩人在彼此旁邊練投，但沒有人向對方示意或打招呼。二〇一〇年，他倆率領加州大學洛杉磯分校打進大學世界大賽，但從來都沒有混熟。此外，幾個禮拜之前，他們的關係又因為一起事件捲入爭議。由二〇一八季初兩大頂級強投掛帥主投的戲碼，原本就已經夠嗆的了，現在又扯入場外爭端，使這場比賽格外引人注目。

四月十日，索契克在「Fangraphs」刊出一篇題名〈太空人可能找到了另一張王牌〉（The Astros Might Have Another Ace）的文章，記錄下柯爾在太空人的大爆發。柯爾調整投球機制和策略之後所展現的特質，大多跟其他太空人的改造專案差不多，卻有一個特別不尋常之處。二〇一七到二〇一八年，柯爾的球速沒差多少，但轉速大幅增加。

二〇一五到二〇一七年，柯爾的四縫線球均速為九十六點一英里，平均轉速為二千一百六十三轉。二〇一八年季初的前三場先發（到四月十四日），柯爾徹底主宰打者，投二十一局就飆出三十六次三振，僅送出四次保送，失掉三分，而這三場先發他的四縫線球均速和平均轉速，分別為九十五點九英里和二千三百二十二轉。不僅如此，柯爾四縫線速球的揮棒落空率達到領先全聯盟的百分之四十一點三，幾乎是二〇一七年（百分之二十一點六）的二倍。（二〇一八年整季，柯爾四縫線速球的均速和平均轉速，分別為九十六點五英里和二千三百七十九轉。）柯爾忽然激增的轉速，為四縫線速球多增加了約二點五公分的垂直位移。

棒球界有一些熟知轉速特性的專家，如傳動棒球裡的研究人員、包爾、伊利諾大學（University of Illinois）物理學教授兼大聯盟顧問奈森（Alan Nathan）等人，在他們眼中，要在球速維持差不多水準的情況下增加那麼多轉速，不太可能單純靠人力自然發生。「投手要改變四縫線速球的轉速並不容易。」奈森接受「五三八」網站訪問時說：「速球是純力量的展現，沒有太多的巧妙操作。」雖然球速增加，轉速也會跟著增加，但傳動棒球發現投手的「轉速／球速比」，就跟指紋一樣，每個人都不太一樣，而且幾乎是固定且難以轉變的特質。傳動棒球將轉速球速比稱作「包爾單位」（Bauer Unit），以方便記錄、比較不同球路之間的性質表現。二〇一八年所有投手當中，只有在響尾蛇和小熊擔任後援投手的左投德拉羅薩（Jorge De La Rosa），繳出比柯爾還多的速球包爾單位跨季漲幅（德拉羅薩：增加二點三一，柯爾：增加二點〇一）。

包爾和波迪想找出增加速球包爾單位的辦法，但無論怎麼找，就只能找到一個方法：塗抹有黏性的物質到手上或是球上，以提高投手的握力，如此一來便能有效提升轉速。索契克在推特上發出他寫的柯爾專文後，波迪於底下留言回覆，指控柯爾應該是施用具黏性的物質，才能讓速球的轉速球速比上升。「媽的，我不管那麼多了。」波迪在四月十一日發推寫道：「他一定是用了松焦油或任何能增加握力的物質。如果想要增加速球或滑球的轉速，用那些東西就對了。」

包爾接著發推說：「比起類固醇，松焦油在單一比賽帶給球隊的競爭優勢還比較大。」這句話聽起來有些誇大，但包爾有數據佐證他的說法。他貼出一張截圖，內文用轉速將大聯盟的四縫線速球分類，並列出四縫線速球在每種轉速之下所產出的成績。二〇一八年，大聯盟打者對上轉速介在二千轉和二千二百九十九轉的四縫線速球，繳出二成七的打擊率和百分之七點五的每球揮空率；介在二千三百轉和二千五百九十九轉的四縫線速球，打擊率二成四五、每球揮空率百分之九點八；超過二千六百轉的速球，打擊率二成二六、每球揮空率百分之十一點九。

大聯盟官方規則第六條第二項的c款寫明，「禁止施用任何不符規定的外來物質在球上」。理論上，如果投手違反規定，會受到十場禁賽的處分，但裁判很少真的套用這項規則，除非情況太誇張，比如打者完全碰不到球，或有投手像前洋基球員皮內達（Michael Pineda）那樣，在二〇一四年的一場先發中，把大量松焦油塗抹在脖子上閃閃發亮，犯行太過顯眼（皮內達後來遭到驅逐出場，並被處以禁賽）。總教練通常不會請裁判去檢查對方投手是否使用非法物質，一部分的原因是他們知道自己麾下也有球員在做類似的事情。這是大家都心知肚明的公開秘密，所以彼此不會去互揭瘡疤，破壞潛規則。（還是有例外：二〇一八年美聯冠軍系列賽，紅襪總教練寇拉呈請裁判檢查太空人捕手馬東納多〔Martin Maldonado〕的手套，結果沒發現任何違規情事。）大聯盟球界的一般認知是，大多數投手都有在使用黏性物質幫助投球。

過去，投手經常以安全性為由，合理化黏性物質的使用。他們認為黏性物質能增加他們的控制力，避免投出觸身球。但隨著球路追蹤科技的發明及應用，大家發現黏性物質對球的轉速及位移都有很大的影響。此外，轉速受重視的程度愈來愈高，甚至超越球速。

從二〇一五到二〇一八年，太空人投手群的包爾單位增幅（〇點九〇）排在全聯盟第三，僅次於另外兩支科學棒球強權——洋基（一點四七）和道奇（一點一二）。很明顯，有些球隊刻意去蒐集高轉速的投手，或是教投手如何投出轉速更高的球路。太空人就透過交易換來具備極高轉速的投手，如韋蘭德和普萊斯利。雖然無法確切得知普萊斯利是否有使用黏性物質輔助投球，但他來到太空人之後，轉速沒有增加。二〇一八年八月，普萊斯利待在運動家主場的客隊牛棚時，被轉播單位的攝影機拍到他在左前臂噴灑某種物質。進場之後，普萊斯利每投一球前，右手都會去摸一下左前臂有被噴灑某種物質的區塊。我們經常能看到投手在投手丘上東摸摸西摸摸，包含球帽、手套、前臂、球褲等，都是他們手會去觸碰擦抹的位置，但普萊斯利那次的動作似乎有點太過招搖。

五月一號，有一名推特使用者問波迪，為什麼柯爾、韋蘭德、摩頓等太空人投手的轉速，都有所增加。波迪回覆說這確實是個「奇怪的巧合」，附上一個他認為那根本不是巧合的「思考」表情圖示。包爾也用很多表情圖示表達附和，並寫道：「想想看，如果你發現一條通往提高轉速的捷徑，那該有多好……如果你可以把投手交易過來，瞬間讓他的轉速提高幾百轉，那該有多好……這樣你就可以在交易市場上大發利市了！」

波迪和包爾在五月一號發出的推文，開啟了或許是棒球史上最數據派的球員間爭議——「轉速門案」（SpinGate）。轉速門案的主戰場在推特：二〇一七到二〇一八年部分休賽季跟包爾一起在德州訓練的太空人三壘手布萊格曼，就發出一則譏諷的推文回嗆：「包爾，放輕鬆點……那些是世界大賽的球，轉動方式比較不一樣，你沒用過，可能不知道。」

接著，太空人投手麥卡勒斯說包爾只是嫉妒柯爾的成功。「老兄，嫉妒對你的形象可不是太好。」麥卡勒斯寫道：「你的球威球質已經夠強了，你也跟很多投手一樣，花很多心力去練出好的球路品質，所以沒必要這樣暗傷別人。」

包爾回應，他不是針對任何太空人投手，也跟他們沒有嫌隙，只是想點出大聯盟在執行規則上的虛偽和自我蒙蔽而已。他認為大聯盟只在情況合他們意的時候，才帶有選擇性地執法，很不妥當。包爾說，他對大家投球時使用黏性物質完全沒有意見，只要大聯盟能直接合法化黏性物質的使用，並明確規範哪些物質可用、哪些物質不可用，比如說投手丘後方除了一袋止滑粉之外，還可以放一罐克萊默防滑噴霧（Cramer Firm Grip）之類的。不過包爾亦坦承，像這樣的規則很難制定，也幾乎無法有效執行。

印地安人和太空人在五月進行系列賽的期間，柯爾告訴索契克，他之所以能提升四縫線球的品質，是因為他跟太空人的數據分析人員合作，探討如何優化球路的效力，以及受到韋蘭德的幫忙。

「我記得有一天我跟韋蘭德傳接球，」柯爾說：「然後討論起四縫線球。太空人給我看過一些他們喜歡的四縫線球影片，所以我跟韋蘭德分享這件事。他顯然是個四縫線球大師……所以他知道要做到哪些事情才能投出好的四縫線球……他說要製造高位移效率的旋轉，形成好的視覺上竄效果……接著我對他投三到四顆四縫線球，投完後他對我點頭說還不錯。我把他叫過來，跟他說：『嘿老兄，我覺得我那幾球的拉扯感太重了。』但他說：『沒有啊，不會不會。』然後我說：『好喔，所以這就是我誘使打者追打的秘訣嗎？』他回說：『沒錯，這就是誘使打者追打的秘訣。』」

這是柯爾版本的故事。至於那些懷疑他使用黏性物質提高轉速的外界說法呢？

「其他人的意見不關我的事。」柯爾說。

那他跟包爾的關係又是如何？

「我不想談私人的事。」他說。

某次回答記者問題時，包爾坦言他跟柯爾在大學時，關係有點緊張。包爾回憶：「大一的時候他對我說，我沒辦法在棒球界投出名堂，而且很不尊重我的工作態度。我對那兩件事感到很不滿，所以我們的關係並不融洽。」但包爾也說，他對柯爾的反感早就隨著時間淡化了。

五月中，包爾說他在大學校隊裡，有跟柯爾分享過他的棒球理論，但柯爾當時不想搭理他。

「有人做錯事、觀念不對、進度落後，我會很明白地跟他們講。」包爾說：「我因此成為眾矢之的。但我大可不必跟外界說我去傳動棒球做訓練，也不必跟別人分享我所從事的訓練法。我可以選擇不跟球隊說，只默默在私下討論，上場投我的球。那樣的話，沒人會知道我跟其他投手有什麼不同。不過那不是我的作風。如果我那麼做，就不是做我自己了。」

太空人移動到克里夫蘭進行客場作戰前，印地安人總教練法蘭科納針對轉速門案向辛屈致歉。辛屈也在系列賽開打前對記者回應此事。

「這整件事情對我來說，蠻沒意思的。」辛屈說：「我認為大家盡自己的本分、管好自己的事情就好，不用提出一些沒有實證的指控。我不知道這是不是什麼私人恩怨，還是他看誰不爽……總之我們還是把焦點放在比賽上吧。」

然而，包爾後來可能做了一件足以證明他說法無誤的事情：他似乎在比賽中做了一個實驗，證實黏性物質能有效提升轉速。原以為就快要告一段落的轉速門案，卻因為包爾的後續作為再次掀起新波瀾。

四月三十日對上遊騎兵的先發，包爾在第一局投了九顆速球。這九顆速球非常特別，性質跟他過去所投的速球，以及他在剩餘賽季所投的速球，都不一樣。

這九球的平均轉速高達二千五百九十七轉（均速為九十三點五英里），以包爾的標準來說十分不尋常。但第一局之後，到他退場為止，包爾速球的平均轉速，卻又降回了接近他平常水準的二千三百零二轉（均速為九十三點二英里）。包爾在單單一局的投球中，忽然提高將近三百轉的轉速。究竟發生了什麼事？

隔天，有人點出了包爾單局的轉速暴漲，懷疑他是否塗抹黏性物質到球上，但當記者提問時，他只說：「不予置評。」

一大群圍繞在包爾身邊的記者，繼續問到轉速門案的相關話題，包爾回應了幾句。

「現在棒球界出現跟黏性物質和轉速有關的問題。」包爾說：「我們知道黏性物質會影響轉速，也知道轉速會影響球種的品質和位移。這些東西都跟投手的表現有關，會影響一場比賽、一個球季，甚至一名投手的生涯……選擇不碰這些黏性物質的人，處在戰力上的劣勢。」

如果大家都在作弊，那為什麼包爾不也參一腳？

「總而言之，我想問心無愧，確定所有的成就百分之百來自我自己，沒有任何添加物。」包爾對我們說。

我們問大聯盟是否有在調查球員使用黏性物質的狀況，他們婉拒回覆。跟禁藥年代不同的是，大聯盟現在有Statcast，可以運用客觀數據指出誰違反規定，或至少對某些選手提出質疑。在這個大家不想面對的問題上，包爾成了揭發弊案的吹哨人。過程中，他再次證明，無論採取合法還是非法的手段，只要球員了解成功背後的具體因素，他們就能強化自己的能力。

二〇一八年六月，為了第一手測試黏性物質能否真的創造立即性的明顯轉速變化，我們到西雅圖求助於時任傳動棒球投球技術協調員的丹尼爾斯（Matt Daniels，二〇一九年一月離開傳動棒球，到巨人隊填補新創職缺——投手分析協調員）。丹尼爾斯打開平板電腦，連結到瑞布索托。在施用任何外部物質之前，丹尼爾斯先在傳動棒球研發部門的投手丘上投十二球，作為對照組樣本。他大概使出八成力丟那些球，球速約落在七十英里出頭。投了幾球之後，丹尼爾斯檢視一下球速和轉速的數據。在沒有外部物質介入的情況下，他正常的轉速為一千七百轉到一千七百五十轉，而他正常的包爾單位則介在二十四點〇和二十四點四之間。大聯盟二〇一八年平均的包爾單位是二十四點二。

有了對照組數據後，丹尼爾斯測試兩種外部物質。首先，他在右手手掌上噴灑防滑噴霧。噴完之後，他笑了，因為那黏性實在很強。接著，他再用八成力投球，瑞布索托的資料顯示他的轉速大幅上升，前三球的包爾單位分別是二十六點三、二十五點七、二十六點七。丹尼爾斯的轉速數字爬升到一千八百五十到一千九百轉之間，轉速的增加，產生更大的馬格努斯效應，連帶使得他球的垂直位移變大。

丹尼爾斯擦掉手上大部分的防滑噴霧，把右手食指和中指放進鵜鶘牌防滑膏（Pelican Grip Dip）內，沾上黏性很強的膏狀物。他上一次試用這一類產品已經是蠻久以前的事了，所以有點被它的黏性嚇到。「喔我的天吶！」他說：「這未免也太黏了吧。」

丹尼爾斯塗抹鵜鶘防滑膏的右手把球送出時，我們能聽到類似從皮膚上撕去創傷膠布的聲音，有點嚇人。下一球，他不小心把球直接砸到了地上，因為防滑膏劇烈改變了球從他手中射出的角度。在防滑膏的助陣下，丹尼爾斯的轉速球速比，上升到了二十七點五和二十七點九。

「我的老天爺，這棒球皮都黏在我手上了！」丹尼爾斯說。一小群人圍到他身邊，查看他伸出來的右手掌。丹尼爾斯沒有唬人，他手指上真的有白色棒球皮的痕跡：黏在他手上的不只是防滑膏、防滑噴霧，還有貨真價實的棒球皮。

十一月，包爾也在傳動棒球測試黏性物質。架好瑞布索托之後，他用八成力投了五球，每一球投出前，他都在手上抹一次鵜鶘防滑膏，結果數據如下（括弧內為包爾單位）：

八十二點六英里／二千五百轉（三十點二）
八十二點八英里／二千四百二十八轉（二十九點三）
八十一點三英里／二千四百二十一轉（二十九點七）
八十點五英里／二千五百一十八轉（三十一點二）
八十點五英里／二千五百六十一轉（三十一點八）

包爾產出了非常極端的轉速。

接著，他改變作法，只塗一次防滑膏，然後連續投好幾球，模仿真實比賽的情境：局間在休息區或球員通道塗抹防滑膏之後，再上場投球。

七十八點四英里／二千四百八十六轉（三十一點七）
七十八點八英里／二千四百一十二轉（三十點六）
八十點三英里／二千四百零一轉（二十九點九）

八十一點五英里／二千四百四十四轉（二十九點九）
八十點九英里／二千三百一十二轉（二十八點五）
八十點八英里／二千四百零九轉（二十九點八）
八十一點八英里／二千三百三十四轉（二十八點五）
八十一點六英里／二千二百七十八轉（二十七點九）
八十一點一英里／二千二百二十八轉（二十七點四）
八十二點八英里／二千二百二十三轉（二十六點八）

他的包爾單位隨著黏性物質愈來愈少，逐漸下降。大聯盟或許可以參考此實驗發現的數據變化型態，找出那些可能在使用黏性物質的嫌疑人。據信，有些投手確實會在局間施用黏性物質，而採用這種方法的球員投愈多球，黏性物質對他產生的影響就會愈來愈小。如果投手一局內的包爾單位忽然顯著下滑，就代表他可能用了外部物質幫他創造不自然的轉速高點，然後再回歸正常的包爾單位表現。儘管投手被挑戰時，可以宣稱Statcast標錯了球種，或是他們找到非外力介入的方法提高轉速，但要解釋一局之內的包爾單位劇變，真的不容易。

做完實驗後，包爾分享了一張他右手食指和中指的照片，結果跟丹尼爾斯一樣，上面也沾附了一些白色棒球皮。

在大聯盟官方未發起調查的情況下，「硬球時報」作家派提（Bill Petti）運用二〇一八年的Statcast轉速資料做了公開分析。根據派提先前做的一份未發表研究，他發現「單局內」四縫線速球包爾單位平均跌幅（取樣為每局第一顆和最後一顆四縫線速球）最大的球隊，竟然是印地安人，他們的數字比平均值高出了二點六個標準差，而太空人反倒只排在第十名。雖然派提的研究方法確有其限制，既無法測出每一球之間的物質施用（如果有的話），也無法排除汗水對單局內包爾單位的影響，但他的研究結果仍令人感到訝異。（二〇一七年，印地安人和太空人分別排在第二和第十八名。）派提把相同的研究方法套用在他公開發布的分析中，結果發現，二〇一八年一共有一百七十八位投手，投至少五顆速球的局數累積超過五十局（含），而在這些投手當中，包爾的包爾單位平均跌幅排在很後面的第一百六十九名，在在顯示包爾投球光明磊落，沒有施用任何黏性物質；反觀柯爾，他的排名是第二十七，比前幾季的排名都還要高，且高得非常多。

五月二十七日那天，包爾的轉速十分正常，沒有任何異狀。他在七又三分之一局的投球中，三振掉十三名太空人打者，印地安人最終在延長賽獲勝。球季打完前兩個月，包爾已經成為全聯盟表現最好的投手之一，而且是在沒有偷吃步的狀態下達成這項壯舉。

第十一章　業餘棒球

我不怕大聲地對全世界說：
不用念書，照樣能把球打好。

——「無鞋喬」傑克森（*Shoeless Joe Jackson*）

一九四八年春訓，道奇城每天早上都會上演一個奇特的情景。早在其他大多數年輕新秀還沒展開訓練的時候，六十六歲的瑞奇已經坐在道奇城某座球場靠近本壘板的一張板凳上，領口綁著招牌的蝴蝶結，嘴裡嚼著菸草。在他一旁的是名人堂球員西斯勒（George Sisler）。西斯勒過去曾效力瑞奇執教的大學隊和大聯盟球隊，如今已成了道奇隊的打擊教練。瑞奇和西斯勒眼前的投手丘上，站著以前在小聯盟投過球的球探兼教練凱瑞（John Carey），而本壘板後方則是一名找來專門接凱瑞投球的球員。打擊區上站著的人，是這些人每天聚集在一起的原因：二十一歲的左打中外野手史奈德（Duke Snider）。雖然史奈德當時還只是名不見經傳的菜鳥，但三十多年後，他將加入瑞奇和西斯勒的行列，成為棒球名人堂成員之一。

跟羅賓森一樣，史奈德前一年才剛登上大聯盟，但他可沒有像羅賓森立刻打出好成績、拿下新人王獎座。史奈德在布魯克林道奇（Brooklyn Dodgers）的前四十場比賽繳出差勁的數據：一九四七年賽季，大聯盟二百四十五名至少累積八十打席的球員中，只有六人的三振保送比比史奈德的「八比一」差。更不妙的是，那六人當中有五人是投手，而唯一不是投手的那個人，該季之後就再也沒有於大聯盟出賽了。「上了大聯盟、卻沒辦法待在大聯盟的球員有很多，而他們之所以失敗，是因為從來沒學會挑好球帶裡的球打。」史奈德在他一九八八年出版的回憶錄《來自夫拉特布許的杜克公爵》（The Duke of Flatbush）中寫道。一九四七年的史奈德，看起來就像自己多年後在回憶錄描寫的那種球員。

還是菜鳥的史奈德，看到曲球和偏高的速球總會忍不住出棒，瑞奇決定改善這個問題，所以每天花一小時幫史奈德做打擊特訓。史奈德回憶，每次特訓的前十五分鐘，瑞奇會要求他站在打擊區，棒子放在肩膀上不要揮，看每一球進來之後，報出每一球的位置以及它是否通過好球帶。接下來的十五分鐘，史奈德會對他認為是好球的來球出棒，然後不管結果有沒有出棒，史奈德都要向瑞奇回報剛才進來的那球，位置在哪裡、有沒有進好球帶，等史奈德報完後，瑞奇會再詢問在場其他三人的意見：剛才那球的進壘點到底在哪裡。第三個十五分鐘時段，他們會擺一個擊球架在本壘板上，讓史奈德練打靜止放在好球帶內的球。至於最後的十五分鐘，凱瑞回到投手丘上投球，只是他改成只投曲球和變速球，而右打的史奈德被告知只能把這些球路推向二壘右側，不能採取拉打（近似於當年瑞奇訓練侯恩斯比的方式）。

「瑞奇教會我挑好球帶裡的球打，讓我知道如何選掉不好打的球。」史奈德寫道。此外，他也強調，要不是瑞奇，他恐怕沒辦法成為大聯盟打者。與許多長打好手類似，史奈德容易被三振的特性，貫串其整個生涯：從一九四八到一九六一年，史奈德揮出的全壘打數量為同期所有球員最多，但累積的三振數也高居同期第三名。與此同時，史奈德展現高選球耐心，一九五五年他單季獲得的保送比三振多，而且隔年的保送數居國聯之首。瑞奇把史奈德改造成懂得選球的打者之後，史奈德後續十七年生涯的三振保送比只有一點二五。

將近七十年後，有一名比當年史奈德更年輕的打者，看起來也需要接受類似課程的洗禮。幸運的是，他所處的時代，業餘棒球已經出現了進階球員養成的觀念和作法，讓他能夠運用高科技及時扭轉球員生涯的命運。

根據業餘球員調查公司《完全比賽》（Perfect Game）的資料，T．哈里斯（Trey Harris）曾經是全美第二強的高中二壘手。不過進入密蘇里大學校隊的前兩年——二〇一五和二〇一六年——T．哈里斯卻打得無比掙扎。他大一和大二共累積三百六十九個打數，只打出五支全壘打，長打率為不及格的〇點三三三，而且三振次數是保送數的二點五倍，因此上壘率僅略高於三成。T．哈里斯的打擊數據就像他的身材（官方列的身高體重分別為一百七十八公分、九十一點六公斤，但實際上還要再矮一點、重一點），怎麼看都不太像職業球員的料子。他渴望成為的大聯盟球員模板，不是什麼超級球星，而是海盜隊的超級工具人J．哈里森（Josh Harrison），因為J．哈里森跟他矮壯的身材相近，且兩人揮棒的方式也很類似。不過如果T．哈里斯再打不出成績，他連J．哈里森生涯的邊都摸不著。

T．哈里斯的大二賽季結束後，二〇一六年夏天，密蘇里大學棒球隊雇用密蘇里當地出身的畢瑟（Steve Bieser）擔任新總教練。畢瑟曾在一九九〇年代末期短暫上過大聯盟，當大都會和海盜的代打者和外野手，若加上待在小聯盟的時間，他一共累積了十三年的職棒資歷。卸下球員身分的畢瑟，第一份工作是高中數學老師兼任學校棒球隊總教練，上課時教導學生代數和幾何學，下課之後率領棒球校隊拿下兩座州冠軍。

畢瑟剛到密蘇里大學執教時，正值校友薛則拿下第二座賽揚獎的賽季，當時他們被球界視為優秀投手的搖籃。畢瑟說，他一到學校，校方問他的第一個問題就是：「你要怎麼加強我們學校的打擊實力？」有備而來的畢瑟，早已有想法：他需要一套追蹤者系統來做到這件事。二〇一七年球季開始前，追蹤者系統已經建置完成，從此，密蘇里大學的打者練習時，不需再單憑感覺行事。

雖然畢瑟跟校方爭取到購買追蹤者系統硬體的經費，但他沒有全職的隊職員能幫他整理、分析資料。幸好，畢瑟來到密蘇里大學的那年，肯恩（Matt Kane）正好才念大一。渴望在未來從事運動相關研究的肯恩，三主修經濟學、數學、統計學，平時則是賽伯計量學的愛好者。當他主動打電話給棒球隊詢問實習機會時，打擊教練勞森說他正在找人設計追蹤者數據的資料庫。肯恩過去藉由對棒球數據的嗜好，自學學會的寫程式技能，剛好在此時派上用場。他建置校隊的追蹤者數據資料庫，幫畢瑟和勞森向進階球員養成的願景，邁開一大步。

對密蘇里大學棒球隊來說，發展進階球員養成是求生存的必要舉措。二〇一二跨二〇一三的學年開始前，密蘇里大學從原本所屬的十二大聯盟（Big 12），改變為東南聯盟（SEC, Southeastern Conference）的成員之一。東南聯盟的NCAA一級棒球賽事競爭非常激烈，除此之外，密蘇里大學是該聯盟最北邊的學校，構成他們在地理條件上的先天劣勢。「一月的時候，佛羅里達大學（University of Florida）已經可以在攝氏大約十五度的氣溫下練球了，而我們等到三月，還在忙著清理積雪。」肯恩說。會下雪的天氣不僅是練球的阻礙，也會在招生上形成阻力。「我們聯盟裡的其他球隊，肯定會用天氣這一點來跟我們搶學生。」畢瑟說。

密蘇里大學的棒球訓練設施品質不佳，而且還要跟西邊的鄰居皇家、東邊的鄰居紅雀，競爭球迷的目光。他們平均一場球賽的觀眾只有約八百人，在擁有十四支隊伍的東南聯盟裡排名墊底，完全比不上觀眾人數最多的強權路易斯安那州立大學（Louisiana State University）。路易斯安那州大棒球隊平均每場比賽的觀眾人次，甚至比大聯盟的馬林魚隊還要多。上述種種劣勢，逼迫密蘇里大學棒球隊採取更聰明的經營方式。「我們把重心全放在球員養成和發展上。」畢瑟說：「我們試著找出那些其他球隊還沒想到的做事方法，為自己創造競爭優勢。」

肯恩為球隊帶來的最大貢獻是，想出量化選球能力的方法，讓球員能有追蹤表現的依據，進而追求更好的發揮。打擊之神威廉斯在《打擊的科學》中寫到的第一條原則，跟揮棒完全沒關係：「挑好打的球打。」威廉斯在書中寫道：「如果你設定的擊球區域邊界比好球帶多五公分，那就等於多送給投手百分之三十五的好球帶面積。」就連大學隊的投手都能有效利用沒耐心打者的缺點，因此畢瑟相信，把新建置的科技系統用在幫助打者提升選球能力，才能發揮其最大價值。

威廉斯在他的書中也極力提倡刻意練習。他回憶起有一次，他糾正華盛頓參議員隊（Washington Senators）一壘手艾普斯坦（Mike Epstein）盲目的打擊練習法。「他是我們隊上練得最多最勤的人，卻用了錯的方式。」威廉斯寫道：「他在日常的打擊練習中，要求投手先告訴他下一球是什麼，而不是模擬真實比賽的投打對決。」對於艾普斯坦聆聽他建議之後的表現，威廉斯僅輕描淡寫地寫道：「他的打擊成績變好了。」但事實上，一九六九年，威廉斯首度執教參議員隊的一個月後，艾普斯坦從首月打擊率僅二成三一的打者，變成剩餘賽季進攻指數高達〇點九九〇的強打。〇點九九〇的進攻指數，在當季同期能排到全聯盟第四高，僅次於四位名人堂球員。

密蘇里大學棒球隊也採信威廉斯強調刻意練習的思維。為了提升球隊的進攻數據，肯恩和勞森（加入密蘇里大學隊前，二〇一六年在太空人隊小聯盟擔任教練）把艾瑞克森的《刻意練習》找來看。勞森希望設計出一套選球表現的評分系統，並依結果製作一張選球表現的得分排行榜，貼在球員休息室的公告欄給大家看。他會挑出那些分數特別低的人，進行一對一的打擊訓練。在肯恩的技術支援下，教練們可以知道球員什麼時候做出正確的揮棒選擇、什麼時候放掉引誘球不打。

肯恩創造的評分系統使選球技術變得很像遊戲。根據不同的球數、球路進壘點、打者的出棒選擇，打者面對到的每一球都會有一個評分，而這個評分可能是加分或是減分。比如說，如果打者在一好三壞的情況下，追打一顆外側的壞球，就會被扣分，因為他應該要設定攻擊沒那麼外側的球路；相反地，假如該打者忍住不揮，或選擇較內側的球路出棒（不管他有沒有打中、有沒有打好），就能得分。打者能即時看到他們的選球表現反映在分數上，而勞森也能監控球員表現的起伏，在球員陷入困境時予以介入協助。畢瑟執掌密蘇里大學隊的第一年，在肯恩和追蹤者系統的輔助下，他們團隊的上壘率成長十五個百分點、長打率增加〇點〇四三，且長打數量比前一季多了百分之三十，更甚者，即便二〇一六年最強的三名打者皆已離隊，他們仍逆勢提高百分之七十的全壘打產量。

在密蘇里大學前兩年完全不識追蹤者為何物的T・哈里斯，是全隊上下最大的受益者。大二那年，T・哈里斯的打擊成績跟他厚實的身材完全對不上，只繳出二成一三的打擊率和一支全壘打。陷入球涯低點的T・哈里斯，願意嘗試任何可能幫助他開發潛能的新訓練方法。大三球季開始後，T・哈里斯對肯恩設計出的系統愈來愈感興趣，每次拿到報告，他都能看到自己在哪些球上做了正確的選擇、面對哪些球時犯了錯，上面有清楚的綠點和紅點呈現他比賽時的表現。「我每場比賽的目標就是追求綠點。」T・哈里斯說：「我發現，我拿到的綠點愈多，安打數就會跟著變多。」雖然打出安打很不錯，但T・哈里斯每場比賽最在意的其實是有沒有拿到更多綠點：「這對我來說很重要。」他說：「就像在跟投手對戰之餘，我也要跟自己的內心交戰。」

T・哈里斯仔細研究自己的冷熱區圖，發現面對外角的球路，他的好壞球判斷能力較佳，對上內角球的話，就比較容易吃鱉。一診斷出自己的問題，T・哈里斯就能對症下藥，特別花心思在內角球上，並持續追蹤表現結果。「這一切全拜追蹤者所賜。」他說：「追蹤者能明確告訴我每一球的進壘點、球種類別，讓我獲益良多。」

追蹤者之於T・哈里斯，就如同瑞奇之於史奈德，只是T・哈里斯不必仰賴人工的球路進壘點判別，也不必請三個人每天花一小時協助他完成整套訓練。大三那年，經由追蹤者系統強化的T・哈里斯，選到三十二次保送（比他大學前兩年選到的總保送數還多）的同時，只被三振二十七次，其上壘率因此提高近九十個百分點。密蘇里大學棒球隊累積至少一百打數的打者中，沒有人的上壘率高於T・哈里斯，而他進步的層面還不僅止於此。

T．哈里斯在場上做打擊練習時，每揮一球，場邊一台連結到追蹤者系統的平板電腦就會顯示一次擊球仰角和初速的數據，同時系統還會推估具相同飛行軌跡和速度的球，若出現在實際比賽裡，變成安打的機率有多少。密蘇里大學的打者也開始玩起這些數據。「我們常常會拿那些數據比賽。」T．哈里斯說：「譬如說，誰打出最多某個仰角區間的球，就能得分。」T．哈里斯第一次用追蹤者測試擊球性質時，就確認揮棒力量不是他的問題。「我可以把球打得很強，但擊球仰角實在太低，球幾乎都直接往地上去。」他說。T．哈里斯因此著手修正他朝下的揮棒軌跡，肯恩和勞森就建議他朝中外野「打者之眼」上方的方向揮擊。

T．哈里斯之所以能成功開發潛能，是因為他跟他的總教練都摒棄了過去的練習方法。「回首我早期的教練生涯，喔我的天……我真的是在教球員一些錯誤的揮棒機制。」畢瑟說。他以前相信要採向下的揮棒軌跡，由上而下對球砍擊，才能創造球的下旋，因為他從小就是被這麼教導的，所以他把一樣的思維傳給球員。T．哈里斯也被教過一樣的思想。然而，追蹤者告訴T．哈里斯，在東南聯盟，仰角介於十五到二十五度之間的擊球，最終形成安打的機率大概是七成，對一個打擊率只有二成一三的打者來說，實在很難不去注意到這樣的數字。T．哈里斯在大三那年把打擊率和上壘率分別提升到二成六八和〇點五〇八，另外揮出十二支全壘打。他大三的全壘打和二壘安打加總，比前兩年的數字總和都還多。但當時大聯盟球隊還不太相信T．哈里斯的進步是真的，所以二〇一七年選秀沒有隊伍選他。來到大四，T．哈里斯持續繳出亮眼成績單，揮出十一發全壘打，打擊率上升到三成一六。忽然間，很多球探都開始對T．哈里斯有興趣了。

能成為職業運動員的人，通常都對自己的某種能力充滿信心，以棒球為例，打者必須信任自己能夠用球棒打中對手投出的最佳速球，而投手也必須說服自己能夠壓制對方的強打者。只要控制得宜，那樣的自負對運動員是有利的，因為它能使運動員免於可能阻礙實力發揮的自我懷疑；反過來說，如果控制不當，變得太過自負，那理應需要改變的運動員就可能太志得意滿、安於現狀，即便他們試圖透過數據資料的導引做出調整，也會覺得調整對他們的幫助不大。T．哈里斯就把自負的程度控制得很好。對他來說，他成功轉變的功勞，天賦只佔百分之三十，剩下的百分之七十都得歸給追蹤者。

二〇一八年五月，T．哈里斯從密蘇里大學畢業，但得等到六月才知道第一份工作有沒有著落。不意外地，選秀前兩天T．哈里斯都沒聽到自己的名字，代表沒有在前十輪中籤。第三天，T．哈里斯衷心企盼有球隊可以給他機會，那天他母親出門上班，父親則帶著妹妹去外面吃晚餐，只剩他一個人在家等結果。他守在電話旁邊一刻都不願離開，深怕錯過那通重要的來電。最終，那通電話來了，話筒另一端的人跟T．哈里斯說，他在第三十二輪被家鄉球隊勇士選中。雖然依舊擺脫不了「身材不佳」的標籤，導致輪數比他想像中的差，但有被選中就足以令T．哈里斯狂歡一番，因為兩年前大二的他根本沒想過會有這一天的到來。不過T．哈里斯的挑戰還沒結束，按照歷史，選秀第三十二輪的球員要上大聯盟，難度同樣非常巨大；雖說如此，T．哈里斯的總教練畢瑟，就是極少數登上大聯盟的第三十二輪球員之一。

靠著許多類似T．哈里斯的成功改造故事，密蘇里大學棒球隊在各種劣勢和逆境中，仍維持住他們在東南聯盟的競爭力。自從離開十二大聯盟後，密蘇里大學就一直沒能取得NCAA棒球錦標賽（NCAA tournament）的參賽資格，但畢瑟督軍的頭兩個賽季，他們的勝率都寫下二〇〇八年以降的最佳數字。與戰績同等重要的是，密蘇里大學在這過程中樹立起了能幫助球員提升表現的名聲，使他們在招募上有很好的著力點：在密蘇里大學打球的棒球員，能提早接觸以高科技工具和進階數據為基底的訓練環境，為未來進入具類似環境的職業棒壇（小聯盟）做好準備，除此之外，學校亦能提供更多對球員有利的數據資料給大聯盟球隊，增加選手獲選的機率。

面對每個到密蘇里大學拜訪的潛在招募對象，畢瑟和他的屬下都會先幫每個人量身打造一套類似太空人隊作法的養成計畫，幫他們規劃出一條通往職業棒球的道路。肯恩坦言，他的工作站已經成為球隊導覽行程的必經景點；他說教練有時候會很刻意地帶著拜訪球員經過他的工作站。以前那些會讓健壯球員感到厭惡的球隊特色，如今反倒成為大賣點：球隊職員裡有一群數據狂、球隊附有一系列的科技工具、球隊保證會幫他們調整有問題的打球方式。

密蘇里大學的故事不是唯一，而這也是他們不能輕易滿足於現狀的最大原因：其他戰績本來就比較好、資源本來就比較多的學校，早已投注跟他們一樣多的心力在新式球員養成上。據追蹤者公司的說法，加大洛杉磯分校是第一所建置追蹤者系統的大學。截至二〇一九年賽季開打前，全美已有五十七所大專院校（其中五十六所皆屬第一級聯賽）在各自的棒球場裝設好追蹤者系統，而光東南聯盟中就有十一所（總共十四隊）。如果連一線強隊都已經在用聰明又有效率的方法做事，那不被看好的弱隊就算再怎麼善加使用新科技，恐怕還是很難脫穎而出。

許多球隊若想擴大使用新科技，往往會遭遇到一大困難點：他們沒有規模夠大的研發部門，使新科技在球員養成上的價值受到限縮。沒錯，確實有些球隊在棒球營運上的結構組織，跟小型的大聯盟球隊沒兩樣，但還是有很多球隊在架好追蹤者系統之後才問：「好，現在我們該拿這些機器怎麼辦？」追蹤者公司的戴伊（Zach Day）就談到了這個現象，他預期接下來會有一批專門分析NCAA棒球數據的大學生出現，並在累積一定經驗後受大聯盟球隊雇用；肯恩就是最好的例子，他已經開始在海盜隊當實習生了。有大約十五支大學隊和五支大聯盟球隊，都在使用一個叫做「投手評分」（PitchGrader）的應用程式，它能自動將球員養成和發展的相關數據資料，轉化成很直觀的視覺化資訊，呈現在架構明瞭的平台介面上。「投手評分」的開發者波伊爾（Wayne Boyle），自己也用這個工具程式來調教他的兒子尚恩（Sean Boyle）。身為右投的尚恩，在二〇一八年選秀第二十五輪被選中，正式成為職業球員。隔年一月，尚恩和他父親一起獨立出版兩人合著的書《投球領域的應用科技》（Applied Technology in Pitching）。

睽違五年，北卡羅萊納大學（University of North Carolina）在二〇一八年重返大學棒球世界大賽，背後的幕後推手之一是主修統計學的戴里哈里斯（Micah Daley-Harris）。戴里哈里斯在北卡大棒球隊扮演的角色，就跟肯恩差不多，而他們的投手教練伍達德（Robert Woodard）對於新式球員養成亦抱持開放態度。「以前投球的時候，我肩膀常常出問題，所以想出一個斷斷續續的詭異投球動作，去破壞打者的節奏。我寧願採取非典型的投球動作致勝，也不想堅持傳統的流暢投球動作然後被打爆。」伍達德說：「不幸的是，大多數人都甘願堅守最典型的投球動作，繼續輸球，只因他們不想受到質疑和訕笑。」伍達德和戴里哈里斯配合時，充滿各式人才的北卡大棒球隊已經有在採用進階資料了，只不過大多僅應用於比賽戰術和人員調度上，在新式球員養成的領域，他們才剛起步。「踏入新式球員養成領域並嚐到甜頭之後，就很難回頭了。」伍達德說。

前愛荷華大學（University of Iowa）投手教練祖魯薛爾（Desi Druschel），離開學校前經常會分享包爾、波迪、拉塔的推文，也喜歡在社群媒體上分享他平常工作環境的照片：到處都是護網架和科技裝置的訓練設施，可以看到愛荷華大學棒球隊的成員穿梭其中。「很多人都在社群媒體上看過我們球隊的環境。這點很重要。」祖魯薛爾說。愛荷華大學另一個知名的特點，就是前助理教練羅瑞森（Pete Lauritson）開創的「防滾地球長城」（Great Wall of Groundball Prevention）訓練工具，由一串排放在內野、連成一整面網牆的護網架所組成，目的是鼓勵打者把球打高。防滾地球長城在網路上掀起一波熱議之後沒多久，印地安人就把羅瑞森挖去接任小聯盟打擊教練的職務。後來，光芒也在他們的春訓擺出同樣的訓練設置。

其他採納進階球員養成技術的大學隊還有很多，包括達拉斯浸信會大學（Dallas Baptist University）、威克森林大學（Wake Forest University）、范德堡大學、卡羅萊納海岸大學（Coastal Carolina）、克萊門森大學、密西根大學（瑞奇執教生涯起步的地方），以及在二〇一八年大學世界大賽決賽對陣的兩所學校——奧勒岡州立大學（Oregon State University，許多球員都是會固定到傳動棒球報到的學員）和阿肯色大學（University of Arkansas）。在業餘棒球界，球隊追求勝利的誘因和重要性，遠比小聯盟棒球來得強，因此每支球隊都必須在職棒選秀會劫走他們的球員前，盡量榨出每名選手的最大潛能與價值。

二〇一八年選秀會結束的兩週後，T・哈里斯第一次以職業球員的身分站上球場，擔任灣岸聯盟勇士隊（Gulf Coast League Braves，勇士的新人聯盟球隊）的中外野手。雖然有點慢熱，但T・哈里斯終究進入狀況，在小聯盟球季的最後一個月被拔擢到一A，效力主場離他家不會太遠的羅馬勇士隊（Rome Braves，主場座落於喬治亞州的羅馬市〔Rome〕）。那年T・哈里斯在兩個小聯盟層級合計出賽五十三場，打出三成〇二的打擊率和四成〇九的上壘率，選到的保送多過被三振的次數。由於新人聯盟沒有追蹤者系統，所以T・哈里斯沒辦法查看相關數據，但到羅馬勇士後，他就能再次投注心力在追蹤者產出的資料上，每天都會檢視自己的出棒選擇結果。儘管T・哈里斯在一百八十九個打數中就擊出十八支二壘安打，但全壘打卻只有一支，他認為問題出在只有七度的平均仰角，對這個數字並不滿意。球季結束後，他為自己訂下休賽季目標，除了要優化打擊機制，使揮棒動作更簡潔流暢，他也要減重七到十公斤。T・哈里斯希望他能在二〇一九年順利升上高階一A，繳出至少二成八〇的打擊率、轟出五到十支全壘打。他要確保，如果他沒有繼續在小聯盟往上爬，不會是因為自己沒有付出所有的努力，或沒有嘗試過所有的改進手段。

在以前，剛畢業的大學球員懂得東西其實並不多。一九七八年選秀第三輪就被挑中的投手瓊斯（Doug Jones），直到一九八七年才投出生涯第一個完整的大聯盟賽季，當時他已屆而立之年。瓊斯在小聯盟苦熬了二百四十六場比賽，歷經無數的失敗，逐漸調整原先具備的五種球路到只信任速球和變速球的組合，終於在三十一歲時成為入選明星賽的終結者，一路投到四十幾歲才退休。一九八九年，瓊斯接受《紐華克明星紀事報》

（Nwark Star-Ledger）訪問時說：「我學到的教訓是，棒球員必須自己做出調整，才能真的有所進步。很多人都會對你提出建議，但沒有人會告訴你具體上該怎麼做。所以有時候，球員必須學著自己改造自己。」對於後來同樣在小聯盟卡關的球員，當時瓊斯唯一能給的建議就是：「不要放棄。」

隨著愈來愈多學校採用複雜的新科技技術，以T・哈里斯為首的新世代球員，如今正快速滲透職業棒壇。「現在很多第一級聯賽的大學都有追蹤者系統，甚至數據分析師……從這些大學出來的球員愈來愈多，他們轉職業前就已經很了解自己投球的生理機制與球路的物理數據，且懂得解讀進階數據所代表的意義。」班尼斯特說：「這些先備知識能幫助我們加快他們的能力發展。」在棒球界，時間就是一切，很多事情都背著時間的包袱：球隊對某位球員的控制年限還剩多少？球員的巔峰期還剩幾年？球員還能再打幾年就要退休？當代球隊和球員所具備的新工具和新資訊，能使他們更有效地運用這些時間，創造更大的時間效益。

很多在進階球員養成上表現出色的大學，都面臨人才大量流失的問題，因為現在大聯盟球隊獵取人才的目標，不只是選秀會中的頂級業餘球員而已，還包括大學隊上的球員養成專家。「我不覺得只有出身自職業棒壇的人，才能在職業棒壇工作。」雙城棒球事務長法爾維說。二〇一八年十一月，已經從大學隊挖角三名員工來擔任旗下小聯盟協調員的雙城，決定雇用阿肯色大學的W・強森（Wes Johnson），讓他接任大聯盟投手教練的職位。W・強森是近幾年來首位直接從大學隊跳槽到大聯盟層級教練團的人，不過在未來，類似案例應該只會更多，因為各隊愈來愈重視執教的績效，而非教練是否具備職棒經驗的履歷。十二月，史戴侯恩離開克萊門森大學，加入費城人球團，而遊騎兵也差一點就挖到北卡大的伍達德來擔任他們的小聯盟投球技術協調員。（北卡大盡全力慰留，最終成功說服伍達德留下。）二〇一九年年初，紅雀成功遊說卡羅萊納海岸大學的影像與數據分析師麥克唐諾（Michael McDonald），加入他們的小聯盟團隊；洋基也找來祖魯薛爾負責球隊的投手養成經理職務。各大學阻止此種獵頭行為繼續猖獗的唯一辦法，就是給予教練更高的薪資、更長的保障合約，使他們獲得的條件，更勝那些被挖去大小聯盟工作的同儕。

二〇一七年年底，協助改造T．哈里斯的勞森，再度被太空人找去當打擊教練。為了填補勞森留下的空缺，密蘇里大學延攬瓦倫布拉克（馬丁尼茲大改造的幕後功臣）的門徒之一——萊爾（Matt Lisle）。結果萊爾只在密蘇里大學待了五個月，就被白襪隊挖走，成為他們在小聯盟新設的打擊技術分析指導員。大聯盟球隊對大學隊教練團策動的獵頭行動，絲毫沒有停歇。

此外，他們挖角人才的觸手，甚至可能延伸到更低的層級。「高中球隊也引進追蹤者系統，不是不可能發生。」T．哈里斯說。事實上，已經有兩所高中——位在聖胡安—卡皮斯特拉諾（San Juan Capistrano）的傑賽拉天主教高中（JSerra Catholic High School）以及位在布雷登頓（Bradenton）的IMG學院（IMG Academy）——導入了追蹤者系統。跟許多開發新領域的拓荒者一樣，傑賽拉高中棒球隊總教練凱伊（Brett Kay）遭遇許多批評，因為他把進階球員養成帶到了從未出現類似發展的高中層級。「很多高中棒球界人士都不以為然。」凱伊說。這些人認為高中階段還用不到進階球員養成的技術，擔心所有球員都只會學到相同模式的揮棒，也怕部分身體尚未發展成熟的選手，因太多資訊的干擾而無法專注在訓練上。不過凱伊陣中的選手倒是傾向接納。凱伊說：「球員們都很感興趣、很興奮。」即便在高中層級，追求進步的渴望依然強烈。「如果年僅八年級的學生都願意下定決心求進步，那我們應該也要可以幫助他變得更好。」凱伊說。總有些八年級的學生，最終會變成大聯盟球員，而那過程所需耗費的時間，在當今這個年代，不會太長。

我們兩人（本書的兩位作者）在八年級之後就再也沒有打棒球隊，所以我們跟其他業餘球員一樣，很適合去體驗一些進階球員養成的技術。我們決定我們倆其中一個人，要去親身接觸球員養成科技和新工具，把自己當作實驗品。我們的想法是：如果要書寫球員運用科技和數據找出弱點、修正缺失的經歷，那我們自己也應該走一遍整個過程。

時間是西雅圖的夏天，我（林柏）抵達了波迪的傳動棒球訓練機構。傳動棒球隱身在一處相貌平凡的工業園區中，要不是聽到金屬球棒敲擊棒球的獨特清脆聲響，我不會相信這裡頭藏著一間棒球實驗室。我循著聲響的方向邁開步伐，很快又聽到了其他聲音：音響系統播送的震耳音樂、槓鈴摔落地面的哐啷聲、偶爾傳出的談話笑聲。這些聲音全都從一棟一層樓的組合屋中傳出來，而組合屋的牆面上掛著印有傳動棒球橘色商標的板子。在悶熱的天氣裡，沒有裝設冷氣的組合屋就像專門製造汗水的蒸籠，裡面聚集著許多活生生的運動員，希望藉由訓練克服內心的不安全感，而特地拜訪此地的我，卻感到不安全感直線上升。

這天，我要體驗所有花錢購買傳動棒球課程的學員，第一天都會經歷到的三道程序：打擊或投球表現的評估、移動能力測試、力量檢測。這三項測驗的結果融合起來，就是球員生理條件和棒球基本功的概覽，提供一個選手日後檢視訓練進展時的比較基準。至於我的話，檢測結果所代表的意義是明確量化一件事：從中學以後就沒有參與組織化棒球訓練的人，跟一般長期參與正規棒球隊訓練或有意挑戰職棒的運動員相比，這中間的落差到底有多大。

帶領我做第一項檢測的人是傳動棒球的首席工程師瑪爾許（Joe Marsh）。瑪爾許十九歲的時候就進入草創階段的傳動棒球，參與「終極球速計畫」，並在五個月的時間內，使自己短跳助跑全力擲球的球速增加十三英里。（傳動棒球的官方臉書〔Facebook〕帳號，向粉絲大力宣傳瑪爾許成功增加球速的案例，但也附帶一條他們機構的標準免責聲明：「這樣的成果並非人人都能做到，因為大多數的棒球員身體素質都不夠強、意志不夠堅定，對自己不嚴厲也就算了，還經常抱怨東抱怨西。」）當傳動棒球購買十五台由動態捕捉公司「動眼追蹤科技」（OptiTrack）製造的攝影機時，瑪爾許已經從學校畢業，成為傳動棒球的員工。他是傳動棒球裡的生物力學專家，督導西雅圖訓練機構內動態捕捉設備的建置，同時也監管「移動式生物力學實驗室」的打造。有了移動式生物力學實驗室，傳動棒球就能到球隊客戶的場地複製類似西雅圖訓練機構內的檢測作業。

瑪爾許負責接洽傳動棒球所有的職棒球員客戶，所以由他來親自操作我的檢測，有種殺雞焉用牛刀之感。他建議我先熱身一下，但在西雅圖夏天最炙熱的一天裡聽到「熱身」兩個字，實在讓人有點意興闌珊。接著他請我脫掉上衣，這個指令使我感到加倍地焦慮，因為我即將要在一群以訓練運動員為生的專業人士前面，從事體能活動。（其他在場的人也包括棒球員，其中之一是前皇家大物投手新秀席莫〔Kyle Zimmer〕，他之前手臂受傷，當時正在傳動棒球做復健。）從某種角度看，脫掉上衣這個動作，無意間達成了棒球作家和棒球員的角色互換。當棒球作家的一個必要之惡是，每隔一陣子就必須在球員休息室裡，被迫看著半裸或全裸的球員來來去去，等待球員接受訪問。現在，情況剛好相反，我這個半裸的棒球作家，一人面對一整間服裝整齊的運動員，這不自在的程度，遠遠超過穿著衣服在休息室裡面被一群半裸或全裸的運動員圍繞。

瑪爾許叫我脫掉上衣，不是因為要使我感到焦躁，而是因為他要在我的軀幹和四肢貼上四十七個圓圓隆起的灰色標記裝置。周遭的攝影機會偵測到這些標記裝置，追蹤我的動作，並把我的移動量化成數字、角度、力量單位。「基本上，我們在做的事情就是，把你變成電玩遊戲裡的人物，然後進行分析。」瑪爾許說。有些標記裝置頑強地不斷掉落，好像在抗議不想被黏在資格不夠的使用者身上，瑪爾許因此拿出黏性噴霧強迫這些裝置乖乖聽話。沒過多久，我身上已經黏滿了一大堆灰色標記裝置，接著我被指示站到投手丘上。幾個月前，包爾才在相同的投手丘上，用他設計出來的變化球解決一個又一個的打者。

瑪爾許請我面對本壘板，將手臂向軀幹兩側延展，使身體呈T字型，給追蹤系統做校正。然後他要我開始丟球。我站著的時候，身形勉強稱得上像棒球員（當然，跟真正的棒球員比起來還是小巫見大巫），如果跟不認識我的人說我是打棒球的，或許還不會引起太多懷疑，但當我開始做動作之後，可就逃不過十五台追蹤攝影機的法眼了。我的人生實在沒有什麼投球經驗。我還在打球的時候，大部分都擔任二壘手，因為那裡不太需要強健的臂力。除小時候玩威浮球（Wiffle ball）之外，我從來沒當過投手。在傳動棒球的投手丘上，我使出渾身解數投球，球速最快六十英里，若用最樂觀的方式描述，大概就是一般大聯盟平庸速球球速的三分之二而已。我重複投了幾次球，在一旁觀看的波迪忽然問我會不會投變化球。我笑了。

投完球之後，瑪爾許幫我拿掉身上的灰色標記裝置。在瑪爾許剛才監控我投球的工作站，波迪給我看一張由電腦產生的模型，它顯示的動作跟我投球時一樣充滿瑕疵。雖然我內心避免丟臉的本能，已盡可能激發出全身的最大力量，但我完全可以看得出來，我丟球的時候沒有帶著明確的訓練意圖，而這大概有三個原因：第一，我過去從來沒有叫自己帶著訓練意圖投球；第二，我有點害怕受傷；第三，我也怕要是表現得毫不保留，萬一測速結果仍然低得可憐，那面子實在掛不住，因此還是假裝自己沒有使出全力，這樣看起來比較沒那麼糗。

波迪後來寄給我一份六頁的文件檔，裡面詳載了我的檢測結果。瑪爾許稱這份文件是「你不是大聯盟球員的科學原因」，並替我把艱澀的術語轉化成白話文。很明顯地，科學提出了許多我沒辦法成為大聯盟球員的佐證。照理來說，我最大的肩膀向外轉動幅度（創造高球速的關鍵因子）可以達到一百六十度左右，但實際投球時卻只有一百二十八度。我跨步腳落地時，軀幹傾斜角為二十五度（對比於完全直立）。「最好的投手跨步腳落地時，軀幹傾斜角約為零度，代表與本壘板方向呈垂直，身體沒有提早開掉。」瑪爾許說：「但你投球時身體提早開掉了（跨步腳落地前，腹部已經朝本壘板方向轉動）。」我的臀肩分離並不明顯，而且骨盆最大轉動幅度和軀幹最大轉動幅度之間，也沒什麼差異。「你肩膀和臀部基本上同時進行旋轉，兩者之間沒有遲滯。」瑪爾許說。我的跨步腳踩得不夠穩、不夠用力，使我投球時缺乏穩固基礎，導致後續動作的表現都很慢，量化數據也都偏低。如果把我投球的動作比作抽鞭子，那肯定抽不出聲音。球從我手中滑出時，我的軀幹向後傾倒十一度，而非向前傾倒，顯示我的肢體延展未達標準；此外，我的跨步距離大概只有身高的百分之六十二，比理論值的百分之七十五還要低很多。

雖然波迪說我的動作已經比索契克好非常多了（索契克說他接受檢測的當下，還出現投球失憶症的症狀），但報告顯示在絕大多數的指標上，我的表現都不及格。唯一一個算正面的消息是，我那沒什麼效率的投球機制，對手臂造成的壓力不大。我的手肘延展速度和肩膀向內轉動的速度，分別只有一般專業投手的百分之七十和百分之七十五，因此，我的關節只會產生大約四十牛頓公尺的壓力，比常見的一百牛頓公尺少很多。瑪爾許最後為我下了個總結：「你的投球動作不到位，肢體移動速度也較職業球員慢，但往好的方面想，你產出的扭轉力超級小，所以比較不容易受傷！」看到這段總結，我實在驕傲不起來。不過，至少我跟包爾還有一個共通點：我們倆的手臂都沒受過傷。

如果硬要我說出一個棒球強項的話，我會說是打擊（跟投球相較之下）。我跟朋友打球的時候，幾乎都能碰到球（雖然我的朋友都不是比我強上多少的運動好手）。所以當我跟傳動棒球的首席打擊指導員歐洽特（Jason Ochart）見面時，神情多了一分自信、少了一分焦慮。歐洽特檢驗打者的標準流程為期一整個禮拜，打者得打好幾百顆球才能完成程序，但我沒有要在西雅圖待那麼長時間，所以他給我一根長三十三英寸、重三十盎司的球棒，底部黏著一個布拉斯特運動科技的感測器。

由於感測器裝在球棒上，所以它不是用來偵測身體或球的移動，而是用來量測跟球棒移動相關的數據，包含揮棒速度、手掌移動極速、出棒軌跡角度、擊球所需時間（球棒開始向下移動，到球棒碰觸到球，這兩者之間所需的時間）等等。（根據傳動棒球的研究，一般來說，只要改變打者的出棒軌跡角度一度，就能改變四分之一度的擊球仰角。）

歐洽特擺好擊球架，在上面放一顆打擊用的普萊球。打者擊球時，受到衝擊的球體會變形，因此能創造比棒球更好的回饋反應，讓打者瞬間就能知道自己的擊球品質到底好不好。若沒打中普萊球的中間，球就會以詭異的斜角旋轉飛出，顯示揮棒有瑕疵。這些普萊球都被放在擊球架上乖乖讓我打，所以我還不至於揮空或打出離譜的球。打了幾球之後，歐洽特把我的布拉斯特數據，拿去跟在傳動棒球訓練的職業球員平均值做比較。我平均的擊球點揮棒速度為五十四點四英里，比七十四點二英里的職業標準低了將近二十英里；平均的手掌移動極速為十七點四英里，比職業標準低了五點七英里；平均出棒軌跡角度為七度，比十二度的職業球員平均值少了五度；平均擊球所需時間為〇點二二秒，乍聽之下好像很快，但其實比職業標準〇點一四秒慢非常多。「實在不太想跟你這麼說，但如果你想成為職棒打者的話，還得下好一番工夫才有可能。」歐洽特說。

做完投球和打擊檢測後，傳動棒球的打擊訓練員戈登（Max Gordon）給我做了一套TPI體能檢測。這套由高爾夫球具公司設計的體能檢測，能幫助運動員找到可能阻礙揮桿（揮棒）動作或增加受傷風險的動作缺失。（如果高爾夫球員受傷，他們揮桿的時間就會變少，代表球具商能賣出的高爾夫球也會跟減少。）戈登叫我以各式各樣的方式，扭轉、彎曲四肢和身體，測試身體柔軟度和平衡性，他在一旁把結果記錄在一個應用程式上，而成績優劣的顯示方式，則是透過一套類似紅綠燈的系統。TPI檢測結果出爐：我左下肢和右下肢各自轉動的能力，並不是很好；在上半身不動的情況下，我下半身獨立的轉動能力不佳；此外，我最大的肩膀屈曲角只有大約一百二十度，而非理想的一百七十度。

戈登完成整套檢診後，把這根不是很光彩的工作接力棒，傳給下一個人——首席運動防護員布蘭德（Sam Briend）。布蘭德要對我做肢體移動範圍和力量的檢測。他請我躺在一張有軟墊的桌子上，先仰臥，再趴臥。過程中，他不斷推、拉、扳、折我身體的各部位直到極限。有時候，他會叫我試著反制他扳折我的動作，藉此判斷我力量的大小。下個階段，我來到重訓區，準備進行一輪背蹲舉、硬舉、臥推的重量測試，內心可說是百般煎熬。布蘭德說我可以跳過這項檢測，但以海豹部隊作為精神激勵的包爾，絕不會閃躲這麼一點重訓量，我想我輸人不輸陣，也不能逃避，所以在灌下一些水之後，打起精神繼續接受考驗。

傳動棒球操作的重量訓練只針對球速培養，因此訓練重點主要放在運動員執行動作的速度和爆發力，而非最大可承擔重量。布蘭德首先依據我的身高體重，訂定出我最大負重的參考值，隨後我每個訓練動作都做了幾下，如果某一下有做到參考值的一定比例，布蘭德就會在我的槓上再加重量。槓鈴的尾端別著一個夾子，夾子延伸出去有一條線連結到一個感測器；每當我做完一次動作，感測器就會發出嗶的聲音，記下我完成動作的速度。（兩個月後，波迪幫布蘭德的體能表現部門添購了功能強大的新器材：一個由十八台相機構成的攝影機組，來自動眼追蹤科技，可以記錄運動員舉重或彈跳等動作。）

由於我重訓時從不追求速度，因此我的舉重速度並沒有達到我身材條件應有的標準，但布蘭德也沒有在我舉重的過程中，發現我左右手肘和左右肩膀之間的力量不均或轉動失常，代表我沒有在舉重時瀕臨受傷，所以讓我把整套檢測做完。（我做的重量真的也沒多重就是了。）不過瑪爾許、戈登、布蘭德三人不約而同，都給出一個一樣的訊息：我向上的最大肩膀屈曲角，數值不高，尤其是我的左肩。種種跡象都顯示，我上半身的肌群皆呈向前傾斜的狀態。「要嘛是你的前鋸肌出了點問題，要嘛是你的肩旋轉肌沒發揮正常功能。或可能是你的胸椎有點向前側彎。」布蘭德說。他們的說法，讓我開始擔心起我原本沒花心思注意過的身體部位。雖然透過詳細檢測得知生理機制缺陷，沒辦法使我成為更好的棒球作家，但對於非常認真嚴肅的打者或投手來說，這種資訊或許就是幫助他們開發出巔峰表現的關鍵。

布蘭德跟我口頭解釋檢測結果後，他寄給我一份總結報告。文件首頁的標題，除了有我的名字、檢測的日期，還有四個冷冰冰的大字：「非運動員。」我想這幾個字並不是針對我運動表現所下的評語，應該只是用來表示我是媒體人員，而非他們機構客戶的標記。但報告當中的許多資料和數據都佐證了，「非運動員」這四字非常符合我實際的體能條件和運動能力。

入選過三屆明星賽的退役大聯盟球員克瑞克（John Kruk）曾說：「我運動能力不佳，但仍是個職棒選手。」然而，在當今競爭愈來愈激烈的棒壇，不具備良好運動能力的球員很難再擠進最高層級的窄門。成立於二〇一六年、總部不知為何設在紐約皇后區（Queens）的新創公司「波士頓生物運動科技」（Boston Biomotion），旗下最主要的創新科技產品「普洛提斯」（Proteus），就是為了提高運動員訓練效率而設計出來的工具器材。波士頓生物運動科技宣稱，普洛提斯能「徹底改變並優化運動員復健以及健身的方式」。二〇一八年年底，道奇成為首支與波士頓生物運動科技合作的大聯盟隊伍，在隊上建置了一台普洛提斯系統。

我在設於紐約長島市的波士頓生物運動科技實驗室，與其創辦人兼執行長米勒（Sam Miller）碰面。外觀上，普洛提斯看起來就像一台汽車組裝生產線上的機器人手臂，當米勒告訴我成立公司的背景和理念時，它就靜靜地佇立在一旁。米勒說他小時候，父親就已經在家裡的地下室發想出普洛提斯的原型，並打造出產品的部分樣貌。他父親常常想像做出一台訓練器材，可以提供涵蓋所有立體方向的各式阻力，有別於一般重訓器材只能以一到兩種的方式操作。不過米勒的父親後來放棄了這個想法，因為他覺得以當時的科技水準和他的個人能力，無法做出心目中理想的器材。多年之後，米勒意識到他父親當年的發想已經能夠付諸實現。「我發現很多新創的科技產品，都只針對量化生活（quantified self）的概念設計。市場上缺乏專門為體能訓練和力量檢測打造的產品。」

為了開發出第一代的普洛提斯，米勒雇用了機器人專家、機械電子學專家，以及一整組軟體開發人員。他們打造的機器有著一根長長的金屬手臂，手臂尾端連著一個能三百六十度旋轉的把手。這根金屬手臂可以朝各個立體方向延伸轉動，並且運用火車的電磁煞車系統，以及偵測運動員手臂所在位置的感測器和演算法，流暢地創造出運動員所需的理想阻力。普洛提斯非常全面的轉動、延伸能力，使它成為棒球和高爾夫球員訓練時的好幫手。

米勒讓我親身體驗普洛提斯的操作。當他在一旁操控普洛提斯的操作面板、選擇訓練模式和阻力大小時，我抓起把手，開始試著做出向前推、向後拉、向上提、向下壓、向左扳、向右拽等各式動作。果然，跟米勒宣稱的一樣，普洛提斯可以做到所有立體方向的移動。米勒把普洛提斯設定在自由運動模式，讓我自由地使出不同運動機制：三百六十度轉動手臂；做出投球動作；雙手握著把手，把金屬手臂當作球棒一樣揮動。普洛提斯乖乖地跟著我的每個動作移動。即便訓練強度設在低阻力，每個動作做起來還是比平常更累，有點像在水中進行各種動作的感覺。

就跟投手復健時常用的水中物理治療法一樣，運用普洛提斯可以提供向心訓練（concentric-biased training）的效果。以舉重為例，向心運動發生在舉起重量之時，而離心運動則發生在放下重量的過程。離心運動會對肌肉組織造成較大的破壞，因此能創造最大的增肌效果，但同時也會提高運動傷害的風險、拉長恢復期所需的時間。普洛提斯強調的是向心運動，可以在避免掉離心運動缺點的情況下，達到強化爆發力和增肌的目的。此外，由於普洛提斯能提供不只一個方向的阻力，所以更能刺激肌肉，增加每做一次動作的訓練效益。「普洛提斯提供的阻力，激化肌肉的效果是一般重訓的兩到三倍，比自由重量訓練或器械訓練的效率都還要高。另外，普洛提斯訓練所產生的肌肉磨損、對身體造成的壓力，都比較小，因此關節、肌肉組織、韌帶所承受的負擔也較小。」米勒說。

普洛提斯不會取代硬舉和臥舉等基本重訓方法，但它可以是球員作傷後復健和季中重訓的理想器材，因為球員至少可以做一些低傷害風險的運動保持體能，而不必像以前只靠休息。米勒認為在未來，大聯盟球員都會用普洛提斯進行手臂養護計畫、全身重量訓練、賽前熱身運動、賽後收操活動等等。球員重訓室裡，器械式的重訓器材都會消失，球員做自由重量訓練的機會也會變少，而每一隊都會購置五到十台的普洛提斯設備。（對米勒而言，這也代表更多錢入袋。）「我相信未來的訓練重點，會是肢體移動的方式，以及移動過程的品質。」

米勒說。

每做一組不同的動作前，普洛提斯的操作面板都會關心我的身體狀態，以及我對前一組動作強度的感受。它會這麼問，不是因為它被設計成要很有禮貌，而是因為它要追蹤訓練的狀態：它會在運動員訓練的過程中，記錄下所有動作和細節。完成一套訓練後，普洛提斯會在螢幕上顯示總結數據，同時呈現標明運動員動作軌跡的立體圖，圖中不同的顏色代表不同的動作、動作發生的位置，以及運動員在哪一點使出巔峰力量。上述所有的資料都會被儲存在雲端硬碟中，讓使用者能夠長期追蹤訓練的進展。

二〇一八年年底，包含道奇的那台在內，在波士頓生物運動科技公司之外的普洛提斯只有四台。米勒說每當他跟球隊介紹普洛提斯時，都會聽到類似的反應：「沒有人見過這東西。」米勒相信，只要球隊發現普洛提斯確實有用，很快整個球界都會看見這個產品。在普洛提斯的製造成本降低以前，米勒目前主要的推銷對象仍限縮在職業隊和專業訓練機構，不過他認為在未來，所有健身房都會配置至少一台的普洛提斯，當作非真人的個人健身教練。運動員訓練時都需要好幫手，即便那好幫手是一根機器手臂，也沒關係。

一九八四年五月號的《大眾機械》（Popular Mechanics）雜誌中有一篇題名〈輪到科學先生上場打擊〉（Science Goes to Bat）的專題報導，裡面引用了當時大都會菜鳥總教練D・強森（Davey Johnson）說的一段話：「現在要打贏棒球比賽，高科技產品的重要性不亞於藝術和科學。」他還說電腦會是新的教練種類。八年之後，《大眾機械》再次討論相同議題，刊出題名〈輪到科技先生上場打擊〉（Technology Comes to Bat）的新文章。這兩篇報導在當時提到的幾個先端科技，數十年後看來都像古董：讓球員能檢討揮棒機制的家庭錄影帶、能叫出基本打擊數據和對戰成績的笨重電腦、不只能射出直球的雙輪投球機、可以明確定義誰球速較快的雷達測速槍（那個年代能投超過九十英里，球速都算快）等等。報導中還提到了一些在那個年代聽起來非常科幻的新科技，比如一台「革命性的影像系統」，設計概念類似現在的擴增實境，投射已經錄下的投手影像在螢幕上，打者拿著連結到系統的電子球棒揮擊，攻擊由3D立體影像構成的虛擬來球，打中的話螢幕就會顯示模擬的擊球軌跡線。除此之外，文章裡也有談到一些不會跟現在業界使用的器材差太多的產品，舉例來說：當時仍在實驗階段的「診察球棒」（Diagnostic Bat），它可以把揮棒力量和揮棒路徑長度等數據記錄下來，製作成圖表；「快克球棒第二代」（Quick Bat II）則是運用光學感測器偵測揮棒所需的時間，計算並顯示出打者的揮棒速度。

後來取代上述產品的新世代科技產物，理所當然地變得更加精確、更加好用、更加普及、更受到重視，而且功能也變得更加全面。其中一個新訓練工具是由「K運動科技公司」所開發的「K背心」（K-Vest），它是一個能提供生物回饋的裝備。跟追蹤者一樣，K背心最早是為高爾夫選手設計，後來才針對棒球運動做改良，打入棒球市場。如果說球員表現的完整資料就像一整張拼圖，那K背心所能提供的資料拼片，就跟球體追蹤系統（如追蹤者）和球棒追蹤系統（如布拉斯特）完全不一樣。「其他追蹤系統記錄的是結果。」K運動科技執行長兼總裁維米爾葉（Brian Vermilyea）說：「K背心能告訴你的是，創造出揮棒速度、揮棒角度、擊球初速等結果所需的元素。這些元素造就了結果數據。」這概念聽起來十分吸引人，二〇一八年，已經有至少八支大聯盟球隊——太空人、紅襪、洋基、紅雀、小熊、運動家、巨人、水手——購買了K背心，另外還有更多球隊正在洽談詢問。

要價五千五百美金的K背心，由四個微小、輕量、且具無線傳輸功能的慣性感測器所構成，能夠捕捉打者主要揮棒動作的速度、方向、加速、減速。其中一個感測器接在打者前導手的打擊手套上；一個用帶子固定在前導手的上臂；一個掛在纏繞上半身的吊帶上；最後一個則夾在類似皮帶的腰環上。使用者揮棒之後，電腦上的系統介面就會顯示感測器偵測到的生物力學讀數，並且立即製作出具有不同顏色曲線的曲線圖，呈現不同身體部位在揮棒過程中的運動狀態。這套系統能給出更準確的打者揮棒機制評價。

歐洽特是K背心的愛用者。他說有些打者的揮棒機制只有某部分表現很好，其他部分浪費掉不少能量。舉例來說，某位打者的臀部轉動速度跟楚奧特一樣快，但產生的能量卻在揮棒進行的過程中喪失，使球棒傳導到球上的力量沒那麼大。「K背心能測量臀部轉速、肩膀轉速、手臂轉速、手掌轉速、球棒轉速等項目。觀察它們之間的關係，就可以找出打者的問題點。」歐洽特說。

現在輪到我穿上K背心接受檢測了。K運動科技的立體表現顧問畢多（Jim Beadle）特地帶著他們公司的產品到曼哈頓（Manhattan）拜訪我。身為前大學棒球隊球員和專業高爾夫選手的他，先在室內為我做了一次K背心的使用示範，接著我們移動到戶外。曼哈頓的第四十二號街沒什麼空間讓我們揮棒、打球，所以我們走到我家公寓大樓的露天平台，在一處面牆的空間進行測試。我們用網球取代棒球，以免打破任何東西或在公寓牆上鑿出洞來，否則的話，公寓管理委員會應該不會太開心。

畢多幫我裝上K背心的感測器後，我試揮了幾下暖暖身子。接著他在我身邊蹲下，開始拋球，我放輕鬆揮棒，盡量不去在意畢多的手機，因為我每揮一次棒，感測器就會把所有動作的資料傳輸到他手機上。感測器每秒會回報兩百次我的位置資訊，而我手背上的那顆感測器則會偵測我的球棒何時接觸到球。每完成一次揮棒，應用程式就會發出叮的一聲，儲存那次揮棒的資料，儲存完之後它會再發出一次叮聲，表示我可以再次揮棒。結束之後，畢多把圖表資料傳給我，並跟我解釋資料的意義。好消息是，我四個裝有感測器的部位，達到巔峰速度的順序是正確的：先是骨盆，軀幹隨後，接著是上臂，最後才是手掌。「我喜歡你的骨盆在揮棒動作還沒到『向前階段的中間點』時，就達到了巔峰速度。」畢多說：「接著你的骨盆流暢地減速，在球棒碰到球之前降到幾乎停止的地步，這點也非常好……這代表你骨盆到軀幹的力量轉移沒有什麼問題。」聽到畢多的評語，我開始得意了起來，為我的骨盆感到驕傲。

然而，就算我各部位達到巔峰速度的順序是對的，但每個巔峰速度的數值卻都低於標準。K運動科技從購買他們產品的球隊中，蒐集上百名職業打者的檢測數據，建立每個檢測部位的職業等級速度範圍。我手掌（球棒）的角速度只有每秒一千三百四十四度，低於一般職業球員一千五百到兩千兩百三十度的角速度範圍。（水手隊打擊顧問、名人堂打者E．馬丁尼茲〔Edgar Martinez〕在五十幾歲的年紀，仍能揮出每秒超過三千度的手掌角速度。）我軀幹的轉速是我骨盆的一點五倍，前導手臂的轉速也是骨盆的一點五倍，但手掌的轉速卻是前導手臂的一點九倍。畢多說這代表我揮棒時太倚賴手掌的運用。說到我的手掌，圖表中有一條線顯示我揮棒時，手掌啟動了之後又忽然停住，再次啟動之後才完成後續動作，歐洽特說他從沒看過這樣的揮棒機制。或許我的揮棒獨樹一格，但更大的可能是我的揮棒有點問題。

畢多繼續瀏覽剩下的結果報告。報告把我在每個項目的數據表現，都拿去跟職業球員的標準範圍做比較。我很開心（驚訝）地發現，雖然巔峰速度很慢，但我揮棒每個環節的位置幾乎都有到點；只有一個小瑕疵，發生在我最有信心的骨盆上。儘管我的骨盆在對的時機點達到巔峰速度，但它的起始位置「垂直」了。照理來說，骨盆應該要向前傾斜一點，使臀部肌肉與核心肌群更加緊繃，以創造出更強的揮棒力量。此外，我骨盆的旋轉角也不夠。在球棒接觸到球時，我骨盆跟軀幹之間沒有什麼遲滯，缺乏動作分離，就像我在傳動棒球進行投球檢測時，臀部跟肩膀的遲滯、動作分離也不明顯。畢多說，可能是我的腰和臀部有點運動條件上的瑕疵，也或許是我的臀關節或骨盆側傾能力出問題。骨盆瑕疵因此加入了肩膀屈曲角不足的行列，成為我愈來愈多的生理機制缺陷之一。現在我終於有正當的理由說為什麼不會跳舞了。

除了偵測功能，K背心系統也提供一系列的訓練菜單建議，能針對某個表現不佳的環節，進行加強、改善的訓練。如果打者某個動作做不好，他可以穿著感測器，照著優化該動作的建議菜單進行訓練，一旦情況獲得改善，可以繼續重複一樣的訓練，強化正確動作的肌肉記憶。K背心系統在電腦上的介面，會顯示球員動作的數據何時進入正確的數值範圍內，假如達到了，系統就會發出叮聲做提醒。「如果我教高爾夫球，我可以跟他們說：『嘿，我希望你身體的旋轉多一點。我想要你在打中球的瞬間，感受到骨盆的轉動。』」維米爾葉說：「但我這樣講，他們可能聽不懂我在說什麼，就算我進一步解釋給他們聽，可能還是一知半解，因為就連我自己也沒辦法解釋清楚那些說法所代表的意義。K背心系統能幫我們克服這些障礙……它能縮短訓練正確動作機制的學習曲線。」現在的我，也已經更懂得什麼是轉動身體的感覺。

我不是第一個經由K背心才了解到自己有骨盆運動機制瑕疵的打者。維米爾葉提到一個遇到類似問題的運動家選手，在修正缺失之後表現明顯進步，這個案例也讓我感到沒那麼孤單。「他們調整他的骨盆傾斜角大概三度，然後他忽然就打開了，剩餘春訓的表現超好。」維米爾葉說。我後來得知那個球員的名字叫做E．懷特（Eli White）。

二〇一八年季中滿二十四歲的E．懷特，是運動家在二〇一六年選秀第十一輪選中的野手。二〇一八年球季開打前，他最大的特色是能勝任多個不同的守備位置。轉職業後，他守過五個位置，包含捕手以外的兩個最高價值守位：游擊、中外野。E．懷特可說是生在對的年代，因為近年的棒球環境，對新興的超級工具人球員十分有利：隨著各隊帶的牛棚投手愈來愈多、替補野手愈來愈少，愈來愈多板凳選手都被要求成為防守上的斜槓球員，最好學會扮演一個以上的守備角色。若撇除指定打擊不算，並把三個外野位置看成一個守位，二〇一八年是大聯盟史上頭一遭，單季每隊平均一場比賽出現的多守位球員（被安排守主要守備位置之外的防區）超過一人。此外，還有很多像佐布里斯特（Ben Zobrist）的超級工具人在小聯盟蓄勢待發：二〇一八年，所有至少出賽一百場的小聯盟球員中，有百分之二十九守過兩個以上的防區，百分之十三守過三個以上的防區，而E．懷特即屬後者。這兩個數字雙雙創下「棒球指南」自一九八四年建置好完整的小聯盟數據庫以來，最高的紀錄。

儘管能守多個位置，但工具人仍得打出成績，才能在大聯盟生存，否則就會像二〇一三年的透納，面臨差點找不到工作的窘境。二〇一八年以前，身材高瘦（一百八十八公分、七十九公斤）的E．懷特，無論在克萊門森大學時期（長打率僅〇點三七九），還是在小聯盟，他單季的全壘打數都不曾超過四支。二〇一八年春訓，運動家開始嘗試在選手身上使用K背心，而E．懷特正是參與K背心實驗的新秀之一。「我想我們那群球員就有點像實驗室的白老鼠。」E．懷特說。他在幾次面對速球發球機的打擊練習中，都有把K背心穿上，而球隊人員也把後續產出的結果報告說明給他聽。「他們覺得我臀部的動作不太對，在跨步腳踏地時，它沒有很快進入發力狀態。」E．懷特說。他也提到，面對內角球時，他出棒的軌跡沒有朝球來的方向延伸出去，球棒軌跡面與球的路徑只有短暫地交錯。

E．懷特和打擊教練針對感測器發現的缺失進行修正。春訓結束後，E．懷特從一A升到二A，在新層級開季。雖然競爭強度變得更高，而且他所屬球隊位在德州密德蘭市（Midland）的主場不利於右打者開轟，但E．懷特依然逆勢在五月結束前就擊出五支全壘打，締造個人單季新猷。那一季，E．懷特繳出長打率〇點四五〇、九支全壘打、一百五十四支安打、八十一分得分的成績單，其中安打數跟得分數名列運動家小聯盟球員之首。E．懷特認為是K背心提供的資料，使他開發出一些長打的潛能。「我其實是有長打能力的，只是之前一直發揮不出來。我們試著去改善揮棒軌跡和臀部轉動……這些轉變絕對有幫助，讓我打出亮眼的賽季。」

在穿上K背心之前，E．懷特連大聯盟官網列出的運動家三十大新秀榜都排不進去。二〇一八球季結束後，他不僅擠進了排名，還一口氣佔到第十七名的位置；更甚者，E．懷特在休賽季受邀到亞利桑納秋季聯盟打球。亞利桑納秋聯是大聯盟營運的六隊短期聯賽，每年給予各隊最優質的新秀群進一步練功的機會，因此可不是人人都能受到邀請。同年十二月，E．懷特被交易到遊騎兵，他在新球隊農場的排名為第十二。大聯盟官網對E．懷特的球員側寫寫道：「一連串的打擊機制調整，使E．懷特在打擊上取得突破性的進展。現在的他，打擊動作進步許多，揮棒軌跡優於以往，能產出更多平飛球和高飛球，激發他不算太差的長打火力。」E·懷特側寫文字上方的基本資訊區，有一個項目是「預計登上大聯盟的年份」，而冒號後方的數字顯示為二〇一九。

我這趟棒球新發展的巡迴之旅，處處都讓我感到驚豔，最後一站來到的地方是拉塔設在洛杉磯的訓練總部「棒球園地」。商業中心路（Business Center Drive）看起來是一條跟體育產業八竿子打不著的街道，但在這條路上一個毫不起眼的店面建築後方，就是棒球園地的所在地。雖然那是個夏天的週六，而且拉塔跟我說已經把事情排開，有空來接待我，但空間不大的棒球園地裡依然充斥著學員進行棒球活動的聲音。有一名受了腿傷的高中球員，在父母的協同下，穿著膝蓋護具來棒球園地做一些揮棒；另一邊，一個看上去十分成熟的高中畢業生，最近才剛申請上哈佛大學（Harvard University），秋天就要成為大一新鮮人，也利用所剩不多的暑假時間，到棒球園地做最後的打擊狀況調整；而拉塔的手機則在一旁不斷嗡嗡作響，因為許多客戶都傳簡訊來跟他預約訓練時間，或發現新的打擊機制問題而緊急求助於他。棒球園地的所有客戶都希望能成為下一個透納，而拉塔就是指引他們前行的北極星。

跟K運動科技和傳動棒球比起來，拉塔投入科技的程度很低。他沒有十五台高畫質攝影機，只有一台標準畫質的黑白攝影機，用了超過二十年都沒換。拉塔說，黑白影像所呈現的對比反差較為明顯，而且比較不會使眼睛感到疲乏，這對常常要花好幾個小時分析揮棒影片的他來說，十分重要。拉塔也不像華倫跟包爾覺得標準畫質不夠清楚，因為他不用研究棒球怎麼從投手手指飛出。「我不需要看清楚打者的小拇指在幹什麼。」拉塔說。他提倡有科學根據的正確打擊機制，但也不會塞給客戶一大堆擊球初速、擊球仰角等數據。對拉塔而言，打擊講究的是平衡。

打擊之神威廉斯在《打擊的科學》中寫道：「擺出打擊姿勢時，你的重量分配要是平衡的，平均分配在兩隻腳上，腳掌則稍稍將重量導向腳趾尖。與此同時，膝蓋要彎曲，保持靈活。如果你堅持要把重量導向腳後跟，那我會建議你轉行。」在後面的段落裡，威廉斯又用了五次「平衡」這個詞，而拉塔則是在我們第一次對話的前幾分鐘，就已經不止五次提到「平衡」。我們討論打擊時，拉塔採用蘇格拉底反詰法與我對話，我很快就發現，只要不確定該怎麼回答他那帶有一點反詰成分的問句，說出跟「平衡」有關的答案就對了。

拉塔：「注意你的左肩。現在你左肩正在往哪邊移動？」

我：「應該是……往後？」

拉塔：「對，往後。球往這來，你的肩膀卻往那去。你知道在我看來這是什麼嗎？」

我：「我想應該是……失去平衡吧？」

拉塔：「沒錯！就是失去平衡。」

拉塔丟給我一堆問句，讓我不禁想起學生時期在課程上臨時被點到回答問題，那種不舒服的感覺。問句連珠炮告一段落之後，拉塔給我一根黑色的路易威爾牌（Louisville Slugger）球棒，要我先在他的打擊籠裡面打個幾分鐘。拉塔坐在L型護網架後方的桶子上，從那邊餵球給我打。打完後，我們到電視螢幕旁邊檢視我的揮棒機制。攝影機的位置在打擊籠的側邊，因此我們從那個視角觀察揮棒動作，有時候按暫停，一格一格地播放，仔細研究動作細節。或許是想先為我建立一點自信心，拉塔說：「老實講，你的打擊動作不算差。有一些不錯的細節。」但他隨即也點出許多瑕疵。就跟之前布拉斯特感測器所診斷出的問題一樣，拉塔點出的第一個缺失就是我的揮棒軌跡太平了，花太多時間才達到擊球點，有點像E．懷特過去的陋習。我的揮棒感覺像是在

「繞著球打」，擊球效率不彰，這種情況並不好，因為面對高水準的投手時，根本沒有缺乏效率的空間。拉塔說，很多揮棒機制跟我很像的人，最後都去郵局工作了。

拉塔進一步解釋，我打擊的問題在揮棒啟動前就已經發生了。我擺出打擊動作時，肩膀太緊繃，而且因為把重量放在後腳的關係，所以有點朝後腳的方向傾靠，好像準備要由下而上爬坡。「畫出一個平衡點，就會發現你的動作在平衡點的後方。」拉塔說。我頭的位置不在對的平面上，而我的前腳也站得太開，讓我沒辦法有效「蓄力」。出棒的時候，我肩膀往遠離球的方向移動，頭仍保持在身體軀幹的後方，而前腳則是踩在太外側的地方。等我的球棒就要觸碰到球時，我整套動作前半段的諸多瑕疵已造成太多力量喪失，導致擊球力道貧弱的結果。「你的揮棒像是在賭一把，因為到最後已經失控了，所以就用蠻幹的方式，試圖去製造擊球。」拉塔說。即便有那些瑕疵，我還是打得中速度不快的餵球，但拉塔說，一旦對上好投手，我很快就會陷入打擊困境。

拉塔一邊列舉我的缺陷，我一邊思考著自己揮棒時的動作，試著回想每個瑕疵如何影響打擊機制，然後他才好不容易停下來，沒再提出新的問題點。看我似乎受到不小的打擊，拉塔又開始試著幫我把碎裂一地的自信心撿回來。「雖然說打擊機制的問題不少，但你其實還是有一點運動員的潛質。」他說：「只是那些潛質都被錯誤的動作壓抑住了。」

聽到這席話，我心想：「好，就算之前動作做錯了，我還是有點運動員的資質。現在有人仔細跟我說明具體的缺點，那我至少要證明自己『知錯能改』。」回到打擊籠，我有意識地放鬆肩膀肌肉，調整身體的重量分配，不再向後腳傾。我將雙手往前帶，試著做出空揮的動作，觀察前腳踩踏的位置。重新開始打擊後，我費了一番工夫，打了好幾球，才把剛剛拉塔的指導融入到打擊機制裡，調整出一套新的動作。但過了一陣子，我的身體就已經將新打擊動作灌輸到肌肉記憶裡，操作上變得很直覺自然，而不用在每球投出來之前，心裡再跑過一遍所有需要注意的動作調整。感覺起來，我做的動作變少了，但每個動作都變得更有效用：我的揮棒不再像是在畫圈或繞球，且比原來更有力量。這時我才體悟到，跟一開始的揮棒方式相比，我新的打擊動作才是真正進入最佳狀態的機制。拉塔餵球餵得不快，所以我一開始的揮棒動作也沒有常常落空，但改造打擊機制後，忽然間每顆被我打到的球都變得更有力道，球接觸到球棒的撞擊聲變得更清脆響亮，而球在空中劃出一道直線時也帶著嗖嗖聲。

此時我不自覺地笑逐顏開。我聽過許多運動員描述他們花大量時間練習某項技術，然後忽然開竅的故事，如今我自己也感受到這種打通任督二派的無上喜悅。如果連我都可以在這麼短的時間內顯著地進步，那長時間投入在修正機制的專業運動員，肯定能取得更大的進展。雖然內心無比地雀躍，但我還是克制住不讓臉上的笑容太明顯，因為一邊癡癡傻笑一邊揮棒感覺有點蠢。但事實上，我只不過是變得更會用一根木棒去打一顆由牛皮包覆的球，這動作完全沒有實質效益，可我仍為此感到樂不可支，從這角度看，我的興奮感確實有些愚蠢。美國文化長期累積下來的集體共識，判定「精通用木棒打牛皮球的技術」價值幾百萬、甚至幾千萬美金，形成約定俗成的非理性文化現象。不過不管理性與否，我感受到的成就感是很紮實的。打了幾年玩票性質的棒球，現在我終於體會到「完全咬中球」的感覺，以前我從不知道原來這滋味那麼美好。

「才練十分鐘，你就進步很多了。」拉塔邊看著我的揮棒影片邊說：「現在你的打擊動作變得不太一樣，看起來比較協調、比較輕鬆，而產出的結果也明顯優於以往……你揮棒機制的延伸有所改善，因此更可以有效擊球。」

後來我們重複了幾次一樣的流程：進打擊籠練打、看影片檢討、修正揮棒動作。拉塔持續給我一些回饋，而我也依據自己打球的感受進行反思調整，但才剛愛上刻意練習思想的我，覺得沒有量化的資料記錄自己的成長，實在有些可惜。我試探性地問拉塔，想知道他覺得我的擊球仰角和初速在這次訓練課程中進步多少，但他又拋出一連串蘇格拉底式的反詰問句。

拉塔：「你做出比較正確的打擊動作之後，把多少球打進空中？」

我：「有變多。」

拉塔：「不只變多而已，是變『很』多。那你把球打到空中的品質如何？」

我：「好很多。」

拉塔：「好。那我前面有告訴你要把球打到空中嗎？」

我：「沒有。」

拉塔：「我有試著強迫你把球打到籠子上方嗎？應該沒有吧？但接下來發生了什麼事？為什麼你能打出理想的結果？」

我一度考慮回答他「是平衡」，但想一想還是算了，最後吐出跟「動作自然流暢」有關的一些話。拉塔說，他不希望我把整個改善打擊機制的過程全歸成一個數字，這不是他想看到的；因為只要動作做對了，好的成績和數據自然會跟著出現，不需要本末倒置。「如果我有好的揮棒動作，可以把一顆九十英里的速球打得紮實，那結果會是什麼？」拉塔問。這題簡單，我知道答案：「更高的擊球初速。」拉塔面露滿意的表情，然後附和：「對，就是更高的擊球初速。」

「今天我做的事情沒什麼特別的，就只是調整你身體的動作，讓它達到自然且理想的生理機制。」拉塔說。以前我一直覺得，我這輩子之所以大部分時間都從事久坐的事情或工作，是因為這是運動條件不佳的我，天生註定的命運，但如今看來好像不完全如此。我有潛力成為更好的運動員，只是選擇不走那條路。「相信我，」他說：「以一個作家的標準而言，你原本的揮棒真的還算不錯。」聽到這句話，我就滿足了。

對我而言，面對自己運動表現不佳的事實，不會太困難，因為我從沒想過要（也不覺得我能）成為大聯盟球員。麥凱以前也沒當過大聯盟球員，但養出大聯盟球員卻是他的工作。為了達成工作目標，身為水手隊球員發展部門主任的他，徹底擁抱新科技與新思維。「水手是我們現階段最大的棒球客戶。」維米爾葉說。根據維米爾葉提供的資訊，水手目前有八套K背心系統，一套在西雅圖主場、六套設置於旗下六座小聯盟球場，最後一套則為可攜式套組。

二〇〇八年，麥凱在大學夏季聯盟——北方森林聯盟（Northwoods League）——的拉克羅斯伐木工隊（La Crosse Loggers）擔任總教練，當時他要求學生，如果晚上七點打主場比賽，最晚下午一點就要出現在球場。參與北方森林聯盟的人員大多抱持著輕鬆休閒的態度，大家常常說「這不過就是個夏季聯盟」，因此麥凱要求球員這麼早就到球場，是一件十分罕見的事情。伐木工隊球員早到球場的額外時間，都被拿來進行個人化的棒球技巧特訓，過程採取刻意練習的法則。「如果二壘手想要加強雙殺的轉傳，每天用正確的方法練習十五分鐘，三、四天之後就能收到令人訝異的成效。」麥凱當時說。從那時到現在，麥凱的思維不曾改變，但他訓練選手的工具和手段已進步許多。「拿評估球員來說好了，以前，我們都不敢很肯定地說，某個球員的技術一定有所提升或沒有提升，不過現在我們辦得到這件事了。」麥凱說。

麥凱估計，水手已經有七到八位投手達成個人能力的重大突破，野手端也有差不多的數量，而這全都是他們採用K背心、布拉斯特感測器、瑞布索托等新科技器材的訓練成果。「假如這些器材可以使一個球員幫大聯盟球隊多拿一勝，那投資科技工具的錢就全值了。」儘管細節或許有些不同，但在麥凱心中，量測球員各種能力表現的起心動念，就跟檢測球員四十碼衝刺速度的背後精神差不多。「他們不會只是站在那邊用看的，然後說：『喔，這傢伙跑得很快。』或『喔，這球員跑得有點慢。』」麥凱說：「他們會拿碼表量測球員衝刺所需的時間。從這角度去想，現在我們在四十碼衝刺以外的其他各個運動表現上，都具備拿碼表檢測的能力。」

球隊能發現球員的問題，不代表他們就可以解決這些疑難雜症，不過機率總比完全不知道癥結點或搞錯問題來得高。有些球員明明表現不好，但看起來做得不錯；有些球員則是反過來，在別人眼中表現很差，但其實做得很好。麥凱說，客觀評量的目的，就是把「個人球技風格」和「球技精煉度」區分開來，並分辨不同球員「球技精煉度」的好壞。科技工具告訴麥凱球員的技術狀態，而他再把資訊轉告給球員，球員這時候就不能抱怨教練太主觀了。「那些資訊不是我的個人意見，而是紮紮實實的數據資料。如果連這都信服不了，那我也不知道你能信服什麼了。」麥凱說。

麥凱的說法或許帶點誇張，但他不介意有人反對他的看法。「假如有人想跟我辯論，說他的肉眼和二十多年的經驗，比訴說真相的數據資料更有價值，那我很樂意來會會他。」麥凱說：「這世界上沒有任何產業會在更進步的方法出現之後，持續採舊方法做事。以前我們沒有新工具，所以大家還能接受用肉眼和經驗來評估球員。但如今我們不必再那樣了。」我知道麥凱說的沒錯，因為我也已經親身使用過了新工具，只是對我來說，血淋淋的真相對自信心實在是個大打擊。

第十二章　明星級的球員兼教練

我一輩子花了好多時間，
試著去緊緊抓住手中的棒球，
到頭來卻發現，
其實一直是棒球緊緊抓住我的人生。

——已故大聯盟投手、《四壞球》（*Ball Four*）作者包頓（*Jim Bouton*）

二〇一八年七月八號，週日傍晚，包爾在他位於俄亥俄州西湖市（Westlake）的公寓住處，得知自己獲選美聯明星隊的消息。

那個當下，包爾的投球WAR值（五點二）領先全聯盟，且二點二四的防禦率也僅次於塞爾的二點二三。印地安人隊史自一九九一年的坎帝亞帝（Tom Candiotti）之後，就再也沒出現像包爾這麼低的上半季防禦率。此外，包爾明星賽前主投一百三十六局，只被打出六支全壘打，飆出多達一百七十五次三振。然而，他並非獲得正選進入明星賽，而是以傷兵替補的身分補上太空人投手韋蘭德留下的空缺，這點令包爾不太開心，因為他感覺自己傑出的表現仍受到輕視。儘管如此，他還是成功劃掉其人生成就清單的其中一項：打造自己成為明星賽選手。但包爾仍不以此為滿足，他還有更大的抱負。那時候的包爾，是競爭賽揚獎的強勢領先者之一。

七月十號，明星賽開打的一週前，包爾在主場迎戰來訪的辛辛那提紅人（Cincinnati Reds）。這場比賽除了兩支球隊的較勁，還包含一個有趣的戲碼：棒球界最聰明的投手之一——包爾，要對上棒球界最聰明的打者之一——紅人明星一壘手瓦托（Joey Votto）。

「他們差不多是同類型的人。」印地安人捕手裴瑞茲說。

第一局，包爾對付瓦托的前五球配球順序如下：四縫線速球（壞球）、四縫線速球（好球進壘）、變速球（壞球）、四縫線速球（好球進壘）、二縫線速球（界外球）。第六球，包爾使出一顆從瓦托腰帶高度掉到腳踝的大曲球，瓦特出棒打成界外，留得一線生機。瓦托踏步到打擊區外，不禁咧嘴笑了出來，像是在告訴包爾：「你好樣的。」前個冬天，瓦托跟包爾曾在一場終極格鬥冠軍賽（Ultimate Fighting Championship）的觀眾席相遇，兩個人小聊了一下，對彼此的球技和準備比賽的方式都表示尊敬。瓦托是棒球界最難被三振的打者之一，現在他已經把包爾大多數的球路都看了一遍。兩好球的狀態下，瓦托一如往常地調整握棒位置到很高的地方，他不在乎這握棒方式有多罕見，也不在乎提高握棒位置看上去有點彆扭，跟包爾一樣，他只是想達到自己的最佳水準。包爾對裴瑞茲搖頭，裴瑞茲改變配球，比出兩根手指示意曲球，但包爾再次搖頭，於是裴瑞茲再改暗號，比出三根手指並朝左大腿指。這是個表明球種和進壘點的組合暗號，也是一組包爾非常少見到的配球建議：走後門的滑球。

「瓦托一直把包爾投得不錯的球打成界外。」裴瑞茲說：「我不知道要配什麼球。包爾一直搖頭，直到我配走後門的滑球，他才滿意。」

那顆滑球一出手看似要往右打者打擊區飛去，但最後使出急轉彎落進左打者好球帶的外角區域。瓦托看著球進來，站著不動遭到三振，半局結束。包爾投出了一顆完美的滑球。他走下場時，回頭往瓦托的方向看，比了比自己的球帽，不過瓦托沒注意到他。

「我想跟他說：『哈，讓你吃癟了吧。』」包爾談到他對瓦托比的動作。「那是我今年投的第二顆後門滑球……我的想法很簡單，不要投出他在那個球數、那個當下預期得到的球路。對上瓦托，你不可能單靠一種配球策略就贏他。沒錯，他是有打擊熱區和冷區，但如果你一直攻他的冷區，他也會有所調整，讓你嚐到苦頭。有些打者是冷區的球怎麼打都打不好，像（紅人外野手）薛伯勒（Scott Schebler），就算我先跟他說我要投曲球，他一定還是打不到。那場比賽對上他三個打席，我就是用曲球把他剋死。不過瓦托可不一樣，即使球探報告說他曲球打不好，你連續對他投三顆曲球，他還是會把第三顆曲球打得老遠。」

包爾和瓦托那次的投打對決結束後，經常在社群媒體上分享投手ＧＩＦ圖檔[1]的R・弗里曼（Rob Friedman），就做了一張包爾搖頭否決配球的ＧＩＦ圖，並用修圖軟體將該圖接在一張搖頭娃娃下半身的圖片上方，創造出全世界第一個左右搖頭（而非上下搖頭）的搖頭娃娃。從這個案例可以知道，要當包爾的捕手並不容易，而沒有人會比從二〇一三年起就跟包爾搭配的裴瑞茲更清楚這點。多年下來，裴瑞茲已經很習慣包爾的獨特配球作風。

包爾每次先發前，印地安人投手教練威利斯，都會把管理部門蒐集整理的當晚對手資料拿給包爾，並跟他分享個人見解。他們會在比賽開始前，花幾個小時討論所有情資。通常捕手也會參與這種會議，但裴瑞茲卻都不在場，而包爾也沒有要找他來開會的意思。

「裴瑞茲人呢？」威利斯會問。

1　ＧＩＦ的中文名稱（Graphics Interchange Format）為圖像互換格式，是一種點陣圖圖形檔案格式。由於此格式可插入多影格，因而能創造動畫效果。

「沒關係，他人不用到，因為我通常會照自己的意思投球。」包爾說。

「也是啦，我知道。」威利斯說。

「如果他配了我不想投的球路，我會直接搖頭。」包爾說。

對此，裴瑞茲不會覺得被冒犯，他說：「我們不會先討論出一個配球計畫，因為他知道要怎麼對付打者。我通常都跟著他走……他懂的真的很多。我們會一起看一下關於對手的球探報告，但他內心其實早已有比賽策略的定案……我當然覺得投手不搖頭比較好，捕手都喜歡投手點頭，但包爾不一樣，我已經習慣他的風格了。他的比賽就由他主導，我只是提供一些配球建議……包爾知道怎麼解決那些打者。」

包爾也不會因此輕視裴瑞茲的角色，他說他跟裴瑞茲的交流是雙向的，而非只有單向。包爾很重視裴瑞茲觀察打者揮棒動作的能力，也很看重他對球路狀態和表現的想法。

「要幫我配球真的很難。」包爾坦言：「有時候就算捕手配了對的球路，我還是會搖頭，因為臨時會有不同的想法……我配球策略的基本思維是，不要太常投類似的球路順序……要依據打者的節奏時時調整自己的配球組合。」

包爾那場對紅人的先發，是他職棒生涯投得最好的比賽之一。他完封八局，三振十二名打者，過程中只讓七名球員上壘。此外，他也繳出當季最佳的單場滑球表現：平均水平位移約二十六公分，而平均垂直位移只有一點五公分左右。包爾成功創造了他理想中的球路。七月份，他滑球的平均水平位移達到約二十二點九公分。（克萊文傑那季平均高達二十四點四公分的滑球水平位移，為全聯盟第一。）

投完那場球賽後，包爾的防禦率下降到二點二三。他也完成了一個全新且頂級球種的開發程序：他滑球高達百分之四十一點四的揮棒落空率，在二〇一八年所有的滑球中排在第十八位；它平均每一百球的價值，比聯盟平均高出二點八分，在全聯盟排名第三，僅次於史奈爾（Blake Snell）和麥可拉斯（Miles Mikolas）的滑球。除此之外，包爾那年的平均速球球速達到九十五點四英里，寫下生涯新高；其控球表現亦達到新巔峰。至於那場對紅人的先發本身，也是一場不可多得的傑作。

七月十五日星期天，包爾跟其他四名隊友搭上專機，從伯克湖畔機場（Burke Lakefront，鄰近前進球場的機場）飛往大聯盟二〇一八年明星賽的舉辦地——華盛頓特區。包爾的明星週之旅[2]好壞參半。大多數時間他都獨來獨往，沒跟什麼人說話，但他還是在明星賽前一天應邀上大聯盟電視網，討論他的握球方式。在電視直播現場，他跟兒時偶像之一——佩卓・馬丁尼茲——比較手掌大小，而佩卓的手掌顯然比包爾的大很多。主持人問包爾他是否知道自己的WAR值是多少，包爾笑著說：「那當然。」明星賽當天，美聯明星隊進駐國民球場（Nationals Park）的客隊休息室，太空人球員刻意冷落包爾，還在為季初包爾的「轉速門」指控而耿耿於懷。包爾特地去跟布萊格曼打聲招呼，卻換來布萊格曼和他周遭太空人隊友的句點回應，空氣中瀰漫著一股尷尬的氛圍。由於包爾才剛在明星賽前的週日投過球，因此明星賽他沒辦法登板，只在旁邊觀賽。比賽結束後，包爾搭機離開華盛頓，準備回到隊上繼續追逐賽揚獎。

二〇一八年，包爾不只大幅提升投球表現（從二〇一七年五月幾乎是大聯盟最差的投手，進步到獲選明星賽），也改變了隊友對他的看法。包爾開始藉由幫助隊友來進一步拉抬球隊戰力，而不再獨善其身、單靠自己的投球力量為球隊做出貢獻。在協助隊友的過程中，包爾發現自己對控球特別感興趣。

七月底，前進球場內部的重訓室裡，印地安人投手湯姆林（Josh Tomlin）求助於包爾。在此之前的幾年，湯姆林的控球能力一直是印地安人先發投手群中最好的。二〇一四年以降，他每一季的平均每九局保送人次

2 大聯盟明星週大約為期五天，除了主體明星賽，還包括球迷園遊會、未來之星明星賽、全壘打大賽等一系列周邊活動。

包爾滑球水平位移的逐場先發數據

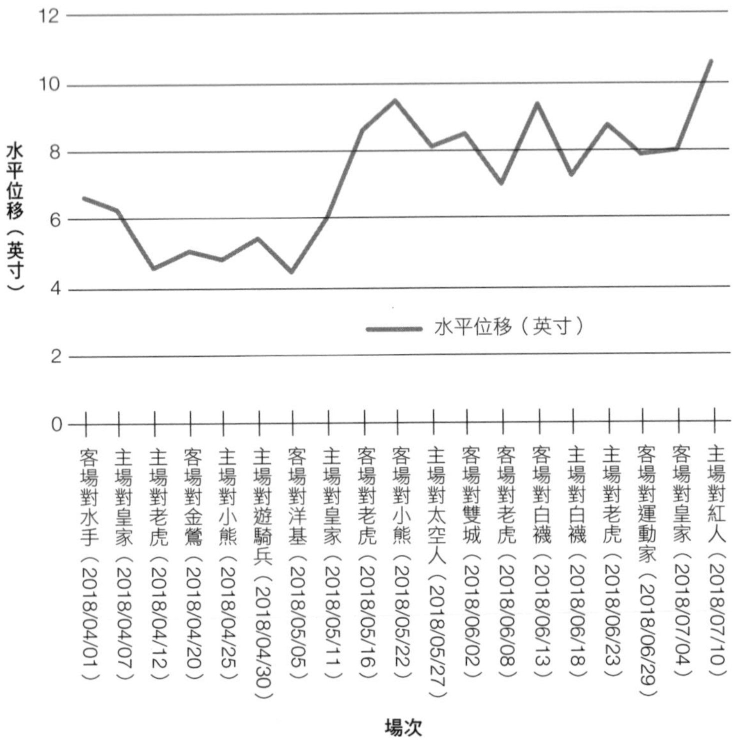

都不超過一點二人，保送率皆不超過百分之三點二。然而，二〇一八年夏天，湯姆林的控球出狀況，六月份平均每九局保送人次為二點五人，全季保送率也是很不像他的百分之六點七，從球季之初，他就一直無法把球控制在他想要的好球帶進壘點。湯姆林的球速不快，速球均速不到九十英里，如果他沒有極致的控球能力，就無法在大聯盟生存。雖然湯姆林在七月十號因腿筋拉傷而被放上傷兵名單，但他知道他就快回到隊上了，需要立即性的幫助，改善整個上半季都改善不了的問題。湯姆林找上當時正在接受例行按摩的包爾。他已經不是第一次求助於包爾了，但這次的迫切性顯然跟之前都不一樣。湯姆林當時說他不知道自己的控球是怎麼了，內心很慌，不過包爾卻回他，這其實是個改變的契機。

包爾滑球垂直位移的逐場先發數據

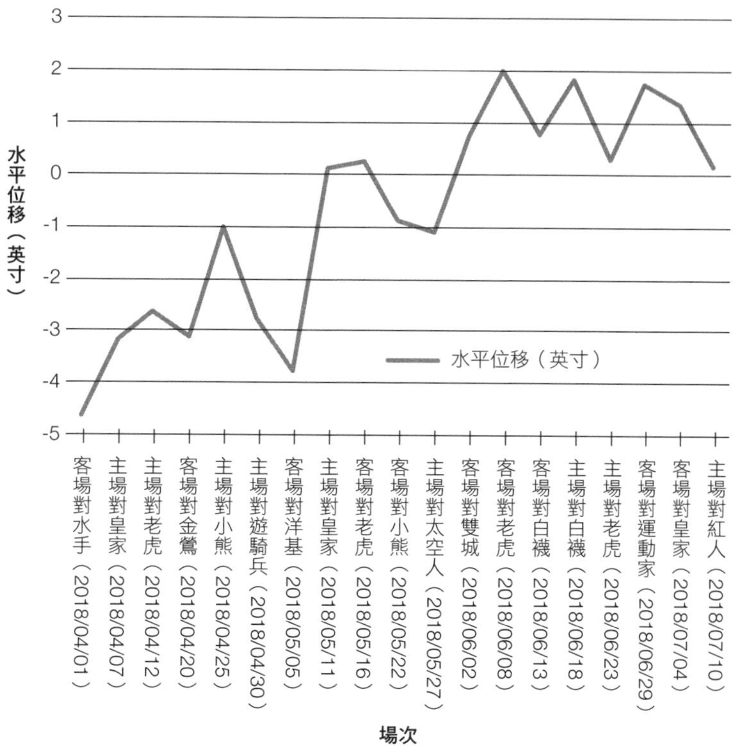

「過去兩個禮拜你唯一關心的事情，就是擔憂你的投球機制。」包爾對他說：「你已經變得有點像機器人，太一板一眼了：抬左腳要注意什麼、抬手要注意什麼、跨步又要注意什麼之類的。你的思考太偏內在、太專注於自己本身的想法和感覺。像這種時候，你得去守守游擊。」

湯姆林得重複確認一次才能確定自己沒聽錯。什麼？守游擊？

包爾對運動科學的各個面向都很感興趣，心理學他也不放過。他特別想找到訓練並改善心理層面的方法，藉此提升控球能力，因為控球是他覺得最不容易修煉精進的技術。

「如果沒當過運動員的一般人，某天忽然得到大聯盟投手的生理條件和運動機制，但只有這麼一天的時間。你把握機會，在這天派他到實際大聯盟比賽的投手丘上投球。」包爾說：「在這種情況下，我認為不管他獲得的能力有多強，心理層面的壓力都會徹底壓垮他。他不可能投出好的內容。」

包爾受到運動心理學家奈德佛（Robert Nideffer）的「注意力與個人風格理論」（Theory of Attentional and Personal Style）吸引，因為這套在一九七六年發表的理論，牽涉到運動員的實力展現與發揮。「注意力與個人風格理論」可大致分類、評判運動員的心理狀態，就猶如運動員心理學的龐尼特氏方格法（Punnett square）[3]。奈德佛發現活動中的運動員，注意力型態可由兩種因素決定：「闊度」（分闊或窄）和「方向」（分內在和外在），而這兩個因素可排列組合出四種不同的注意力型態：內在偏窄、內在偏闊、外在偏窄、外在偏闊。內在注意力指的是運動員有意識地想著他們的動作，這種注意力模式通常不利於投手投球。外在注意力則是指運動員特別去注意到身邊周遭的外在環境。包爾希望在比賽中做到的注意力模式是「外在偏窄」，因為它能轉移運動員的注意力到外在環境，並集中到某一特定任務上。此種注意力模式最有助於投手投球、射手投籃、高爾夫球員推桿等運動行為。

包爾的按摩療程結束後，他跟湯姆林走到賽前空蕩蕩的前進球場場內進行傳接球。距離湯姆林的下一場先發，只剩兩天的時間了。包爾先要他用不同重量的加重球，操作長傳訓練，緊接著，再請他用不同的動作投球。

「聽我的，今天不用擔心投得準不準。」包爾對湯姆林說。

包爾要湯姆林假裝自己是正在執行雙殺的游擊手，運用到轉身傳球所需的小碎步和不一樣的丟球法，投出他的速球和曲球。湯姆林被迫得先忘記原本的投球機制。

「這麼做的目的是讓他做一點不一樣的事情，使他脫離內在注意力的束縛。」包爾說：「那個練習讓他投球時不再東想西想，進而改善表現。」

兩天後，湯姆林在二A的復健賽先發表現精彩，投出三局的完全比賽。回到印地安人的大聯盟陣容後，他的控球狀態恢復到以前的水準，下半季平均每九局的保送數僅〇點八四，保送率也降至百分之二點一。

包爾的幫忙或建議不是每次都能奏效，但他願意為向他開口尋求建議的隊友、投球界友人提供協助。湯姆林在二〇一八年上半季面臨的困境，可能是輕微的「運動技術失憶症」（Yips）。這個令體育選手聞風喪膽的名詞，指的是運動員莫名其妙忽然喪失某種運動技術（如投手的控球或高爾夫球員擊球的瞄準力）的神秘現象。以棒球來說，最常見的就是「投球失憶症」：不管過去控球有多精準、做了幾萬次的投球動作，一旦染上投球失憶症，很可能就再也沒辦法恢復到以前的水準。包爾已經嘗試過許多頗為激進的手段，試圖幫助一些心理障礙比湯姆林更嚴重、控球退步更多的球員，改善他們的心理層面問題。

沒錯，有些得到投球失憶症的投手，還是能慢慢恢復控球能力，但也有不少人再也無法把球丟到想要的位置，比如布拉斯（Steve Blass）和安基爾（Rick Ankiel）。兩年前的冬天，為了幫助得到投球失憶症的好友巴克爾（Cody Buckel）度過危及其職業生涯的難關，包爾曾在傳動棒球協助設計出一種剝奪感知的牛棚訓練法。

包爾和巴克爾年齡相仿，兩人大約十三歲時就認識彼此，因為都懷抱著前進大聯盟的夢想，所以建立起了不錯的友誼。「他就像我的人生導師。」巴克爾在二〇一二年如此描述他心目中的包爾。二〇一〇年，遊騎兵用第二輪選秀籤選走巴克爾，使他成為職業球員。二〇一一年，還不滿二十歲的巴克爾主宰一A，《棒球美國》雜誌將他評為遊騎兵農場裡「投好球能力」最佳的投手。隔年，巴克爾更上一層樓，被評選為遊騎兵農場年度最佳投手，獲得肯定的他，因此獲邀參加二〇一三年的大聯盟春訓。然而，二十一歲的巴克爾第一次在大

3　龐尼特氏方格法，又稱棋盤法，是用於預測特定雜交或育種實驗結果的一種圖表。這種圖表以發明者龐尼特（Reginald C. Punnett）的姓名為名，並被生物學家用於確定後代中擁有特定基因型的機率。

聯盟春訓登板，就遇到麻煩，只解決一名打者不說，還投出五次保送。第二場出賽也沒好到哪去，他只解決兩名打者就被換下。小聯盟球季開打後，巴克爾沒試著放鬆，反而持續對自己施壓，想藉此逼出好的投球表現，最終卻適得其反。截至五月一號，巴克爾的防禦率暴漲到二十點二五，更令人擔憂的是，他只不過面對六十六名打者就送出多達二十八個保送。

「問題就像滾雪球般愈滾愈大，沒多久情況就徹底失控了。」巴克爾說：「我不想用一些虛無飄渺的詞，但它就是一種若有似無的存在……像邪靈附身一樣，逐漸掌控你的內心。」

他向遊騎兵的心理醫生群以及小聯盟復健協調員康姆斯塔克（Keith Comstock）求助。康姆斯塔克球員時期也經歷過投球失憶症，所以能感受到巴克爾的痛苦。他嘗試請巴克爾進行以包爾為設計靈感來源的差異性牛棚練投，也叫巴克爾丟普萊球，但沒有一個訓練方式有用。

《搞什麼，又凸槌了?!：如何拯救壓力下的失常表現》（Choke）的作者、芝加哥大學心理學教授拜爾拉克（Sian Beilock）曾說，運動技術失憶症的病因，或許是人把思維模式從潛意識切換成有意識。

「當所有人都盯著你看的時候，你也會開始仔細注意起自己的一舉一動。」拜爾拉克說。

由此可見，問題的根源可能跟周遭的環境比較有關，而非運動員本身。依循著這樣的推論，二〇一六到二〇一七年的冬天，包爾祭出一套極端且獨特的訓練法，企圖拯救已經有長達四年的時間無法把球控進好球帶的巴克爾。他將傳動棒球研發中心的燈全都關掉，在完全的黑暗中，什麼都看不到，也就沒有任何周遭環境可言。除了用來指示控球位置的雷射紅點外，整個空間陷入一片漆黑。沒有人看得到巴克爾投球，也沒有人看得到他投出之後的結果。

傳動棒球的資料顯示，巴克爾在那裡訓練的期間，他的好球率從百分之五十上升到百分之六十。波迪將巴克爾的投球影片、球速和轉速的資料，傳給各球團，結果還真的在二〇一七年一月收到正面的回應，天使隊願意開給巴克爾一張小聯盟合約，再給他一次機會。不過巴克爾一回到球場、一回到比賽的情境，又覺得站在投手丘上的自己像玻璃魚缸內的觀賞魚，被觀眾席上無數雙眼睛盯著看，投球失憶症因此復發。

在二A留下二十又三分之二局投球、二十一次保送的難堪成績後，巴克爾決定就此卸下職業球員的身分。「到最後，比起在球場上比賽競爭，我反而更享受訓練的過程。」巴克爾說。儘管球員生涯畫下句點，但巴克爾的棒球人生才正要起步：他成為小聯盟的中介溝通人，先後受雇於水手和印地安人。

包爾知道把一球確實投好（對的球威、對的尾勁、對的進壘點）需要什麼樣的心態。不過真正的挑戰在於，如何有效訓練那種心態，並且每次都帶著那種心態上場投球。

在傳動棒球，包爾會跟其他球員玩一些小遊戲，加快跟控球有關的動作學習。其中一個遊戲是這樣的：波迪會站在距離包爾四十英尺的地方，大叫「開始」，然後把一顆很大的橡膠球拋向空中；原本背對波迪的包爾此時原地轉身，快速找到橡膠球的位置，在它落地前用球丟它。這遊戲能夠除去有意識的思考，原本也是設計用來治療巴克爾投球失憶症的訓練法。縱然不是每種實驗都有用，但包爾確實在二〇一八年幫助湯姆林走出低潮，也持續幫助隊友、給意見：不斷與克萊文傑對話；教導另一名隊友普萊科（Adam Plutko）轉速的相關知識；新後援投手拉米瑞茲（Neil Ramirez）五月中加入印地安人（從三A上大聯盟），包爾觀察他投球幾個禮拜後，亦主動建議他開發一個新球路。

「那時候我們跟平常一樣，趴在休息區的欄杆上看比賽。」拉米瑞茲回憶：「包爾忽然說：『嘿，我最近有在看你球路的數據。』我記得我之前有問過他，我可不可以多練一顆指叉球。不過包爾說練曲球會更好。」

拉米瑞茲擁有一顆轉速和球速皆優於一般水準的快速球（二千四百三十六轉、九十五點三英里），以及一顆堪用的滑球。包爾認為他還需要一顆縱向的變化球。

「如果拉米瑞茲再練成一顆高水準的變化球種，並降低速球使用率到百分之四十左右，他就能成為頂級的投手。」包爾說。

無論職業還是業餘棒壇，都有許多教練質疑從零開始創造一個新變化球種的可行性。有些人主張製造某種旋轉的能力是天生且不可改變的，但包爾的經驗告訴他，那種定型心態的思維是錯的。

拉米瑞茲前一個冬天參與卡薩姆主導的加重球訓練計畫，成功提高速球均速，從二〇一七年的九十三點一英里，上升到二〇一八年的九十五點三英里，所以跟其他投手相比，他的想法會比較開放。另外，他還沒站穩大聯盟，因此也想尋求進步的管道增加留在最高殿堂的機會。卡薩姆過去曾擔任職棒投手，也去過傳動棒球，協助拉米瑞茲增加球速時，他還在布萊德索經紀公司（The Bledsoe Agency）工作。五月中，拉米瑞茲被球團拉上大聯盟支援殘破不堪的牛棚，那時卡薩姆就建議他去找包爾聊聊。

「我很喜歡包爾。有時候比賽結束進休息室，他會開玩笑地跟我說：『你今天最快才投到九十四英里，太遜了吧。』」拉米瑞茲邊笑邊說：「我在認識一個人之前，不會先在他們身上貼標籤。包爾工作非常賣力，每五天都規律上場，在球場上總是全力以赴。我來到印地安人之前看到的他就是那樣子，跟他變成隊友後，實際上的他跟我以前看他的印象差不多……大家多少對他有點誤解，因為人通常都會對不了解的人、事、物感到畏懼。」

明星週之前，包爾和拉米瑞茲就已經著手設計新曲球，並以艾傑攝影機為主要的輔助工具。拉米瑞茲會跟包爾進行傳接球，順便實驗各式各樣的握法。為了提高試驗成功率，包爾傳授手肘螺旋式轉動的知識給拉米瑞茲，好讓他改善手臂的動作。

包爾的投球動作跟大多數投手都不一樣。從一旁看過去，他就像在投擲美式足球。當包爾拿球的手離開手套之後，他並沒有將投球手臂往二壘側延伸或使其遠離身體。對包爾來說，投球手臂向二壘延展，只是會形成不必要壓力的無意義動作。相反地，他會在右手脫離手套後，將右手肘移向一壘側，藉此使右手臂保持貼近身體，而右前臂則與地面平行。當他的左腳在投手丘前方落地，右前臂會軸轉朝上，手肘呈現九十度，這時他手握球的狀態和身體姿勢，就很像美式足球四分衛擲球前把球拿在耳際的準備動作，非常緊實、有效率。這種手肘轉動方式之所以稱作「螺旋」，是因為手肘從手掌離開手套到準備把球投出前的運作過程，就像在走一段向上的螺旋梯。

波迪和傳動棒球的員工，無意間在日本棒球科學家手塚一志的著作《投球的本質》（ピッチングの正体）中，發現手肘螺旋式轉動的概念。由於《投球的本質》沒有英文版，因此波迪還自己花錢請人翻譯全書。雖然傳動棒球的專家認為，手塚的手肘螺旋式轉動理論仍有些值得修正之處，但他們認同該理論所提到的「結合肩膀向外轉動及前臂向外翻轉」，相信它是手肘螺旋式轉動非常獨特的基本概念，可以造就更有效率的手臂運行路徑。包爾藉由他在傳動棒球學會的一些訓練法，如定點牽制，來縮短他投球時手臂的移動。不過他說他原本的投球動作中，手臂的移動本來就不多，而這可能是因為他從很輕的年紀就開始大量丟球，身體為了負荷高丟球量而自然調適出一套效率較高的投球機制。包爾把缺乏向後延伸的投球手臂機制，稱作「中性姿勢」（neutral position），他覺得中性姿勢正是使他比多數投手都還要健康的關鍵。在二〇一八年下半季之前，包爾從沒被放進傷兵名單或錯過任何一場先發。

與包爾完全不同的是，拉米瑞茲的投球動作包含十分誇張的手臂擺動，這個特點會變成他在練習新曲球時的阻礙。拉米瑞茲將投球手臂向二壘延伸的過程中，前臂先向內翻轉，隨後才向外翻轉。等到他把手臂往前方甩動、將球投出之前，前臂又會向內翻轉。

包爾解釋道：「簡言之，就是投球過程中，手臂一直反覆出現各種動作。」但只要手肘採取螺旋式轉動，投手在球出手前，前臂都不會出現向內翻轉的情形。

就在包爾覺得拉米瑞茲的新曲球快要練成時，印地安人教練團卻出手終止了這項計畫，因為他們認為開發新球路的過程，對拉米瑞茲的滑球產生了負面影響。（如果球團的想法是對的，包爾覺得開發新球路還是可以作為一種不錯的差異性練習。）拉米瑞茲不想違背球團的意思，所以接受他們的建議，暫時停止練習新球路。不過他仍把開發新曲球和訓練手肘螺旋式轉動，設為休賽季的主要加強目標，預計要在布萊德索的投球訓練中心完成這兩件事。

包爾不光幫助隊友，球團有求於他，他也不會藏私。二〇一八年夏天，印地安人管理部門邀請包爾跟他們開會、提供意見，因為他們有意在前進球場架設艾傑攝影機，於二〇一九年啟用。管理部門的人想知道，要在球場哪些位置架艾傑攝影機，並且要如何使用它們。包爾在會議中不吝嗇地提供他的想法。此外，印地安人也派小聯盟投球技術協調員尼布拉，到大聯盟球員休息區詢問包爾關於球路設計的細節，以及那些可能會受惠於開發新球路的小聯盟投手。包爾花了將近一整場比賽的時間，在休息區的欄杆旁跟尼布拉討論開發球路的原理。他感受到自己跟球團的對話愈來愈多、愈來愈有建設性，而球團也更重視他說的話。

包爾當時認為自己能夠在相對短的時間內，教會拉米瑞茲投曲球。他也覺得球速提升的背後原理其實相當簡單。「試著把球投快，然後你的身體自己就會調適出足以投出快球的機制。」包爾說。二〇一八年的夏天，又有更多相關案例出現，佐證包爾的說法屬實。

二〇一六年春天，道奇想要做一點實驗。他們提供當時兼作球隊顧問的波迪一些白老鼠，請他和傳動棒球的團隊想辦法提高這些人的球速。這些白老鼠是道奇農場最不被看好的十名投手，擠不進任何道奇小聯盟球隊的球員名單。道奇安排他們到球團設在凱莫巴克農場球場（Camelback Ranch，位在鳳凰城〔Phoenix〕西邊）旁的春訓基地，進行延長訓練，接受波迪與其團隊的指導。伊茲勒（Andrew Istler）是二〇一五年選秀總順位第七百零二號的平庸投手，大學時期最快球速為八十八英里，加入職棒的第一年在新人聯盟投出難看的八點三八防禦率；來自奧克拉荷馬大學（Oklahoma University）的卡賓（Corey Copping）也好不到哪去，在同屆選秀會的第九百四十二號總順位才被選中，大學最快球速為九十英里。他們兩人都是道奇這次實驗的白老鼠。

「我們那群人基本上自成一個小圈圈。」卡賓說：「球團跟我說，我沒擠進任何一支球隊的名單，所以我要去延長春訓營……然後傳動棒球的人來到春訓基地。他們要我們使用一些我這輩子從沒用過的訓練工具，像是手腕負重帶和加重球等等。那些東西對我來講都很陌生。」

與波迪和傳動棒球共度完那次延長春訓後，這些球員不管在球速還是實際表現上，都取得顯著進步，而且還把進步的技術帶到二〇一八年的夏天。在那個時間點，伊茲勒和卡賓都成了道奇農場的優質新秀兼交易籌碼。

七月三十一日，道奇以季後賽為目標補強牛棚，把卡賓交易到藍鳥隊，換得資深後援投手亞克斯佛（John Axford）。一個月之後，八月三十一日，道奇隊再出手，把伊茲勒送到國民隊，爭取到麥德森（Ryan Madson），這位具備終結者資歷的投手後來成為總教練羅伯茲（Dave Roberts）最信賴的佈局投手。

談到那群在延長春訓成功提升球速的投手，波迪說：「道奇沒付出什麼成本，就獲得巨大的價值回報。」

波迪和包爾已經證明：球速是可以練出來的、球種也是可以開發出來的。然而，控球依然是讓人摸不著頭緒的技術環節。雖然多年來包爾不斷慢慢地改善控球，保送率從二零一五年的百分之十點六、二〇一六年的百分之八點六、二〇一七年的百分之八，下修到二〇一八年上半季的百分之七點五，但他在控球上，從來沒有取得像設計滑球（二〇一八年）和提升球速（二〇一四年）那樣的重大突破。八月，包爾的控球再次開始不穩，所以他決定嘗試更強而有力的手段來修正控球瑕疵。

八月六號，包爾在前進球場對雙城投球，原本外在偏窄的注意力，愈來愈往內在轉移。

那場比賽過後的隔天早上，包爾跟他父母親共進早餐的時候說：「我差點就要變得跟翟爾斯一樣揍自己一拳了。」那年五月初，翟爾斯因表現不佳被換下場，走回休息區的過程中，他狠狠往自己臉上揍了一拳。「昨晚我兩度完全失去投好球的能力。」包爾說。

第一次發生在第二局。包爾先是對柯普勒（Max Kepler）投出五球保送，最後一顆壞球是又高又外側的離譜速球；對上下一棒佛賽斯（Logan Forsythe），包爾又連投三顆壞球。他步下投手丘，摘掉球帽，用罩衫的袖子擦拭額頭上的汗水，再回到投手丘上。包爾連續投出三顆好球，第三顆讓佛賽斯揮棒落空、吞下三振的好球，是一記精準壓在好球帶外側的九十五英里速球。

究竟包爾是如何在一個打席的時間內，從「控球消失」變成「控球大師」的？

「前一刻我的進壘點還散亂在各個位置，下一刻我就連續投出三顆進壘點一模一樣的速球。」包爾說：「很多時候，我必須把自己打醒，做一些動作分心一下……不要再被困在原本的狀態中。有時身體的副交感神經系統會……咦，不對，還是是交感系統？我有點忘了。總之就是它們其中之一會暫停運作。這還蠻複雜的。」

如果包爾在某一局失去控球的感覺，他有時候會在下個半局（隊友打擊時）離開休息區，回到休息室內丟一丟普萊球，暫時把投棒球的感覺忘掉，好讓他更快地重新找回球感。他甚至嘗試過賞自己耳光的方式，來重新組織注意力。

包爾的母親凱西（Kathy Bauer）用比較容易理解的說法，解釋交感和副交感神經系統。她說該系統負責處理人類面對威脅或挑戰時的反應，而這種反應也就是生理學家口中的「戰鬥或逃跑反應」[4]。

她提到包爾近期另一個表現受到潛意識影響的案例。七月二十五日在主場對上海盜，包爾第一局對普朗科（Gregory Polanco）投出一顆九十四英里的速球。那顆速球的進壘點照理來講應該要在左打者內角低的位置，但它卻跑到了好球帶上緣。下午比賽的第一局，夏日艷陽依然高高掛，在明亮陽光下，普朗科把失投的速球打成直朝包爾飛去的強襲平飛球，幸好包爾閃得快，不然球很可能就會砸到他臉上。因為內野守備佈陣關係，游擊手林多（Francisco Lindor）守在包爾正後方，他在球落地一個彈跳後把它收進手套，快傳一壘，結束那個半局。

然而，包爾第二局回到投手丘時，球速卻降到跟四月初在酷寒天氣中對上皇家的先發一樣。他對貝爾（Josh Bell）和摩蘭（Colin Moran）各投出一顆僅九十一點七英里的速球。要知道，包爾當時的賽季平均速球球速可是高達九十四點六英里。

「普朗科的擊球，從我手套和臉中間的空隙穿過去。那是我第一局投的最後一顆球。」包爾說：「我記得回休息區後，感到非常疲憊，狀態不在百分之百。第一局剛開始的時候，我的球感和球威還非常好，但第二局一上去我卻只能投出九十英里出頭的球，感覺有點萎靡不振。」此役的球速追蹤數據佐證了包爾的說法，他的球速在第二局出現明顯下滑。「（投手教練）威利斯以為我受傷了，所以第二局結束後還問我：『嘿，你還好嗎？』我回說：『還行。只是不知為何身體忽然間進入休眠狀態。』有些時候就是這樣，身體狀態忽然變得很不穩……於是我開始嘗試一些不同的方法去做調整。」

投完第二局後，包爾走到休息區後面攝影機拍不到的地方，用力打自己巴掌。包爾稱這個作法為「增速耳光」（**velo slap**）。

「我是認真地打自己耳光。」包爾說：「我必須把自己打醒，從當時的心境跳脫出來。」

三局上結束後，包爾在主場休息區找上克萊文傑。

「我投完第二局的時候你跑去哪？怎麼沒看見你？」包爾問。

4　戰鬥或逃跑反應（Fight-or-flight response），心理學、生理學名詞，為一九二九年美國生理學家瓦特・坎農（Walter Cannon）所創建。指我們在原始時期的祖先在面對危險（如受到野獸襲擊）時，身體會分泌出各種化學物質，令心跳加速、呼吸頻率和血壓上升，激發身體潛能，從而令身體準備進行戰鬥或逃跑，以增加生存機會。

「我那時候在休息室裡啊，怎麼了嗎？」克萊文傑說。

「那算你倒楣。你錯過了賞我增速耳光的機會。」包爾告訴他。

對於錯過打包爾巴掌的機會，克萊文傑似乎真心感到失望。

休賽季在傳動棒球做訓練時，如果有人差一點點就能達到他所設下的球速目標，他的訓練夥伴就會用力地賞他巴掌。「是認真地打他們巴掌，沒在開玩笑的。」華倫說。

「被打巴掌之後，腎上腺素會忽然飆升。」包爾解釋道：「常常一巴掌就會讓你提升二英里。」

包爾後來覺得，增速耳光或許也對增進控球有些用處。

回到八月六號那場對雙城的先發，六局上兩出局，印地安人六比〇領先，包爾對薩諾（Miguel Sano）的球數投到一好三壞。下一球，包爾在那場先發第二度感受到控球不見：他投出一顆離好球帶非常遠、偏低偏外側的九十七英里速球。身穿白色罩衫、腳上襪子拉到膝蓋高度的包爾，走下投手丘，用手套遮住嘴巴然後大罵了一聲：「操！」包爾這髒話罵得連位在本壘板後方上層的媒體室都聽得一清二楚。威利斯此時上投手丘關心他的狀況。包爾對自己的表現非常不滿，因為即便那場比賽印地安人幾乎確定會獲勝、美聯中區的戰況也已大致底定（印地安人當時獨居第一，領先第二名的雙城達十場勝差），但賽揚獎的競逐可還沒結束。

「我那時心裡想的是：『我的投手獨立防禦率明明還可以更優異，這保送卻壞了好事，真該死。』」包爾說。

走上投手丘的路程中，威利斯觀察到包爾臉上的怒火，他知道包爾為何不爽，所以笑了出來。

「我當下超氣自己。」包爾說：「威利斯出來，看到我的情況之後，只是笑笑地跟我說：『這個嘛，接下來這個傢伙很會打低球，所以記得速球的上竄尾勁要投出來。』」

我們問包爾，他在比賽中是否會常常想到「Fangraphs」網站的WAR值數據。之所以會那麼問，是因為

「Fangraphs」的投手WAR值，採用投手獨立防禦率作為評判投手控制失分能力的主要依據，排除隊友守備因素對其失分所造成的影響；因此，保送的多寡會大大左右「Fangraphs」版本WAR值的表現。

「當然。他時時刻刻都放在心上。」華倫笑著插話道：「他唯一花更多時間去想的數據是三振，因為三振比『Fangraphs』版的WAR值更重要。」

那投手丘會議是不是真的有用？尤其是像背景較為傳統、鬍鬚斑白的威利斯，上投手丘跟包爾說話，這麼做到底有沒有意義？華倫再次回答。

「大多數好的投手丘會議，都跟投球完全沒關係。」他說：「如果你上投手丘是為了討論投球問題，那乾脆直接把投手換下場比較快……臨時做任何投球機制的調整，都會使投手脫離比賽時所需要的競爭心態。」

此時包爾開口了。

「跟你講一個我聽過最厲害的投手丘會議，主角是史卓姆。」他說：「史卓姆那時候還不是太空人的投手教練。他們隊上有一個菜鳥投手，大聯盟生涯第二次先發，某一局，他先投了兩個保送，又被打了安打，感覺上就是那種即將被打爆的前奏。局面搞成一出局滿壘，總教練眼見苗頭不對，跟史卓姆說：『你上去跟他聊聊。』史卓姆那時想：『我根本不了解這個少年仔，不能跟他講投球方法。』他靈機一動，雙手抓著兩片屁股肉，向內夾緊，再走上投手丘。史卓姆對菜鳥投手說：『嘿，小夥子，這局不結束我就不能去廁所，你要是再不解決這個場面，我就要拉褲子了。所以我拜託你，趕快把這局搞定。』他雙手又抓了抓自己的屁股肉，做出夾緊的動作，然後才走回休息區。結果不出兩球，雙殺出現，菜鳥投手安全下莊。」

史卓姆成功轉移那投手的注意力，使他回到外在偏窄的注意力模式。

威利斯在投手丘會議中，以一派輕鬆的態度，看待包爾在比賽中心繫投手獨立防禦率的行為，這點或許也幫助包爾轉移了注意力，使他走出短暫的心理撞牆期。包爾對下一名打者柯普勒投到滿球數，接著關鍵一球，他準確地把球控在好球帶內角高的角落，讓柯普勒沒有出棒遭到三振，半局結束，包爾當天的投球任務也就此告一段落。賽前，包爾跟塞爾在美聯WAR值排行榜上不分軒輊；賽後，他的WAR值上升到五點七，略高於塞爾的五點六，因此取得領先地位。

總計，包爾完封雙城七局，送出十一次三振，過程中達成單季兩百次三振的里程碑。包爾單季兩百K的苦主是雙城捕手威爾森（Bobby Wilson），他在第三局看著包爾走後門的「層流特快車」進壘，站著不動吞下三振。三振威爾森後，包爾獲得主場觀眾的起立鼓掌慶賀，而他坐在本壘板後方球探席的父親也見證這一切。華倫為了錄下包爾那場先發的影片，特地帶著艾傑攝影機飛到克里夫蘭。賽前，他在本壘板後方的一個護欄旁架設艾傑攝影機；比賽中，他在球探席用筆記型電腦即時監看艾傑攝影機錄下的影像，並做一些快速的剪輯。我們問華倫，會不會經常有球探上前來問他在做什麼，或問他用的攝影機是什麼型號。「幾年前有一個球探來問過吧，但僅止於此。」華倫說。

包爾正處在大聯盟生涯的最佳賽季中，甚至剛繳出可說是轉職業後最佳的單月成績，但他知道自己還是有技術環節不夠穩定：他需要找回維持穩定控球的感覺；必須不讓負面的潛意識搗亂生理機制；要把注意力型態保持在「外在偏窄」。包爾也需要好好做一個紮實的差異性牛棚練投。然而，老天爺卻不允許他做這些事。

第十三章　能強化表現的資訊

有人曾經問我，
我有沒有上場打擊心裡只想著開轟的經驗，
我回他說：「當然啊。我每個打席都想開轟。」

——米奇．曼托

六月賽前的早晨，海盜主場PNC球場（PNC Park）沒有窗戶的客隊休息區內，坐在休息區中央人工皮沙發上的透納，把大部分早上的時間都花在解填字遊戲。填字遊戲是大聯盟休息室裡常見的殺時間手段，至少對於那些喜歡思考的球員來說是如此。運動員有許多停機休息的時間，這代表如果他們不找點事情做，就得花好幾個小時反覆回想之前的成功與失敗。透納需要做一點能讓他分心的事情。

二〇一八年亞利桑納春訓賽程的尾聲，運動家先發投手葛瑞夫曼（Kendal Graveman）投出一顆失控的速球，不偏不倚打在透納的左手腕上，造成他手腕骨折。透納因此缺席了開季前五週的比賽，而且傷癒歸隊後，打擊狀況並不理想，打擊三圍分別只有二成四三／三成二五／〇點三四三，八十個打席中僅揮出一支全壘打，各項數據皆遠低於他改造之後的水準。季前，業界公認道奇應該會是國聯最強的球隊之一，但打完前六十場比賽，他們的戰績是不能更普通的三十勝、三十敗。作客海盜的系列賽展開前，道奇在國聯西區只排第三。

拉塔盡量去看透納的每個打席，如果能看直播就看直播。改造出好的打擊機制絕非一勞永逸，事後還得花很多心力去維持。拉塔注意到，透納傷癒歸隊之後的打擊機制出了一些問題。透納剛復原沒多久的手腕仍不夠強健，導致身體其他部位得花更多力氣去彌補手腕運用的不足，進而對整個生理機制造成負面影響。這種不平衡，也是他球季中後段拉傷鼠蹊部的原因。拉塔與透納再次密切合作，試圖改善新浮現的打擊問題。

從某種角度看，修正打擊機制是一種藝術。幾乎每一天，拉塔跟透納都會互傳簡訊討論或交流想法。「這是一個跟拉塔不斷來回對話的過程。」透納說：「討論不同的想法、思考可以做什麼嘗試、建立有助於走出低潮的心態。」

透納說，就算要做調整，有些大原則依舊不能改變。他想要朝投手方向跨大步、找到打擊機制的平衡、出棒時雙手從肩膀以下啟動，確認這些大原則都有做到後，他才開始做調整。他跟拉塔實驗不同的修正方式、更換雙手擺放的位置。到七月初，透納擺出打擊姿勢時，雙手擺放的位置已經變得比較低、比較靠近身體。拉塔認為透納的雙手需要多一點運作空間，換言之，透納身體和本壘板之間的距離要拉大。

整個六月，透納的打擊成績都在進步，揮出四發全壘打之外，wRC+也達到高水準的一百三十九。不過他在七月又陷入低潮，單月四十個打數開轟數掛零，於是他持續做調整。八月初，透納在場上展示了一個明顯的打擊機制改變：他的打擊站姿明顯變得開放許多，代表他的前（左）腳踩踏的位置，從原本大約在左肩下方的位置，往後移動到左肩後方。此站姿調整的目的是，給他雙手更多運作的空間和自由。

上半季，透納的打擊三圍是二成五八／三成五四／〇點三九三，wRC+為一百一十；來到下半季，他搖身一變成為大聯盟第二好的打者，繳出高達一百九十的wRC+和三成五六的打擊率，兩個數字皆僅次於當年的國聯最有價值球員耶律齊（Christian Yelich，wRC+：二百二十、打擊率：三成六七）。透納的平飛球率也從上半季的百分之二十，暴增到下半季的百分之三十一點四。

從「棒球指南」版本的WAR值來看，透納二〇一八年若累積六百打席的WAR值會是八點九，這個數字為全國聯最高，放眼整個大聯盟，亦只遜於貝茲的十點九和楚奧特的十點八。如此卓越的成績並非一蹴可幾，透納可是跟拉塔經過無數次的來回討論、不斷做出各種細微的調整，才成功扭轉了他的賽季。

「我常聽到有人說：『做這個練習、用這個訓練法，你就可以變強。』」拉塔說：「但就頂級水準的職業打者而言，那些指令真的能轉化為他們需要的改變或調整嗎？」

拉塔已經產出許多實證案例證明他的那一套有用。他協助透納把自己變成MVP等級的打者，而受到他影響改變揮棒機制的貝茲，也在二〇一八年繳出生涯單季最佳的全壘打數（三十二支）、長打率（〇點六四〇）、wRC+（一百八十五），一舉奪得美聯MVP。貝茲的滾地球率從二〇一七年的百分之四十點四，下降到締生涯新低的百分之三十三點九；此外，他的飛球出牆率也從百分之十點一增加到十六點四。

飛球革命的影響力正蔓延整個大聯盟。愈來愈多不論年輕還是資深的球員，都開始採納新打擊思維；球團和教練也積極推廣飛球革命的思想；而新科技工具和即時的回饋機制，則使飛球革命帶來的轉變更加有效。但下一個階段，或許才是整個飛球革命最重大的發展。

二〇一四年，時任光芒隊總教練的麥登（Joe Maddon）指出，追蹤科技的出現，對球隊「防守」的幫助遠大過「進攻」。「打者現在居於完全的劣勢。」麥登說：「而且我覺得短期間內他們逆轉不了這個頹勢。我看不到任何可能性。這也是為什麼思考打擊技術的改進時，得更有創意一點……現在，進攻端不斷走下坡，按照投球和防守技術的進展，這股趨勢不會停下來，因為不管是數據、影片應用、還是各式各樣的資訊，對投球和防守產生的效益，皆遠大於打擊。」

麥登說完那些話後，大聯盟整體的進攻數據其實連續三季都有所進步，但那些進步大多來自造成全壘打激增的官方用球改變。麥登對於新數據資訊浪潮「重守輕攻」的觀察，至今依然適用。「你是投手，球在你手上，你有主動權，所以依據資訊做出改變比較容易。投手比打者更能掌控決策，而打者則很明顯地較為被動。」富德說。

沒有人比傳動棒球的前打擊主任歐洽特更清楚這點。在二〇一八年十二月被費城人聘用為他們的小聯盟打擊技術協調員之前，歐洽特在傳動棒球的工作，就是試著幫助打者趕上投手的進步速度。弔詭的是，傳動棒球也是幫助投手提升表現、使打者日子更難過的訓練基地。「老實說，現況其實蠻令我心煩的，因為我好像在做困獸之鬥。」歐洽特在二〇一八年夏天說：「我在我工作的地方，每天都能看到投球端的快速進展。但每當我跟棒球界的打擊專家討論打擊，他們卻還在爭論『到底要不要打滾地球』、『打滾地球是好是壞』等早就已經有定案的議題。我真的很想跟他們說，嘿，大家，我們已經被投手們電爆了，然後你們還在討論這些？」

歐洽特感嘆：「整體而言，我們對打擊的了解實在太少了。」值得慶幸的是，縱使已經遲了慢了，但打者們確實已經開始對投手的進步做出反應，大聯盟進攻端和防守端之間的不平衡，漸漸變得沒那麼極端。在傳動棒球這個改革投手訓練方式的大本營，重新思考打擊技術儼然成了當前最大的成長契機所在。

跟許多新世代的教練一樣，歐洽特教練生涯的起源也非常不起眼。

出身自加州格倫代爾市（Glendale）的歐洽特，無論在格倫代爾社區大學（Glendale Community College），還是後來轉學到舊金山州立大學（San Francisco State University），作為學生棒球員的表現都不好。歐洽特主修人體運動學，對運動科學和生物力學的各個面向都深感興趣。他的弟弟亞當（Adam Ochart）就讀位在矽谷地區阿瑟頓鎮（Atherton）的商業學校——曼隆學院（Menlo College），並在學校棒球隊打球。有一次，隊上一名教練離職，亞當問他哥哥會不會想到他們球隊擔任打擊教練。歐洽特決定去申請看看，結果還真的拿到工作，曼羅學院棒球隊因此成為他的第一個打擊實驗室。

「我之所以很願意嘗試各式各樣的東西，有兩個原因：第一，我自己身為球員表現得不怎麼樣，所以完全沒有架子或包袱；第二，對我來說，每樣新測試都很新鮮、很有趣。」歐洽特說：「在那裡，我經常把動作學習和運動科學的理論，套用到球員養成和訓練中。」

二〇一三年，曼隆大學單季拿下三十四勝，創下隊史紀錄，並晉級國家大學校際體育協會（NAIA, National Association of Intercollegiate Athletics）[1]的全國錦標賽。曼隆大學除了有出色的投手群和防守表現，他們的打擊表現也相當優異，在球季中繳出比對戰隊伍更好的全壘打數（三十二支：六支）、長打率（〇點四一五：〇點三〇五）、上壘率（三成七八：三成二八）。曼隆大學棒球隊的環境非常適合做實驗，他們的球員都不是什麼明星球員，所以也沒什麼包袱。

「我當時心想，也許我搞的這些東西，真的有用喔。」歐洽特說。

歐洽特開始在推特上分享他開發的非傳統練習法。「鍵盤教練」（Hitting Twitter）一詞的出現，是為了譏諷那些在社群媒體和YouTube上發布可疑訓練方式和技術撇步的人。閱聽眾有時很難區分這些網路生成內容的實際價值，因為有些確實是專家的專業指導，但有些也可能是誤人子弟的建議。但在一大堆缺乏認證和實績的網路教學中，仍有一部分是對球員極有幫助的內容，值得探索一番。波迪就發現了歐洽特在網路上分享的東西，並且對他的作為感到好奇。波迪想知道歐洽特如何運用追蹤科技的數據、如何運用加重棒做超負荷與低負荷的訓練。歐洽特在擊球仰角變成熱門詞彙前，就已經開始討論它的意義，而這也是波迪有興趣了解的一點。

1 國家大學校際體育協會是一個服務美國各個大學和學院的體育協會，在加拿大和巴哈馬也都有成員。它是北美洲最早成立的國際大學間體育協會。（摘編自維基百科）

於是，波迪主動聯絡歐洽特，而歐洽特則去把波迪在二〇一四年出版、探討建構球速的著作《駭入動力鏈》（Hacking the Kinetic Chain）找來看。

「那本書實在令我印象深刻。」歐洽特說：「我認為在當時，沒有任何談論球員養成的書，能像波迪那本那麼注重科學原理和實證研究。那時候還沒有人會用那種方式討論棒球，很多討論棒球技術的書都很爛。因此，我被波迪的研究迷住了，而他也問我是否有意願加入他們的團隊，因為那時他們正思考要在未來投入打擊的研究。我毫不猶豫，立刻答應了波迪的邀約。」

歐洽特因此搬去西雅圖住。

「在曼隆的時候，球隊預算非常有限，能買的東西不多，球都用到爛掉，而打擊籠也是一堆破洞。但到傳動棒球一切變得完全不一樣，波迪跟我說：『你有公司的卡，想買什麼就去買，最好是買齊追蹤器材，把能追蹤的項目都追蹤起來……六個月後我再跟你確認進度。』」歐洽特說：「聽到波迪這麼說的當下，內心的感覺不太真實，但也有點害怕。起初我根本手足無措，不知道該從哪裡下手、該怎麼開始。」

仿效傳動棒球在發展投手上的指導原則，歐洽特開始量測打者所有的技術環節，並且對各種現象提出質疑。數據顯示拉打飛球對打者來說是成效最好的產出，但數十年來，許多教練都不鼓勵打者拉打。「很多業餘球員拉打的平均擊球仰角都是負值。『把球拉得好、拉得漂亮』是滿罕見的技術，且通常只有最優秀的打者才能做好這點。」歐洽特說：「此外，棒球界沒有人在教拉打，從來沒有。我不知道其他人的經驗是什麼，但我從少棒、高中棒球，到大學棒球，一路走來，從沒看過有人練習拉打。一直以來都是練推打、練習做反方向練習、練習如何把球打向球場的各個球落。我教過的業餘球員中，絕大多數拉打的技巧都很差。」

然而，「擅打拉打飛球」是可以被養成的技術。拉塔就曾把球員改造成很會打拉打飛球，而職棒球界也出現愈來愈多類似案例，進一步刺激球員技術改造的浪潮。就拿林多和J．拉米瑞茲（Jose Ramirez）兩人的例子來說，他倆都在二〇一八年成為大聯盟史上最令人難以置信的長打重砲。

根據棒球數據網站「Baseball-Reference.com」的資料，大聯盟史上共有四百六十二個累積至少三十八轟的個人賽季，由一百七十八位不同的打者產出。在這些球員中，只有二十二人（產出四十六個至少三十八轟的賽季）的身高低於一百八十點三（含）公分。號稱一百八十公分的林多，以及可能不到一百七十五公分的J．拉米瑞茲，是最近一批加入這群矮個兒重砲手的球員。更不可思議的是，他倆還是隊友。

雖然J．拉米瑞茲和林多都不願多談他們的打擊策略和哲學（林多堅持自己不是長打型球員），但可以確定的是，印地安人球團正在挑戰傳統的打擊思維：他們的大聯盟打擊教練范伯克利歐（Ty Van Burkleo），過去曾參與拉塔在棒球園地舉辦的打擊智庫研討會；他們延攬職棒圈外人到小聯盟體系擔任打擊指導員；在小聯盟各隊的場上打擊練習中，他們不再讓教練餵球，而是採用能夠投出接近實戰速度的發球機；在小聯盟球隊的室內打擊籠中（如低階一A的湖郡船長隊〔Lake County Captains〕），他們從追蹤數據資料整理出表現排行榜，提供選手一個良性競爭的平台，看誰能打出最好的擊球初速和仰角。改革打擊練習方式的球隊不止印地安人，太空人球員T．懷特就在社群媒體上提到，他們在延長春訓中採行具差異性練習成分的打擊訓練法：他們在每個室內打擊籠中，都設置速球發球機和變化球發球機，每次場上的打擊練習也都有這兩台機器；進行訓練時，教練會站在兩台機器後方，雙手各拿一顆球，如此一來，打者便無法確定接下來面對的球路會是快速球還是變化球。

二〇一八年，J．拉米瑞茲揮出三十九支全壘打，林多也不遑多讓，扛出三十八支。過去沒有一份球探報告預測林多能打出比平均水準還高的長打火力，而絕大多數的球探報告都預測J．拉米瑞茲的長打產出比林多更少，畢竟J．拉米瑞茲小聯盟時期單季全壘打數從不超過五支，且他在大聯盟的菜鳥年也只繳出〇點三四〇的貧弱長打率。（林多從沒在任一支農場球隊累積超過六發紅不讓。）

「沒人覺得我能打出這樣的成績。」J．拉米瑞茲接受「ESPN」訪問時說：「因為我的身材太矮小了。」

即便在二〇一八年，J．拉米瑞茲和林多的擊球初速也稱不上有多頂尖。在三百三十二位符合排名資格的打者中，J．拉米瑞茲飛球與平飛球的平均擊球初速（九十二點四英里）僅排在第一百六十六位，而林多（九十四點三英里）則排在第八十位。他們之所以能揮出大量全壘打，是因為他們開始選掉那些不好打的球，專挑特定進壘點的球路出擊，好讓他們能在較早的擊球點打到球。「如果我開始把目標擊球區域擴大到整個好球帶，那就有麻煩了。」林多說：「不是說我沒辦法把目標擊球區域擴大到整個好球帶。你要我把任何進壘點的球都打進場內，沒問題。但那樣做，對我或對球隊都不會是好事。」

假如打者把擊球點提早，在球飛到本壘板上空前就打中球，便能把球擊到拉打方向。印地安人球團和數據資料都支持這樣的打法，因此林多和J．拉米瑞茲也開始把球敲到拉打方向的高空中。

二〇一八年，J．拉米瑞茲拉打方向的滾地球率（百分之四十三點七）為全聯盟倒數第十一名；貝茲（百分之四十六點三）為倒數第二十八名；林多（百分之五十點九）為倒數第六十八名。他們的數字皆遠低於大聯盟的平均值——百分之五十八點七。（透納拉打方向的滾地球率也很低，為百分之四十三點四，在全聯盟符合排名資格的打者中，排在倒數第十位。）

上述三名打者的拉打滾地球率，都在近年明顯下滑。二〇一七年，J．拉米瑞茲的拉打滾地球率為百分之四十八點八，排名倒數第四十八；林多為百分之五十二點八，排名倒數第九十四；貝茲為百分之五十，排名倒數第七十。把年份再往前挪，二〇一六年，J．拉米瑞茲拉打時的滾地球率為百分之五十七點一，排名倒數第一百三十二；林多為百分之六十四點六，排名第二百四十六；而貝茲則是百分之五十四，排名第八十八。

他們的劇烈轉變都相當驚人。這三名身材矮小的強打者都不是一夜之間變浩克，也沒有把每支全壘打都轟到四百五十英尺之外；他們只是優化揮棒機制，藉此創造出更理想的擊球品質。

飛球革命的第一階段是讓球脫離地面，而林多和J．拉米瑞茲都已經辦到了，平均擊球仰角（以及全壘打數）逐年攀升。

可說是更重要的第二階段，則是把球擊成拉打方向的高飛球。另外，林多和J．拉米瑞茲進化成長打好手的過程中，揮棒落空率沒有因此增加。一般認為，若打者要擊出更多飛球，通常得被迫犧牲擊球率，變得比較容易揮空棒，但林多和J．拉米瑞茲都沒遭遇類似的現象。

大聯盟二〇一八年拉打全壘打數量最多的前三名，分別如下：

一、拉米瑞茲：三十二支

二、林多：二十七支

三、貝茲：二十六支

若從拉打飛球的總數來看，J．拉米瑞茲在二〇一八年能排到全聯盟第二（二百五十一顆）；身材同樣矮小、競爭MVP呼聲很高的太空人打者布萊格曼排名第三（二百四十六顆）；林多排第八（二百二十六顆）；貝茲排第十八（二百零五顆）。這些打者儘管居體型上的劣勢，身高皆不及一百八十三公分，但因為學會把球拉高，都成為足以角逐最有價值球員獎的候選人。二〇一三年，十九歲的貝茲打完半個全壘打掛零的低階一A賽季後，《棒球美國》將他排在紅襪農場新秀榜的第三十一名，並留下十分輕蔑的評價：「不確定他是不是真的有高於一般水平的技術項目，因為他的身材不行，打中球的力道也不夠。」然而，來到二〇一八年，在所有

林多

球季	平均擊球仰角	全壘打數	平均每球揮空率
2015	3.8	12	8.6
2016	7.6	15	7.7
2017	13.6	33	6.4
2018	14.5	38	7.4

J. 拉米瑞茲

球季	平均擊球仰角	全壘打數	平均每球揮空率
2015	9.5	6	4.2
2016	12.9	11	4.9
2017	14.8	33	5.4
2018	18.8	39	4.7

累積至少二百五十打席的打者中，身高與純長打率之間的相關係數[2]，已降至一九五四年以來的新低（〇點二三）。聰明的打者不需要變成浩克才能轟全壘打。

對拉塔而言，教會選手打出理想的擊球是一種藝術，他累積了多年的教學經驗與肉眼觀察才能做到。他經常把「平衡」與「節奏」掛在嘴邊，不會告訴打者要提高擊球初速，也不討論擊球仰角。即便拉塔的哲學看似有些老派，他還是成功地扭轉不少打者的生涯。

在傳動棒球以及某些職業球隊、大學校隊內，教練採取的指導方法則完全以數據資料為基礎，企圖藉此優化打者的揮棒機制。跟歐洽特對話，你不會聽到「節奏」和「平衡」這兩個詞彙。這不代表歐洽特不認同打擊節奏和平衡的存在，只是他不像拉塔把這兩個元素當作其打擊訓練的思想核心。歐洽特的思想核心圍繞在量測生理機制數據、量化一切他所能量化的技術環節。他會把好球帶區分成九宮格，並仔細探究每一格的擊球表現數字。歐洽特給我們看一些業餘打者產出的數據，並做出快速的診斷：有一人的擊球仰角偏低；另一人可以把好球帶中央區域的球打得強勁，但內外角的球卻都打不好。「我們會調整他的訓練菜單，讓他能針對缺失做修正。」歐洽特下結論時，口吻就像一名臨床醫生。

歐洽特也會量測打者的手掌轉速和球棒轉速，並透過一個自己開發出的數據，來分析兩者之間的關係。「（揮棒效率）就是揮棒轉速除以手掌轉速。」歐洽特說：「常常發生的一個現象是，兩名手掌轉速一模一樣的打者，照理來說能產生的揮棒速度應該也會一樣，但偏偏其中一名打者轉換出來的球棒轉速就是比另一人好。這關乎到幾點，比如說你手掌減速的能力有多強，因為手掌減速所需的時間愈短，揮棒的加速就會愈猛。另外是握棒方式。我曾叫打者嘗試不同的握棒法，結果確實有效提高他們的揮棒效率。每個人的問題不同，有些人是手腕靈活度不佳，而有些人則是沒辦法在揮棒過程中使慣用手前臂向外翻轉。」

歐洽特口中的運動科學術語，聽起來非常像包爾和波迪在投球領域所談到的專業詞彙。雖然他們在各自的領域都相當重視科學，但在打擊這一邊，藝術成分所佔的比重還是高一些。

「我們已經對於好投手該具備的能力有基礎認識，也知道做到哪些事情能帶來好的投球數據……但在打擊領域，很多東西仍處在灰色地帶，還是需要做很多猜測。」歐洽特說：「因此我認為，我們現在對打擊技術的了解還非常原始、非常初階。現階段，很多成功的打者之所以成功，不是因為他們採取什麼訓練，而是因為他們天生就是很好的運動員。」

傳動棒球的員工常說，他們在傳動棒球工作為棒球帶來的貢獻，會比他們為單一球隊效力來得多。「在傳動棒球工作，能影響棒球的層面和程度，比較廣也比較大。」傳動棒球的量化分析師卡拉凡（Alex Caravan）說：「如果我為某支球隊工作，能做的事基本上就是思考隊上的投手要怎麼解決下週的打者。這些工作可以幫

2 一般說的相關係數通常是指「皮爾森相關係數」（Pearson's correlation coefficient），用於度量兩個變數之間的相關程度，其值介於負一與正一之間。值愈靠近正一，則兩變數正相關愈大；值愈靠近負一，則兩變數負相關愈大；若值愈接近〇，則兩變數愈無關聯。

到球隊沒錯，但對棒球整體發展的貢獻有限。」

二〇一八年夏天，歐洽特也表達了跟卡拉凡類似的想法，但同年底，他還是答應費城人的邀約，成為費城人的員工。即便如此，歐洽特仍維持跟傳動棒球的合作關係。他認為，也許已經是時候踏入職業層級養成打者了，他們可能也需要他的協助。

「如果包爾是打者而不是投手，就算他的成長心態有多強烈、有多麼願意學習新知，在只接觸傳統打擊訓練的情況下，他不可能上到大聯盟。」歐洽特說：「包爾天生的運動條件並不理想，因此必須用上他能用上的所有先進資源，努力把自己打造成最佳版本，才能成為大聯盟投手。然而，同樣的情況在打擊領域卻連發生的機會都沒有，因為一直以來打者的成敗全靠自己：優勝劣敗、適者生存，能上大聯盟的人就是能上大聯盟，能成為頂級打者的人就是能成為頂級打者，沒什麼輔助科技和技術支援可言。」

第十四章　能變強就好

人最瞧不起自己的時候，
就是知道自己明明在做錯的事，
卻還是繼續做下去。

——引用自《獻給阿爾吉儂的花束》（*Flowers of Algernon*），凱斯（*Daniel Keyes*）著

雖然瑞奇在球員養成領域的成就斐然，但他認為還是有些缺失是無法修正的。

就拿溫塞特（Tom Winsett）來說吧。溫塞特是一九三〇年代紅雀隊農場的左打重砲手，因其一百八十八公分的身高在那個年代算得上高大，而獲得「長人湯姆」（Long Tom）的綽號。儘管左外野防守能力糟糕，但從一九三四到一九三六年的三個賽季，溫塞特都繳出至少三成四八的打擊率和〇點六一七的長打率。一九三六年，溫塞特在美國協會（American Association，當時一個屬於小聯盟層級的聯盟）的五百三十六個打數中，敲出全聯盟最多的五十支全壘打，長打率高達〇點七三一。

瑞奇對外宣稱溫塞特是「下一個魯斯」，並生動地描述他強大的長程砲火：「投手只要把球投在溫塞特的進攻區域，那就得倒大霉了！」但不知為何，瑞奇始終沒給溫塞特太多出賽機會，溫塞特的紅雀生涯只在大聯盟留下十二個打數。

後來大家才知道背後的原因。一九三六年八月，瑞奇把二十六歲的溫塞特交易到道奇隊，換來三名球員和現金。瑞奇表示：「雖然溫塞特有著非常漂亮的揮棒，但無論什麼球過來，他的揮棒都一模一樣，完全不會做調整。」事後證明瑞奇說的沒錯，溫塞特在大聯盟的成績完全不比在美國協會，因為大部分大聯盟投手都能把球投在溫塞特的進攻區域「之外」。在道奇的三個部分賽季，溫塞特只在四百六十五個打數中，繳出二成四一打擊率、〇點三五七長打率、七支全壘打的慘澹成績單。跟他同期並且累積至少六百個打席的大聯盟球員中，只有一人的三振率比他高。瑞奇修不好溫塞特那金玉其外、敗絮其中的揮棒，所以趁著他賣相還沒變差時，把他交易到道奇。

瑞奇也討厭那些跨步跨太大的打者，因為他們犧牲了打擊的平衡和力量。擔任大學教練時，瑞奇會擺一個通常是鉛球選手使用的抵趾板在打擊區前方，這樣一來，打擊跨步太大的打者就會絆倒。然而，有些打者好像很喜歡絆倒一般，絆了無數次就是改不了跨大步的習慣。為了避免這群改不掉習慣的打者練到腳踝扭傷，瑞奇換一個方法，將他們的雙腳腳踝綁上繩子，限縮跨步空間，但這個手段對選手來說實在太束縛。「跨步跨太大的打者是改不了這習慣的。」瑞奇一九五〇年對《紐約客》（New Yorker）的記者萊斯（Robert Rice）坦言。

瑞奇的說法言過其實了。一九八〇年選秀第一輪被印地安人選中的外野手蓋拉格（Dave Gallagher），在小聯盟苦熬七個賽季，直到一九八六年都還沒升上大聯盟，甚至在三A待了三年之久，其攻擊指數一直突破不了〇點八〇〇。蓋拉格把打擊無法有效突破的問題，怪罪到太長的跨步。「我打擊跨步時，整個人幾乎都快跳起來了，無法維持揮棒機制的平衡。」一九八九年蓋拉格接受《運動畫刊》訪問時說：「我覺得只要把腳控制好，整套打擊機制就能穩定下來。」蓋拉格沒聽過瑞奇的綁腳作法，但他採用了類似的手段訓練自己，以較為現代的材料如塑膠鏈和魔鬼氈束帶，做出能限縮他跨步步幅的器材。蓋拉格把該器材稱為「跨步家教」，使他在不用刻意控制的情況下，減少打擊時的跨步距離。

蓋拉格將跨步家教導入他的日常訓練，很快就收到成效，在三A的打擊數據有所進步。一九八八年，二十八歲的蓋拉格終於站穩大聯盟且打出佳績，在美聯新人王票選中獲得第五名，後來他再打了七個大聯盟賽季才退休。蓋拉格的商業頭腦動得很快，一九八八年就為跨步家教申請專利，做成訓練產品，賣出五千組，那年他靠跨步家教賺到的錢，比打球掙得的薪水還要多。二〇一二年接受訪問時，蓋拉格說要不是跨步家教的幫忙，他沒辦法在大聯盟生存，而跨步家教只不過是把已經存在的舊想法，以更進步地方式具體實踐而已。由此可見，也許K背心可以幫助當年的溫塞特調整出更能適應不同球路的揮棒機制，或是追蹤者數據可以說服他不要追打那些偏高的壞球；如果蓋拉格的跨步家教早點問世，或許就能幫到以前許多跨步跨太大的打者。

不過就算蓋拉格的故事再勵志，還是掩蓋不了大多數球員都被卡在小聯盟的殘酷事實。很多新秀即便效力於願意改造球員、積極養成球員的球隊，最終仍走不到升上大聯盟的終點線。如此現象凸顯了棒球界至今仍未解答的一個大哉問：到底球員的潛力能被開發到什麼程度？「大家都想知道，究竟哪些能力不容易調整改進，哪些能力比較好改變修正？」班尼斯特說。

二〇一四年三月，紅襪選擇釋出希爾、留住布雷斯洛（Craig Breslow）。布雷斯洛跟當時的希爾類似，也是球速不快的後援左投，二〇一二和二〇一三年賽季，都有為紅襪投過球，因此球隊對他算熟悉。只比希爾小五個月的布雷斯洛，因為拉傷肩膀的關係，被迫得在傷兵名單上開季，但他在陣中的地位仍十分穩固。前兩個賽季，在所有合計累積至少一百二十局的後援投手當中，布雷斯洛經球場因素校正[1]的防禦率平第六低，只遜

1　棒球的球場規格雖有一般性規範，但各個球場的樣貌與地理特性仍各有不同。條件不同的球場，會影響球員的數據，舉例來說，在高海拔的球場出賽較頻繁的投手，就比較容易被打全壘打，因為高海拔環境有利於飛球的飛行。因此，比較不同隊的球員數據時，為了更正確地做出評判，排除球場因素所造成的雜音成為重要的校正程序。許多大聯盟進階數據的設計，都有把球場因素考量在運算公式之中。

於明星級的終結者。從二〇〇五年效力於教士隊的菜鳥年起，一路到二〇一三年，布雷斯洛經球場因素校正的通算防禦率，在同期超過三百名至少累積四百局投球的投手中，排第八低，足以和克蕭和大聯盟史上單季救援成功次數最多的羅德里奎茲（Francisco Rodriguez）相提並論。

身高一百八十三公分的布雷斯洛，在選秀會第二十六輪才被選中，從來就不是人們口中的大物新秀、明星球員、終結者。當時在選秀會選他的球隊——密爾瓦基釀酒人（Milwaukee Brewers），養了他兩年就把人釋出。與希爾同病相憐，布雷斯洛曾轉戰獨立聯盟，後來教士開給他測試的機會，他沒有錯過，但只獲得一張簽約金一美元的合約。一個球季之後，教士沒有跟他續約，變成紅襪看上了他，給他一張合約試試。接下來幾個球季，布雷斯洛持續他的浪人生涯，在讓渡名單上被撿走三次也就算了，還被交易兩次。他的三振和保送數據並不亮眼，而一些能夠估計自責分率的指標，則顯示他失的分數應該要比帳面數字更多才對。沒有球隊想要長期留住布雷斯洛，但他總是能想到辦法，透過製造品質不佳的擊球、避免打者擊出拉打球、壓低場內球安打率和全壘打率等方式，不斷拿下出局數。布雷斯諾生涯前八個大聯盟賽季的防禦率，從沒超過三點八〇。

由於布雷斯洛的最快球速只有九十英里出頭，且製造不了什麼揮棒落空，所以他犯錯的空間很小。他長期以近乎走鋼索的驚險方式繳出佳績，但這一套來到二〇一四年不再管用。或許是受到肩膀拉傷的影響，布雷斯洛四縫線速球的球速降到只剩八十幾英里。他的控球退步、保送率增加，而且變得容易挨轟，種種因素造成防禦率激增至五點九六。隔年他止跌回升了一些，但還是無法與巔峰期相比，後來紅襪隊終於受不了，決定與他分道揚鑣。二〇一六年春訓開打前，布雷斯洛好不容易找到工作，跟馬林魚簽約，不過到七月就被釋出；遊騎兵撿走他，將他安排在三A，但不出幾個禮拜，在三十六歲生日的前一天，布雷斯洛再次被釋出。那一刻，布雷斯洛的球員生涯看似已經走到盡頭。

布雷斯洛不甘願讓球涯就此畫下據點，他仍想繼續打。「我想球界對我有錯誤的認知，好像因為我『可以』從事其他行業，就覺得我『想要』離開棒球、從事其他行業。」布雷斯洛在二〇一七年跟我們說。從旁人的角度來看，布雷斯洛似乎聰明到不需要靠打棒球維生。他是耶魯大學的雙主修畢業生，有分子物理學和生物化學的學位，可以想見大學時期的課業負擔有多重，但他依然能夠在擔任學校棒球隊隊長之際，維持不錯的三點五分平均成績（GPA, grade point average）[2]。從被釀酒人釋出到找著下一份棒球工作的那段時間，布雷斯洛可沒閒著，去考了美國醫學院入學考試（MCAT, The Medical College Admission Test），申請各大醫學院，甚至被紐約大學（New York University）錄取。要不是教士隊後來決定簽他，我們現在可能要叫他布雷斯洛醫生。

二〇〇八年，有一名隨隊記者用「棒球界最聰明的人」來稱呼布雷斯洛，這綽號從此就跟著布雷斯洛，直到他退休。外人看布雷斯洛，都會覺得「打職業棒球」有點配不上他聰明的頭腦，他總有一天會放棄這個兒時的興趣，去追尋更遠大的抱負。然而布雷斯洛自己卻不這麼想。打棒球不僅能使他的心跳加速到最快、腎上腺素飆到極致，也逼迫他使出全力動腦，其他工作對他來說都無法同時做到這三點。布雷斯洛說：「體育競賽集批判性思考、解決問題的能力、體能與技術的準備、激烈競爭等元素於一身，非常獨特。」

雖然背景特殊，但布雷斯洛有好幾年的時間，都沒有把他在科學上的專長應用在精進投球技術。二〇〇六年「棒球指南」訪問他時，當時二十六歲的布雷斯洛就表示，他在學術領域的研究和專長難以套用在棒球上。「生物化學是很獨特的學科，研究時必須非常有條不紊，也需要大量分析思考。」他說：「如果在棒球場上採取相同的心態，可能會產生反效果。」十一年後，回首當時還是年輕球員的自己，布雷斯洛有感而發地說：「那時候我的成績還很不錯，所以可能比較天真，以為好成績可以永遠地維持下去。」他繼續補充：「假如一名球

2 GPA，平均成績，是大多數大學及高等教育院校所採用的學生成績評估制度，同時也有少量中學採用此制度。計算方法為把學科所得到的評級，換算成為一個績點，再按照各學科所佔學分比例加權、加總。具體算法因國家、地區、學校的不同，形成不同差異。最常見的GPA系統為四分制：A為四分；B為三分；C為二分；D為一分；F為〇分。（摘編自維基百科）

員表現正好，他會想：『我現在去研究一些不同的投球方法，或參考一些還沒有必要用到的資訊，好狀態會不會因此受到影響？』」

二〇一一年，布雷斯洛第一次脫離成功舒適圈太遠，直到九月十二日防禦率仍超過四點〇〇，導致他必須開始尋求進階數據的援助。「我一直想，明明我的球威、球質都一樣，控球沒有壞掉，三振沒有變少，甚至還減低了保送量，但好像每次只要有球被打進場內，就會變成安打。」他說。

布雷斯洛發現，他不必透過感覺和印象來評斷自己的表現，因為數據可以明明白白地提供事實給他。讓布雷斯洛稍微鬆一口氣的是，資料佐證了他的直覺：當時他的投球內容沒有比較差，甚至還進步了一點，惟場內球安打率因為一些巧妙鑽過防區的一壘安打而激增。由此可見，他那年的防禦率膨脹，單純是因為短期內運氣不佳所致，而不是因為球技已經開始走下坡。只要他繼續保持跟以往一樣的投球水準，等一陣子成績就會恢復正常。

但五年之後，成績再次衰退的布雷斯洛，已經找不到像之前那樣的數據證明自己沒事了。即便在三A，他也被打得很慘。二〇一四年的時候，或許還可以把問題歸咎在受傷上，但在被遊騎兵釋出之後的這一刻，他必須面對的血淋淋事實是：距離他上一個表現優質的賽季已經過了三年了，而跟他一樣年紀的球員通常都沒辦法逆轉衰退的頹勢。「我沒辦法再宣稱，自己可以不明所以地忽然回歸以前的投球水準或是變得更好。我可以堅持那樣想，但只不過是在欺騙自己而已。」布雷斯洛說：「當下我覺得只剩兩條路可以選：要嘛徹底改造我的球種、投球技能、投球動作；要嘛高掛球鞋，轉任教練或其他職務，甚至退出棒球。我沒有考慮太多就選擇了前者。」

布雷斯洛盡可能主動聯絡他所認識的球探、球隊人士，爭取工作機會，但很快就意識到沒有什麼球隊對他有興趣，遑論奉上一張合約。布雷斯洛捫心自問：為什麼會這樣？他缺了什麼東西？他要做什麼事情才能引起球隊對他的興趣？後來他發現，這些問題都有一個相同的解答：他對上左打的表現必須變得更好才行。大聯盟總教練蠻常在決定比賽勝負的關鍵時刻，派出非常擅於解決左打者的後援左投上場，對付對方兇猛的左打重砲，但布雷斯洛從來就不是那樣的左打殺手。大聯盟各隊的牛棚經常需要專剋左打的左投人才，好讓他們在有需要的時候，能倚賴他迅速製造一兩個左打出局數[3]。布雷斯洛若想爭取那些職缺，就得先改變自己。

「我的劣勢一直都是球速。」布雷斯洛說。為了增加球速，他曾試著做一些加重球訓練，也考慮過去傳動棒球特訓，不過後來覺得，就算再怎麼練，球速最多也只是從接近九十英里上升到九十英里出頭（從「低於平均」到「跟平均打平」，若短時間內達成，仍是很大的進步），實質意義不大，時間花得不夠有價值。「不管我在球速上做什麼，其實都沒差……因為我不會從八十八英里的軟球派投手，變成九十八英里的火球男。」他說。

速球是大多數投手最主要的武器，不過對布雷斯洛而言，「追求進步的無限動力」才是他最主要的武器。「那才是我的速球。」布雷斯洛說。儘管實戰所用的速球愈來愈不行，但他內心的速球正蓄勢待發、準備全面啟動。

布雷斯洛認為，若他要提升對左打的壓制力，最有效且可行的方式就是改變出手角度，增加藏球的隱密性和欺騙性。為了達到這個目標，他想出最好的辦法是從高壓式投法改為四分之三側投[4]，因為左打者對上四分之三側投的左投，看到球的時間比較少，也比較容易揮空。改變出手點之後，布雷斯洛只要再優化滑球（過去

---

3 從二〇二〇年起，大聯盟更改規則，規定投手上場至少都要面對滿三名打者才能退場，例外情況為投手投到一個半局結束或受傷被迫提前退場。此規定可能使只專門對付左打的「一人左投」數量減少。

4 四分之三投法：因十二點至三點呈九十度直角，四分之三的位置恰好在兩點鐘方向，故以此命名，現今東西方都以此為主流，又稱斜肩投法。（摘編自台灣棒球維基館）

他較少用滑球，多只仰賴四縫線速球、伸卡球、卡特球、變速球等球路），就能創造出足以吸引球隊目光的投手條件。

職業生涯進入遲暮階段的布雷斯洛，只有一個冬天的時間能去內化「新投法、新武器、新配球策略」，因此他必須找到更有系統性、更有效率的回饋機制，來加速改造。布雷斯洛為此尋求科技輔助，他買了一台三千美金的瑞布索托，再跟該公司購買五百美金的雲端硬碟帳號，用以儲存練習時的數據資料。這些工具的價格還算負擔得起，而且能幫助布雷斯洛監控投球機制和球路轉速。二〇一六年九月，布雷斯洛以他標準的投法和配球進行了一次牛棚練投，建立訓練基準點，以利他日後回頭比較，追蹤訓練的進展。

布雷斯洛二〇〇六年曾跟「棒球指南」說：「我已經嘗試著壓低出手角度，但對我而言，那感覺實在太不自然了，就跟在用右手投球一樣。」十年之後，他再嘗試壓低出手角度，感覺同樣非常彆扭。布雷斯洛打開影片回放，意外發現儘管實際操作時感受非常明顯且劇烈，但從旁邊觀察，其實看不太出來有什麼改變（出手點降低五公分）。然而，堅定朝就業目標邁進的布雷斯洛，繼續逼自己降低出手點，假想身體左側有一根隱形的橫桿，投球時不要超過它。

布雷斯洛在波士頓大學（Boston College）和其他當地的訓練機構實驗較低的出手點時，手臂上都戴著「摩塔斯運動科技袖套」（motusTHROW），它是第一個獲大聯盟允許在比賽中使用的穿戴科技裝置。摩塔斯的壓縮袖套中，含有非常微小的感測器，具迴轉儀和加速儀的功能，可記錄手臂的轉動角度、行進速度、負擔壓力。「我降低出手角之後，最大球速增加，但手肘承擔的壓力反而變小了。」布雷斯洛說：「所以問題來了：『為什麼過去三十五年來，我都沒有採取這種投法？』」經過非常頻繁的重複練習，布雷斯洛已經把新投球機制烙進大腦的神經迴路，動作做起來流暢自然許多。改造計畫進行四個月後，布雷斯洛說：「現在兩種投法的角色互換，以前的投法反倒變得比較不自然了。」

壓低出手點只佔大改造計畫的一半而已。跟包爾非常真誠地想從克魯柏和史卓曼身上學習一樣，布雷斯洛也想找尋他能仿效的典範。「談到左投對左打的頂級變化球，就不能不提A．米勒（Andrew Miller，是他的前隊友也是好朋友）的滑球；說到左投對左打的頂級二縫線速球，就不能不想到布利頓（Zack Britton）的伸卡球。」他說。但布雷斯洛很快就踢到鐵板。他既沒有前述兩人的剛猛球速，也缺乏他們具備的超長延展性和過人轉球能力。「我沒有超過二百公分的身高，也沒有超長的手臂和手指。」布雷斯洛說：「我沒辦法把手指變長，也無法讓它們的筋變得更軟。我的手臂跟米勒的手臂不一樣。」

縱然布雷斯洛不能複製最頂級投手的條件和能力，但至少可以模仿他們到一個程度。「我能試著仿效的東西，大概就是他們變化球的轉軸和變化軌跡了吧。」他說。從基準數據來看，布雷斯洛伸卡球和滑球的旋轉效率不彰，其轉速無法有效地創造好的位移，於是他開始改變球路握法、手臂的角度、出手時手指的施壓點，並在投完每一球後檢視瑞布索托回報的數據，看球路軌跡有沒有變得更像那些傑出左投。最終，他成功製造出更有效率的轉速，提高球種的旋轉效率，開發出他心目中最適合他的變化球種。

布雷斯洛增加球路位移的進展很快。等到十月份，經常跟他練習傳接球的夥伴——希爾——在國聯冠軍系列賽輸球，打包回到新英格蘭地區[5]的時候，不僅瑞布索托顯示出布雷斯洛球路數據的變化，即便是較不敏感且不準確的檢測工具——人類的肉眼，也看得出他的進步。希爾正是最早用肉眼觀察到改變的見證人之一。

到這個時間點，這兩名前隊友的命運似乎正好對調互換：二〇一四年被紅襪留下的布雷斯洛，丟了工作，且還沒找到工作；反觀當年被紅襪釋出的希爾，如今才剛投完國聯冠軍賽的先發，而且再過六週就會跟道奇簽

---

5 新英格蘭（New England），是位於美國大陸東北角、瀕臨大西洋、毗鄰加拿大的區域。新英格蘭地區包括美國的六個州，由北至南分別為：緬因州、新罕布夏州、佛蒙特州、麻薩諸塞州、羅德島州、康乃狄克州。麻州首府波士頓是該地區的最大城市以及經濟與文化中心。（摘編自維基百科）

下一紙優渥的複數年合約。「希爾的故事帶給所有人希望。」布雷斯洛說。那年冬天，希爾帶給布雷斯洛更多希望，因為他倆在練傳接球時，希爾對布雷斯洛說，他新練的出手角度和球路軌跡並不好接。布雷斯洛心想，如果他的球變得不好接，那對打者來說應該也變得不好打了才是。

二〇〇六年，布雷斯洛在比較棒球和化學的差異時說：「實驗室裡做每件事都有非常特定的目標和做法。我不能把這種心態帶到球場上，因為在投球的時候，必須隨時因應狀況做出調整、改變面對打者的策略……做實驗做到一半的時候，不需要忽然改變操作方法或流程。」

二〇一六年底和二〇一七年初，布雷斯洛在自己打造的棒球實驗室中，尋找能使他變強的配方。科技工具告訴他，他已經找到了配方，但這配方若沒有實際在球場上發揮效用，仍然只是白搭，或許有科學實驗價值，但應用價值卻是零。布雷斯洛必須把他在休賽季練的新技術拿到實戰中使用，真的有效，才能證明改造計畫成功。

二〇一七年一月二十三日，來自十五支大聯盟球隊的代表，聚集在麻州沃爾瑟姆市（Waltham）的一處室內訓練場，他們都是應布雷斯洛經紀人之邀，來看布雷斯洛經過一個休賽季有什麼變化。很多表現不好或運氣不佳的投手，都會宣稱自己已經變得不一樣，接下來的成績會變好，但布雷斯洛的說法會比其他人更有說服力，因為他有請經紀人把休賽季累積的數據和影片發送給各球團，當作進步的證據。即使是這樣，球探和管理部門主管仍想親眼看看布雷斯洛的狀態到底如何。雖然這是布雷斯洛數個月來第一次在高壓情境下投球，但他的言行舉止充滿自信，準備展示新武器和新投法給所有人看。儘管速球球速還是上不了九十英里，但球速數字在一月份代表的意義並不大，比較重要的還是他的新出手點和改良的「伸卡球搭滑球」組合。在這些球探和主管面前的人，已經不是他們之前熟悉且沒有人要的布雷斯洛。他們心裡盤算著，或許這個新的布雷斯洛能投出進步的成績，幫上球隊一點忙。

布雷斯洛靠自己達成的改造計畫，使球隊對他更感興趣，不單只是想看他能不能再次壓制打者，更想知道他可不可以影響其他球員的觀念。就算布雷斯洛再也無法投出相近於以前的數據，他或許仍能夠幫助其他需要改造的球員，甚至擔任管理部門成員，為球隊的其他面向提供價值。當時棒球界已經出現了馬丁尼茲、希爾，以及其他不知如何發生的球員大改造故事，因此球隊更願意認真看待布雷斯洛觸底反彈的可能性。

測試會過後的幾天內，有多達十支球隊表示想要簽他。雖然這些提案大多只是小聯盟合約附帶大聯盟春訓邀請，並非保證回歸大聯盟的門票，但低價競標戰總比前一年夏天無人聞問來得好。布雷斯洛最後選擇加盟雙城，不是因為雙城開出的價碼最高或是他在雙城登上大聯盟的機會最大，而是因為當時剛主掌雙城棒球事務的法爾維，數度跟他在電話上討論進階球員養成的發展，對話時間加一加有好幾個小時。法爾維形容球團跟布雷斯洛的關係是一種合作，布雷斯洛會幫球隊投球，而雙城則會協助他繼續打造出更強的自己。

布雷斯洛的改造計畫其實已經獲得部分成功：他已將新的出手點植入肌肉記憶裡；瑞布索托的資料顯示他的滑球和伸卡球已接近當初設定的品質目標；更重要的是，他找到工作了。二〇一七年春訓開始前，布雷斯洛接受明尼蘇達《星辰論壇報》（Star Tribune）訪問，當時他就打趣地說：「那些數據跟資料唯一不能告訴我的是，我到底能不能有效解決打者。」在佛羅里達的春訓賽事，布雷斯洛出戰九場比賽只失一分，但過程中投出的保送數卻跟他的三振數一樣多（七次）。儘管如此，他還是擠進了雙城開季的二十五人名單，展開他在大聯盟的第十二個賽季。

布雷斯洛二〇一七年在大聯盟的投球數據，跟他以前很不一樣。由於改變出手角度，他找不到以前投卡特球的感覺，因此乾脆直接以伸卡球取而代之；他的滑球（有時會被追蹤系統歸類為曲球）變成主要球種而非罕見的次要球路；他平均的出手點下降了約二十三公分，在所有投至少二百球的左投中，其出手點高度的百分位，從第三十七滑落到第五；而他伸卡球和變速球的垂直位移則雙雙比過去最大值增加逾十公分，水平位移亦增加約五公分。

唯一的問題是：重新設計的球路和出手點，沒有使他更會解決打者。布雷斯洛在雙城的投球數據，比他在紅襪和馬林魚都還要差。累積三十場出賽的他，繳出五點二三的難堪自責分率（還曾因肋骨痠痛進過一次傷兵名單），七月二十九日慘遭雙城釋出。八月七日，印地安人簽下他，安排他去三A，並在九月將他拉上大聯盟，布雷斯洛因此得以短暫地與昔日隊友包爾聚首（二〇一二年還是菜鳥的包爾，在響尾蛇跟布雷斯洛當過不到一個球季的隊友）。「我覺得不論從數據分析還是訓練方法的角度看，我跟包爾設定的改造目標和執行手段都十分類似。但很顯然地，他練出來的成果比較有實際價值。」

細究布雷斯洛二〇一七年的數據，好的一面是，布雷斯洛對上左打確實很有壓制力，左打對他只產出〇點五八〇的攻擊指數（但沒有被三振很多次就是了）；壞的一面是，更能看清楚布雷斯洛來球的右打者，徹底把他打爆，繳出高達〇點九三四的攻擊指數。更慘的是，布雷斯洛對上右打的頻率是左打的二倍。

挫折沒有使布雷斯洛放棄，隔年二月，他跟藍鳥隊簽下一張小聯盟合約，繼續力拚大聯盟席次。三十七歲的他從二A開季，這是他自二〇〇五年（當年他二十四歲）之後，首次在不是投復健賽的情況下於二A出賽。雖然因為腿筋拉傷缺陣了一個半月，但布雷斯洛仍然爬上三A，不過沒有再繼續往上升。剩餘的夏天他都在小聯盟的巴士[6]上度過，等著那通始終沒有出現的電話。

搭長途巴士不會令布雷斯洛感到困擾，因為他說他光想著要怎麼持續進步都沒時間了，沒空去理會小聯盟的低薪以及與大聯盟天差地別的物質待遇。最令他感到沮喪的是，他不知道為什麼自己所做的改變沒辦法化為場上的實績。他在二十八又三分之一局的投球當中，三振掉三十名打者，卻也投出多達二十四次保送。左打對他的攻擊指數上升到〇點八六五，而他的防禦率則依然是不理想的五點四〇。布雷斯洛在球季過程中，經常跟藍鳥的管理部門對話，並在每場出賽之後緊盯追蹤者記錄下的數據，試圖找出他可能忽略的技術環節：是不是沒製造出好的共軌效應？是不是出手角度的欺騙性不夠高？還是配球順序太容易被猜到了？「照理來說，依據追蹤系統呈現的球路品質數據，我對左打的壓制力應該要很好才對。」布雷斯洛說：「但現實卻不是那樣。這時候我就想問，到底問題出在哪？」

一名非藍鳥隊的大聯盟管理部門分析師，把布雷斯洛二〇一八年在小聯盟的追蹤者數據拿去分析，發現問題其實沒想像中複雜。他同意布雷斯洛的變化球品質變好，但最多也只是從三十五到四十分的等級，上升到四十五到五十分而已（採棒球球探常用的二十到八十分球員評價體系）。「在速球最快只有八十八英里的情況下，這種品質的變化球一定會被打爆。」該分析師說。此外，失去卡特球和四縫線速球的尾勁後，布雷斯洛能運用的武器因此變少，而身體的自然老化也造成無可避免的負面影響。「我覺得他的改造不是沒用，確實幫他變得更能對付左打，但同一時間，他對上右打的劣勢也變得更加險峻。他對右打時的退步，完全抵消了他對左打的進步。」該分析師說：「不過回到一切的根本，球速下滑和保送過量都對他太傷了。不管他做什麼改變，都彌補不了那些傷害。」

這名分析師質疑布雷斯洛「特別針對左打者」的改造策略是否正確。他也點出，很多投手在思考或進行改造計畫時，經常會遇到瓶頸，尤其是在缺乏艾傑攝影機的輔助下，更容易找不到具體的解決問題方案。布雷斯洛曾考慮投資一台艾傑攝影機來輔助訓練，但最後還是沒有買下手。「對現在的球隊來說，把球路設計這一塊做好，仍存有不小的戰力優勢，因為大家還不太確定該怎麼做才能做對。」該分析師說。他提到，或許試著提

6　與大聯盟球隊搭包機不同，小聯盟球隊進行客場移動時，通常都是搭巴士。有時候到較遠的客場作戰，得搭上超過十二小時的巴士才能抵達。

高球速才是對布雷斯洛最有利的改造方案，但就算真的那麼做也不一定有效，因為到頭來，老化是誰都擋不了的力量，對布雷斯洛所造成的傷害，也遠大於任何可能的決策失誤。

從表面上看，布雷斯洛具備所有撰寫當代改造成功故事的條件：首先，他是棒球界最聰明的人之一；再者，他知道如何使用新科技工具；第三，他的工作態度非常敬業勤奮；第四，他的好朋友希爾就是一個改造成功的案例。然而，當初希爾帶給他的希望或許是錯誤的美好想像，因為布雷斯洛既沒有像希爾那麼快的球速，也沒有尚未被解放的優質變化球。

「我當然有從這過程中學到一些教訓。現在我知道，在投球實驗室打造新投手的想法充滿希望和前景，很讓人興奮沒錯，但也有其限制。」布雷斯洛說。藍鳥隊也著實上了一課。藍鳥管理部門的成員之一就坦承，之前那些藉由科技工具大改造成功的案例，影響了他們當初對布雷斯洛的想法和評價。「隨著業界出現愈來愈多成功的改造案例，我們看球員的方式變得不太一樣，不再只看球員先前二到三年的數據，而是會去想接下來他的球技可能會有什麼進展。」該消息來源說。他表示，球團會認為在改造計畫發生前逢低買進潛力股，是提升戰力優勢的好契機，也會覺得藉此找到一個非常願意接納管理和數據部門建議的球員，很不錯，各種因素的影響下，球團可能就會做出不理智的決策。

雖然自二〇〇七年以來第一次沒上到大聯盟，令他感到失望，但布雷斯洛說他並不後悔，如果一切重來，他還是會做一樣的選擇，不會因為沒投出成績，就覺得他發起的改造計畫是錯的或是徒勞無功的。不過布雷斯洛終於不再把職業球員當作唯一的工作目標。當時的他，已經是一對年輕雙胞胎的老爸，而他跟他老婆也預計在十二月迎來第三個小孩。如果他持續在投手丘上奮戰，就會失去更多陪伴孩子的時間。此外，球季結束後沒多久，布雷斯洛就意識到，就算他還想繼續撐，恐怕也沒有人要再給他機會了。十二月時，他坦承道：「很多球隊想找我去工作，但都希望我能以『退役球員』的身分加入他們，而非球員。」這是一個苦樂參半的發展，但布雷斯洛也覺得，或許已經到了該翻進人生新篇章的時候。「我在這一路上學到的東西，包含認識新的數據分析、重新檢視自己的投球能力、依據某些數據結果調整技術細節等等……應該都對我下一階段的職涯很有幫助。」

布雷斯洛下一階段的職涯很快就展開了，幾乎是無縫接軌。二〇一九年一月，小熊雇用他為棒球事務策略發展主任。這是一個工作範圍很廣的中介溝通人角色，但他的重點主要會放在投手養成。原本布雷斯洛改造自己，是為了挽救舊的人生志業，卻沒想到其實是在開展一個新的人生志業。

二〇一八年二月，大聯盟電視網一段現場直播的討論節目中，主持人請紅人球星瓦托談談擊球仰角的重要性。瓦托是前MVP，也是一部懂得避免擊出內野高飛球的上壘機器，而談到擊球仰角，他更是權威。二〇一八年賽季，瓦托有百分之四十五點九的擊球，仰角都集中在最理想的八到三十二度之間[7]，比例之高，領先所有先發打者。「現在有不少打者改變揮棒型態，從原本追求平飛球、打到外野空檔，改成偏好飛球、提高擊球仰角，並且從中獲益。不過我認為我們都太注重『改造』本身了，而沒有花心思關心這些球員本來就是多全面的打者。」瓦托說。

換言之，有一部分運用數據改造揮棒的打者，之所以能做出有效的改變，並且進一步受惠成為菁英中的菁英，是因為他們本來就存在的能力使然。職棒外野手出身的哈森（Alex Hassan），二〇一八年被雙城延攬擔任球員發展助理主任，扮演球隊中介溝通人角色，其棒球資歷和敏銳度受到肯定，他也持跟瓦托相同的看法。「拿道奇隊泰勒的例子來說好了。大家都只注意到他改造之後變得多厲害，卻忘了其實他在改造以前就已經上

7　大聯盟官方將擊球仰角落在八到三十二度之間的擊球，定義為「甜蜜點擊球」（sweet spot）。

大聯盟了。」哈森說：「透納、馬丁尼茲等人也是。這些球員在還沒徹底改造揮棒並成為知名球星的時候，就已經是大聯盟選手了。」當然，他們改造前都不是很強的大聯盟球員，但即便採用不利於產出好數據的笨方法、舊思維，他們還是上得了最高殿堂。

哈森說，由於那些改造成功的球員，能夠留在大聯盟球場和球迷目光裡更長一段時間，因此會使大眾產生極大的倖存者偏差（survivorship bias）[8]。我們討論成功案例的時間，遠遠超過那些改造後沒打出成績或根本沒碰到大聯盟的球員。小聯盟球員的話，如果不是像厄派爾那樣的大物新秀，被淘汰都會被視為理所當然的事情，完全沒有被討論的機會。「很多改造失敗的故事無人知曉，是因為沒有人認識裡面的主角。」哈森說：「沒有人會想說：『嘿，我們去找出那些在二A就被卡住上不去的球員故事，好好大書特書一番吧！』」

哈森本身就是在小聯盟苦熬多年但無人聞問的球員，所以他很清楚倖存者偏差的現象。二〇〇九年，紅襪在選秀會第二十輪選中就讀杜克大學的哈森，自那之後，哈森大概每一年都會在小聯盟升一個層級。二〇一三年，二十五歲的哈森已經進入第二個完整的三A賽季，繳出優異的〇點八九一攻擊指數，卻仍沒獲得球團的拔擢。雖然攻擊指數頗亮眼，但事實上哈森的成績是受到了偏高的場內球安打率影響才會膨脹，實質表現還得打點折扣。此外，他在二百一十個打數中僅擊出四發全壘打，以一個身高逾一百九十公分的角落外野手來說，尚有很大的進步空間。哈森的選球技巧很好，可就是因為缺乏長程砲火，一直被拒於大聯盟之外，所以他下定決心要改造自己、提升長打火力。

那年休賽季，哈森投靠一位知名的私人打擊訓練師（他不願公開其身分）。身為右打的他，以把球打向左外野高空為目標做出調整，調整的細節包括更強調向前的重量轉移，以及揮擊前加入將棒頭擺向左打者打擊區的動作，就像邦茲（Barry Bonds）[9]出棒前的擺棒姿勢。然而，這些改變不僅沒有幫到哈森，反而還害了他。「我做的調整沒有用。」他說：「那時候的揮棒很彆扭，很不像我自己……就連對好球帶裡的球，我也揮了一大堆空棒，以前沒有這現象。就算打中球，球出去的力道也不夠。」

二〇一三到二〇一四年的冬天，正當改造過後的馬丁尼茲在委內瑞拉冬季聯盟（Venezuelan Winter League）大開殺戒時，哈森卻在多明尼加冬季聯盟（Dominican Winter League）陷入低潮。二〇一四年開季一直到五月，哈森在三A只打出〇點六二一的攻擊指數，附帶一支全壘打和非常不像他的百分之三十三振率。諷刺的是，哈森就是在成績正爛的那時候被叫上大聯盟。從小住在距離芬威球場不到二十公里處的哈森，來自紅襪迷家族，家裡後院還有一個跟全家人一起打造的綠色怪物縮小複製品。如今以臨時傷兵替補身分上大聯盟的他，終於圓夢成為紅襪球員，在第一次先發就打出中間方向的安打，留下難忘回憶。解鎖上大聯盟的成就之後，回到三A的哈森重拾信心，拋棄新的揮棒機制，恢復原本的打擊動作，剩餘賽季繳出漂亮成績單。

可惜的是，二〇一四年過後，哈森再也沒有回到大聯盟，並在二十八歲時選擇退休，記錄上只留下一支大聯盟安打。「我球員生涯後半段都一直在做調整，試圖找出一個能幫助我改善成績的機制。」他說：「但我始終沒有像那些改造成功的球員找到有用的作法。從我的角度看，那些球員做出有效的改變和調整是如此地簡單，好像一個彈指就能完成。」

哈森不認為當年他諮詢的打擊訓練師給出錯誤的建議，癥結點還是在於他自己沒辦法學到新揮棒機制的精髓，無法有效貫徹訓練師提出的建議。在他努力做調整的那幾年，球團採用的養成工具和參考的數據資料跟現在完全沒得比，這點也是令哈森略感遺憾的地方。更可惜的是，才隔不到一兩年，那些進階球員發展的新工具

---

8 倖存者偏差，又稱「生存者偏差」，是一種邏輯謬誤，選擇偏差的一種。過度關注「倖存了某些經歷」的人事物，忽略那些沒有倖存的（可能因為無法觀察到），因而造成錯誤的結論。（摘編自維基百科）

9 邦茲為退役大聯盟球星，其生涯七百六十二支全壘打為史上最多，卻因身陷九〇年代和二十一世紀初期的禁藥年代疑雲，而遲遲未入選名人堂。

（揮棒追蹤器、球體追蹤器）和新思潮就已席捲全聯盟，變得隨處可見。「如果當初有更多具體的量化數據供參考，或許我在做調整時就會更有方向，而不會一直像隻迷途羔羊。」哈森說。也許在另一個平行世界，取用到先進訓練科技工具的哈森，已經成功改造自己為高全壘打產量的強打者，但至少在我們所處的世界，這件事沒有發生。

不是所有打者都應該追求更多飛球。有時候，刻意追求打高會出現反效果：若擊球力道不夠強，或擊球率變得太低，球飛得高也沒用。史上生涯飛球率最高的打者，是教士隊採全力揮棒打法的內野手辛夫（Ryan Schimpf），但他在二〇一七年打出打擊率僅一成五八、三振率高達百分之三十五點五的悲劇內容，隨後在四個月內被交易了三次，最終被釋出。許多受惠於提高擊球仰角的打者本來就需要改變，否則打不出好成績，但對於那些原本就已經打得不錯的球員來說，再追求打高可能過猶不及，招致不堪設想的後果。

二〇一六年，金鶯隊的川波（Mark Trumbo）揮出四十七支全壘打榮登大聯盟全壘打王，但隔年他的長打數字卻面臨驟降。二〇一八年一月，川波解釋前一季的表現之所以下滑，是因為接觸太多數據報告、資料分析、擊球仰角等資訊而導致分心，無法專注於打球本身。為了改善這問題，他決定回到原先單純的打擊思維：「挑適合的球打，把球打得強勁」，而他也確實做到了，在二〇一八年繳出生涯最高的平均擊球初速和甜蜜點擊球率（但擊球仰角降至生涯最低）。同年，大聯盟進階媒體公司（MLB Advanced Media）的資深數據資料庫工程師坦戈（Tom Tango）做了一份研究，發現提高擊球仰角的打者要打出進步的成績，日後才比較容易維持較高的平均仰角；反之，若提高擊球仰角後陷入低潮或成績退步，那打者通常會選擇走回頭路，重採之前的打法，使仰角降回以往的水準。

二〇一八年，釀酒人的耶律齊在沒有刻意追求打高的情況下，仍奪得國聯MVP獎座。雖然他的滾地球率偏高，照理來說是可能受惠於提高仰角的打者，但他那季沒選擇這麼做。耶律齊是國聯非落磯隊打者中[10]全壘打最多者，但他有超過一半的擊球都打在地上，擊球仰角與二〇一七年相比完全沒變。「我沒做任何顯著的打擊機制改變，沒有刻意去追求擊球仰角。」耶律齊在十月份時對大聯盟官網的記者說。儘管如此，透過精妙的打擊策略改變，比如挑選更適合攻擊的球路出擊、把攻擊外角球的擊球點提前等等，耶律齊仍得以在沒有大幅改變揮棒機制的前提下，提高他的甜蜜點擊球率與強擊球的擊球仰角。[11]

除此之外，改造揮棒後獲得成功的打者，也不一定能一直成功下去。過去在選秀會第七順位就被選中的前大物新秀阿隆索（Yonder Alonso），打完二〇一六年賽季時，就快要滿三十歲，卻依然只是打擊火力低於聯盟平均的一壘手。當時他的大聯盟生涯已累積七個賽季、超過二千個打席，僅轟出三十九支全壘打，單季最多全壘打數不過九支。阿隆索在「Fangraphs」上面讀到不少資深球員藉由改變揮棒扭轉生涯的故事，也認識了製造拉打飛球的高效益，因此決定改變自己，試圖把更多身體的力量灌注到揮棒中。「當時我的打擊成績，看起來就像是一名不到七十公斤的打者。我沒有有效運用自身約一百公斤的身材。」阿隆索跟我們說。他看影片學動作、尋求瓦托的建議、增加揮棒前的抬腳、多運用下半身的力量把球打得又強又高。

阿隆索的改造奏效了。二〇一七年季前生涯長打率僅〇點三八七的他，開季後打出〇點五〇一的高長打率和二十八發紅不讓，甚至入選明星賽。他提高飛球率到百分之四十三點二，比之前的生涯平均百分之三十二點六高出不少。雖然他的三振率沒有意外地跟著暴增，可是用三振換取長打的戰略整體而言產出了正面的效果。那時候還在「Fangraphs」工作的卡麥隆，就稱阿隆索為「飛球革命的新典範」。

該季結束後，阿隆索與印地安人隊簽約。儘管其長打火力仍比二〇一七年以前的水準出色，但他似乎有點

10 落磯主場庫爾斯球場（Coors Field）地處高海拔、空氣稀薄、天候乾燥，有利飛球飛行，因此是著名的打者天堂，打者在庫爾斯球場比賽的數據通常都會被「膨風」。

11 不過到二〇一九年，耶律齊的平均擊球仰角大幅增加，從二〇一七和二〇一八年的四點七度，急遽上升至十一點二度。

太走火入魔，導致整體打擊數據衰退。他的保送變少、揮棒頻率增加，面對敵方投手開始用更多偏低的變化球對付他，也未能及時調整，追打壞球的比例因此提高，造成許多無效的弱擊球。短短四年間，阿隆索的打擊成績猶如坐了一趟瘋狂的雲霄飛車之旅，加權得分創造值從二〇一五和二〇一六年的九十七，遽升至二〇一七年的一百三十三，隨後又陡降回二〇一八年的九十七。二〇一八年十二月，印地安人把阿隆索交易給同分區的對手白襪，換來一名沒有在新秀排名榜內的小聯盟球員。

人很容易只看見他人的成功而去仿效某事，卻忽略了那些做了一樣事情結果卻失敗的案例。人也很容易過度簡化他人的成功，以為同一套方法適用所有人，殊不知有時候每個人通往相同目的地所需的行經路線各有不同，得採取更個人化的手段才能達到同等成效。「成功的打擊方式不只一種。」耶律齊在二〇一八年十月時說道。同理可證，成功的球員養成方式也不只一種。

若要把球員養成做好，了解球員的缺點跟了解優點一樣重要，因為有些缺點是可以改正的，有些卻不行。「在某些項目和領域，球員的能力還是會受到基因限制。」班尼斯特說。

班尼斯特舉投手的例子，說道：「有些球員天生的手臂動作，就是比較能創造較高的速球品質。所謂『高的速球品質』，就是視覺欺敵效果佳、球速飛快、打者容易揮空的速球。而有些投手的手臂動作則可投出水準較高的變化球。然而，很少球員能兩者兼具。」大聯盟球隊往往會砸大錢去延攬天生「速球品質高」且「變化球水準也高」的投手，有機會的話，在選秀會或業餘市場上就趕快把他們挑走。如果球隊不幸沒能雇到極少數天生資質優異的球員，他們就得試著改造手上現有的球員素材，使這些「非極少數」的球員實力變強或賣相變好。「我還是非常想知道，到底我們能改變球員的生理機制到什麼樣的程度？要怎麼改才能使他們更接近最理想的球員條件？」班尼斯特說。

班尼斯特認為，球速主要跟肌肉有關，代表它是可以被訓練提升到某個程度的能力。但即便像球速這樣的能力項目，有時也會受到身體組成和素質的限制，因為每個人與生俱來的肌肉構成仍略有不同。比如說，有些人的肌肉比較能承受大訓練量，卻無法創造出很高的極速；有些人可以舉起非常重的重量，卻沒辦法很快地重複抬起較輕的器材；有些人則是能快速地重複抬舉較輕的器材，卻拿不起很有份量的槓鈴。即便如此，在某個能力天花板之下，肌肉的強度還是可以被調整的。

轉速就不太一樣了。有些投手球速很快但轉速普普，而有些投手則是球速不快但轉速驚人（像希爾這一類）。「球的轉速還有旋轉轉軸，關乎投手關節的移動範圍大小和結締組織[12]的延展性。」班尼斯特說。有些投手的韌帶和肌腱比較僵硬、彈性不佳，但有些則能在做出動作前的幾毫秒內，儲存更高的能量。「結締組織延展性較佳的投手，投球前就像在把橡皮筋拉長。」班尼斯特說：「等到他們投出時，結締組織就會跟緊繃的橡皮筋忽然被釋放一樣，創造瞬間歸位的效果，而此效果會再搭上肌肉的動作，在球體上施加出旋轉。」班尼斯特以身材看似驚奇先生（Mr. Fantastic）[13]的塞爾為例，說他就是一個韌帶和肌腱延展性特別出眾的投手。

因此，投手結締組織的延展性和轉速表現都有其極限。「這些條件大多是天生的，沒辦法透過指導和訓練改變。」班尼斯特說。如果打者出棒時跨步太大，教練可以去修正他的動作，但要是投手結締組織的延展性不好，再厲害的生物力學家也都無法改變這個條件。

---

12 結締組織（connective tissue）為脊椎動物的基本組織之一，由細胞和大量細胞外基質組成。彈性組織為（elastic tissue）結締組織的一種，是富有彈性纖維的緻密結締組織，如項韌帶、黃韌帶、聲帶等，由粗大的彈性纖維平行排列成束，並以細小的分支連接成網，其間有膠原纖維和成纖維細胞。（摘編自維基百科）

13 驚奇先生，本名為李德．理查茲（Reed Richards），是出現在漫威漫畫中的虛構超級英雄，在一次太空任務中被宇宙射線改變身體結構，使其身體能隨著意志變化成任何形狀。

哈森回憶，他還被卡在小聯盟的時候，曾不斷聽到這麼一個說法：「如果你不喜歡現狀，那就表現好一點啊！」這句話被重複的次數多到他耳朵都快長繭了。哈森覺得那個說法太不證自明，以致於大家都把它當成耳邊風，但事實上那句話說得很到位，反映出了真實情況。對於某些球員來說，「那就表現好一點啊！」是一個辨得成的指示，提醒他們得繼續堅持並更專注地從事對他們最有幫助的打球方式；然而，對另一部分的球員而言，「那就表現好一點啊！」是一個他們無法遵從的刁難指令。波迪說，這些球員可能在高階一A打到第三年，仍持續聽到重複的話，卻束手無策。沒錯，每個人都可以變得更強，但在棒球界，有時候「變強」還是不夠。

二〇一八年八月二十二日傍晚，包爾駕著他的二手雪佛蘭貨卡（里程數已超過二十二萬五千公里）到位在俄亥俄州西湖市附近的一片開放式綠地。這片綠地叫做克雷各公園（Clague Park），包爾常在這裡放飛他的無人機，也是二〇一六年「無人機割傷右小拇指事件」的案發地。他找到一張沒有人用的野餐桌，把裝有無人機的箱子放在上面。打造無人機和操控無人機能讓包爾暫時忘掉棒球，徹底放鬆心情。他那天帶了兩台無人機到克雷各公園飛，其中一台幾乎完全出自他之手：他先用自己的3D列印機印出部分零件，再設定出碳纖維機身骨架的規格，請當地的店家幫忙做裁切。「這整台機器都是由我親自操刀設計的。」包爾驕傲地拿著那台無人機說。

包爾把他做出來的無人機命名為「猢猻把戲」（Monkey Business）[14]，因為它飛到最後常常卡在樹上，花在樹上的時間比其他時間都還要多。他曾經在這公園搞丟過兩台無人機，儘管試圖在推特上發出獎金懸賞通告，徵求大眾力量協尋失蹤的機器，仍然沒有下文。包爾的無人機設計經過時間的淬煉發展出一個重要改變：把整個機身骨架上下翻轉過來。原本連接在機身下方的底盤，被他改裝到飛機上方，如此一來，裝卸電池時就比較不容易劃傷手指。但這改裝也有壞處，不僅把電池裝設於非常罕見的位置，還有可能擾亂氣流使飛行表現受到負面影響。由此可見，設計無人機過程中，要在不同的考量之間作權衡，而這點其實很類似球路設計。

包爾的無人機上裝有攝影機，可以跟像護目鏡的頭戴裝備做搭配。戴上裝備後，連上攝影機的影像畫面，使用者就可以有在空中翱翔的感覺。包爾啟動「猢猻把戲」，機上的四個螺旋槳開始轉動，發出近似於除草機的尖銳機械音。它向上飛起，穿越樹群，經過涼亭，飛越一隻好奇狗狗和一對散步情侶的頭頂。雖然過程中刮下一根樹枝，但仍然保持飛行。

「猢猻把戲」[14]的移動能力非常強，包爾操縱它的方式令人目眩，一下子升到樹上，一下子進入開闊的草坪，轉個彎，來到涼亭屋頂的瓦片附近，忽然畫面陷入一片漆黑。

「這種事常常發生。」包爾說。

「猢猻把戲」墜毀在涼亭的屋頂。包爾走了將近一百公尺抵達失事地點，看到一些機身殘骸和黃色的電源連接器散落在涼亭屋頂上。他找到機身主體，診斷起損壞程度。

「哇。這台今天玩完了。」儘管「猴孫把戲」傷得不輕，得花上好一番工夫修理，但包爾的語氣聽起來十分平靜，指了指被切斷的電線。

「這是一次非常典型的飛行。」包爾說：「基本上常常發生這種狀況。所以我修飛機所花的時間，其實比實際飛行還要多。」

包爾運用科學研究投球的態度，就猶如他對待無人機的精神。他朝貨卡的方向移動，但走起路來卻一跛一

14 「Monkey Business」本身是美國俗語，意指某人在胡鬧，或是用來表達那些不誠實或違規的行為。不過在這裡，包爾將無人機命名為「Monkey Business」還有另一層雙關，那就是他的無人機跟猴子一樣，都花很多時間待在樹上。

跛的，因為他的右腳上穿著氣動式足踝護具。面對剩餘球季可能就此報銷的可能性，包爾的無人機嗜好也是讓他逃避現實的重要手段。

二〇一八年八月十一日，包爾站上芝加哥白襪主場的投手丘，希望能拉開他在賽揚獎競爭的領先地位。上半季表現威猛的柯爾，到下半季已經逐漸冷卻下來，而當時跟包爾廝殺得最激烈的塞爾，則是已經因為肩膀傷勢進出過一次傷兵名單。後來塞爾在八月十八日再次躺進傷兵名單，形同被迫退出賽揚獎的競爭行列。包爾的數據鶴立雞群，除了五點七的WAR值領先群雄（以些微差距領先塞爾（五點六）），他二點二五的防禦率也只略遜於塞爾（二點〇四）和半路殺出加入賽揚獎競逐的史奈爾。

前六局，包爾徹底主宰白襪打線，只被打出兩支安打失一分。他的控球狀態達到了下半季開始以來的巔峰，一個保送都沒有，還賞給對手八次三振。此外，勢不可擋的包爾前六局正好投了一百球，完成連二十五場先發都投至少一百球的壯舉，追平了自一九八八年有球數記錄以來，蝴蝶球投手坎帝亞帝締造的印地安人隊史記錄。

此前生涯從未進入傷兵名單的包爾，覺得自己免疫於任何跟手臂或肩膀有關的傷勢，因為他的投球動作實在太有效率了。他認為把局數投長對競爭賽揚獎有幫助，所以希望每次先發能撐多久就撐多久，甚至請求球隊安排他每四天就先發一次。包爾沒在開玩笑，因為他打算在二〇二〇年成為自由球員前，把自己打造成可以「中三日」[15]、單季投超過二百五十局的耐操投手。而且，他只想簽一年約。

第七局，總教練法蘭科納讓包爾回到投手丘，寄望他守住三比一的領先。

開局第二球，包爾投出一顆偏高的九十四英里快速球。白襪隊賽事主播伯奈提（Jason Benetti）在包爾做投球準備動作時，跟電視機前的觀眾說：「包爾會是今年賽揚獎的重點候選人之一。」話才剛說完，包爾的速球就被阿布瑞尤（Jose Abreu）打得紮實，形成初速達到九十二點三英里的強勁平飛球，直朝十七公尺外滯留在投手丘上空的包爾右腳踝而去。為了閃躲這球，包爾一個重心不穩跌坐在地上，雖然當下還可以靠自身力量站起來走動，但事後照核磁共振造影發現，他的右腓骨[16]出現些微骨裂。醫生說包爾得因此休養四到六週，但當時球季所剩的時間已經不及六週。這是包爾職業生涯第一次躺進傷兵名單。最令人感到無奈的是，他是因為跟投球機制和訓練方法毫無關聯的倒霉傷勢，才被迫成為傷兵。沒錯，包爾是成功把自己從先天條件不佳的運動員打造成頂級的大聯盟投手，但無論他訓練得有多認真，都無法避免這種天外飛來的意外受傷。原本包爾很有機會拿下的賽揚獎，也因此與他漸行漸遠。

起初包爾很不能接受自己受傷的事實，一直處在動怒邊緣，但沒多久就把注意力放到「如何趕快回到球場」上。他希望能花比醫生推估還少的休養時間就回到球場。受傷後沒幾天，包爾已經開始從事特殊版的長傳訓練：在不動到膝蓋以下部位的前提下傳球。正在復健下半身的他，期望藉此保持上半身的體能狀態和投球機制強度。

確認包爾的傷勢是骨裂後，印地安人隊醫群很快就安排注射「骨穩」（Forteo）的療程。骨穩是一種能刺激骨質生成的藥物，一般用於治療嚴重的骨質疏鬆症。「很多研究都指出骨穩可以加速骨裂的癒合。」包爾說。印地安人本來還給他塗抹外用的抗凝血劑藥膏（blood thinner）[17]，但那對他的皮膚來說似乎太過刺激，所以就沒有繼續使用。雖然包爾的腳踝又腫又痛，但他不吃任何抗發炎藥物，因為一般認為那些藥物可能會減緩

15 指每次先發之間的休息天數只需三天。
16 腓骨是人和脊椎動物（四足類）小腿上的兩塊長骨之一，位於小腿外側，較細。（摘編自維基百科）
17 抗凝血劑是一種用來防止血液凝固的物質，包含多種不同藥物，主要用途是避免血栓形成。（摘編自維基百科）

癒合的速度。

急著回到球場比賽的包爾，開始愈來愈不滿球隊處理他傷勢和復健的積極度。照完第一張核磁共振的兩週後，包爾迫切地想再照一張看看骨頭癒合的情況，但球團的醫療團隊決定要再等一陣子。於是包爾求助於他信任的外部專業醫療從業人員，包含他的物理治療師邁爾（John Meyer）、他的整脊手療師林戴爾（Curt Rindal）、天使隊體能教練費爾奇（Lee Fiocchi）等人，其中費爾奇十分支持創新的運動科學理論和訓練法，該季前半段就有幫助包爾排除右前臂不舒服的症狀。

八月中透過電話諮詢這些人一遍之後，包爾決定用雷射來加快復原進度。

冷雷射療法（cold laser），又稱低能量雷射光療（low-level laser therapy），是一種採用特定波長的光線來加速組織癒合的療法。此外，還有一種叫做「骨生長刺激器」（bone stimulator）的醫療器材，藉由發出低能量的電磁能到骨裂處，以刺激骨質生成。包爾經諮詢後得知，若同時使用冷雷射療法和骨生長刺激器等兩種方式，雙管齊下，可能可以創造出「相輔相成」的療效，加快骨裂的恢復。這種治療手段尚未受到嚴謹的醫學驗證，只能算是實驗性質，不過包爾還是開始在每天晚上使用這套雙重療法。受到包爾樂於嘗試不同未知事物的啟發，體育和流行文化網站「The Ringer」的作家包曼（Michael Baumann）就趁著包爾復健時調侃他一番。

「包爾認為主流醫學已經太過時，醫生評估他傷癒歸隊的期程實在太長。因此，他決定使用某種輸血療法和膠態銀，除去中央情報局（CIA, Central Intelligence Agency）在他身上植入的奈米機器人。他推估自己只會錯過兩次先發，最多不超過三場。」包曼在推特上寫道。

沒想到這則本意只是開玩笑的諷喻貼文，卻被主流媒體認真看待。大聯盟電視網的主播把包曼的貼文當作真實新聞在節目上播報，且一字不漏地把貼文內容說出來。包爾氣炸了，因為這則被錯誤解讀的貼文，還有後續的媒體效應，讓他看起來荒謬至極。

事實上，二〇一六年季後賽包爾的小拇指被無人機割傷後，他確實曾考慮用焊接金屬的方式先把傷口封住救急，聽起來十分荒唐，但他終究沒有那麼做。真正的包爾不是什麼來自科幻小說的瘋狂科學家，他只是願意想方設法、用盡各式合法的手段，來縮短自己回到投手丘所需的時間。隨著塞爾再度進入傷兵名單、柯爾和韋蘭德沒有趁機取得大幅度領先，包爾爭取賽揚獎的希望火苗再次燃起。他只要在球季結束前再投三場先發，或許就能重返競逐賽揚獎的行列。印地安人覺得包爾在九月底歸隊沒問題，但他自己把歸隊目標設在九月十號。

九月四號午餐時間，包爾在住家附近的連鎖餐館「第一哨」（First Watch）點餐。身為常客的他，告訴服務生他要更改平常點餐的內容：那天他要四顆炒蛋、一杯半的蔬果汁、四分之一杯的核桃仁。

「我今天只能吃這些東西。」包爾說。

接單的女服務生注意到包爾說的話，以及隨之而來的表情，同情地說：「我已經強迫自己吃藜麥快一年了，中間有點斷斷續續。我出門吃飯的時候，臉上的表情都跟你一樣無奈。」

包爾笑著回她：「我有時候會吃一碗義大利麵放縱一下。」

包爾對傷癒歸隊時間的樂觀沒有持續太久。他的復健進度陷入停擺，現在看來是不可能在九月十號回到球場了。他遇到的問題之一是快速下滑的體重，受傷之後他掉了超過四公斤，來到大約八十九公斤。體重下滑也就算了，最傷的是，大部分失去的重量都來自肌肉，這可能會導致他的球速下降。

「二〇一四年，我在一個月內瘦了將近六公斤。」包爾說：「結果我從原本輕鬆就能丟出九十六點五英里，變成只能常態性地投到九十三英里。」

印地安人的體能訓練團隊跟包爾保證，一旦開始恢復全套的重量訓練，肌肉就會長回來，但在復健階段為了減輕腳踝承受的壓力，他只能做較輕量的訓練。包爾對此非常感冒，覺得印地安人處置他復健的手法太過保守，也懷疑球隊要求他照著吃的飲食菜單，正加劇他體重下降的問題。因此，他纏著訓練團隊不放，爭取改變復健作法。

「必須承認我也有錯，我講話的方式可能有些不禮貌、沒耐性。」包爾說：「我會一直說，這個要改，那個要改，常常停不下來。但我之所以會這樣，是因為一開始好聲好氣地問之後，什麼改變都沒發生。」

包爾有個食物秤重計，球隊要求他照飲食菜單走之後，他就開始量測所有吃下肚的東西。後來他甚至全天候戴著心跳監控裝置，並用數據推算出來，他當時每天的卡路里攝取量，比一般建議的量少了近一千四百卡。包爾需要更多的熱量，也需要做強度更高的重訓。一陣子過後，印地安人終於調整了他的飲食菜單，而他也決定恢復全套的重量訓練，找回失去的肌肉。

不過仍有一個問題尚待解決：他的腳踝還是無法自在地移動，且施加壓力仍有痛感。這個症狀使他在八月二十八號進行的牛棚練投被迫中止。包爾再次被送去醫院接受檢測。一名克里夫蘭醫學中心的醫生表示，包爾腳踝的疼痛來自踝關節夾擠症，代表其腳踝內有一個腫脹的關節囊限制了它的移動範圍。包爾腳踝可以彎曲的程度遠比正常時來得小。春訓時，他兩隻腳的踝關節都可以向上轉動（腳跟貼地，腳掌上抬）十二點五公分，但在九月一號那天，左右兩邊的數據分別掉到十二公分和八公分。印地安人決定不給包爾打可體松（cortisone）[18]，選擇施用一般開給痛風病人的消炎藥。「我希望用了藥之後，腳踝的移動能恢復到十二公分。」包爾說：「那樣對我而言才是正常的。」但球隊告訴他應該沒辦法這麼快就恢復正常。

九月三號，腳踝狀況未見好轉的包爾，去找另一名醫生。他在包爾的腳踝上插了根針，排出七立方公分的液體，再打一劑可體松。沒多久，包爾腳踝的移動能力開始改善。

到九月十八日，包爾的體重已經有所回升，印地安人也已準備好看他投模擬賽。午後，影片協調員切斯特在前進球場架好艾傑攝影機，而許多管理部門的主管則聚集在休息區欄杆旁，要看包爾投球。包爾輕鬆解決一連串的打者，看上去十分正常。他滑球的位移表現跟受傷前差不多；他的速球球速降了一些，但還是有九十英里出頭的水準。就算打者打中球，力道都沒有很強。模擬賽局間，切斯特抱著筆電到幾名主管旁，給他們看包爾的艾傑攝影機影像。印地安人球星J・拉米瑞茲在一旁看包爾投球，沒有下場打擊。比賽稍微暫停的時候，他對包爾說了幾句鬧著玩的垃圾話。

「不要只光說不練啊。」包爾笑著回嗆：「要來試試看你打不打得到嗎？」投完那場模擬賽後，包爾覺得自己差不多可以回到真實比賽了。

九月二十一日，包爾重返大聯盟賽場，對上由塞爾領軍的紅襪。塞爾跟包爾一樣，也正慢慢走出傷勢的陰霾，試圖恢復最佳狀態。雖然皆因傷缺陣了一段時間，但直到九月十一日，他們都還是「Fangraphs」投手WAR值排行榜的前兩名，顯示他倆之前跟聯盟裡其他投手的差距有多麼大。然而，包爾在復健過程中遭遇太多阻礙，導致他比原先最樂觀的推估歸隊時間晚了十一天才回到實際比賽。包爾排除萬難把自己打造成大聯盟球員、排除萬難設計出絕殺的滑球、排除萬難使自己進化成王牌投手。每每遇到困難或挫折，他好像總是能想到辦法突破身體極限、打臉各種不看好，成功克服一切障礙。但包爾終究無法加快身體復原的速度、沒能比醫生預測的歸期更早回到賽場。到頭來，包爾還是有征服不了的難關。

睽違三十一天，包爾在正式比賽中的第一球，是一顆讓林子偉擦棒被捕的九十四英里偏高速球。第二局，皮爾斯（Steve Pearce）對包爾一記變化軌跡刁鑽的滑球揮棒落空。包爾的第三十四球是他那晚的最後一球，一顆對B・侯特（Brock Holt）使出的滑球，沒有出現銳利變化，被B・侯特打穿一二壘防區，形成一支一壘

18　皮質醇，又稱可體松，屬腎上腺分泌的激素，會提高血壓、血糖水平和產生免疫抑制作用。在藥理學，人工合成的皮質醇稱作氫化可體松（hydrocortisone），除了可補充皮質醇不足，也會用作治療過敏症和發炎。（摘編自維基百科）

安打。二〇一八年例行賽結束前，包爾又登板了兩次，各投四局，總計他在九月份投九又三分之一局失兩分，三振七名打者、保送一人，速球均速為九十三點二英里，比五月一號到受傷之前的均速少了一點四英里。

「我的身體質量變少了。」包爾當時說：「我需要維持高強度的訓練菜單，才能保持球速不墜。現在的我不在巔峰狀態。」

對，包爾是傷癒歸隊了沒錯，但他知道自己沒有機會角逐賽揚獎了，而且那還不是最糟的消息。九月二十六日，法蘭科納把包爾叫進辦公室，告知包爾他至少得等到美聯分區系列賽第四戰才有機會先發。在這個對上太空人的系列賽前半段，包爾只能在牛棚待命，印地安人沒辦法用上他們最強的先發投手。棒球之神有時真的很殘酷。

第十五章 軟因素

我父母大老遠從密西根來看我比賽時，
我的總教練侯恩斯比罵我是「會說話的豬屎」。
我有哭嗎？沒有！沒有！
你知道為什麼嗎？
因為棒球場上沒有人會哭。
棒球場上沒有人會哭。
所以不准給我哭！

——引用自電影《紅粉聯盟》（*A League of Their Own*）主角杜根（*Jimmy Dugan*）之台詞

過去擔任職業捕手、現在轉行成為球隊中介溝通人的貝克（John Baker），回憶以前在三A打球的時候，他的總教練就像一個「邪惡的繼父」：如果投手保送了對方的首棒打者，貝克就要被罰一百美金；如果他沒把球接捕乾淨，總教練就會吼他，問他是不是不想當捕手了。「有一次我受夠了。」貝克說：「我在他的辦公室問：『除了你，有沒有其他人能幫我變成更好的捕手？』他回說：『沒有，你要自己想辦法。』」

貝克現在是小熊隊心理技能計畫的協調員。球員會來問一些他以前也曾問過小聯盟總教練的問題，但他的言行舉止絕不會像邪惡的繼父。「我們不會那樣對球員說話。」貝克說。

貝克並非髮鬢斑白、皺紋滿面的老長者，因此他球員生涯的經歷沒有很遙遠。現年不過快四十歲的他，年紀比一些現役大聯盟球員還輕，最早是被魔球時代的運動家隊在選秀會選中，並在二〇〇〇年代中旬拚上三A。在貝克球員生涯期間，教練對球員的態度就已漸漸產生變化。「最老派的棒球教練都抱持著一種特定的棒球哲學，那就是球員的作為一定要符合西部牛仔時代大老粗的精神，才能打出好成績。要夠強硬、夠兇悍、夠好色、夠像一個混帳，而且平時啤酒要喝得夠多才行。」貝克說：「我們現在發現那樣的處世哲學，其實沒有什麼益處……只會加速婚姻的崩壞，並且使包含球員自己在內的所有人都不開心。」貝克補充，過去幾年來，新的棒球處世哲學已經出現。「現在大家都比較願意去談內心較軟的那一面。」他說：「大家愈來愈了解到，心理韌性（mental toughness）和高度自信，固然對執行運動技能很重要，但自我慈悲（self-compassion）、正念（mindfulness）[1]、活在當下等心理技能，可能具更大的影響力。」

二〇一八年，受到新棒球哲學的刺激，小熊球員開始採行一個新的措施。這措施在棒球界的革命性，不亞於能記錄每球物理性質的追蹤科技。「從春訓開始，野手們會聚在一起，組成一個類似互助會的小組，坐下來吐露他們在球場上遇到不順的事情，以及不開心的感受。」貝克說：「從瑞佐（Anthony Rizzo）、布萊恩（Kris Bryant），到最低階的小聯盟球員，都敞開心胸，對彼此說出內心話。透過這種方式，他們讓彼此知道，每個人回歸本質，其實都還是有血、有肉、有情感的『人』，都有內心脆弱的時刻。那個互助會的產生，對我們來說是很大的轉捩點，因為它讓球員覺得，不一定要表現得處處完美才算得上職業球員。」

隨著棒球界愈來愈採納各式各樣的量化科技和數據導向的作為，一件有趣的事情跟著發生了：球隊和球員也愈來愈能接納心理層面和處世哲學上的創新，而這些東西雖然照理講能幫到球員的表現，但卻不能被任何數字或單位量化。每一個科技的進展，都讓棒球界不能用數據捕捉或表達的層面變少，可同一時間也打開了許多人的心智，讓愈來愈多人投身未知領域的探索和研究。「轉速、擊球初速這些新數據，正在改變我們看棒球的方式。它們之所以有用，是因為背後有科學理論支撐。」貝克說：「新式數據的成功，為其他同樣具學理基礎的學問開啟了通往棒球界的大門，像正念思考和冥想練習等等，而我現在正在學習的『以正念為基礎的專注力訓練』也是一個例子。」水手隊總管迪波多也解釋道：「球員養成和發展，如今已變成更全方位取向的領域。」

事實上，早在一九五〇年，軟科學[2]就已悄悄進入棒球界。當時，聖路易棕人隊（St. Louis Browns）的防護員告訴老闆老迪威特（Bill DeWitt），既然心理學能幫助其他的企業獲得成功，那應該也能使棒球隊獲益。被說服的老迪威特，於是雇用了來自曼哈頓的心理學家崔西（David F. Tracy）來棕人隊工作（崔西後來在他一九五一年的著作《心理學家上場打擊》〔The Psychologist at Bat〕中，以相當正面的寫法描述他當年為棕人隊做出的貢獻）。三月二號是崔西的第一個到班日，他在春訓營開設心理學課程，供自認有需要的球員修習，一天兩堂，讓分開來進行訓練的選手每個人都有上到的機會。二〇〇三年，麥可拉肯（Mary J. MacCracken）和寇恩斯潘（Alan S. Kornspan）教授發表了一篇關於崔西的研究，裡面寫道：「為了幫助球員增進表現，崔西上了各式各樣的內容，包含催眠（hypnosis）、自我暗示（autosuggestion）[3]、放鬆、建立自信的方法等心理學知

1 正念就是覺知，不是正確的念頭或正向的心念，而是一種「保持留心的狀態」，以開放、接納、不評判的態度，客觀如實地體驗自己的身心狀態，然後更進一步覺察外在的世界。（摘編自「圓神圖書網」）

2 軟科學是一門新興的高度綜合性科學。軟科學結合應用自然科學、社會科學、思維科學的理論和方法，吸收現代交叉學科的最新成果，解決由於現代科學、技術、生產的發展而帶來的各種複雜問題，分析經濟、科學、技術、管理和教育等社會環節之間的內在聯繫及其發展規律，使決策科學化、理論化，從而充分發揮科學技術的社會功能，推動人類社會文明的進步。（摘編自ＭＢＡ智庫）

3 自我暗示是指透過五種感官元素（視覺、聽覺、嗅覺、味覺、觸覺）給予自己心理暗示或刺激。語言有著自我暗示的力量。當我們講自信積極時，要在前面加一個「我」字，比如「我勇敢，我成功」，這就是語言上的自我暗示。（摘編自ＭＢＡ智庫）

識。」崔西認為棕人隊選手有舞台恐懼[4]，「所以把工作重點放在『使球員轉念』上，教導他們多正面思考。舉例來說，崔西告訴投手，如果他們覺得緊張，就先步下投手丘，做三次深呼吸」。

在一九五〇年代，崔西一部分的工作是要先跟球員解釋為什麼他會到隊上，說明他的存在不是毫無意義。後來，有賴於多夫曼（Harvey Dorfman，《棒球心理戰》〔The Mental Game of Baseball〕的作者）和拉維薩（Ken Ravizza，《留心棒球》〔Heads-Up Baseball〕的作者）等專家的開疆闢土，運動心理學家愈來愈常見，也愈來愈為主流所接受。不過經過幾個世代下來，球員在心理層面會遇到的一些問題還是跟以前一樣，甚至比過去更多、更令人心煩，因為他們都開始意識到球場有愈來愈多裝置（有時候是他們身上穿戴的感測器）在記錄他們的一舉一動。「我們所處的年代，科技演進十分劇烈，而且科技佔據愈來愈多我們的生活。因此，人們的焦慮感和憂鬱感不斷上升。」貝克說。

值得慶幸的是，就跟當代球隊能取得更多工具來優化球員的生理表現一樣，他們現在也有更多辦法來解決球員心理層面的疑難雜症。小熊隊就諮詢了邁阿密大學（University of Miami）心理學副教授兼神經科學家賈雅（Amishi Jha），以及在賈雅實驗室主持正念計畫的羅傑斯（Scott Rogers）。賈雅的實驗室有跟軍方和美式足球隊合作，開發出一種以正念為基礎的非藥物減壓療法，幫助病人對抗憂鬱和焦慮症。此種療法類似於麻州大學（University of Massachusetts）醫學中心的研究成果，受到學界的重視。

小熊隊有意在教育聯盟（instructional league）[5]球季期間，對旗下參與該聯盟賽事的球員進行研究。為此，他們取得了賈雅正念減壓法的數據資料當作參考。貝克說：「每天都從事該減壓法的人，認知機能有所進步；而那些一週只做三次、每次十二分鐘的人，也能使認知機能穩定下來。」春訓開始時，小熊隊給體系裡的所有球員一人一張說明正念減壓法好處的科學摘要報告，並鼓勵球員經常使用免費的冥想練習手機應用程式。後來他們執行的球員心理輔助計畫，揉合了實證科學、斯多葛主義（Stoicism）[6]、東方哲學等元素。「我們球隊採用的手段，對一般大眾來說都很有用，可以幫他們恢復穩定的心理狀態。」貝克說：「可是我們認為，這些手段用在頂級運動員身上，應該會有更好的效果才是，也許能使他們突破既有的心理強度界線。」

貝克說，小熊做這些事的目的，是希望球員在面對每一球或投下一球之前，都能重新整理思緒、排除讓他們分心的事情。這麼一來，他們就能夠在不受雜念干擾的情況下，把多年來透過進階運動科學手段練成的技術成果，自然流暢地釋放出來。如果要持續做到這點，那球員每次遇到不同的狀況時，都得有意識且不帶批判地回到重新整理思緒的程序，然後自問：「好，現在這個狀況發生了，我現在應該要怎麼應對、處理？」

雖然每支球隊執行心理技能計畫的方式略有不同，但貝克認為差異性不大。與口風很緊的研發部門不同，各隊的心理技能人員喜歡互相交流分享知識，因為這個領域還算新、尚未建立起典範，而且貝克也說：「有人會把冥想技巧當成商業機密嗎？」貝克的部門在季中和季末都會各做一次調查，試圖了解球員是否覺得正念訓練對心理狀態和場上表現有所幫助。不過貝克坦言：「我們還是沒辦法很有效地量化這些東西。我們不能說：『喔，你今天冥想了十分鐘，然後上場打了兩支安打，所以冥想幫你打出了兩支安打。』這兩者之間沒有直接的關聯。」即便如此，近年來各隊學到的一課是：原本看起來不太可能被量化的東西，到後來都有機會被量化了，所以千萬別把話說死。

---

4 舞台恐懼症就是害怕一個人被眾人關注的場合，尤其在鎂光燈的情況下特別顯著，會出現出虛汗，臉發白等一系列虛脫前兆。

5 每年九月和十月，大聯盟會在亞利桑納和佛羅里達舉辦教育聯盟賽事，主要目的是給剛轉入職業的小聯盟球員累積實戰經驗、精進棒球技能。

6 斯多葛主義以倫理學為重心，秉持泛神物質一元論，強調神、自然、人為一體，「神」是宇宙靈魂和智慧，其理性滲透整個宇宙。個體小「我」必須依照自然而生活，愛人如己，融合於與整個大自然。斯多葛主義認為每個人與宇宙一樣，只不過人是宇宙縮影。（摘編自維基百科）

現在的球員愈來愈懂得冥想和正念思考的好處，這是一種進步，但就某種程度上來說，這些心理技能只是在緩解壓力所帶來的「症狀」而已，而沒有真正地處理壓力源的問題。因此，大聯盟球隊也開始試著抓出這些壓力源，並盡可能地消除它們。

二〇一八年大聯盟開幕戰，名列正式球員名單的七百五十名球員中，有二百五十四人出生於美國之外的地區，而且有近三分之一的大聯盟球員，來自以西班牙語為母語的國家。這些球員裡，有很多人的小聯盟爬升之路走得非常艱辛，因為他們除了要分清楚快速球和變化球的差別，還得學習第二語言、面對文化衝擊，並且調適生活環境的轉變，從原本貧困且物資缺乏的狀態，跳入職業球員的人生。（不過小聯盟生活跟「貧窮」兩個字差不了多遠就是了。）各隊現在投入愈來愈多心力幫助來自拉丁美洲的球員適應美國生活，提供相關的支持系統，不再像以前放他們在春訓基地或小聯盟球隊自生自滅。球隊發現，讓這些球員孤立無援的話，他們在場上的表現或許會受到影響，有可能還沒把潛力開發徹底，就被迫打包回國或離開職業棒壇。

太空人球員教育經理岡薩雷茲（Doris Gonzalez），自二〇〇六年起開始兼差教球員英文，並進一步主導球隊的教育、文化適應、語言教學等專案。岡薩雷茲自己就是在十一歲時從宏都拉斯移民到美國，在美國把英文這個第二外語學起來，後來成為教導母語非英語人士的英文教師。由於她非常了解適應美國文化的困難和挑戰，因此很能勝任現在的工作。儘管在進入球隊前岡薩雷斯不是特別熱衷於棒球，但她很快就愛上自己在隊上的工作和球員，想協助他們調適得更好。沒過多久，球員也對她產生情感上的依賴，開始把岡薩雷茲稱作「媽媽」。

岡薩雷茲剛開始對最年輕的太空人球員教英文的時候，就發現口說能力只是一個起點。除了以英文為第二語言的課程，她現在也掌管一個正規教育計畫，從該計畫畢業的球員可以得到高中同等學歷。她教球員美國和拉丁美洲的文化差異，告訴他們在不同的場合與情境下，應該要如何應對（比如說被警察攔查時的禮儀和作為）。岡薩雷茲亦相當重視品格教育和人際互動能力，在這個環節中，她會融入成長心態和刻意練習的概念在其中，把這些對於自主學習很有幫助的想法介紹給他們。除此之外，課程還包含歷史（棒球史和世界史）、藥物濫用的危害、性教育、駕駛安全講習等。

岡薩雷茲的計畫中，有一個很重要的部分是財務常識。她開始做這份工作的時候，很多球員都把報稅用的工資年結表（W-2 form）直接丟掉，不知道那些表格是做什麼用的。現在岡薩雷茲的課程會教他們儲蓄、稅務、理財、不隨意亂花賺到的錢，因為他們還得把一部分的薪資寄回老家、供養家人。一直以來，剛到美國的拉美球員很難找到寄宿家庭，因為比較少家庭願意接納英文不夠流利的球員。小聯盟的超低薪已經使生活十分困頓了，如果又沒有寄宿家庭的支援，那更是雪上加霜，球員本來就很沉重的負擔會變得更加難以負荷；因此，岡薩雷茲也積極幫初來乍到的拉美球員安排寄宿家庭。除了在自家球隊積極推動正規教育計畫，岡薩雷茲也居中幫忙把這套作法推廣到其他球隊，現在有愈來愈多球隊都開始採行類似的教育計畫，協助農場內的年輕拉美球員。

無論岡薩雷茲多麼認真地幫拉美球員減輕負擔，她大多數的學生都上不了大聯盟，但這些球員在課程中學到的知識和生活技能，都能幫他們做好迎接下一個職涯的準備。這點是令岡薩雷茲最驕傲的部分。岡薩雷茲的工作，就是照料這些為了追逐大聯盟夢想（通常實現機率不高）而拋下其他一切事物的好幾千名拉美球員。

岡薩雷茲做的事情看似距離揮棒改造、球路設計十分遙遠，但其實要是沒有岡薩雷茲的努力，太空人也不可能順利推展新科技和進階球員養成的工作。首先，只會說英文的教練，本來就比較不容易注意到非英文母語的球員（不過近年來，球隊已經開始積極延攬會說西班牙語的教練來指導球員）。再者，如果球員犯思鄉病、覺得自己被孤立、場下生活遭遇困難，他也不會有心思去研究轉速或其他棒球相關的事情。幫球員除去掉比賽之外各種障礙的岡薩雷茲，事實上也在改造球員成為更稱職、更有機會上大聯盟的料子，她的貢獻不亞於那些最先進的高科技工具。

跟貝克一樣，岡薩雷茲坦承像她設計的這種正規教育計畫，成果和影響力確實很難被量化。但在這些難以被科學量化的領域中，口耳相傳的軼事就是數據資料。「有些球員在生涯的某幾個階段會跟我說：『我想被球隊釋出。我想回家了。』」岡薩雷茲說：「我會把這些球員帶回辦公室，讓他們傾吐內心的煩惱，提供他們一個表達自我的空間，訓練他們的溝通對話能力，並苦口婆心地教育他們，每天特別關心他們的狀況。」岡薩雷茲透露，在這群她特別關照的球員中，有些人已經在太空人或其他球隊成為現役大聯盟球員。「每當我收到他們傳來的簡訊，寫著：『媽媽，我想讓你知道我上大聯盟了。我想讓你知道，你在這過程中給我的幫助很大。謝謝你。』我就知道自己正在做對的事情。」

水手隊球員發展助理主任暨職業發展主任曼寧（Leslie Manning），也在水手隊做類似事情。西語、英語雙聲道的曼寧跟岡薩雷茲一樣會自己教球員，但她還會進一步指導棒球事務部門的員工，告訴他們怎麼有效地溝通，並介紹一些說話技巧。

雖然職業棒球隊各部門的女性員工仍遠少於男性（水手隊在二〇一五年雇用霍普金斯〔Amanda Hopkins〕，使她成為大聯盟自一九五〇年代以來首位全職的女性球探），但這情況在球員發展部門尤其明顯。縱使近年來「大聯盟或小聯盟的資歷」已不再是球員發展部門員工的必備條件，情況仍未獲改善。根據大聯盟在二〇一八年十一月提供的名單，所有球隊的球員發展部門中，只有三位女性擔任非行政人員的職務，而曼寧正是其中之一；此外，曼寧也是唯一一位職務位階高於協調員層級的女性。「據我所知，棒球界沒有其他女性的職務跟我一樣直接涉及到那麼多棒球技術，且達到部門主任的決策等級。」曼寧說。

二〇一九年二月，曼寧基於未公開的原因選擇辭職，但持續擔任獨立教練，沒有因為棒球職場非常極端的男女比而卻步。「女性身份不會對我構成阻礙。」她說：「我只專注於成為最好的專業人士。」如果大聯盟球團想要把球員養成做到最好，就不能選擇性地從較小的人才庫挑人選，而應該廣納來自各方的專家，不管他們的背景是什麼，只要夠專業就延攬進來。

大聯盟球團的價值非常高，每支都值超過十億美金，而且大多數球隊每年都有盈利進帳。他們大部分的母財團也非常有錢，絕對有財力負擔（或更精確地說，是「投資」）改善小聯盟球員生活的花費，幫助弱勢球員清除阻擋他們通往大聯盟的場外障礙。然而，多年來，大聯盟球團拒絕投入這些花費，除了因為老闆們非常吝嗇於增加非必要支出，亦因為沒有老闆願意首先發難，成為那個打破業界潛規則的「始作俑者」。

二〇一八年，大聯盟砸下數百萬美金，成功遊說國會通過名稱極其諷刺的「搶救美國國球法案」（Save America's Pastime Act）。該法案把未被列為工會成員的小聯盟球員排除在《公平勞動基準法》（Fair Labor Standards Act）之外，將小聯盟球員定義為「季節性勞工」（seasonal worker）。因此，只要小聯盟球員的月薪超過一千一百六十美金（折合台幣約為三萬五千元）[7]，就無法請求加班費，在春訓期間和休賽季期間都沒有薪水。這也是為什麼有很多小聯盟球員必須在球季間省吃儉用，然後冬天還得找打工貼補家用。假如薪資合理的話，他們就能運用那些時間強化體能條件與棒球技術。雖然三A球員的月薪可以達到約一萬美金，但小聯盟一開始的起薪「最多」只有每月一千一百美金（加上客場出賽每日二十五美元的津貼）[8]，而且只有一小部分的球員有拿到相對高額的簽約金，足以支撐他們不必擔憂生計地打球。

---

7 美國一般的物價水準比台灣高出一到二倍，因此一個月僅一千美金出頭的月薪算非常微薄。二〇一九年，美國法定的最低時薪為七點二五美元，折合台幣約為二百二十元。

8 從二〇二一年球季起，大聯盟將調漲小聯盟球員的薪資，按不同層級有不等的漲幅（百分之三十八到百分之七十二）。以層級最低的新人聯盟和短期賽季聯盟為例，球員的月薪將從一千一百六十美元，漲到一千六百美元。

以前，小聯盟球員薪資不足的問題，最能反映在猶如苦行僧的日常飲食上：吃得不多也就算了，還得經常食用最不健康的食物種類（因為它們往往最便宜又最有飽足感）。班尼斯特說：「對我來說最困難的事情就是，拿五百美元的月薪在全世界最貴的城市之一生活。」當時職業生涯剛起步的他，效力於主場設於紐約市的低階一A球隊——布魯克林氣旋隊（Brooklyn Cyclones）。「我父母來紐約看我打球的時候，帶全隊的隊員去了一趟好市多，我趁機買了一大堆開特力（Gatorade）[9]、日式泡麵、通心麵、起司，接下來好幾個月，我幾乎只靠那些食物過活。」

班尼斯特在紅襪隊的左右手布許，也有類似經驗。「我在小聯盟往上爬的時候，得到的食物真的很難讓人正常生活。」他說：「比賽前他們會給我們塗上花生醬和果醬的吐司，就這樣，沒了。有時候甚至沒有提供任何賽前餐點。過去的小聯盟就是這樣，好像你必須經歷過這種嚴苛的條件，並且證明自己挺得過去，才具備上大聯盟的資格。」跟貝克一樣，班尼斯特和布許都還不滿四十歲，他們描述的現象並非太古早的歷史。

在高水準的職業棒壇競技本身就已經夠難了，實在沒有必要再逼迫球員餓肚子或把少少的薪酬花在高熱量、低營養價值的食物上，徒增他們生存的難度。二〇一二年，「棒球指南」的作家卡勒頓就寫道：「當身體獲得的營養補充不足的時候，大腦就會開始在不同的認知機能間，有限地配給資源。最先能拿到配給的是高階神經功能，如注意力、模式識別、計劃與組織能力等等，再來才是細微的動作控制……以及其他可能對打棒球有幫助的認知機能。」卡勒頓認為，以球隊利益的角度切入，花錢補助小聯盟球員的飲食，會是最明智且報酬率最高的投資之一。「如果只提供球員營養不足的食物，球隊其實是在系統性地剝奪球員發展成熟所需的原料。」缺乏燃料的球員養成機器，絕對沒辦法有效率地產出好球員。

或許遲了一些，但最近幾年大聯盟各隊總算開始提供小聯盟球員高品質的伙食。以紅襪為例，布許說：「小聯盟所有階層的球員，都能獲得他們需要的食物。」其他球隊也跟上這股趨勢，把小聯盟球員餵飽餵好。

二〇一八年滿二十四歲的小熊小聯盟中外野手邁爾斯（Connor Myers），就親身見證了小聯盟伙食的轉變。二〇一六年選秀第二十七輪才被選中的邁爾斯，當年的簽約金只有五千美金（稅後實拿三千二百美金），沒維持多久就花完了。他初次在小聯盟亮相時，月薪僅三百三十美金；二〇一八年他升上二A，但月薪仍只有五百多美金。還好，邁爾斯自掏腰包花在食物上的錢已經變得比之前少。「自從小熊拿下世界大賽冠軍（二〇一六年）後，他們花了蠻多錢投資農場各層級的營養伙食。」邁爾斯說：「每個層級都有一個營養師……提供高蛋白果昔、補水果昔、增重蛋白奶昔等等，運動員需要的飲食品項應有盡有。」

邁爾斯也從心理技能訓練員身上學到減壓呼吸法，覺得十分受用。每當他在有壓力的情境或下場休息時，他都會深吸一口氣達五秒鐘，維持一段時間，再深吐一口氣達五秒鐘。邁爾斯說減壓呼吸法能使他更專注於當下。此外，他也會研究他的追蹤者數據，並讚揚小熊的小聯盟教練團，「總能很快幫你找到有用的數據，好讓球員設定下個階段的努力目標」。

然而，就算是身處在思想較為先進、較早開始改善小聯盟福利的球隊，大多數小聯盟球員的一般生活仍非常刻苦。大聯盟球隊在照顧旗下小聯盟球員上，顯然還有很大的進步空間。邁爾斯對此同樣很有感。他想盡各種辦法節省支出：在低階一A時，他和其他四個人合租一間公寓套房；之後升到另一層級，改找寄宿家庭住；再換層級時，決定跟他父母借車開等等。但即便是這樣，邁爾斯仍無法單靠打棒球這個工作維生。他季外去擔任優比速貨運公司（UPS）的駕駛，爭取更多收入支付各種帳單。有趣的是，在優比速公司開車跟當現代棒球員有點像，不管到哪裡駕駛的行蹤都會被記錄下來，而公司則會依據資料要求他取道更有效率的路線。休

9 開特力是一種非碳酸性運動飲料，屬於百事公司（Pepsi）旗下產品。產品最初是提供給運動員專用，現在逐漸成為一種常見的零售飲料。（摘編自維基百科）

賽季沒有比較閒的邁爾斯，還是會利用時間到具備HitTrax和瑞布索托等器材的訓練中心練習球技，但要把工作、訓練、睡眠全塞在二十四小時裡面，實在不太容易。邁爾斯自己蠻享受這種默默刻苦訓練、不被看好的球員生活，所以對於現況他沒有什麼怨言。可當我們進一步問他是否還有可以改進的環節時，他終究鬆口坦言道：「假如我有更多錢的話，就可以買更多訓練器材、加速身體恢復的工具，以及其他對體能很有幫助的東西。」

現在有愈來愈多的產品和訓練法，都算得上是邁爾斯口中的「對體能很有幫助的東西」。沒錯，現在各隊是已經投入了更多資源購買新科技產品，企圖在球員現有的生理條件底下，極大化他們的表現。但法斯特說：「如果你想要更有遠見的話，那科技輔助球員改進球技已經不算是最先進的發展了。棒球的未來會落在運動科學、肌力與體能訓練等領域。」

比貝克、班尼斯特、布許等人都還年輕的富德表示，他在小聯盟打球時，各隊才慢慢開始雇用專業的體能教練。「我打到三A的時候……隊上的防護員其實有百分之九十的時間，都在扮演球隊秘書和差旅行政人員的角色，大概只花百分之十的時間，真的在幫球員做訓練和運動傷害防護。」富德說。雖然現在的小聯盟跟當年已大不相同，可是棒球界也是花了好長一段時間，才意識到在小聯盟安排專業體能教練的重要性。「大體上，棒球界的體能和重量訓練發展仍非常落後。」法斯特說：「直到現在，還是有人會說：『不要去做重訓，因為你的肌肉會變得緊繃、不靈活，做起動作來會變僵硬、不流暢。』」

法斯特說，當太空人剛跳進運動科學和體能訓練領域時，他們發現球員做出進步的某些能力，都是以前大家認為沒辦法改變的天生棒球天賦。管理部門的分析師或教練，要求球員做某個動作上的改變或調整，以達到更理想的表現結果，這樣的操作不會太難；「但其實很多生理機制上的調整，都跟身體組成有關。」富德說。

他也指出，棒球界即將邁出的下一步，顯然會是「把球技指導和體能訓練整合在一起」。

石英財經網（Quartz）[10]分析美國大學提供給教育部（US Department of Education）的年度數據，發現自二○○八年全球金融危機之後（二○○八到二○一七年），全美修習人數成長最快的大學主修科目是運動科學，在調查的十年間，其修習人數在所有科目中的佔比快速增長，漲幅達到百分之一百三十一。這群蜂擁投身運科領域的學生認為，了解如何改進運動表現是時代的趨勢，未來相關產業的市場勢必會擴大成長。棒球即是一個經典案例：近年來，大聯盟各隊的運動科學和體能表現部門，如雨後春筍般大量冒出。

儘管各球隊的相關部門略有不同，但他們掌管的業務通常都包含負荷量控管、身體恢復、傷病預防、肌力與體能訓練等項目，並運用穿戴式追蹤科技、生物力學器材提供球員客觀數據的回饋。藍鳥是在這個領域建置部署最積極的隊伍：他們在二○一六年成立的體能表現部門，擴展速度飛快，從心理技能教練、運動防護員、復健治療師，到營養師、廚師、飲食協調員，方方面面的專業人士都到齊了。

許多運動科學部門都具備的一個特色是，雇用沒有棒球背景的國際專家擔任主管。太空人隊的運科分析師費南德茲（Jose Fernandez，二○一六年加入太空人），就曾在英格蘭足球超級聯賽（Premier League）和國際籃壇工作，而他們的首席體能訓練協調員豪沃斯（Dan Howells，二○一八年加入太空人）則曾長時間服務於英式橄欖球球隊。這兩人過去都沒有職業棒球的工作經歷。藍鳥隊體能表現部門的主任和助理主任，分別是馬格福特（Angus Mugford）和布魯爾（Clive Brewer），兩人都來自英國。布魯爾曾在致力於運動員發展的政府單位「蘇格蘭體育理事會」（SportsScotland）擔任好幾年的國家體育專案管理人，在那之後，他也到橄欖球球隊做事。至於洋基隊的首席運動科學專家——懷特賽德（David Whiteside）——則是當過澳洲網球協會

10 石英財經網是一家美國新聞網站，自稱是「全球化經濟下的數位時代新聞提供商」，著力於吸引高收入讀者。（摘編自維基百科）

（Tennis Australia）的員工。

各隊之所以招攬國際體壇的專業人士，是因為美國國內的運動科學研究大多偏向學術，由領國家科研經費的教授主導，沒有產出很多實務人才。「做研究很好，但研究的主要目標並非實際應用。」徹維尼（Patrick Cherveny）說。徹維尼過去曾任卡拉威高爾夫球公司（Callaway Golf）的創新專家，以及布拉斯特運動科技的運科主任。二〇一八年十一月，印地安人雇用他為隊上的運科分析師。徹維尼解釋，美國海外的運動科學工作比較專注於人才挖掘，而此取向與球員發展有直接的關聯。

美國與其他地方在運動科學發展上的取向差異，或許起自體育人才資源量的不同。美國大量的人口創造了豐富的運動員人才，導致美國運科界沒那麼重視把單一運動員的發展做到極致。徹維尼說：「在人口遠比美國少的國家，他們花很多力氣去做人才挖掘和人才養成。如果不這麼做，他們就沒辦法在運動競技賽事奪牌……這些國家的運動員發展計畫都由政府單位主導，因為他們的優質運動員人才不多，需要極大化每個運動員的表現。」

棒球運動傷害的性質十分獨特，跟其他運動不太一樣，也是使得棒球在運動科學和體能訓練領域落後的原因之一。「不管是足球、橄欖球、美式足球、籃球、還是冰上曲棍球，這些運動賽事造成的受傷大多跟軟組織[11]有關。」徹維尼說：「現在運動員比較能抑制這種傷勢，因為穿戴式追蹤裝置，可以幫助他們監控運動量、訓練量、身體各部位的加速和減速等數據。」觀察某些職業棒球員的圓潤腰圍便可得知，棒球所需的耗氧量並不大，因此棒球員受傷的方式跟其他耗氧量較大的運動不同。「棒球的運動傷害大多都出在肩膀和手肘。尤其是傳球的慣用手。」徹維尼說。

「我們知道球速快的投手，通常比較容易成功。」水手隊球員發展部門主任麥凱說：「但也比較容易受傷。要如何在受傷風險和追求卓越之間取得平衡，就是一個大哉問了，我也沒有答案。」現在棒球界有很大的誘因去找出平衡之道：根據棒球資訊網站「棒球傷病顧問」（Baseball Injury Consultants）的資料，二〇一八年大聯盟球員因傷損失的天數合計為三萬六千八百七十六天（包含列為每日觀察名單[12]的小傷），寫下自二〇〇二年開始記錄以來的新高。運動合約資料網站「Spotrac」推估，大聯盟球隊二〇一八年花在養傷兵上的錢（此處傷兵定義為躺進傷兵名單[13]的球員，他們累積的傷病天數為三萬四千一百二十六天），竟高達七億四千五百萬美金。在這麼多傷勢當中，最常出現的莫過於投手手臂的相關傷病。

班尼斯特說：「為了避免投手受傷，就必須踏入大聯盟球隊先前還不具備相關資料數據的領域，而這通常是指生物力學資訊。」以紅襪來說，他們就採用「基納追蹤」來蒐集生物力學數據；其他幾支球隊則應用另一家公司——希米現實動作系統（Simi Reality Motion Systems）——的無標記動作捕捉系統，來做到相同的事情。基納追蹤的總裁克戴維（Steven Cadavid）是電腦視覺和機器學習的專家，他過去曾負責研發追蹤嬰兒與母親互動的技術，以提早偵測出自閉症的跡象，這經歷使克戴維培養出開發追蹤科技的技術和能力。後來，他把所學應用到棒球領域。「在傷前和傷後的生物力學數據之間，我們可以找到很明確的差異。這些資訊是大聯盟球隊可以好好利用的。」克戴維說。他舉例，有一名投手在受傷復健的過程中，進行牛棚練投，基納追蹤的數據顯示，其生理機制仍未達傷前狀態，代表他的傷還沒全好，但他還是急著回到賽場，下場就是太早復出，

11 軟組織是連接、支撐、包裹其他身體器官的一種組織，相對概念是骨頭等「硬組織」。它包括肌腱、韌帶、筋膜、皮膚、結締組織、脂肪、滑膜、肌肉、一些神經和血管。（摘編自維基百科）

12 如果球隊尚未確定球員的傷勢嚴重性，或是球員受的傷不重、仍可做出部分貢獻，就會把球員列入每日觀察名單（day-to-day）中。每日觀察名單不是傷兵名單，故狀態為「每日觀察」的球員仍會佔掉正式球員名單空間。

13 傷兵名單（injured list），是職業棒球中對於球員受傷無法出賽的處理制度。放入傷兵名單的球員不計入正式球員名單，因此球員可以找替補球員暫代。依據傷勢情況和適用球員種類，大聯盟的傷兵名單種類分為四種：七天、十天、十五天、六十天傷兵名單。

投出不佳的成績。「現在已經有球隊，把基納追蹤的數據納入交易決策的考量。」克戴維說。

毫無疑問地，球員發展革命已經幫助數以百計的球員，開發出更多潛能，未來類似的案例只會愈來愈多。然而，現在還沒有人能明確地判斷，新的科技和球員養成技術會不會有反效果、進而害到部分球員？

幫助球員恢復體力的裝置，基本上沒有什麼缺點或造成反效果的可能。二〇一八年，水手隊的飛行里程數達到四萬零七百八十三英里，為全聯盟之最。為了消解舟車勞頓的疲勞，很多水手隊員都配戴一款由美國食品藥品監督管理局（FDA, U.S. Food and Drug Administration）認證的腿部綁帶（綁在膝蓋以下的小腿處）——螢火綁帶（Firefly）。螢火綁帶透過微電力刺激腓神經，達到促進血液循環、減少肌肉痠痛、避免腿部水腫等功效，使球員在長途旅行時能舒服一些。有些球隊會定期地使用超音波檢視球員的肌肉狀態，並藉此刺激肌肉的恢復機制；而有些球隊則會結合不同科技，形成組合療法，試圖加速球員復健、復原的速度。

二〇一五年三月，史卓曼撕裂前十字韌帶，本來被預估會因傷錯過整年的賽季；沒想到，他在球季結束前就傷癒歸隊，於九月份登板先發四次，還跟著藍鳥一起挺進季後賽。史卓曼比預定歸期提早返回賽場的關鍵，在於三種穿戴式裝置的輔助：可達沛的追蹤裝置量測施力和生理壓力；波勒電子（Polar Electro）[14]的監測器監控心跳頻率；歐梅嘉電波（Omegawave）[15]的器材檢測心率變異和其他可能顯露過勞跡象的指標。這些裝置提供的數據和資料，讓藍鳥的後勤團隊可以合理安排史卓曼的復健強度和進度，極大化復健效率，同時避免操之過急導致傷勢復發或加劇的情況。史卓曼的復健進度由數據決定，而非他自己的感覺、運動防護員的認知、醫生的直覺、醫生對某種傷勢的既定復原期預測（很可能不準）。「我目前正處在人生的最佳體態。」史卓曼當時這麼對林柏說，講出了棒球界最被濫用的老生常談之一。「我知道大家都會說這句話，但我跟他們不一樣的是，我有數據能夠佐證。」

不過要是新科技產品被用在棒球場外的情境，或是某些不對外公開的私人生物力學資料被球隊用來壓低球員的薪資或出場機會的話，新式的數據資料就可能對球員產生反效果。

二〇一七到二〇二一年的大聯盟集體勞資協議（CBA, collective bargaining agreement），設置了一個針對穿戴式科技進行研議的聯合委員會，由來自聯盟官方和球員工會的代表組成，共計五人。他們的任務是討論並擬定在大聯盟層級使用穿戴式科技產品的規範。截至二〇一八年為止，該委員會已經核准了四種產品在比賽中使用，它們分別是可達沛的感測器、和風（Zephyr）[16]的體能表現監控帶、摩塔斯的生物力學袖套、沃普（Whoop）[17]的心率監測儀。另外四種產品——來自布拉斯特和鑽石動能科技（Diamond Kinetics）[18]的四種球棒感測器——則被委員會認證可以在非比賽練習中使用（小聯盟的話，可於比賽中可使用）。勞資協議中的一份附件特別明定，球員「有完全的自主權」決定是否要使用穿戴式科技，球團不可主張主導權。該附件也規定，穿戴式科技產出的資料都需保密，只能被特定的球團人員取用，不得作任何商業用途；球員如果想看，球團必須提供給球員；球員如果希望刪除，球團就得刪除。然而，這些規範有一個大盲點是：要是球隊違反了前述任何規定，似乎都沒有罰則。

至於在小聯盟，球隊就能主導穿戴式科技的使用，可以強迫小聯盟球員參與穿戴式裝置的訓練方案。「在

---

14 波勒電子（Polar Electro）是一家大型的運動科技產品製造商，旗下產品包括心率監控器、GPS手錶、單車電腦訓練儀等等。

15 歐梅嘉電波（Omegawave）是一家製造運動訓練器材的公司，旗下產品可以量測運動員的生理狀態。

16 和風（Zephyr）體能表現監測系統是美敦力公司（Medtronic）旗下的產品之一。美敦力是世界最大的醫療科技公司之一，主要為慢性疾病患者提供終身治療方案。（摘編自維基百科）

17 沃普（Whoop）是一家總部設於波士頓的運動科技和穿戴式裝置公司。

18 鑽石動能科技（Diamond Kinetics）是一家專門製造棒壘球科技產品的公司，其開發的主要強項在於生物力學資料追蹤，並將數據呈現在介面清楚簡潔的手機應用程式上。旗下產品除了球棒感測器，也有搭載感測器的智慧棒球、智慧壘球等。

大聯盟，我們會提供一系列的穿戴式科技菜單給球員看，球員可自行決定要不要用。如果他們想做，就可以來找我，我會把科技產品導入他們的日常訓練中。」貝克說：「小聯盟的話，情況則相反。我會直接跟他們說：『這是你們接下來要用的東西，我們接下來要進行什麼計畫之類的。』或是『我們要進行某個研究，你們接下來六週每天都要給我十二分鐘的時間。那十二分鐘你們只能按照我的指示行事，不能做自己的事。』」

小熊和其他部分球隊，已經要求小聯盟球員使用沃普的科技手環以及瑞迪手環（Readiband）[19]。包含睡覺在內，他們幾乎二十四小時都要戴著這些裝置，如此一來，球隊便能了解他們的休息習慣和疲勞程度。「如果有人沒有正常飲食，或是某個球員的體重忽然下降，這些數據和資訊都會被傳到心理技能小組。我們有時候會被球團要求去調查一下球員的狀況。」貝克說：「我們就像在前線執行作戰計畫的連隊，但在小聯盟，我們可以丟困難的問題給球員，要求他們回答。」

這種做法對球團和球員都可能有益處：有些球員或許不知道自己的睡眠品質很差，或是睡不好正是造成他表現不好的原因。選秀會第三十四輪才被選中的太空人投手J．詹姆斯（Josh James），小聯盟時期曾被認為毫無未來前景可言，而且有一陣子總是無精打采、提不起勁。後來室友告訴他，他有嚴重的打鼾問題，J．詹姆斯這才去求助於睡眠專家，因而被診斷出患有睡眠呼吸中止症。睡眠專家配給J．詹姆斯一台持續性正壓呼吸器（CPAP, Continuous positive airway pressure）[20]，大幅改善他的睡眠品質。終於睡得好的J．詹姆斯，場上表現跟著進步，沒過多久就成為前途光明的大聯盟投手。在J．詹姆斯之外，也許還有很多小聯盟選手正飽受睡眠呼吸中止症所苦，卻不自知。

不過，球場外的監控，本質上還是非常侵入選手個人隱私的做法。天普大學（Temple University）法學院兼任教授、生命倫理專家與體育法律師米爾斯丁（Alan Milstein）就認為，球團監控小聯盟球員的球場外生理數據，是一個很嚴重的隱私權問題。他說：「我不認為身為職業球員就應該獲得不同的對待……這些運動員都是成人了，他們有權決定自己在球場以外的生活方式，不必受到雇主的監管或批評。」電影《阿波羅十三號》（Apollo 13）中，有一幕場景描述整個太空艙的機組人員都把身上的生理狀態感測器拔掉，使地面的航管人員無法監控他們的生理數據；領導機組人員發起這小小革命的電影角色勒佛爾（Jim Lovell，由湯姆・漢克斯〔Tom Hanks〕飾演），在那一幕說了一句經典台詞：「為什麼整個歐美世界都要知道我腎臟現在的狀況是怎樣？我已經厭倦這一切了！」米爾斯丁相信，如果大聯盟球團延續（甚至擴大）他們對小聯盟球員的監控手段，小聯盟球員未來勢必會像《阿波羅十三號》裡的機組人員發起集體反抗。

貝克和他的同事，都會定期與其他球員發展部門的人員進行電話會議。有時候，貝克的部門會被告知某位球員不想進行對他長期發展有幫助的機制調整。「這時我們就會介入了。我們的小組成員會發簡訊或打電話給該球員，接著派人到訓練現場跟球員做直接溝通，確保他了解那些訓練和機制調整的真正目的。」貝克說。

但在跟選手做溝通時，心理技能小組的人員可能會得知一些敏感資訊，比如球員經常跑趴、有在吸毒、面臨酗酒問題等等。對專業人士坦誠、透露敏感資訊給隊上的職員，可以獲得及時的協助，或許是件好事，但也可能會使球員陷入失去工作的風險。「我們的球員都知道，他們透露給我的資訊，我不會全回報給球團。」貝克說：「我不是要去當抓耙子的⋯⋯球員之所以信任我們，是因為我們不會在跟他們聊完後，趕緊打電話給T・艾普斯坦（Theo Epstein，小熊隊棒球事務總裁），跟他說：『誒！誰誰誰現在有酗酒問題，誰誰誰現在有在跑趴。』」

貝克認為自己扮演的角色是支持球員、站在球員的立場協助他們，而不單純只以增進球員的表現為目的。

19 瑞迪公司（Readi）為一家專門針對「疲勞恢復」設計解決方案的加拿大運動科技公司。

20 持續性正壓呼吸器是一種在呼吸道施加壓力的人工呼吸器，它能源源不斷地將空氣注入呼吸道以撐開之，使用者也能在過程中同步呼吸。（摘編自維基百科）

即便如此，貝克還是說：「球團內球員發展的各小組之間，包含體能與重量訓練、運動防護、神經科學、營養學、心理技能等等，大家對於球員資訊的流通是很開放透明的。」或許身為前球員的貝克比較能替球員著想，選擇不跟別的同事透露球員的敏感資訊，但他沒辦法保證其他人也都持相同的理念。要是感測器發現某個小聯盟大物新秀身體出了問題，可能會影響到大聯盟球隊在季末的戰績（大聯盟球隊經常會在下半季拉上優質新秀補強陣容）或未來數百萬美金的投資，那掌握球員所有資訊的後勤團隊員工，是該如實跟球隊稟報、還是替球員保密呢？當前的美國職棒球員，在升上大聯盟、受到勞資協議保護之前，所有底細可能都已經被球隊摸透透了。

「球團做這些數據追蹤和監控時，一向冠冕堂皇的藉口都是：『我們想幫助你成為更好的球員。』」米爾斯丁說。現任水手隊總管的前大聯盟球員迪波托，就是這麼認為的，他說：「球隊這麼做，對球員、對球隊都好。球隊可以打造出某個球員的最佳版本，而該球員也能極大化自己的身價……球員常常會提出質疑說，球團蒐集這些數據和資料，是不是為了找出不讓他們升級或加薪的理由。然而事實恰恰相反。」不過米爾斯丁沒有被輕易說服：「掌握這些資訊的球團，也有可能因此發現某個球員的隱疾或場外的私人問題，選擇冷落他或直接釋出。球團從沒保證他們會怎麼使用球員的生理數據和敏感資料，也沒有任何明確的規則規範這些新資訊的用途。你怎麼就能確定他們都是為了球員好呢？」

後魔球時代最反烏托邦式、最暗黑的想像情節，就是球隊會利用球員的生理數據和基因資訊，分析球員的生理傾向、易於發生某種傷病的體質，進而提前篩選、汰除選手。但這種情節不太可能真的發生：美國在二〇〇八年通過《基因資訊平等法》（Genetic Information Nondiscrimination Act），禁止雇主強迫員工做DNA[21]檢測，雇主也不得利用DNA資訊做人事決策。就算是這樣，二〇〇九年大聯盟就坦承，他們為了調查一些多明尼加籍的小聯盟球員是否涉及身份詐欺，要求這些選手接受DNA檢測。米爾斯丁警告，照目前的情形走下去，不管是球員工會還是球員個人，他們有一天都可能自願交出基因資料給球隊。「假如基因資訊這條底線都被跨越的話，那大家就真的得小心了。」米爾斯丁說。不過若真的走到那一步，一些會被基因檢測發掘的生理瑕疵，應該也都已經有辦法治癒、排除了。在這個人類具備基因編輯科技的年代，我們很快就得面對比增進棒球員能力更廣、更嚴肅、更值得注意的問題。

21 DNA（deoxyribonucleic acid）是去氧核醣核酸，為一種生物大分子，可組成遺傳指令，引導生物發育與生命機能運作。主要功能是資訊儲存，可比喻為「藍圖」或「配方」。其中包含的指令，是建構細胞內其他的化合物，如蛋白質與核醣核酸所需。帶有蛋白質編碼的DNA片段稱為基因。（摘編自維基百科）

第十六章　球員變強了，就有球打

棒球員有三種：
身體力行的，
光看不練的，
不明不白的。

——拉索達（*Tommy Lasorda*）

二〇一七年十一月，曼哈頓哈林區（Harlem）的聖尼可拉斯大道（St. Nicholas Avenue）上，介在西一百二十四街和西一百二十五街之間的街區，有一個店面正在進行奇怪的重新裝潢。落磯隊投手歐塔維諾掌控著這間座落在「美元樹」商店（Dollar Tree）[1]和「出奇老鼠」連鎖餐廳（Chuck E. Cheese）[2]一旁的狹長空店面。

1　美元樹商店股份有限公司（Dollar Tree Stores, Inc.），是美國一家經營折扣廉價雜貨的連鎖店。其店鋪裡出售的商品價格多為一美元，甚至更低。（摘編自維基百科）

2　出奇老鼠為美國一家家庭娛樂中心和餐廳連鎖店。

一台載貨的大卡車就停在店面前方，貨櫃內裝著歐塔維諾購買的移動式投手丘，以及一大捲的人工草皮。在店面內部鋪設好這些設施後，愈來愈多好奇的路人會駐足探看裡面的狀況，歐塔維諾不堪其擾，索性把窗戶都貼上黑紙。

這個店面空間是歐塔維諾解決問題的創意手段。出身自布魯克林的歐塔維諾，跟妻子和兩歲大的女兒住在曼哈頓。過去幾個休賽季，他都跑到位在皇后區東邊的長島區（Long Island）[3]練投，但由於女兒年紀還很小，每天往返通勤成為一種負擔。更不便的是，他前幾個冬天的傳接球夥伴麥慈（Steven Matz，大都會隊投手）已經搬家到田納西州的納許維爾。歐塔維諾知道大都會另一名投手哈維（Matt Harvey），是少數住在曼哈頓的職棒投手，所以詢問他是否有意願一起找個地方練投，但哈維婉拒了。

「到那個時候，我好像已經沒什麼法子了。」歐塔維諾在隔年五月時說：「我不知道該怎麼做，才能讓休季訓練上軌道。」

這個休季跟其他休季不一樣，因為歐塔維諾的大聯盟生涯正陷入危機：二〇一七年他投出個人最差的一季，而且十月的季後外卡賽，他也沒被落磯放進出賽名單。那年歐塔維諾平均每九局的保送數高達六點五次，在全聯盟所有投至少五十局的投手中，排第二多。他已經三十二歲了，且即將進入合約的最後一年。歐塔維諾需要找到一個地方練投、改善球技；他也需要一個地方讓他「做實驗」。

歐塔維諾從事房地產業的岳父，給出了一個提議。他在哈林區擁有一處空店面，距離地鐵站不過一個街區，交通方便，可以供歐塔維諾使用，但可不是免費的。岳父想要歐塔維諾明星隊友亞瑞納多（Nolan Arenado）的簽名球棒，而歐塔維諾也使命必達。岳父開出的價碼已經很佛心了，因為前一個承租的店家，每個月可是得付上二萬二千美金的租金。就這樣，歐塔維諾在二〇一七年冬天，把用簽名球棒換到的店面，打造成自己的室內牛棚。

「很少人知道我在裡面幹嘛。」歐塔維諾說：「只有這棟建築的保全湯瑪斯、我的岳父，還有我岳父辦公室裡的人知道。」

歐塔維諾的投球工作室，跟其他位於曼哈頓的運動員訓練中心都不一樣，因為他有一套瑞布索托的器材以及一台艾傑攝影機。從許多新式球員發展的案例中可以看到，把自己變得更強，不需要用到太大的空間，也不一定要去排場很大的訓練機構。歐塔維諾也認同這點。他的店面深度大概只有二十四點五公尺，剛好容納得下正常的投球空間。縱使場地不大且擺設簡陋，但已足以讓歐塔維諾扭轉他的棒球生涯。

《棒球美國》東尼葛溫終身成就獎（Tony Gwynn Lifetime Achievement Award）[4]二〇一八年得主、現任落磯教練的華恩斯坦，在「成長心態」這個詞出現之前，老早就在大力推廣「成長心態」的概念，強調球員調適與精進能力的重要性。華恩斯坦就曾說過：「只要我們願意幫球員，沒有什麼能力是練不成的。」

華恩斯坦從一九六〇年代起就在棒球界打滾，不管是雷達測速槍、加重球，還是超負荷與低負荷的球棒訓練，他都是最早嘗試使用的那群人之一。這位被波迪稱作「棒球教父」的七十五歲長者，把「對未知的恐懼」當作爭取競爭優勢的契機。「擁有最多資訊的人會成為贏家。」他說：「資訊就是王道。」

當球員發展的改革浪潮剛起步時，擁有資訊的人是管理部門的分析師以及外部獨立的訓練師。但隨著浪潮席捲整個職業棒壇，球員也都成為擁有資訊的人了。「自主學習才是最有效的學習。」華恩斯坦說：「我常常跟球員講，我的任務就是淘汰掉我自己的工作，因為我要教會他們怎麼精進自己、怎麼使自己進步。」懷恩斯

3 長島的西部是紐約市的布魯克林區及皇后區，其東是紐約州的納蘇郡（Nassau County）和蘇福克郡（Suffolk County）。紐約人在口語上提及「長島」時通常只指這兩個郡，很少人會將布魯克林與皇后區也算作長島的一部分。

4 東尼葛溫終身成就獎，是知名美國棒球刊物《棒球美國》每年頒發的重大獎項，旨在褒揚對棒球有深遠貢獻的人物。葛溫（Tony Gwynn）是大聯盟名人堂球員，二〇一四年因唾液腺癌逝世。

坦提到的，正是當代球員發展最令人興奮的一個面向：愈來愈多球員已經把職業生涯的生殺大權掌握到自己手中，學會運用各式各樣的工具，改造自己成為更高品質的球員，不再任憑球隊處置、宰割。

二〇一七年陷入低潮時，歐塔維諾就已經開始在尋找改善的方案。他在網路上得知包爾赴傳動棒球訓練的成果，也看到波迪在推特上的宣傳，因此心動了起來。他也想學習更多關於球路設計的知識。歐塔維諾說，當時已有不少大聯盟投手聽過「傳動棒球」這個機構，但大家還不太確定他們在做什麼。他決定自己去看看，所以在十月動身前往西雅圖。

「那時候大聯盟球界討論傳動棒球的方式都蠻負面的，但這反而更激起我的好奇心。」歐塔維諾說：「傳動棒球的人不在乎其他人的想法，只專注在他們覺得對的事情、有用的事情上……老實說，看到像包爾那樣的球員花大量時間在傳動棒球做訓練，我就覺得可以去那裡試試看。雖然我不認識包爾，但我知道他是什麼樣的投手。」

傳動棒球的團隊認為歐塔維諾不需要調整投球動作，因為他已經可以投到九十五英里左右的速度，而且他自己之前才花了很多心力，把向斜前方跨步的特殊投球動作調整到定位。後來他們討論出一個可以改進的地方，是他的控球。跟湯姆林類似，歐塔維諾投球時的思考太偏「內在」，他需要把注意力轉到「外在」才行。

傳動棒球的投手專家丹尼爾斯，跟歐塔維諾解釋用加重球做差異性訓練的好處。歐塔維諾把丹尼爾斯向他介紹的控球練習法，帶回他在哈林區自建的迷你版傳動棒球。此外，他還買了一個投球橡膠軟墊，上面印有類似好球帶的標示，並以不同顏色和數字切割成數個區塊，供使用者練習投準。歐塔維諾啟動投球動作之後，他的訓練夥伴（有人陪他練的時候）會喊出一個數字或顏色，而歐塔維諾就得盡力把球投到那個區塊上。

歐塔維諾也從傳動棒球帶回了球路設計的相關知識和實作經驗。雖然在二〇一七年年底，包爾就已是球路設計的資深擁護者，但那時還沒什麼大聯盟球員跟上他的步伐，所以很難確定包爾的案例是否能被複製。「歐塔維諾算是第一個檢驗包爾球路設計理論的重要測試者。」丹尼爾斯說。

歐塔維諾向傳動棒球報到前，就已具備大聯盟最佳的變化球之一。雖然常被歸類為滑球，但丹尼爾斯說，那其實是一顆橫向變化幅度很大的曲球，因為歐塔維諾的出手點比較低。歐塔維諾這顆彎曲弧度巨大、移動方式像威浮球的滑球，有著驚人的水平位移數據。然而，在二〇一七年，打者都不太對它出棒了，一部分的原因是歐塔維諾該季把球投在好球帶內的比例（所有球種），只有百分之四十三，打者知道他控球不好，於是更耐心等球；另一部分的原因則是，歐塔維諾的絕殺變化球實在太難打了，打者乾脆選擇不出棒，站著三振也就認了（但機率不高）。

二〇一六年，打者對歐塔維諾滑球的出棒率只有百分之三十八點一；二〇一七年，這數字降到百分之二十八點二。不限球種的話，打者對歐塔維諾的出棒率，也從二〇一六年的百分之四十二點二，下滑到二〇一七年的百分之三十五。百分之三十五這個數字，在全聯盟僅高於洋基的後援投手貝坦瑟斯（Dellin Betances，百分之三十四點六）。

傳動棒球團隊給歐塔維諾的建議是，創造一個移動軌跡和球速介在他速球和滑球之間的球路，既能與其滑球創造共軌效應，又因較好控制，可以比較常投在好球帶裡。丹尼爾斯是這個新球路計畫的主使者。

歐塔維諾第一次到傳動棒球時，他們放了一些「滑球、卡特球混合球路」的影片給他看。這種混合球路的垂直位移跟他滑球差不多（都不大），但水平位移就比他滑球少。如果能學會它，歐塔維諾的武器庫就能擴充出第三種位移變化獨特的球路。歐塔維諾躍躍欲試，立刻走到傳動棒球研發中心的投手丘上，開始試投。

「我們看了瑟維里諾（Luis Severino）和格雷（Jon Gray，歐塔維諾的落磯隊隊友）的影片，一開始想要模仿他們的球路。」歐塔維諾說：「但我一直沒辦法把那顆變化球的速度提升起來。基本上，我希望能製造完全的子彈旋轉（迴轉旋轉），同時催出逼近九十英里、甚至九十英里出頭的球速。」

在艾傑攝影機和瑞布索托的輔助下，歐塔維諾和丹尼爾斯不斷微調握法，最後終於設計出一個把子彈球、卡特球、滑球等多種球路特性混合起來的球種。丹尼爾斯說，他們希望瑞布索托顯示的旋轉效率落在百分之十五左右，代表橫向旋轉（能製造球路位移的旋轉）所佔的比例約為百分之十五，而迴轉旋轉則約為百分之八十五。

「我們會記錄下哪幾次出手的旋轉效率落在我們理想的範圍內，哪幾次沒有。」歐塔維諾說：「然後再去看艾傑攝影機的影片。我可以看到，當旋轉效率對的時候，我手指施壓的方式是什麼。我們不斷調整握法，最後大概只花了一天的時間，就覺得設計出了理想的球路。」

竟然只花了一天，或許這就是刻意練習配上艾傑攝影機和瑞布索托的強大威力吧。

歐塔維諾設計出的全新混合式卡特球，除了有原先幾個不同球種的特性，還具備一個關鍵特質：它跟他的二縫線速球也能創造不錯的共軌效應。因此，他幾乎完全捨棄四縫線速球，二〇一七到二〇一八年，其四縫線速球比例從百分之三十，陡降到百分之五。「其實我只是嘗試在二縫線速球和卡特球之間做切換，看可不可以穩定而流暢地用相同的出手動作，投這兩種球路，讓它們在出手前期的軌跡相仿，如此而已。我後來跟丹尼爾斯再練了幾天新卡特球，隨後就回家了。」

歐塔維諾不僅學會如何創造新球路，也學到優化練習的方法。

休賽季開始後的四個月，歐塔維諾每個禮拜有好幾天的時間，都在哈林區練習他的新卡特球、二縫線速球、滑球，並用瑞布索托和艾傑攝影機監控各球路的表現。此外，他也丟加重球，對著橡膠軟墊做投準練習。有時候他找得到捕手來幫忙接球；有時候找不到人，他就在容量將近二十公升的水桶內裝滿球，自己對著網子把桶子裡的球丟完。對歐塔維諾來說，新的卡特球是重要的改變沒錯，他在二〇一八年有百分之十點一的投球都是卡特球，但更重要的是，他的球感和控球明顯進步。春訓時，他帶著自己的加重球和艾傑攝影機到亞利桑納的春訓基地報到，當時他是落磯陣中唯一使用這些器材的投手。歐塔維諾自覺比往年更加有備而來。不過眼見為憑，落磯的教練團那時還沒看到新版的歐塔維諾，所以不知他為何帶那些新器材來。

「他們有把我叫進辦公室，問我的新訓練方法。我告訴他們我在休賽季學到的東西，還有新訓練法會讓我變強的理由。」歐塔維諾說：「只要你的理由有道理，他們也不太能反駁或禁止。」

即便如此，落磯球團當時仍頗質疑艾傑攝影機的效用。「這東西會不會讓你想得太多，影響到投球？」落磯總教練布萊克（Bud Black）和他的教練團問。

一向謙遜的歐塔維諾，在隊上有著「聰明球員」的風評，卻也被歸類為所謂的「思考型球員」；這個標籤在大聯盟球員休息室裡面並不正面。

「如果某個被視為很聰明、經常在思考的球員陷入低潮，大家都會覺得是因為他想太多了。」歐塔維諾說：「我二〇一七年表現不好的時候，就常常聽到身邊的人說：『喔，你只是想太多了啦。』」這種現象其實也發生在包爾身上。

面對球隊的質疑，歐塔維諾給出的回應是，艾傑攝影機不僅不會讓他想太多，還能減少他腦中的雜念，使他投球時更專注。「我腦子裡一定會有想法在打轉，這點是改不了的。」歐塔維諾對教練說：「但艾傑攝影機提供的資訊，可以讓我知道該想些什麼，並把注意力都放在那些東西上。」

歐塔維諾開始進牛棚實際投球之後，落磯教練團的質疑和擔憂就變少了。在亞利桑納鹽河訓練基地（Salt River complex）的副球場牛棚區，有好幾個投手丘平行排列。二月一個寧靜的早晨，身後站著數名教練的歐塔維諾，站上其中一個投手丘，準備展示他的新球路。這群雙手抱胸的教練，上一次看歐塔維諾投球的時候，他的狀態完全是一團糟。歐塔維諾投出新卡特球，球出手時的軌跡幾乎呈一直線，直到靠近本壘板才出現些微的位移變化。教練群跟歐塔維諾一樣滿意。沒多久，改造成功的歐塔維諾就帶著新球路和進步的控球，到模擬賽進行實戰。

「在模擬真實情境的打擊練習中，我幾乎主宰了所有打者，教練們都很興奮。忽然間，我投出很多達到心目中理想水準的球。」歐塔維諾說。

站在投手丘上的這個人變得不一樣了，新的歐塔維諾是「來真的」。雖然第一次在仙人掌聯盟（Cactus League）[5]登板時表現不佳，但他接下來投的六局都是三上三下。歐塔維諾最後要證明的是，新版的他能不能也在例行賽投出好內容。

三月二十九日，落磯隊作客亞利桑納打開幕戰，對決同分區的響尾蛇隊。歐塔維諾第八局上場後援，面對到的第一名打者就是響尾蛇明星強打高史密特（Paul Goldschmidt）。他首先使出一顆具大彎曲軌跡的滑球，高史密特第一時間以為球要往內角過來，膝蓋遲疑地動了一下，但球最後轉進了好球帶中。一好球。大家都看過歐塔維諾的滑球了，沒什麼稀奇，但下一球可就是大家沒見過的新玩意兒了。歐塔維諾使出他在實戰中的第一顆「具大量子彈旋轉的卡特球、滑球混合球路」。高史密特看著這顆變化軌跡小而銳利的八十八英里球路進壘。兩好球。歐塔維諾做一次深呼吸，回到投手板上，投出一記二縫線速球。這球出手時，朝好球帶外側而去，最終被層流效應拉了回來，走後門轉進好球帶。三好球。高史密特走回休息區時沒有表示任何意見。下一棒蘭姆（Jake Lamb）對尾勁驚人的二縫線速球揮棒落空，也吞下三振。保送代打的戴斯考索（Daniel Descalso）後，歐塔維諾很快找回控球，再用一顆位移幅度明顯的二縫線速球，讓艾維拉（Alex Avila）揮棒落空三振。

「我當下的感覺是：『有了，這會成功。』」歐塔維諾在六月的一個午後回憶：「隔一天的晚上，我又投出了具主宰力的內容。球季開始沒多久，我就很進入狀況。」

四月份，歐塔維諾面對五十五名打者，三振掉其中的「三十人」。過程中，他只被打出四支安打、投出四次保送，累積十六局投球只失一分。棒球界沒有其他投手的表現比他更威猛，而且那不只是曇花一現：五月，歐塔維諾再對上四十四名打者，只被打出零星的四支安打、失二分。

上半季，歐塔維諾繳出僅一點六二的防禦率，整季下來，他累積的WAR值排後援投手的第六高。他三振率減保送率的差值，從二〇一七年的九點九，暴增到二〇一八年的二十四點六，寫下全聯盟第三高的漲幅；此外，他也成功把保送率下修了四點四個百分點，減少幅度為全聯盟第九大。

二〇一八年，歐塔維諾卡特球的平均水平位移達到九點七公分，在後援投手中排名第四；但同時，它也有九點九公分的平均垂直位移。這顆卡特球相當奇怪，大聯盟沒有太多位移方式跟它相類的球路，不過還是能有效解決打者。歐塔維諾在發明新卡特球之後的第一個賽季，投了一百二十九顆卡特球，打者對它出棒，有高達百分之五十的機率會揮空，這個比例在所有被歸類為「卡特球」的球種中高居第一。歐塔維諾卡特球的水平位移，看上去像是變化幅度較小的滑球，但它的位移方向正好與傳統滑球相反，向下掉的走勢和幅度，反而比較像歐塔維諾的二縫線速球。歐塔維諾的滑球則跟以往一樣犀利，平均水平位移達到二十四點一公分，在所有投手的滑球中排名第五。由於這顆滑球現在能跟新卡特球做搭配，加上歐塔維諾的控球有所進步，因此它的誘敵效果回升，打者二〇一八年對滑球的出棒率達百分之四十一點一，而出棒之後的揮空比例則來到百分之三十六點八。

5　大聯盟各隊的春訓基地和球場，分布於亞利桑納和佛羅里達。為使春訓賽事方便進行，減少旅途負擔，賽事分為兩個聯盟進行，亞利桑納地區的隊伍組成仙人掌聯盟，而佛羅里達地區的隊伍則組成葡萄柚聯盟（Grapefruit League），只打聯盟內比賽，不打跨聯盟比賽。

六月，在落磯隊的球員休息室裡，歐塔維諾展示他的艾傑攝影機給隊友貝提斯（Chad Bettis）看。貝提斯在手中把玩著這顆藍色的方形機器，內心充滿好奇。

「明天貝提斯就要在牛棚練投時，用我的艾傑攝影機做測試。」歐塔維諾說：「接下來的休賽季，安德森（Tyler Anderson）和格雷都要去傳動棒球看一看。當前的趨勢就是如此。我覺得最重要的發展是，現在這些進階球員養成的觀念和技術，已不再是（也不該是）禁忌。」

靠著二〇一八年的好成績，歐塔維諾在二〇一九年九月跟洋基簽下一張三年二千七百萬美金的合約。未來幾年，他岳父若是要收回店面給別人租，歐塔維諾或許可以直接去洋基球場做訓練。

二〇一八年九月二號的晚上，位在費城的市民銀行球場（Citizens Bank Park）燈火通明，八局上二出局，小熊隊游擊手羅素（Addison Russell）上場代打史瓦柏（Kyle Schwarber）。在這局一開始登板後援的費城人菜鳥左投戴維斯（Austin Davis），把手伸進褲子後方的口袋，拿出一張打序單，上面有他手寫的筆記，記錄著他要如何面對每個打者的計策。在大聯盟服務達四十一年（裁判史上最多）、綽號「牛仔」的六十五歲資深裁判威斯特（Joe West），是該役的裁判長兼三壘審，他注意到了戴維斯看筆記的動作。威斯特慢慢走到投手丘上，把手伸出來，示意戴維斯交出打序單，像極了老師抓到學生偷看小抄的情境。戴維斯心不甘情不願地交出打序單，威斯特把它插進自己的口袋裡，再步履蹣跚地走下投手丘。費城人總教練凱普勒走出休息區與威斯特爭論，但威斯特仍堅持他的看法：他說戴維斯違反了大聯盟規則第六條第二項的 c 款之七——「投手不得在身上或身體藏有任何外來物質」。威斯特因此沒收了打序單，但戴維斯沒有忘記剛剛在打序單上讀到的資訊。羅素揮棒落空、三振出局。

從某個角度看，前述的爭議事件是棒球界舊思維（或者說是「不思維」）和新思維碰撞下的結果。威斯特進大聯盟的年份是一九七六年，當時投手若想增加競爭優勢，唯一能自主掌控的手段，就是在棒球上動手腳（把球皮磨得更粗糙或塗抹外來物質在球上）。雖然現在有些投手仍會想辦法在球上東塗西抹，但新世代棒球員從進階球探資訊獲得的競爭優勢，早就超過了在棒球上動手腳。如果知道威斯特的背景，就不太能怪他把「資訊」當作「外來物質」的一種，因為直到近幾年以前，大多數球員也抱持著跟他一樣的舊思維。

二〇一八年六月底才完成大聯盟初登板的戴維斯表示，他在七月十四號作客馬林魚的比賽中，第一次在場上參考筆記。在那之前，大聯盟球場上已經經常可以看到外野手拿出提醒他們守備站位的小卡；捕手也一樣。當代捕手的工作量比以前更多了，因為他們每場比賽、每個球季要接的投手數量都增加非常多。由於配合的投手變多、工作難度提高，現在捕手會戴著裝有資訊小卡的腕套上場，提醒自己每個投手擅長的球路和對上敵方打者的應對策略。戴維斯據信是史上第一個在投手丘上求助於資訊小卡的投手，而且這個做法甚至還是他自己發想的。

選秀會第十二輪才被選中的戴維斯，二十五歲，是思想開放的當代球員，也算這一類選手的典型。二〇一七到二〇一八年的冬天，他跟選秀會第一輪的選手海格提（Luke Hagerty），一起在斯科茨代爾市一處訓練中心練球。三十七歲的海格提，有著很傳奇的經歷，他進職業的頭幾年就遭遇投球失憶症的問題，被迫離開小聯盟長達十三年的時間，後來在傳動棒球和追蹤科技的調教下，決定於二〇一九年挑戰重返美國職棒。戴維斯跟海格提一起訓練，多少受到一點激勵，而他也跟歐塔維諾一樣，用瑞布索托來優化球路的握法。戴維斯想出帶小卡上球場的起心動念，其實跟想要精煉出最佳球路的想法沒有不同，他說：「有了小卡，我就能帶著更多信心投出每一球，投完後不會一直回想剛才那樣投到底對不對……從教練團的角度看，他們也比較安心，因為知道我在場上不是毫無章法，都是依據數據分析的結果投球。現在有那麼多有用的資訊，何不好好利用一下呢？」

在每一場他有可能出賽救援的比賽前，戴維斯都會拿一張空的打序單，依據球隊提供的進階球探報告，在打序單上記下每個對方打者的強項和弱點。戴維斯說球隊給他們看的球探報告都經過仔細的整理，讀起來很容易消化吸收，所以他很快就能掌握他能利用的資訊重點。對戴維斯來說，在面對每名打者之前（尤其是在不止一局的投球任務，或敵方派出代打者上場的時候），都能透過資訊小卡複習一下他們的優劣勢、自己設定的對決策略，有一種心理上的慰藉效果。簡言之，資訊小卡就像戴維斯的「安全毯」。

如果在比賽交鋒得正激烈的情況下，某些腦袋中的想法可能會對投手表現產生反效果，但就如同歐塔維諾使用艾傑攝影機的道理，戴維斯的資訊小卡不會使他想更多，反而能幫他將腦中的思緒化繁為簡，成為摒除多餘想法、避免太過分心的工具。二〇一六年，紅襪投手波瑟羅（Rick Porcello）[6]開始在打序單上寫下敵方打者的球探報告資料，因為這麼做可以幫他記住用得到的資訊；在那之前，他對《波士頓先驅報》（Boston Herald）的記者說，有時候他在場上的時候，會把球探報告的資訊搞混。不過波瑟羅開始做筆記之後，並沒有把打序單帶到球場上，而是放在球員休息區。戴維斯的做法比波瑟羅更進階一點。「如果可以寫在紙上帶到比賽中，為什麼要浪費心智空間去把那些資訊背起來呢？更何況要記的打者有那麼多，有時候根本背不起來。」戴維斯說。有些投手會擔心帶小卡到球場上，會被視為「不專業」，但戴維斯認同凱普勒對他說的話：「如果只是因為擔憂個人形象或他人的指指點點，而決定要不要做某事，那理由可能還不夠充分。」

八月初有一次，戴維斯沒有照著小卡上的資訊對響尾蛇的波拉克（A.J. Pollock）投球，結果就被紮實地打出一記深遠飛球，要不是右外野手N．威廉斯（Nick Williams）在牆邊跳起，完成沒收全壘打的美技，戴維斯恐怕得多挨一轟。戴維斯說，雖然那次驚險地逃過一劫，但他再次意識到善用資訊的重要性。「如果沒有把可用的資訊都用上，就得承擔更多被對手重擊的風險。」後來，同樣是八月份，過去在皇家休息室跟班尼斯特研究數據棒球的葛蘭基，仿效起戴維斯，把資訊小卡帶到投手丘上參考。葛蘭基的仿效，讓戴維斯更加確定自己的「小卡理論」有其道理。二〇一八年球季結算，戴維斯繳出三點六八的投手獨立防禦率，平均每局三振數超過一次，表現優質。

九月初的「小卡沒收事件」發生後，大聯盟把威斯特叫去開會，跟他說戴維斯的舉措沒有違反規定。威斯特因此打電話給費城人，向他們致歉。戴維斯的資訊小卡是官方認定的合法場上物品，不是什麼外來物質。

透過隨隊的數據分析師、中介溝通人，以及熱愛鑽研資訊的教練，思想先進的隊伍近年來把專注力投注在「實際應用」上，就如太空人外野手坎普（Tony Kemp）所言：「他們獲得並整理好資訊後，就開始戮力把它們用在真實比賽中。」但這樣的發展真的是近幾年才出現的事情，有些球隊直到現在還處在非常落後的階段。至少有一個案例的情況就是：效力於資訊落後球隊的明星球員，決定向外部尋求數據支援。

二〇一一年初，一名幫數據分析網站撰稿的作家，經由網站的聯繫管道，收到了一封來自大聯盟球員的電子郵件。這名球員是球界最強的打者之一，寄信的原因是他讀到一篇探討議題非常吸引他的文章。當初該作家之所以會想寫那篇文章，也是因為他對那議題很感興趣。因此，「作家」跟「打者」一拍即合，兩人開始保持聯繫。

後來，打者快要談新合約了，他請作家幫他列出幾個情況與條件跟他類似的過去案例，當作參考。雖然打者有經紀人，但他想要諮詢一個完全沒有利害關係的人（經紀人可從打者簽下的新約抽佣金）。「我幫他做了一些合約的相關資料。那之後，他問我：『你何不來幫我定期做一些後勤工作呢？』」作家回憶。於是，從二〇一三年起，作家成了打者的地下兼職數據顧問。作家回想那位愛好數據的打者，說道：「據我所知，週五晚

6 波瑟羅於二〇一九年球季結束後成為自由球員，並於年底與大都會隊簽下一年一千萬美金的合約。

上，他百分之九十的隊友都會去外面玩樂，泡夜店之類的，而他則是會傳簡訊跟我討論他追打壞球的頻率。他真的是為數據癡狂。」

打者要求作家簽署一份保密協議，不希望所屬球隊知道他尋求外部的協助。「他很擔心的點是，萬一球隊知道他尋求外援，會很不開心，因為外部建議可能會跟球隊要告訴他的觀念相抵觸。他不想成為教練眼中難搞人物。」作家說。雖然那時候已經有不少其他打者在外面接受私人打擊訓練師的指導，但「個人的數據派助理」聽起來還是有點太新、太衝擊了。打者不想驚動球團的管理階層和教練團，但同時也想更有效率地精進球技。他不信任自己的球隊能夠產出他需要的數據和資料。

「我們討論的內容大部分都是賽前準備。」作家說：「可能有百分之八十吧，都是在探討某天對手的型態和特性，以及他要採取什麼打擊策略之類的。」打者所屬球隊提供的球探報告很標準：對方投手會投什麼球種、每個球種的球速以及使用比例等等。但打者想知道的更多：打者對某種球路的出棒比例是多少？出棒之後揮空的比例又是多少？當天主審有什麼好壞球的喜好？捕手擅長接球的區域又是哪些？在跟打者合作之前，作家一向認為打擊低潮只不過是偶然的、一時的，背後沒什麼能依循的道理可言。但在開始幫打者之後，作家有點改觀，因為他得協助打者分析投手對付他的方式，並想出一套反制策略，而這種投手和打者之間猶如貓捉老鼠的戰略競爭，是其他旁觀者難以洞察到的內幕互動關係。「在激盪思維的過程中，多少會想：『好，現在投手已經破解了這套戰略，我們接下來一定要想個辦法應對，改變他們的配球模式。』」作家說。

作家除了會寄進階球探報告給打者，也會經由「過程數據」來分析打者的表現。所謂的過程數據，就是那些反映打者「打擊過程」而非「打擊結果」的項目，比如追打壞球的頻率、滾地球率、拉打比例、強擊球比例等等。「他只在乎：『我有沒有把球打得紮實？』、『我揮棒落空的比例有沒有減少？』、『我出棒的目標是不是都是好球？』」作家說。作家每個禮拜，都會把打者前一週的過程數據整理好，搭配上其他各項表現的滾動式數據、賽季數據，做成一份報告寄給他。「他覺得週報的幫助很大，因為他可以避免反應過度，不必想說：『我這禮拜十九打數才打出三支安打，一定要做一些調整。』」作家說：「週報最大的影響力就在這裡，讓他不用一直做微調，增加其打擊機制的穩定性。」

針對「主審判好壞球的喜好」和「捕手的接球強項」做研究，也為打者提供很大的競爭優勢。在某些比賽，打者可以直接放掉部分進壘點的球路，因為讀過資料的他，知道投在哪些位置的球，根本不會被判好球。「我有時候會看到他在打擊時，選掉一個我們在賽前討論過的球路。那時候我心裡就會想：『好，今天這種球可以完全不去碰了，就算它實際的進壘點在好球帶內，也不可能被判成好球。』」作家說：「接下來，就會看到他在一好三壞的情況下，選掉一顆好球帶內角的『壞球』，棒子一丟，直接朝一壘走去。這時投手就會開始崩壞，製造不了出局數，而打者則在壘包上竊笑，心裡想著：『哈，你不知道今天那個進壘點根本沒有好球的空間，但我早掌握了這個情資。』他對那天好球帶的理解，勝過全世界其他任何投手。」

如果選球失利，打者也會想即時檢視當天主審的好壞球傾向。「他跟我說，他想在每個打席間都能即時檢視主審的好球帶。」作家說。所以作家就幫他架了一個可即時更新資料的網站，讓他可以在比賽當下隨時查看每球的進壘點、球種、好壞球判定，以及其他相關資訊。

Statcast問世後，作家和打者也找到實際應用新數據的方法。有一季，打者繳出差勁的防守表現，多數的已知守備數據都顯示他是貧弱的防守者。打者對此感到很不愉悅。「他覺得就算變老了，也不要成為表現不堪入目的守備員。」作家說。於是，作家動用人脈，從大聯盟官方取得Statcast的未公開資料，並依據那些資訊，提出可幫打者改善守備數據的站位建議。「我們只花一個休賽季的時間，就修好了他的防守。」作家說。

除了守備大改造，作家始終不知道他給打者的種種後勤支援，對打者的幫助有多大，畢竟在他們認識之前，打者就已經很成功了。他們的合作維持了幾年後，作家因為轉換工作跑道的關係，無法繼續擔任打者的地下助理。或許只是個巧合，但打者失去作家協助後的第一年，成績就有所下滑。「他覺得少了我以前提供的資訊，損失很大。」作家說。作家自己則認為，缺乏資訊是個可能的原因，不過心裡懷著「我沒有準備齊全」的想法，也許才是罪魁禍首。作家表示，打者是個有完美主義的人，他希望自己每次上場打擊的時候，心裡都能想著：「我已經盡全力做到所有想得到的準備工作，今天的狀態不能再更好了。」如果所屬球隊沒辦法協助他達到這樣的心理狀態，那他就會想辦法找到可以真正幫到他的人。

每一年，渴望學習的球員都愈來愈多，而無法提供他們新科技工具的球隊則愈來愈少。然而，球員不信任球隊的理由也跟著增加：有些人不希望穿戴式裝置的資料受到雇主的掌控；有些人覺得重建中球隊只會利用新資訊，壓低他們在薪資仲裁所能獲得的薪資，而不會思考怎麼協助他們變更好。這些擔憂的出現，為經紀人領域開啟了發展的新契機。

傳統上，經紀人的職責，就是基於選手過去的表現，幫他們爭取最高的薪資，沒包含太多幫球員提升表現的工作。卡薩姆就是新世代球員經紀人的典範，他在二〇一八年五月時跟我們說：「新世代的經紀人，既可修正球員的曲球，也能做薪資仲裁的協商。」

卡薩姆在二〇〇九年選秀第五輪被洋基隊選中，進小聯盟努力奮鬥，二〇一三年終於爬上三A，可球涯卻陷入停擺。二〇一三和二〇一四年，卡薩姆在三A合計出賽二十六場，只繳出五點四六的不及格防禦率。「那時候的我，覺得離大聯盟好遠好遠。」卡薩姆說：「我的機會正在迅速流逝，我意識到不能再繼續這樣下去，必須跨出舒適圈、冒一點險。」二〇一四年球季結束後，卡薩姆到傳動棒球做了一個半月的訓練。他採行提升球速的計畫，將速球球速從八十九英里拉抬到九十三英里，並運用瑞布索托和艾傑攝影機，優化他的滑球。二〇一五年，卡薩姆開季在二A和三A的前二十七場出賽，投出僅二點一七的防禦率，平均每局三振人次超過一人，優異的表現，使洋基決定在七月底把他拉上大聯盟。卡薩姆把他的進步全歸因於前一個冬天的訓練。「如果我沒有做出改變的話，肯定上不了大聯盟。」他說。

卡薩姆待在大聯盟的時間沒有很長，但至少他圓夢了。球員生涯末期，卡薩姆把經紀公司換成布萊德索，因為他們的做法跟其他公司不太一樣。布萊德索經紀公司由布萊德索兄弟（杭特・布萊德索〔Hunter Bledsoe〕，前職棒球員；達斯汀・布萊德索〔Dustin Bledsoe〕，弟弟在追逐職棒夢時，他去念法學院）於二〇〇九年共同創辦，規模不大，總部就設在納許維爾的南邊。「他們做球員經紀的方式有別於其他公司。他們把『使客戶成為好球員』當作最重要的目標。」卡薩姆說：「如果球員不夠好，那其他東西都不重要了……所以他們的起心動念是，用盡一切手段，提升球員的實力到極致。」

二〇一七年春訓之後，卡薩姆退休，為球員生涯畫下句點，隨後加入布萊德索的經紀團隊。他成為官方認證的球員經紀人，並協助布萊德索打造一個類似傳動棒球的訓練基地，裡面有健身房、設有科技裝置的打擊訓練區和投球訓練區。布萊德索旗下有二十幾名客戶（包含幾名大聯盟球員，以及二〇一八年的選秀狀元麥茲〔Casey Mize〕），他們大多數都曾在休賽季親身跟卡薩姆合作；至於其他人，卡薩姆則是透過影片給予建議。

卡薩姆認為自己的部分價值在於，讓球員提早認識日後在職棒會用到的訓練手段，並使他們免於遭受錯誤訊息的誤導。「如果球員知道這些科技工具和訓練法背後的基本原理，他們就比較不容易誤用資訊，也就比較不會走偏、使生涯陷入危機。」他說。對於那些不受球隊重視而始終得不到幫助的球員來說，卡薩姆也是他們的浮木。大多數情況下，球隊、球員、經紀人三方追求的目標應該是一致的，因為理論上他們都希望球員變得更好，但經紀公司或許可以提供比其他兩方更客製化的服務。「球隊需要照顧的球員很多。」卡薩姆說：「他們當然希望所有人都能變強，但我認為有些球員可能沒辦法及時獲得他們需要的資訊。二A的投手教練可能知道你需要的訓練和調整是什麼，但你卻一直被卡在高階A。」這種情況就是卡薩姆發揮功能的時候了。

二〇一六年，還是紅人隊成員的卡薩姆、之後也成為布萊德索客戶的辛格拉尼（Tony Cingrani），以及其他幾個紅人隊投手，經常會在打擊練習前後聚在一起，玩抽象策略的桌遊「格格不入」（Blokus）[7]。他們在玩遊戲的過程中，會順便聊聊該怎麼做才能使各自的球技更進步。跟卡薩姆一樣，辛格拉尼去過傳動棒球，也是傳動棒球理念的信奉者，但他職業生涯最大的轉捩點，發生在二〇一七年七月，當時他被紅人交易到道奇隊（也在同個月份更換經紀公司為布萊德索）。辛格拉尼說，他在紅人隊時，後勤團隊很多都是老派棒球人；反觀道奇，他們那時已經徹底擁抱進階數據分析了。雖然紅人不是沒有分享他們所知的資訊給球員，但很多資料都沒有經過整理、組織，也不是針對選手個人技術和球風所發想的建議。「當時紅人的投手基本上就是被放生了。」辛格拉尼說：「球團傳達的訊息似乎是：『希望你們能成功，加油囉。』」

紅人後來把辛格拉尼提到的缺失當作修正重點，做出大幅度改善。二〇一九年一月，他們雇用卡薩姆為他們的助理投手教練[8]，把他請回當初他球員生涯告終的地方。不過卡薩姆再回到紅人時，紅人的人事組織已與當年大不相同。「我很期待加入職棒球隊的後勤團隊，看看從這個角度，我可以怎麼幫助最頂級的球員。」他說。雖然他暫時不會再以經紀人的身份幫助球員，但他認為會有很多經紀人跟上這股趨勢：「我覺得現在大家都知道有這個更好的做法了……只要有在注意棒球界的脈動，就很難不去注意到這點。每個休賽季，都是經紀人為客戶提供更好資源的機會，藉此提高選手的能力值。」

再下一個世代的選手，或許連卡薩姆或經紀人的協助都不需要了。前大聯盟一壘手弗萊曼（Nate Freiman），擁有二百零三公分的巨人身材，追平史上最高野手的紀錄，他曾在二〇一三和二〇一四年效力於運動家。二〇一八年三月，弗萊曼選擇退休，沒過多久，他就開始潛心學習更深一層的棒球知識。弗萊曼知道整個棒球界正朝著進階資訊的方向快速發展，各隊都在尋找改進球員養成的方法，而他不想被拋在這波浪潮的後頭。

曾在杜克大學輔修數學系課程的弗萊曼，上網修習機器學習和程式語言（SQL以及R語言[9]）的線上課程，並大量閱讀棒球的進階分析文章。很快地，他已經能夠寫出自己的棒球分析文章，成為史上第一個為「Fangraphs」撰稿的前大聯盟球員。二〇一八年八月，他擔任「Fangraphs」的短期駐站作家，刊出六篇深度文章。

短短幾年間，弗萊曼在他的履歷新添了九支大聯盟全壘打、六篇「Fangraphs」文章，以及不只一種程式語言技術等條目。這種履歷在棒球界極其少見，也可說是應徵中介溝通人的最完美條件。二〇一八年十二月，被弗萊曼獨特履歷吸引的印地安人，找他加入棒球事務部門，並賦予他非常廣泛的工作範圍。「不管現役還是退役，只要有球員來問我這一路走來的個人心得，我都會告訴他們，不要怕犯錯、不要怕提問。」弗萊曼說。他也建議他們學一點程式語言。「學得不好也沒關係，因為那至少顯示出你有學習的意願。」對於當代的大聯盟球員來說，「願意學習」絕對是最重要且最具吸引力的特質。

7　格格不入（Blokus），又名角鬥士棋、俄羅斯方塊棋、德國圍棋、方塊競技場，是法國公司於二〇〇〇年推出、由兩到四人對戰的棋類遊戲。（摘編自維基百科）

8　二〇一九年十月，紅人延攬波迪，請他擔任球隊的投球技術主任和協調員。波迪正式成為職棒球團的員工，但球團仍允許他繼續營運傳動棒球。

9　R語言（R），一種自由軟體程式語言與操作環境，主要用於統計分析、繪圖、資料探勘。（摘編自維基百科）

第十七章 沒有極限

棒球變難了……
下個世代的球員已經到來，
他們真的非常強。

——三十二歲的前大聯盟外野手A·瓊斯（*Adam Jones*）

二〇一八年十月二十六日，世界大賽第三戰開打的幾個小時前，傳奇全壘打好手阿倫與大聯盟主席曼弗瑞、耶律齊、馬丁尼茲等人，並肩坐在一個講台上。耶律齊和馬丁尼茲是來領獎的，即將獲頒由媒體和球迷票選出來的兩聯盟最佳例行賽打者獎——漢克阿倫獎（Hank Aaron Award）。貴為「仍在世的史上最佳球員」之一，阿倫上台致詞時，提到了在棒球界地位跟他同樣崇高的昔日競爭對手：「我跟梅斯（Willie Mays）說，如果我們是這個年代的球員，他們可能會直接把我們送去新人聯盟，因為我們根本打不到現在這些大聯盟投手的球。」阿倫說。他指向耶律齊，讚嘆道：「我看這傢伙打球，他一上打擊區，就可以把一百英里的球打得紮實，我心想：『喔，我的天啊，這種事我以前可辦不到！』」阿倫的致詞言猶在耳，歐塔維諾（雖然沒有投過百英里火球，但最快飆出過九十九點八英里的球速）沒多久就在大聯盟官網的網路廣播節目《Statcast節目》

（Statcast Podcast）上說：「要是能對得到魯斯，我每次都可以把他三振。」

由於棒球員的表現評價總是跟同一時代的對手牽連在一起，因此球迷很難比較不同年代球員的實力優劣。不過二〇〇七年四月，「硬球時報」作家賈斯科（David Gassko）就曾針對不同時代的大聯盟競爭水準做研究。他追溯到大聯盟剛形成時的資料，列出從那之後每一年「二十六到二十九歲的打者」的平均數據，並做逐年比較。換句話說，把一八七一年「二十六到二十九歲打者」的數據跟一八七二年相比較，看出現什麼變化，然後以此逐年類推到二十一世紀初，最後再做所有結果的統整，呈現長年下來的變化趨勢。之所以會選擇「二十六到二十九歲的打者」作為比較基準，是因為這一群球員最能摒除掉「因年紀增長導致表現衰退」的因素。因此，他們的數據變化，應該最能反映出聯盟整體的實力水準改變。

賈斯科當時意外地發現，大聯盟球員好像不再變得更強了。「過去十五年來，大聯盟的競爭水準基本上沒什麼改變。」他寫道：「我想結論很明顯，棒球界正處在體能表現和技術品質的撞牆期。」

從賈斯科發文的當下來看，他所言確實不假，但沒過多久，大聯盟的競爭水準就開始出現天翻地覆的變化。他的故事告訴我們，千萬別小看人類進步的潛力。在賽伯計量學專家力克曼（Mitchel Lichtman）的協助下，我們得以更新賈斯科的研究，加上二〇〇七年之後的數據，下頁的圖表即為結果。

可以看到，過去十年來，大聯盟球員的素質不僅沒有停止進步，反而以史上數一數二快的速度大幅躍進。如果球員的能力真有所謂的天花板，那我們應該離觸頂還有很遠一段距離。

近年大聯盟競爭水準的提升，跟史上最顯著的球員年輕化浪潮不謀而合。經過WAR值的加權後（如此一來，表現較好的球員對數據的影響力較大），二〇一八年大聯盟打者的平均年齡為一九七三年指定打擊制度實施之後的最低值；而且二〇一八年也是自一九七七年之後，首度出現每隊打者的平均年齡皆低於三十歲的年份。二十五歲（含）以下打者累積的打席數，佔全聯盟總打席數的比例，寫下一九七八年之後的新高，而四

1992到2018年，大聯盟逐年的競爭水準

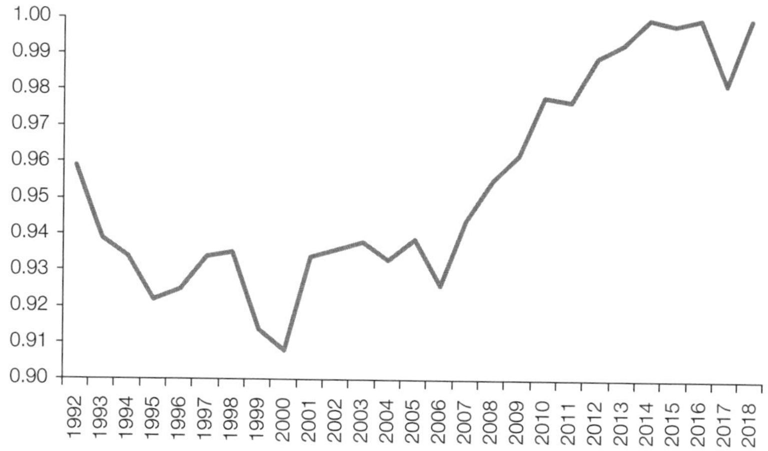

十年前，大聯盟自由球員市場制度才剛建立不久而已。跟聯盟平均值相較，二十五歲（含）以下打者的保送率和純長打率，分別締造史上最高和次高的紀錄，且他們的三振率也比過去的一般水準低。如果把二十五歲（含）以下的打者和投手合併再一起，跟三十五歲（含）以上的選手做比較，會發現年紀大的那組在二〇一七年產出的WAR值，佔全聯盟總WAR值的比例，創下十九世紀以來的新低；此外，他們的表現到二〇一八年幾乎沒有改善。相反地，年輕那組的WAR值佔比，差點就要達到三十五年來的新高。這兩組之間的WAR值佔比差異，也締造一九七四年以來的新猷。

有諸多因素能影響聯盟的競爭環境，包含潛在的球員人才庫大小（一九四〇年代末大聯盟打破種族藩籬、美國人口增加、美國職棒國際化等，都可擴大潛在人才庫）、與其他職棒聯盟的競爭、與其他運動和娛樂項目的競爭、提高薪資待遇與合約條件以爭取更多運動員投入棒球、聯盟擴編導致球隊數增加、球員評估方式的改善等等。但，「球員發展與養成的進步」才是確保聯盟競爭水準能不斷上升的穩定動能。「在大聯盟，最好的球員跟最差的球員，他們之間的差異真的非常非常小。」布許說：「透過新的球員發展手段，哪怕只是讓選手好上百分

之一，都可能足以使他繼續保持競爭力。」

由於現在的科技使球員評估變得快速又正確，很多人可能會猜測，當今球員上大聯盟的年紀會比以前小；但其實不然。二〇一八年，打者和投手在大聯盟初亮相的平均年齡，分別是二十四點八和二十五點一歲，跟過去二十年的數字相去不遠。此外，打者和投手在小聯盟所花的養成時間，也沒有比以往少。

有的球隊刻意不讓已經準備好的頂級新秀上大聯盟，以延後他們累積服務年資的起始點；有的球隊則是改不了某些舊思維，沒辦法果斷地淘汰已經不適任的老將，因而阻礙了新秀的升遷路。那些受惠於進階球員發展資源的選手，也得面臨更強的競爭，因為有愈來愈多球員都是新式球員養成機器的產物；如此情況下，上大聯盟的標準變得更高了，所以球員必須花上跟以前差不多的時間爬上大聯盟。也或許，棒球選手就是得累積某個一定量的經驗值，才能夠具備上大聯盟的球技水準。「投手可以升得比以往快，但打者的話，好像就一定得先比過足夠的比賽、看過足夠的球數，才可以適應新層級的投球強度。」法斯特說。之所以會出現這種現象，可能是因為年輕新秀的大腦還沒發育完全，而最後才會發展成熟的前額葉皮質，又跟圖形辨識能力有關；球路判斷和適應力，與圖形辨識關聯性很大，因此才需要較長的時間培養。

小聯盟球員的升遷速度和模式沒有改變太多，還有最後一個可能的原因：近年的新科技和訓練法，幫到的不只是優質新秀而已，許多原本不被認為是大聯盟料子的陪練型球員也是受惠者。二〇一八年七月，快滿三十四歲的左投曼恩（Brandon Mann）身穿遊騎兵制服完成大聯盟初登板，成為二〇〇二年以來在大聯盟首度亮相中最老的美國球員。曼恩在前一個休賽季到傳動棒球進行改造，他說加重球訓練幫助他提高速球球速，從八十五到九十英里，上升至九十到九十五英里的水準；一月，遊騎兵看到曼恩在傳動棒球投球的影片，甚感滿意，隔不久就把他簽下。當時，曼恩已經花了幾乎一半的人生歲月在職業棒壇，歷經四支球團的農場球隊、日本職棒、美國獨立聯盟，才好不容易等到遊騎兵給他上大聯盟的機會。「在當今的棒球界，我不覺得自己變老了。」

他對《山丘鄉村報》（Hill Country News）的記者說：「我運用轉速和其他進階數據資料，使自己成為更好的球員。這是現代棒球的趨勢。但願我在二十五歲的時就知道這些東西，而不是等到三十四歲才開始做改變。」

雖然球員發展的不斷進步，聽起來似乎只有好、沒有壞，但其實這股浪潮還是為未來幾年即將面臨危機的棒球運動帶來不少問題。「我認為，任何球員發展的創新和進步，都是為了使球員變強、使他們賺到更多錢、使整個棒球運動變得更好。」運動家總管佛斯特說。然而實際上，除了「使球員變強」千真萬確，其他兩點可就不一定是那麼回事了。

第一個問題是球員的薪資。一九七〇年代，限縮球員權利的保留條款（reserve clause）遭到廢除，取而代之的是以球員服務年資為基礎的制度，透過賦予球員投入薪資仲裁和自由球員市場的權利，改善球員的薪資待遇；自那之後，大聯盟逐漸形成一個穩定的球員薪酬給付機制與結構，時間長達近四十年。然而，近年來各隊在球員養成上取得的巨大進展，破壞了這穩定的結構。尚未取得薪資仲裁資格的球員，不管表現有多好，拿到的薪水都很低，近乎聯盟的薪資下限，不過照理來說，只要他們維持幾個球季的好表現，就能在自由球員市場上大賺一筆。但從二〇一七到二〇一八年的冬天起，該機制好像忽然失靈了，許多照往例能獲得高薪合約的自由球員，都遲遲苦等不到球隊的報價，或是被迫接受低於市場行情的合約條件。二〇一八年，大聯盟的平均薪資下滑，這不僅是二〇〇四年以來的頭一遭，更是美國職棒過去五十年來僅僅第二次，在沒有罷工或球團勾結的情況下，平均薪資面臨衰退。

雖然造成市場行情崩壞的緣由有很多，但其中一個禍端似乎是愈來愈懂得精打細算的各隊管理部門。若以球員平均每貢獻一勝所需花的金額來算，自由球員從來就不是報酬率最高的投資。球員取得進入自由市場的資格後，通常都已經過了球技巔峰期，準備迎接退化，但他們仍預期自己接下來的薪資水準會符合他們過去的數據和球技發揮。隨著很多較晚接納進階數據分析的球隊，也都徹底擁抱了新觀念，大聯盟所有隊伍都知道球員老化曲線和數據預測系統的重要性，在做每個決策前都得先經過嚴謹的數據分析考量，沒多久，願意砸天文數字競標的球隊變得愈來愈少。轉瞬之間，已經沒有人想要在自由市場上祭出高薪合約去簽球技正在貶值的球員，而且有些球隊乾脆不再跟那些擁有薪資仲裁資格的球員續約。（一般來說，表現正常的球員取得薪資仲裁資格後，每年的薪資都會大幅增長）。

進階球員發展的出現，再為這個問題火上加油。早在瑞奇的年代，擅長球員養成就已經能幫球隊省去尋求外援的花費和麻煩。現在的球隊沒有不同，寧願自己培養人才，也不願從外部引進實力備受肯定的資深球員。如果可以從一個不知名的球員身上，榨出跟知名自由球員一樣的數據，那何必付出高昂的代價去簽自由市場上的球星？在這個年代，某些名不見經傳的板凳球員或牛棚投手，都可能透過正確的揮棒修正和有效的球路調整，瞬間化身成功的固定先發球員，而且他們的薪水都遠低於那些在退步邊緣的知名老將。

雖然大聯盟至今還沒有設團隊薪資上限，但奢侈稅制度（基本上就是團隊薪資的軟上限）仍有效抑制了球隊花錢的闊綽度；此外，大聯盟球團能花在本土和海外業餘球員上的簽約金，如今也受到嚴格地管控。隨著愈來愈多花錢的手段都伴隨著懲罰機制，各隊只好開始把錢轉移到研發部門。懂得優化球員的分析師和管理部門主管，能幫球隊省下大把銀子，所以每當有機會從其他思想先進的球隊挖角相關人才時，總免不了一場管理部門的搶人大戰。「雖然相關資訊都沒有公開，」班尼斯特說：「但管理部門人才的自由市場暗潮洶湧。就我看來，熱度甚至比球員的自由市場還要高。」

球團老闆大多出身自商界，因此他們比誰都更能看出哪種投資較划算。「你簽了五名國際業餘投手，用原本的方法，最後只有一人能上大聯盟。但如果你花六千美元買一台高速攝影機，就能變成有兩個人能上大聯盟，那六千元的投資根本不算什麼。」班尼斯特說：「花六千元就能多製造一個大聯盟選手，這是用膝蓋想都知道要毫不猶豫去做的事。」即便花錢投資球員養成的益處顯而易見，但各隊投入在相關領域的資源仍存有巒大的差異，有一部分的原因是，就算是小錢，吝嗇的老闆也不願意花。「團隊薪資較高的球隊，在球員養成領域投入的資源也比較大。」佛斯特說：「雖然差距不像團隊薪資那麼大（某些球隊團隊薪資可能達到二億美金，某些卻可能只有八千萬美金，甚至更少），但也是有一定的分別。」

在投資場下的新訓練設備和科技產品之餘，球隊還是得砸錢留住表現很好的明星球員，而在這些明星當中，有些是藉由新式球員發展改造成功的人，比如希爾、透納、馬丁尼茲等人，他們在職業生涯中段賺到了他們過去不敢想像的高額薪資。雖然近年的球員發展革命幫助部分球員繳出更好的成績、賺到更多的錢，但整體來說，球員的平均薪資是受到拖累的，畢竟數十年來，球員薪酬的機制和勞資雙方的和平，都是奠基在自由球員市場的制度之上。如今自由市場的根基受到破壞，薪酬機制和勞資和平也連帶被鬆動，開始走下坡。

魔球革命最早是由一些團隊薪資低的小市場隊伍發起，他們當時到處尋求跟大灑幣球隊競爭的方法；最終，大灑幣球隊也變得聰明，因而消弭了小市場隊伍在魔球革命中爭取到的優勢。有了魔球革命的經驗後，一部分大市場球隊在最新的進階球員發展浪潮中，不再是落後的那一群，而積極成為潮流的領導者，例如洋基和道奇。儘管到目前為止，尚未進入薪資仲裁程序的便宜球星、優質年輕球員，仍大多集中在無法於自由市場揮霍的小市場球隊，但佛斯特說：「你覺得這樣的情況還能持續多久？」

球員希望這幾年自由球員市場慘澹的情況，等現行勞資協議於二〇二一年十二月一號截止後就能改善。如果各隊管理部門持續規避自由市場的投資，只專注在把年資尚少、爭取不到高薪資的璞玉選手鍛造成鑽石明星，那球員工會勢必會調整他們在下一張勞資協議的談判策略。隨著現行勞資協議的到期日將近，工會將持續推動改善球員生涯前期的薪資待遇，但資方也不會輕易讓步。

近年來，大聯盟球隊透過資產增值、大型電視轉播權利合約、大聯盟官方媒體公司的收益，賺進大把鈔票，減少了他們花錢投資球隊陣容以爭取好戰績的誘因（戰績好，收入就多，但如果能從其他管道用更低的成本賺錢，球隊就不想花錢投資陣容了）。雖然前述的財源都來自沒有球員就辦不成的大聯盟賽事，但老闆卻一直吃球員豆腐，沒有分享足夠比例的收益給球員，此情形造成聯盟跟工會之間的隔閡愈來愈深、互相爭鋒的激烈程度愈來愈高。然而，即便大聯盟球員分到的聯盟收入比例變少，他們還是可能安於現狀、不想衝擊現有制度，因為目前他們能賺到的錢，仍遠遠超過一般公民。不過就當前的情況看來，下一張勞資協議談判的煙硝味勢必會比前幾輪都來得濃厚，而這一部分的原因得歸咎在球員發展的進步上。

球賽觀賞性與精彩度的下滑，是另一個魔球與進階球員發展革命為棒球帶來的嚴重問題。賽伯計量學確立了「投手需盡量減少球被打中」的重要性，也導入許多老派棒球人不認同的打擊觀念：選到保送對球隊很有貢獻；三振平均來講對球隊的傷害，不會比其他出局方式來得高；高三振率打者通常比較會選保送和打全壘打，因此比巧打型選手更有價值。隨著高三振率投手愈來愈受到重視、高三振率打者不再背負沉重的原罪，大聯盟整體的三振率跟著不停上揚。三振對投手尤其有利，太空人投手史尼德（Cy Sneed）就說：「對投手而言，三振永遠不嫌多。」

但看台上的觀眾可不想看到那麼多三振。在三振愈來愈多影響到球賽觀賞性的問題上，進階球員發展也扮演推波助瀾的角色。現在球隊獲得三振的來源，不僅限於本來就具高三振特性的選手；藉由改變投手的配球策略、為投手設計新球路、提供訓練提高投手的球速、教導打者增加對長打的重視，球隊可以自行「創造」更多三振。大聯盟平均的三振率已經連十三季上漲。二〇一八年，大聯盟首次出現「單季三振數多於安打數」的情形，而三純數據（三振、保送、全壘打）佔總打席數的比例也達到史上最高的百分之三十三點八。此外，如果把同樣創現代棒球新高的觸身球數量也算進去（有賴於更快的速球、更多的變化球。也或許是黏性物質塗得不夠多），大聯盟現在有將近百分之三十五的打席，最後的結果是沒有球被打進場內的（也沒有擊球跑壘員的衝壘、守備員做防守動作）。

「棒球傳統派人士非常痛恨場內球愈來愈少的狀況，但如果你的目標是贏球，就得盡可能地爭取對投打對決結果的掌控權。」班尼斯特說。他補充，打者愈懂得怎麼把球打得又強又遠，投手就必須愈懂得如何避免讓打者的棒子碰到球。由於進階球員發展目前只接觸到防守領域的皮毛，因此各隊對防守的認識還十分淺薄。「未來，科學棒球的觸角終究會伸入守備領域。」法斯特說。他點出，球員的防守能力之所以不好訓練，是因為要量測的東西實在太多，以現有科技實在很難做完整又準確的評估，也不好向球員提建議。「你可以引用Statcast、FIELDf/x的守備資料，或其他任何進階防守數據，這些都很好。」他說：「但在場上訓練球員時，它們的實用性並不高。野手不想要你用螢幕上某個跑來跑去的點，來告訴他們該怎麼防守；你應該做的是，告知他們之前是怎麼跑動的、未來該如何改善防守動作等等。」為此，有些球隊已經開始運用高速攝影機捕捉守備員的影像，期望未來能強化球員防守的技術。

跟其他位置不同，捕手的防守已經獲得很大的進步。過去十年來，擋球和阻殺已經不是棒球界看捕手防守的重點；偷好球的能力取而代之，成為最受重視的蹲捕能力項目。根據「棒球指南」的偷好球數據，在追蹤科技導入美職的十年間（從二〇〇八年起），最會偷好球跟最不會偷好球的球隊，他們之間的落差已經被砍半，各隊偷好球的技術水準變得愈來愈相近。「現在偷好球技術一般般的捕手，在五年前都算得上是很會偷好球的那一群，因為現在各隊愈來愈懂得怎麼訓練捕手偷好球。」一名國聯球隊的總管說。這也代表，打者不出棒時的三振變得更多了。

當前愈來愈少球被打進場內的現象，病灶起自錯置的誘因。職業球隊和球員都會追求對他們最有利的事情去做：美式足球愈來愈重視長傳、籃球愈來愈偏好三分球、棒球愈來愈強調全壘打和三振；但在棒球比賽中，部分對競爭勝利最有幫助的手段，卻不像美式足球的長傳和籃球的三分球兼具娛樂性，有些甚至會使球賽變難看。「身為球隊的一份子，我們只關注如何創造出更好的球員、怎麼打造出更會贏球的勁旅。」佛斯特說：「至於棒球運動整體的未來發展和可看性問題，我覺得屬於主席先生的工作範疇。」

然而，除了不斷在公共場合拋出相關議題，大聯盟主席曼弗瑞還沒有做出什麼大刀闊斧的改善動作。當然，必須考量到，主席的權力再大，也不能不理球員工會的意見片面行事；工會的存在，增加了曼弗瑞實行任何改變的難度。雖說如此，其實有很多辦法都能促進更多球被打進場內：減少球的彈性（提升開轟難度）、縮小好球帶（減少三振）、降低投手丘高度（減少投手的出手角優勢）、把投手丘向後移（壓低球速）等等。平均來說，現代的投手比以前高很多，而且出手點距離本壘板更近，前述做法應能讓棒球回到以前（對投手沒那麼有利）的投打競爭條件。

高爾夫比棒球更早開始發起改造球員的革命，也已經歷過革命後的後續效應，因此棒球或許可以跟他們學習。起初，職業高爾夫選手運用數據資料，把球打得愈來愈遠、使技術變得愈來愈有效率，似乎破解了整個運動；舊式的球場設置，已經難不倒懂得善用資訊的球員。在高爾夫球界地位猶如棒球進階數據鼻祖詹姆斯的哥倫比亞大學（Columbia University）商學院教授布洛迪（Mark Broadie）就說：「高爾夫傳統派很不喜歡那樣的發展，但有些球員認為那就是演化的一部分。球員變強了，打球的難度自然而然會變低。後來，高爾夫運動提高球場設置的難度，以彌補科技進步、球員素質提升、打球技術精進所帶來的影響；這麼一來，就不會再出現很誇張的表現或分數……現在的美巡賽（PGA Tour），你幾乎看不到設在果嶺中間的球洞了。」

跟其他不斷針對比賽規則和設置做微調的運動不同，大聯盟自一九八八年下修好球帶上緣的高度後，就沒有做出任何能有效削減三振量的改變。好不容易等到二〇一九年，他們才宣布二〇二〇年賽季將啟用「每名投手至少得面對三名打者」的新規則（如此便能增加投手投球的難度，三振數應會隨之減少）。此外，他們也跟獨立聯盟——大西洋聯盟——談成合作，在利害關係相對較小的獨立聯盟，測試新的投手丘距離、追蹤者系統輔助的機器好球帶、以及其他實驗性措施。二〇一八年年底，大聯盟官方的史學家索恩（John Thorn）寫道：「老闆、球員、球迷三方都面臨十分弔詭的兩難處境，或可說是所謂的『進步的矛盾』（The Paradox of Progress）。明明我們知道棒球一直在進步、強度持續變高，但為什麼那麼多人都覺得棒球變難看了？我認為，或許各隊能透過科學輔助優化球員表現，提高贏球的機率，但棒球得藉由其獨特的『美感和藝術成分』，才能真正贏得球迷的心、留住觀眾的熱情。」畢竟，如果愈來愈少人想看比賽，那球員變得再強都沒有任何意義。

假如大聯盟不出手干預，那三振上揚的趨勢可能停不下來。不過擔心棒球變得太無聊的球迷不必太憂慮，因為從往例來看，三振增加的現象仍可望因著自然機制趨緩或暫時打住。雖然大聯盟近年的三振率確實不斷提高，但它們不是「一直」都呈現向上的走勢，舉例來說，一九一一年的三振率就比一九五一年高；一九六三年的三振率就比一九九三年高；離現在更近一點，一九九七年的三振率就跟二〇〇七年差不多。如同本書前面提到太空人重新追求高擊球率的做法，不是所有打者、所有球隊、所有投手都在跟風一樣的操作；因此，三振數不一定只會朝「增加」這個方向走。

投手克雷頓（Jim Creighton）在一八六〇年代初期開創了轉球的投球方式，自此改變了棒球的本質，從原本以「擊球、防守、跑壘」為核心的運動，轉變成把「投打對決」當作焦點的體育賽事。投打對決直到今天仍是棒球比賽的重中之重，而隨著速度飛快的火球變得愈來愈普遍，各隊亦開始意識到「轉球」的重要性。「由於現在球速快的投手到處都找得到，尋求轉速成為大家一致的目標。」班尼斯特說：「球路設計會是棒球界下個五年的發展重點，我想所有人都會把重心放到那上面。」

班尼斯特解釋，投打之間超過一個世紀以來的較量，鬥智方法不斷升級，如今的狀況是：打者試圖找出最理想的揮棒軌跡，而投手則盡可能避開球棒會經過的平面。打者想要做到的是，使球棒掃過的路徑盡量跟來球的軌跡曲線重疊。大多數投手投出的球，都是以大約六度的向下角進壘，所以大部分打者都會將揮棒調整到差不多六度的向上角，以增加打中球的機率和擊球的力道。另一方面，替思想先進球隊效力的投手，為了避免打者抓到揮棒軌跡的甜蜜點，會使用向下角達八度、進壘點偏低的變化球，或向下角僅四度、進壘點偏高的直球，並企圖在過程中製造共軌效應，盡全力混淆打者，使打者分不清剛出手的球是什麼球種。「厲害的球隊現在會叫投手放大投球區域、把更多球投在好球帶外面去引誘打者。」班尼斯特說：「目的是增加與打者的周旋，使他們更猜不透下一球會是什麼。」

有很多打者都還沒跟上投手改進的步調。「大部分打者，即使面對進壘點高的球路，他還是硬要用向上角六度的揮棒進攻。」班尼斯特說。不過，這樣的情況已經開始漸漸出現變化。從過去的歷史來看，棒球的主流技術策略會有反覆循環的現象：當投手還在致力於投進壘點低的球路時，打者以向上的揮棒軌跡予以重擊；打者懂得怎麼打低球之後，投手開始把進壘點提高做反制；現在投手又佔了上風，於是一些球隊決定來教打者怎麼打高球。

太空人外野手坎普就說，追蹤者數據帶給他最大的好處是，他能夠知道哪些投手的速球尾勁很強、帶有「視覺上竄」的效果。每個系列賽開打前，太空人教練團都會對打者做簡報，告訴他們哪些投手的轉速很快，打者就會因此提早做調適和心理準備。「從小到大，我們都被訓練要朝著球來的路徑打。」坎普說：「但現在有轉速的數據可供參考、投手也知道增加速球的轉速可以提高視覺上竄的效果。我們打者發現對高轉速的速球出棒時，球最終的進壘位置往往比想像中還要高，導致球棒經常從球下方經過揮空。所以現在，我們都想說要瞄準速球的上方去做揮擊。」

說得容易，做得難。想像一下，面對一顆接近一百英里的速球已經夠困難了，而且還要朝不是眼睛所看到的來球位置出棒，更是難上加難。不過這就是未來打者需要做出的調適。「總之就是要針對投手的投法，去做打擊機制和進攻策略的調整。」坎普說：「為了打到現在投手的球路，我也有改變自己的揮棒方法，使球棒的擊球面更迎合來球的路徑。」他的隊友也不例外。二〇一八年，太空人打者對到好球帶「上三分之一」區域或更高的四縫線速球，繳出〇點三五九的加權上壘率，遙遙領先全聯盟，比紅襪、印地安人等勁旅都還要高。

當代打者在訓練上遭遇的一個阻礙是，他們沒辦法在場下針對實戰中會出現的超強尾勁做模擬練習，因為現在的投球機還沒辦法投出大聯盟極端強投的超高轉速。「你把投球機的速度調得再快也沒用，因為轉速都是一樣的。」班尼斯特說：「所以身為一個打者，你無法在練習中看到轉速頂尖的球路，也就很難去破解那些轉速超高的投手。」

長期來看，虛擬實境的技術或許能幫助打者解決這個問題，但目前該科技呈現的影像擬真度，尚未達令人滿意的地步。儘管如此，各隊仍在嘗試相關的科技工具。以前打過獨立聯盟的佛斯特，最近就親身體驗一套系統，戴上頭戴式裝置，面對虛擬的包爾投球（佛斯特跟不太上包爾的球速）。「未來我們能導入多少像虛擬實境這樣的科技到球隊的訓練，還有待觀察。要看這些東西可不可以有效輔助我們訓練打者的選球，告訴他們怎樣的球是好球，怎樣的球是壞球，藉此提升他們的表現。」他說。在下一個突破性的棒球科技出現以前，打者比起投手還是有一個訓練上的優勢：他們可以做非常多次全力揮棒練習都不會受傷；反觀投手能使出全力的練習球數就很有限。只要打者繼續勤練習，他們仍有機會趕上投手發展的步調。

又或者他們根本不需要揮棒，因為真正左右他們打擊表現的因素可能都在腦袋裡。

每次棒球迎接新的科技進步，似乎都是從最基本的棒球數據往前不斷抽絲剝繭。有超過一個世紀的時間，我們對打者的了解僅限於他們的打擊結果：三振、一壘安打、全壘打等等。後來，像追蹤者這樣的科技工具出現，使我們得以量化每個球被打得多強，因而能夠在不受打擊結果的干擾下，判斷打者表現的優劣。但事實上，「球被打中之後的初速度」本身也是一種結果，它可以說是身體協調各部位構成揮棒動作之後的產物。最近，棒球界開始探索身體驅動整個揮棒機制的過程。各隊正在試圖研究，身體和球棒啟動之前，打者的大腦在想什麼。球隊每朝「了解運動員的本質」邁進一步，沿路就會發現更多能夠幫助球員進步的蹊徑，使得他們能更早開始介入球員的養成與發展。

「迪瑟沃」（deCervo）是一家正試著把神經成像（neuroimaging）和大腦訓練等科技帶進棒球界的公司，創辦人薛爾溫（Jason Sherwin）和穆拉斯金（Jordan Muraskin）在哥倫比亞大學進行博士班研究時認識彼此，當時薛爾溫在分析頂級音樂家的大腦如何處理音樂刺激，而穆拉斯金則是利用成像技術，量測專業技術養成後大腦會有什麼改變。後來他倆攜手合作，一起研究棒球員，設計出一套專門檢測打者辨識球路能力的系統：運用軟體顯示某種球路的模擬影像給打者看，搭配無線腦波帽（EEG cap）偵測打者做出反應前的神經前兆（也就是大腦告訴打者是「滑球」或「曲球」的神經訊號），記錄打者在看到影像後的反應速度和判斷準確性。他們把這套系統拿去對大學第一級棒球聯賽的球員做測試，發現球員的「知覺與行動配連（perception-action coupling）的能力」與「抑制控制（inhibitory control）的能力」都比非球員好，代表受測球員具備運動員等級的神經指標。

薛爾溫和穆拉斯金原本以為他們的產品只是一種評價球員的球探工具，能夠提前發掘那些天生擁有較佳球路辨識能力的球員，或篩選掉那些比較慢才能判別球路的打者。據報導，貝茲當年之所以會在選秀受到紅襪的青睞，就是因為他在選秀前接受神經測試表現優良，而對他實施測試的機構，是一家總部設在麻州劍橋市（Cambridge）的公司——神經元球探（NeuroScouting），他們等同是比較早成立的迪瑟沃，兩者性質頗為類似。不過當薛爾溫和穆拉斯金開始跟球隊合作之後，他們的客戶反倒把迪瑟沃系統所產出的數據，當作球員養成的開頭，而非結語。「他們每次都會問我們：『所以要怎麼做才能改善這些數據？』」薛爾溫說：「所以我們很快就發現，使用者更感興趣的點是後續的養成和發展。」

二〇一八年，有四支大聯盟球團在小聯盟使用迪瑟沃的系統，其中一支甚至在五個小聯盟球隊都部署他們的產品。為了降低產品的價格和器材操作的門檻，迪瑟沃開發出一個手機應用程式，如此一來，球隊就不必用到頭戴式裝置，迪瑟沃也不必派專業人士到場協助控制系統。雖然很難證明他們所言屬實，但迪瑟沃宣稱他們系統產出的數據，跟球員場上表現的數據呈顯著地正相關，代表只要球員在迪瑟沃系統的檢測中繳出好成績，通常他在場上也能發揮得很好。迪瑟沃的下一步，或許是跟製作揮棒感測器和穿戴式裝置的公司合作，協力產出一套整合式的強大追蹤系統，從球員腦中的第一個念頭到完成動作後的表現結果，都能記錄、量化，且適用於少棒一路到大聯盟的所有選手。「我個人認為這樣的系統，對年輕小選手的影響力最大。」薛爾溫說：「大概七到十二歲吧，因為那個年紀是神經系統發展速度最快、最多的時期。」

薛爾溫透露，最先在陣中實驗迪瑟沃的球隊之一，在用完一整季後表示：「球員用的愈多，他們的表現就變得愈好。」這聽在薛爾溫耳裡當然是好消息，但他有一個疑問：為什麼有些球員會固定去使用迪瑟沃，而有些人大概試了幾分鐘之後就把程式關掉，開始滑Instagram了呢？這個問題，可能要從當初引領薛爾溫和穆拉斯金投入神經學相關研究的好奇心，開始回答起：各領域的專家究竟如何鍛造出精熟的技能？而他們的熟練度又有幾分來自天生能力？「我覺得最難以改變的部分，還是球員對高效率訓練法的接納意願，以及他們願意投入多少努力在提升自我能力上。」穆拉斯金說。各隊現在更想知道的是，有沒有辦法可以辨識球員是否具備像包爾那樣的腦袋。「我們距離解開這種資訊的那天，已經愈來愈近了。」穆拉斯金說。

如果「所有」球員都在小時候就獲得進階球員養成的訓練，那等到他們上大聯盟，應該都已經達到表現的巔峰了；但在那發生之前，仍會有大聯盟選手透過進階球員養成的改造，忽然打出令人出乎意料的成績，而這些轉變都是數據預測系統預期不到的，因為它們沒辦法將球隊內部的機密資訊納入考量。「當今的數據分析預測系統，都將面臨極大的挑戰。」麥凱說：「進階球員發展和先進科技工具，將賦予願意提升自我的球員，大幅改寫生涯預期軌跡的能力。」

球隊減少這種不可預期性的方式之一，就是在球員發展領域採取更積極的做法，把原本是由下而上引發一連串改變的草根運動，化為由上而下擘劃組織的指導計畫。

雙城球員發展助理主任哈森說，長久以來，球員在季外基本上不太跟球隊聯絡。「過去很多時候，球隊在球季結束後傳遞給球員的訊息都是：『嘿，好好努力，我們明年見。』」但這樣的情況即將改變。各隊都開始延攬之前在職棒圈外獨立經營訓練機構、走在球員發展領域尖端的訓練師。新的想法和意見逐漸蔓延各隊的球員休息區。體育網站「運動員」的作家沙利斯（Eno Sarris）分析，二〇一八年十二月，大聯盟打擊教練的平均就職時間僅一點四年，創下至少過去十年來的新低。二〇一九年季初，只有五名打擊教練待在各自球隊的時間超過三年。

「我絕不會因為球員到球團外尋求幫忙和建議而責怪他們。」布許說：「我覺得這就跟有時候生病會求助於某個領域的專家或權威一樣。不一定每次生病都只能給固定的醫生看，因為其他地方的大夫可能更懂某個領域。」從球團的角度觀之，要是那個「其他地方的大夫」也能成為球隊的一員，應該會更好，因為這麼做可以減少許多風險，避免球員找到的訓練師根本是沒有真材實料的江湖術士、降低球團內和球團外教練發生理念衝突的可能性，同時亦可提高隊內進階分析資源的整合性。

以前，球隊都不想去調整選手的打法或球風，深怕一動了他們就打不好或投不好，因此只有在球員陷入低潮的時候，才會主動幫他們做改進；但一直不主動協助，其實就是在傷害選手，無形中把他們推向外部的專業人士如拉塔和波迪。班尼斯特說：「現在，我們想在球隊裡營造出類似傳動棒球的訓練體驗，給予選手個人化的訓練支援……這樣一來，他們休賽季就不必跑到外頭找訓練師，在隊內就可獲得高品質的球員發展資訊。」如果球隊總是能提供選手適當的協助，在業界培養出好的球員發展口碑，那就可能吸引到渴望扭轉生涯或提升自我的自由球員加入。光在二〇一八到二〇一九年的休賽季，大聯盟球隊就雇用了多達八名的前傳動棒球員工，包含歐洽特和丹尼爾斯。

班尼斯特期待更多選手仿效高爾夫球員和包爾，購買他們自己的感測器、追蹤器材、高速攝影機，整年不間斷地做科學化訓練。如此做法能增加棒球界的科技接納度和科技素養，對球員和球團都是好事，看似百利而無一害，但事實上還是會使一個積存已久的問題惡化：在基層，從事棒球運動的成本變得愈來愈高，不僅並非人人都打得起，還有愈來愈多人因為經濟因素而被拒於門外。

根據亞斯本研究院（Aspen Institute）於二〇一八年刊出的一份報告，二〇一七年，來自年收入二萬五千美金以下家庭的孩子，只有百分之三十四參與團體運動；反觀來自年收入十萬美金以上家庭的孩子，數字高達百分之六十九。從二〇一一到二〇一七年，年收入至少七萬五千美金的家庭，小孩參與團體運動的比例上升，而年收入不到七萬五千美金的家庭，小孩參與團體運動的比例則是愈來愈少。對很多家庭來說，讓孩子投入運動是個負擔不起的花費。

明星外野手麥卡臣（Andrew McCutchen）二〇一五年在運動網站「球員論壇」（Players' Tribune）寫道：「棒球本來是窮人家孩子出頭的管道。但現在，很多父母的收入根本負擔不起到處巡迴比賽的少棒球隊費用，而這些家庭的孩子也因此被排除在棒球之外；遇到這種情況的孩子，愈來愈多。」雖然「刻意練習」是無論家庭收入多寡人人都可採行的強效訓練法，但要把刻意練習做得好，還是需要時間、科技輔助、專人指導。對於低收入的家庭來說，他們實在很難穩定地提供這些資源給小球員。同樣地，追蹤者系統固然能幫助業餘球員被更多球隊發現、進一步在選秀中被選中，但要是他們沒有足夠的銀彈參加有相關設備的聯盟或聯賽，就無法接觸到有助於養成的棒球科技。在後魔球時代，愈缺乏資源的人就會落後愈多。

二〇一六年年底，大聯盟和美國棒球協會（USA Baseball）開始合作對抗「要花錢，才有得打」的基層棒球環境，成立新秀養成計畫（Prospect Development Pipeline），組織一系列免費的球隊邀請賽給高中球員參與。二〇一八年年底，大聯盟進一步擴大該計畫，建立「新秀養成聯盟」（PDP League），預計於二〇一九年六月中到七月初進行比賽，為球員提供類似皇家隊棒球學院的球員養成與測試會體驗。大聯盟官網刊出的新聞稿表示，新秀養成聯盟會運用新科技工具為八十名參與球員進行能力評測，並替每個人量身打造專屬的訓練課程。

此外，大聯盟和美國棒協也在二〇一八年發起一項「訓練合作計畫」（Trainer Partnership Program），業務之一是把大聯盟常見的先進球員評測工具，帶到國際球員市場。十一月，該計畫在多明尼加的博卡奇卡（Boca Chica）舉辦一個為期三天的測試會，一百二十位預計會在二〇一九和二〇二〇年簽約的多明尼加球員都到場，而他們投的每一球、揮的每一棒、跑的每一趟都被追蹤工具詳細地記錄下來。

這兩項計畫都旨在解決年輕球員會遇到的大問題，但大聯盟會這麼做不盡然是出於完全的無私。這兩個由大聯盟和美國棒協主導的專案，都能或多或少滿足球隊管理部門對資訊的無盡慾望，因為它們能提供球隊難以取得的業餘球員進階追蹤數據。在國際業餘球員市場，大聯盟隊伍最早可在球員滿最低簽約年齡的前三年，就口頭承諾日後會與他簽約，但直到選手滿足簽約條件的前一年，球隊都不行將他們納入旗下的棒球學院。這情況使得各隊在把球員引進自己的學院前，都得仰賴當地的棒球訓練師提供資訊，而這些訓練師也因此從中牟利。「現在狀況愈來愈極端了。」班尼斯特說：「能愈早取得球員的數據和資訊，當然是最好，但球隊有一段時間沒辦法將他們收編到棒球學院中。因此，球隊要嘛把檢測工具帶出去做移動式測驗，要嘛就要跟在地的訓練員購買球員的資料。」還有一個方法，就是舉辦免費測試會，吸引選手來參加，並在過程中記錄他們的各種能力。

無論好壞，世界各地的基層棒球都將變得愈來愈資訊化。新穎且客觀的量測工具可以刺激競爭，也能使小朋友喜歡上這項年紀很大的運動。那些說「數據使看棒球變無趣」的人，可能也會說「擊球仰角和球路轉速使打棒球變無聊」，但還是有很多人覺得以不同或更深入的角度認識棒球，很有樂趣，且假如能因此提升棒球球技，那更是美事一樁。

最終，球員愈來愈早接觸數據和資訊的現象，可能會使幾乎被魔球革命消滅殆盡的物種起死回生：具大聯盟球員資歷的球隊總管。

「棒球指南」作家波曼提爾（Dustin Palmateer）提供的資料顯示，在一九八〇年代被雇用的總管中，有百分之四十四點一都是退役大聯盟球員。但來到二〇一〇年代，只有兩名總管——迪波托和D．史都華（Dave Stewart）——曾在大聯盟打過球。一九八〇年代，有百分之六十七點六的新上任總管，都打過小聯盟棒球，但這個數字到二〇一〇年代只剩下百分之二十點六。二〇一〇年代，有百分之四十的新到任總管來自常春藤名校（Ivy League），但從一九七〇到九〇年代，同等學歷的新總管佔全部總管的比例，皆不超過百分之三。儘管大聯盟球界的管理部門對非球員人士敞開大門，看起來是一件好事，但過去二十年來這轉變太過劇烈，使情況變成是「另一個極端」執掌各隊的決策：一群比早期總管年輕一點的數據派老男孩。現在的總管依然全都是男性、幾乎都是白人，而且擁有常春藤名校學歷者愈來愈多。缺乏多樣性的總管人才現況，可能會導致思想和決策方式的單調無奇。

迪波托說當代球員跟上個世代的球員不一樣：上個世代的球員被棒球的數據革命狠狠拋在後頭，而現在的球員則是在進階球員發展革命進行的當下，一起學習。因此，迪波多認為，未來勢必會有一些選手回鍋大聯盟球隊擔任管理部門或球探部門的主管，跟二十五年前、三十五年前的情形一樣。光芒隊的中介溝通人費吉洛瓦（Cole Figueroa）說：「我真心認為，未來棒球界會找到一個理想的平衡點，一些退役球員會再次回到最高決策者的位置掌管球隊，而一些沒打過球但思想先進的專業人士則會進入球員休息區，跟球員並肩而坐。」二〇一八年十二月，光芒隊如費吉洛瓦所言，將數據分析部門主任厄力克曼（Jonathan Erlichman）指派為大聯盟史上首位的「數據分析教練」（analytics coach）。厄力克曼人生中唯一跟打棒球有關的經驗是在小時候打樂樂棒球，大學時他在普林斯頓主修數學，撰寫的大四論文題目是〈星系團的重力紅移〉（Gravitational Redshifts in Galaxy Clusters）；縱使具有看似不能離棒球更遠的人生履歷，但厄力克曼即將加入光芒總教練凱許（Kevin Cash）二〇一九年的教練團，成為身穿球隊制服的數據派人士。「大家都為我們在這過程中能學到的經驗感到興奮。」厄力克曼跟《坦帕灣時報》（Tampa Bay Rays）的記者說。

二〇一五年，賽伯計量學鼻祖詹姆斯說：「我認為人類未知之事就像一片海洋，而已知之事則只不過是這片汪洋中的一座小島而已。」詹姆士所講的，當然不單指棒球領域。但即便像美國職棒這種被記錄得如此完整翔實、多項技術能力都被科學量化的人類消遣，也還是一樣，仍充滿許多未知。「我的看法是，沒錯，棒球世界的已知小島是比以前大了一百倍，但這並不代表未知的汪洋因此變小。」法斯特說道。

未知的事物很多，讓人害怕，但同時也令人感到興奮，因為這表示我們還有很多東西可以學。跟偌大的世界相較，在棒球這小小領域變得更強，所能達到的效用實在有限。撇除擴編球隊的可能性，大聯盟正式球員名單的名額是有限的，勝場數也是有限的，必須得分配在三十支隊伍之間（未來若擴編，可能增至三十二或三十四隊）。不管各隊變得多會養成球員，實力一般般的隊伍勝率還是會落在五成附近，實力一般般的球員所代表的價值也不會比以往更多，而贏得世界大賽冠軍的球隊，隔年春天還是得從〇勝〇負的戰績開始打起。

然而，若跳脫職業運動的框架，就沒有上述的各種限制。我們可以在不讓其他事物變糟的前提下，使自己更加進步。我們每一個人以及整個群體，都可能是還沒改變揮棒機制的透納、還沒徹底擁抱曲球的希爾、尚未設計出滑球的包爾。或許人類正處在潛力大爆發的邊緣而不自知。就如同詹姆斯所言：「我們人類目前已達成的成就，跟徹底發揮未知潛力後所能創造之事相比，根本微不足道。」

結語　先有用心，才有運氣

成功使人自滿，
自滿造成失敗。
只有偏執的人才能生存下來。

——半導體先驅、前英特爾（*Intel*）執行長葛洛夫（*Andy Grove*）

班尼斯特的父親在大聯盟投了十五年的球，卻只投過一場季後賽；即便如此，他的季後賽經驗還是比班尼斯特多。他們父子倆都沒打進過世界大賽。班尼斯特所屬的紅襪隊，二〇一五年沒拿到季後賽門票，二〇一六和二〇一七年都在分區系列賽遭到淘汰，二〇一八年好不容易在美聯冠軍賽擊敗太空人、挺進世界大賽，準備與道奇一較高下。此時此刻，球員生涯與冠軍完全沾不上邊的班尼斯特，內心的想法跟其他紅襪成員一樣：我們決不能浪費這次奪冠的機會。

當代棒球季後賽跟例行賽的打法差很多，差異性比其他主要職業運動都還要大。球隊和球員在例行賽期間，幾乎天天都要比賽，因此很重視體力調配和身體恢復。但來到季後賽，由於比賽中間的休息天數變多、賽事重要性暴增，球隊和球員都會大幅提高競爭強度：總教練通常會較早把先發投手換下場，大量使用中繼後援投手（有些在例行賽當先發的投手，也得進牛棚支援），並要求終結者負擔比例行賽更多更長的局數；各隊派出的投手都是陣中的菁英，而這些菁英只要一上場，就是毫不保留地發揮全力，投出最好的球速和球種伺候打者。正如班尼斯特所言：「十月棒球[1]的口號是：『最頂尖的球質、最無解的配球、最確實的執行力。』」

前述季後賽的特有現象，來到世界大賽只會被放得更大：在這七戰四勝制的最終決戰裡，沒有任何人會有所保留。「世界大賽是驗收你過去所有投資和努力的最終時刻。幾年來在球員養成領域播下的種子，能不能順利結出最完滿的果實，端看球隊在世界大賽的表現。」班尼斯特說：「到這個階段，我們不再討論養成或發展了，完全就是看有沒有把實力發揮出來。」

雖說如此，現今的球員發展革命其實已經把「球員發展」和「實力發揮」之間的界線模糊化了。儘管大型的改造計畫，如徹底改變揮棒機制或設計一種新球路，還是得留到休賽季或春訓才能進行，但很多走在浪潮前端的教練和球員，在球季間也能不斷實施技術的微調和修正，且訓練的針對性更勝以往的教練和球員。班尼斯特的移動式投球實驗室和芬威球場內部的感測器套組，讓球員能自行偵測生理資料和各式能力數據，而只要一有機會，他們就會詢問後勤團隊該如何優化可能會使他被重擊的不穩定球路。「現在，『保養』變化球已經是一種全年無休的工作。」班尼斯特說：「僅僅十五度的轉軸差異，就可能使一顆七十分的頂級球路，變成只剩下六十分。此外，變化球的狀態，也可能隨著握法出現偏差或身體疲勞而發生改變，千萬別小看一點點機制上的不同。」

進入季後賽之前，被視為紅襪最大弱點的牛棚當中，就有兩名重要投手——三十歲的J．凱利（Joe Kelly）和二十九歲的韓布瑞（Heath Hembree）——遭遇這樣的問題。當J．凱利和韓布瑞的滑球運作正常時，它們都是全聯盟最頂尖的變化球種。班尼斯特回憶，J．凱利在二〇一六年季後賽投出的滑球，非常接近完美的八十分，不僅具備銳利的變化軌跡，球速竟然還上看九十三點五英里。那年J．凱利在季後賽出賽三場，滑球使用比例高達百分之四十一，比其他任何球種都還多。二〇一八年季初，J．凱利的滑球依然犀利，而韓布瑞的滑球亦不遑多讓，被班尼斯特稱讚為「無瑕」。

然而，隨著例行賽的進行，J．凱利和韓布瑞都逐漸喪失他們的優質滑球。班尼斯特表示，滑球使用量很大的後援投手，在把滑球送出手時，手掌掌心都會面向側邊，就像在投擲美式足球。跟為了製造更多速球視覺上竄效果的投法（手掌掌心盡量面向前方）相比，掌心面向側邊的出手方式可以在滑球上創造更多旋轉。球季剛開始時，J．凱利跟韓布瑞都採一個特定的出手方式，而這個出手方式對投出旋轉效率高的滑球比較有利，但不利於投出尾勁較強的速球；球季進行到一半，他倆的出手方式皆慢慢出現相同的變化。「隨著球季進行，不知為什麼，他們在出手時，掌面都變得愈來愈朝前方，而沒有維持朝側邊，所以他們的四縫線速球變得愈來愈有尾勁，但本來很好的滑球卻不斷失去犀利度。」班尼斯特說。J．凱利和韓布瑞開季時的絕殺滑球，到球季中後段都變成了「幼幼班卡特球」，根本沒辦法製造揮棒落空。

這種出手掌面的變化，意外地帶來一個不錯的附加效果：出手掌面朝前的投法，通常能產出品質較佳的曲球。「因此，在滑球品質下降的同時，J．凱利和韓布瑞的曲球變得愈來愈犀利。」班尼斯特說。

有賴於艾傑攝影機和基納追蹤等能夠偵測大量細節的科技工具，紅襪在二〇一八年得知，依據出手動作將投手進行分組，對心繫改進選手表現的教練而言，很有價值。舉例來說，追蹤者系統顯示兩名投手的出手點位置相同，但他倆達到相同出手點的過程所採用的投球機制，可能大不相同；換言之，這兩名投手投球時，肩膀、手肘、手掌之間的連動關係或許很不一樣，此時就可以用這種連動關係的差別，來把投手分門別類。「投球的方式實在太多種了。」班尼斯特說。他用高爾夫術語來形容投手把球送出手時，手掌可以對球製造的效

1　大聯盟季後賽通常都在十月份舉行。

果：左偏球、左旋球、直球（桿面方正）、右偏球、右旋球等等。班尼斯特表示：「運用投球機制和出手方式將投手分類，可以使我們變成更好的教練，因為我們能針對特定的出手角度和生理機制數據，設計出專門的問題解決方案。」

紅襪也發現，一旦某個投手的出手方式逐漸朝某個方向轉變，就很難逆轉這個趨勢，因為這跟高爾夫選手的揮桿方法很像，難以在一夕之間改變。J．凱利和韓布瑞都從「左偏球」的投手，演化成「桿面方正」的投手。起初，紅襪想要把兩人導正回來，但很快就發現「接受這個改變」才是比較適當的作法。「後來我們認清一點：只要改變對他倆的想法，把他們歸類在另一個組別的投手，就好了。如此一來，我們就能用不同的手段解決問題，為他們設計新的投球方案。」班尼斯特說。

季後賽的開打日期將至，J．凱利和韓布瑞都無法再信任自己的滑球，紅襪投手教練勒凡基於是做出一個大膽的決定。班尼斯特回憶當時勒凡基說：「你們兩個都不要投滑球了，一顆都不要投，全部改投曲球。」就算兩位投手最理想的滑球優於最理想的曲球，但在沒辦法把滑球投好的情況下，他們只能將就改投曲球，因為至少還能夠把曲球控制好。

九月十九日，J．凱利投出他那年最後一顆滑球；相隔十天，九月二十九日，韓布瑞也做了一樣的事情。以下這張圖表顯示，二〇一八年J．凱利（實線）和韓布瑞（虛線）滑球的對手揮空率，逐月下降，而滑球的使用比例則逐漸被曲球取代，直到十月份完全歸零。

勒凡基提出的策略奏效了，而且非常有效。韓布瑞四次在季後賽登板都沒有失分，包含在史詩級的世界大賽第三戰封鎖道奇第十一局的攻勢。紅襪牛棚中，季後賽防禦率僅次於韓布瑞的就是J．凱利，他出賽九場，負擔全牛棚最多的十一點一局工作量，結果只掉一分責失，附帶十三次三振，沒有任何保送。對於平常控球容易不穩、保送率偏高的J．凱利來說，季後賽投那麼多局還能零保送，實屬非凡壯舉。即便例行賽成績非常普

J. 凱利和韓布瑞2018年逐月數據

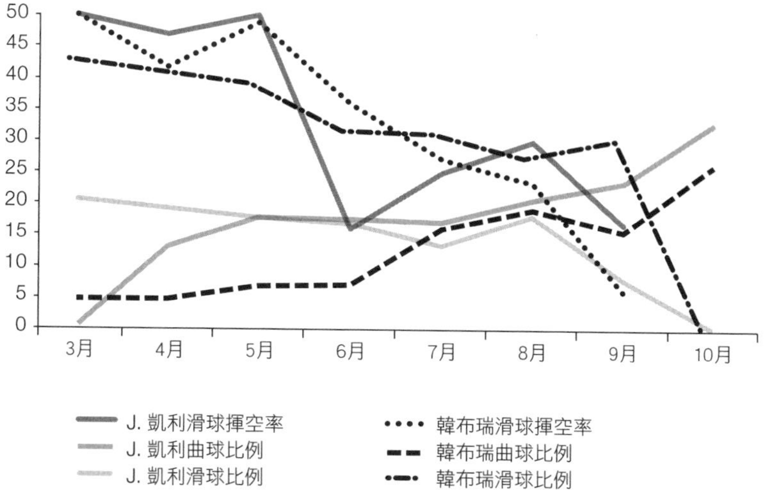

通，但J．凱利精彩的季後賽表現，為他在十二月爭取到一張來自道奇的三年二千五百萬美金合約。

紅襪採用的新式科技，沒能止住J．凱利和韓布瑞的滑球退化，但它們幫助球隊認清，兩人在投球機制出現變化後，哪些技能不再有效、哪些技能因此得利，使教練能循此給出好的解決方案。「如果我們沒有科技工具，又缺乏生物力學和物理學的相關知識，就沒辦法知道J．凱利和韓布瑞具體上發生什麼問題，後續自然也無法提出『捨滑球，用曲球』的建議。」班尼斯特說。

除了J．凱利和韓布瑞，班尼斯特也把在二〇一五年改造希爾的經驗，應用在其他球員身上，試圖強化紅襪的季後賽陣容。紅襪牛棚另一名右投手巴恩斯（Matt Barnes），本來就很倚賴曲球，例行賽的使用頻率高達百分之三十九點一，在所有投至少四十局的投手中，排第八多（第七名剛好就是希爾）。但在一個關鍵時刻，班尼斯特建議巴恩斯再大幅提高曲球的比例，而他也接受了。

「球季中每隔一陣子，巴恩斯就會問我：『你有沒有要給我什麼建議？』」班尼斯特說。十月十四號，對上太空人的美聯冠軍系列賽，紅襪處於〇勝一敗的落後，第二戰賽前，巴恩斯在右外野的移動式投球實驗室，又向班尼斯特提了相同的問題。「我回他：『麥卡勒斯和普萊斯利今天應該都會上場，然後他們又要用曲球跟滑球逼死我們了。你上場投球的時候，何不也模仿他們，來個以其人之道還治其人之身？』」班尼斯特回憶。

那天晚上，巴恩斯在五局上二人出局時登板，接替普萊斯投球，要守住紅襪的一分領先。面對M．岡薩雷茲（Marwin Gonzalez），他連續投出四顆曲球：好球進壘、揮棒落空、界外球、揮棒落空。M．岡薩雷茲三振出局，危機解除。隔一局，巴恩斯用的十一球裡有十顆曲球，順利製造三上三下：滾地球出局、內野高飛球出局、滾地球出局。他當天的曲球使用率高達百分之九十三，輕鬆寫下他生涯投至少兩球的出賽中，最高的紀錄。「那有點像是在跟太空人嗆聲：『嘿，我們這邊也有人可以一直不間斷地狂丟曲球喔！』」

巴恩斯非典型的中繼不僅幫助紅襪以七比五獲勝、扳平系列賽（他是該役的勝利投手），也似乎擾亂了對手的心智，進而影響系列賽後續的戰局。在這個球員情蒐非常強調嚴謹數據分析的年代，投手只要一次不按牌理出牌，以跟過去完全不一樣的模式投球，就會使對手心生顧慮，無法再有信心地遵從之前情蒐的結果。「我認為，你只要證明過自己可以做出徹底迥異於平常的表現模式，就能在剩下的系列賽和之後的季後賽繳出不錯的成績。」班尼斯特說：「因為對手不會再相信他們之前做的球探報告和情蒐了。」

談到配球策略和心理因素，那就不得不提另一個紅襪投手。巴恩斯離場之後，再過兩局，波瑟羅進場了。在季後賽既先發也後援的波瑟羅，例行賽時經常投伸卡球，使用量比其他球種都多。雖然從數據看，伸卡球並非波瑟羅的最佳球路（他的四縫線速球和滑球更能解決打者），但它經常被對手打進場內，有時能幫波瑟羅節省用球數，進而增加他能吃下的局數量。不過若以後援身份上場，波瑟羅就不必節省球數，而是需要更多的揮棒落空。「我告訴他要徹底改變配球策略和角色心態：『把三種最好的球路，專心投在三個最好的進壘點，剩下的則聽天由命。你不再是伸卡球投手，你是波瑟羅，而且是擔任第八局佈局投手的波瑟羅。』」班尼斯特說。

波瑟羅於二〇一八年季後賽的首次登板，是在美聯分區系列賽的第一戰，成功壓制對手第八局的進攻，拿下中繼點。那是他十年大聯盟生涯中第一次，上場投球卻完全沒投任何一顆伸卡球。美聯冠軍賽的第二戰則是第二次。波瑟羅用曲球讓坎普打成滾地球出局、用四縫線速球三振M．岡薩雷茲，最後再以一顆外角低的滑球誘使柯瑞亞追打且揮空，三振出局，半局結束。波瑟羅走下投手丘時興奮地吼叫、振臂慶祝自己的亮眼表現。

「我覺得那也是我們奪冠旅程中的一個重要時刻。」班尼斯特說：「在那之前，大家都認為我們的牛棚還少一個值得信賴的投手，或牛棚是我們的最大弱點。但波瑟羅挺身而出，補齊牛棚的最後一塊拼圖……我們全隊上下都因此受到鼓舞。那時候大家心裡都真心覺得，我們今年能拿冠軍。」

當紅襪真的在世界大賽第五戰獲勝、搶下冠軍金盃時，他們靠的是從克蕭手中揮出的三發全壘打（馬丁尼茲和二〇一八年MVP貝茲都開轟），以及普萊斯連續第三場的強悍先發表現。普萊斯過去在十月棒球的成績並不理想，聲名狼藉，而且二〇一八年季後賽的頭兩次先發，又投得跌跌撞撞，招牌的卡特球被打成兩支全壘打且沒製造任何三振。這情況使得班尼斯特決定對普萊斯提出改進建議。

「我始終相信，到季後賽，把原本專門用來製造弱擊球和低擊球初速的球路，換成揮空率較高的球種，是比較理想的做法。」班尼斯特說。雖然距離成功改造希爾已經過了幾年的時間，但班尼斯特有時候在賽後評論球員表現時，聽起來仍像一張跳針的唱片，重複道：「他最佳球路的使用量還不夠多。」這次，紅襪隊陣中最重要的投手之一把這句話聽進去了。

美聯冠軍賽第五戰，普萊斯在客場繳出亮麗的六局投球內容，成為紅襪淘汰太空人晉級世界大賽的功臣。在那場先發中，普萊斯降低卡特球的使用量，從例行賽的將近百分之三十，下修到僅略高於百分之十，因為他的卡特球無法製造太多的揮棒落空。普萊斯最能製造揮空的球路是他的變速球（其揮空率遙遙領先其他球種），於是他在第五戰大幅拉高了變速球的使用頻率，達到百分之四十三，締造其生涯之最。到世界大賽，普萊斯兩度登板都表現傑出，而他兩場先發的卡特球比例皆不及百分之七，寫下個人自二〇一五年上半季以來，最低的單場卡特球使用率。普萊斯在十月做出的調整，使他躍居紅襪奪冠的英雄。

根據棒球歷史數據分析網站「棒球估量」（The Baseball Gauge）的資料，J・凱利、韓布瑞、巴恩斯、「牛棚版」波瑟羅、「棄卡特球」的普萊斯等人在季後賽的出色發揮，合計幫紅襪提高了百分之三十七點一的奪冠率。紅襪是在例行賽拿了一百零八勝沒錯，但他們之所以能在季後賽脫穎而出，一部分是因為他們沒有全然複製在例行賽的打法，並願意跨出舒適圈，大膽採信數據資料的即時回饋，做出快速的調整。在季後賽贏球勢必需要一點運氣，但瑞奇認為，得先用心地設計訓練法、謀劃策略，才有後來的運氣。對紅襪隊來說，他們是先在前面把配球策略精心設計好了，後面才能得到把他們推上冠軍寶座的運氣。雖然班尼斯特仍沒有在季後賽投過任何一球，但他參與了季後賽許多重要投球的決策過程。一般比賽中，班尼斯特都習慣待在球場內部的休息室看比賽，但在紅襪奪冠前的最後幾分鐘，他決定忽視大聯盟限制場邊休息區教練人數的規定，加入屏息以待的其他隊職員，等待勝利的光榮時刻到來。

「在世界大賽第五戰的第九局之前，我從來都沒有以教練的身份出現在場邊休息區。」班尼斯特說：「再怎麼樣，我都不能錯過那一刻。」那是班尼斯特應得的，因為要是沒有他，紅襪不一定能笑納冠軍。

紅襪在道奇球場狂歡的數週前，印地安人回到主場，準備迎接美聯分區系列賽（五戰三勝制）的第三戰。前兩戰已經二連敗的他們，面臨退無可退的窘境：第一戰，克魯柏被太空人打爆；第二戰，從牛棚出發的包爾和其他後援投手，沒能守住球隊在比賽前半段攻下的領先地位。十月八號，克萊文傑擔任第三戰的先發投手表現精彩，在背水一戰的情況下，主投五局只被攻下一分，另飆出九次三振，有效壓制太空人打線。五局下，林多從凱柯爾手中敲出超大號的左外野全壘打，球打中看台後方牆面上的一個大時鐘。林多這一棒讓印地安人取得二比一的領先，主場觀眾頓時陷入瘋狂，他們仍保有逆轉系列賽的一線生機。法蘭柯納隨後派出包爾上場中繼，寄望他能防止太空人後來居上。這是包爾此系列賽第三度後援登板。

包爾的速球恢復正常水準，在這個系列賽的均速達到九十五英里，但整體而言，他仍沒有完全回到傷前的最佳狀態。七局上剛開局，包爾就被坎普敲出一壘安打，想要牽制卻又發生暴傳，讓坎普兵不血刃進佔二壘；下一棒史普林格打出內野安打上壘；三棒布萊格曼擊出朝包爾而去的軟弱滾地球，包爾下丘防守，本想策動雙殺，卻又傳了個暴傳，球飛到中外野；五棒的M．岡薩雷茲補上一支二壘安打，一口氣打進兩分，此時太空人已經逆轉超前到四比二了。儘管這局對手都沒有把包爾的球打得很強，但印地安人還是吃足苦頭。克里夫蘭午後的陽光不斷西下，似乎象徵了印地安人晉級希望的逐漸消逝。印地安人終場以三比十一慘敗給太空人，宣告他們的二〇一八賽季正式結束。

太空人在前進球場的草坪上大肆慶祝，而印地安人則是黯然地走回球員休息區。包爾簡短回答大批記者的提問後，旋即離開；其他印地安人的成員也很快鳥獸散，各自打包回家。有些球員會利用球季剛結束的時間，先喘口氣，脫離棒球一陣子，使身心靈都獲得充分的休息，但包爾不是這種球員。印地安人被淘汰的隔天晚上，包爾跟波迪相約吃了頓晚餐，沒過多久，他就展開季外的訓練了。

球季結束的幾天後，包爾到史丹佛大學，接受他每個休賽季例行的手臂和投球機制體檢，針對手肘和肩膀等部位照放射線影像，同時再記錄一次投球動作的流程和機制。多年下來，包爾累積的手臂放射線影像和投球機制的影像記錄，在業界應該無人能夠匹敵。

「雖然現在已經有更進步的測定方式，而且在傳動棒球就有，但包爾每年還是去給同樣的人做同樣的生物力學檢測。重點不是在於準不準確，而是在於資料的累積和連貫性。」波迪說。

包爾把所有資料蒐集起來，與外部的專家評估他的訓練菜單和投球方式需要做哪些調整和改變。在二〇一八年十一月做完生物力學檢測後，包爾到位在納許維爾的布萊德索經紀公司，跟卡薩姆碰面，他們在那裡一起幫拉米瑞茲設計休賽季的訓練計畫。

大家依然不確定包爾是好隊友還是壞隊友。幫拉米瑞茲設計訓練計畫的他，似乎是個好隊友，但在十一月二十九日發推文的他，卻又給人壞隊友的印象。當天包爾在推特上寫說：「意想不到的事情發生了，今年我投得比克魯柏還要好。」後來他又發了一則澄清推文，寫道：「克魯柏是很傑出的投手，而我也不遑多讓。」有一些數據確實能佐證包爾所言無誤，但在當年的賽揚獎票選中，克魯柏排進前三，包爾只名列第六。（光芒隊的史奈爾拿下該季的美聯賽揚獎。）很少球員會在社群媒體公開比較自己跟隊友的表現，幾乎沒有人會想淌這個渾水。不過對包爾來說，他只是把事實陳述出來，留作一個記錄。

大聯盟電視網邀請包爾上節目，請他聊聊他在社群媒體上的貼文，以及一則引人注目的傳聞：印地安人正四處兜售他，有意把他交易掉。包爾答應上節目，並在遠端連線的訪談中表示，如果印地安人要交易他，最好的時機點應該是在二〇一九年球季結束之後，因為屆時他的價值會更高。包爾不想跟印地安人談延長合約。他想成為二〇一九到二〇二〇年冬天第一個進行生涯第四次薪資仲裁程序的球員，到時候，他的年薪應該會飆破二千萬美金，而印地安人也不太可能付得起這個價碼。

二〇一九年二月，包爾繼前一年之後，再次於薪資仲裁佔得上風，爭取到一千三百萬美金的年薪。一般來說，在薪資仲裁聽證會上，勞資雙方只會就球員的場上表現進行辯論。但包爾指控印地安人的律師在那年的聽證會上，對他進行人格抹殺。包爾二〇一八年曾籌辦一個叫做「六十九天大方送」（69 Days of Giving）的慈善活動，每天捐贈四百二十點六九美金給不同的慈善機構，持續六十九天。包爾說球隊律師在陳述時間的最後十分鐘，把他舉辦「六十九天大方送」的行為描繪得很負面。「他們沒提到那是個慈善活動，只有把活動名稱唸出來。」包爾對《今日美國》的記者說。記者接著問包爾，球隊律師還說了什麼？「簡單來說，他們就是把我形塑成一個很糟糕的人。」

一月，包爾才又在社群媒體上引發爭議，這次他跟一名女大學生在推特上互罵了整整兩天。有一名女大生先對包爾發了兩則帶有污辱意味的推文，包爾不甘示弱地反擊，回覆了一連串貼文。沒多久，包爾多達十三萬四千多名的追蹤者當中，也有人跳出來攻擊女大生。女大生覺得自己受到包爾和他粉絲的騷擾。主流媒體報導此事後，社會輿論大多批評包爾太幼稚魯莽，缺乏使用社群媒體的敏感度。面對大眾的批評聲浪，包爾在推特上發文回應：「如果有酸民在網路上揶揄我，我通常都會予以反擊。但未來，我在公眾論壇的發言會更加負責任。」

二月是投手至春訓營報到的時間，大多數投手都是在那時才慢慢開始建立球速；但包爾不一樣，他從十一月起，就已經在傳動棒球的主訓練基地進行全力投擲訓練，運用短跳助跑，朝網子奮力擲出速度高達一百零五英里的球。包爾對各種球路進行測試之外，也開啟新的實驗計畫：設計品質更好的變速球。

包爾在二〇一八年一直做不太好的一個環節，就是攻擊左打者的外角低進壘點（會經過這個進壘點的球，通常都是變速球）。雖然包爾變速球的打者揮空率高於聯盟平均，且被打擊率和被長打率都在所有投至少一百顆變速球的先發投手中，排前十低，但這顆變速球的水平位移和垂直位移，皆未達包爾內心的標準；此外，包爾也沒辦法穩定地把它控在想要的位置。站在傳動棒球那個讓他設計出滑球的投手丘上，包爾再次利用艾傑攝影機和瑞布索托，記錄並量測他的一舉一動。包爾希望，新的變速球出手時的軌跡能跟滑球一模一樣，形成很好的共軌效應，靠近本壘板時才往跟滑球相反的方向拐彎。他跟傳動棒球的球路設計專家耶格斯（**Eric Jagers**，到三月就被費城人挖角）用黑色馬克筆在球上畫線，使他們在攝影畫面中更能看出轉軸的方向。包爾測試了幾球，其中有幾顆的黑線就像些微傾斜的赤道，而這正是包爾所樂見的。

包爾跟傳動棒球的員工將不同球路的影片疊合在一起，觀察、比較各球種的移動路徑。他們在影片中加上一個綠色的環狀通道，標示出包爾想創造的共軌效應範圍。包爾希望各球種出手之後的路徑，維持在綠環內的時間愈長愈好。包爾的滑球、四縫線速球、變速球飛到一半時，都保持在綠環內，直到過了中間點之後，滑球才往左打區偏移，而變速球則往右打區下竄。

這個休賽季包爾展開模擬實際投打對決的時間點，比往年都早。一群球員聚集到打擊籠附近，看包爾對付一連串形形色色的打者，這整個過程都被一旁的HitTrax雷達系統記錄並量化成數據。包爾投球時發出低吼，用力地使出所有球路，打者通常只能以揮棒落空收場，根本不是包爾的對手，旁邊的觀眾則是一邊欣賞一面倒的投打對決，一邊嘲笑那些毫無招架之力的打者。

包爾認為他在二〇一九的表現會進步，但他不是沒有擔憂。二〇一九年，包爾就要滿二十八歲，從統計的角度來看，他已經達到或超過一般球員體能巔峰的年紀。雖然包爾想證明自己的巔峰可以延續更久（標準的老化曲線都顯示，包爾二〇一八年的速球均速應該衰退才是，但他不減反增），但他到接近三十歲時，連一座賽揚獎都還沒拿到。要知道，他當初為自己生涯設下的目標，可是「三座」賽揚獎。包爾擔心，要是更多比他年輕或天賦遠優於他的投手，如道奇的布勒（Walker Buehler）、歐塔維諾等人，都開始採納跟他一樣的觀念、從事一樣的訓練，他會不會就永遠達不到頂尖水準。波迪說：「包爾認為，他證明自己額外的努力以及非傳統的訓練有用之後，其他人就會仿效他的做法。」如此一來，其他投手就有可能創造比包爾更高的能力天花板。

「包爾不是在杞人憂天。」波迪說。不過波迪還是經常安慰包爾，提醒他，其他投手幾乎沒有人能投入像他那麼大的訓練量和工作量，且他們也不一定能做到必要的刻意練習。「我問他：『你能說出任何一個，休賽季跟你花一樣多時間訓練的大小聯盟投手嗎？』」波迪說。

包爾想不到。

「如果是這樣的話，那其他人有沒有學會你這一套，根本也不重要了。」波迪說：「你為很多同儕想出了很多新的訓練法，解決了很多問題，可是你沒辦法幫其他人修正人類最常見的陋習之一：懶惰。假如你有一天修好人類懶惰的問題，那你應該不會繼續當職棒選手，而是會用你發現的秘辛去賺更多錢。」

跟大多數球員都落後包爾一樣，大多數球隊也都在苦苦追趕太空人的步伐。雖然聖斯崔克光在二〇一九年一月，就一口氣賣出三個月庫存量的艾傑攝影機，給較晚意識到超慢動作影像重要性的多支隊伍，但太空人在業界領先的地位依然不墜。二月，波迪在推特上寫道：「大部分球隊仍尚未完全擁抱新的進階球員養成革命。他們之所以去購置並使用新科技器材，只是因為大勢所趨。他們在整合新科技工具的進程上，還是很落後，而且也還不太會把新數據資料融入進決策過程。」各種現象都指出，棒球界尚處在新球員發展浪潮的初始階段，或可說是初始階段的尾聲。

當今的球員養成與發展，需要藉由採納並應用新科技工具和數據資訊，刺激球員創造新生涯巔峰。然而，每個轉變都必須起自一個天生的本性：對進步的渴望。只有那些好奇心夠強、執行力夠堅定的人，才可以在未來愈發進步的運動員領域，繳出卓越的表現；講得更極端一些，只有那些夠偏執的人，才能夠在競爭愈來愈激烈的體育戰場生存下來。

波迪就是好奇心夠強、執行力夠堅定且個性接近偏執狂的人，但他說他不想在大聯盟的管理部門工作。他看起來也不需要。如今，旗下員工超過三十人的傳動棒球，已經成為棒球界的知名品牌。傳動棒球園區的第三棟建築是一間倉庫，打開裡面的螢光燈，映入眼簾的是一個又一個、快堆到屋頂的木箱。這些木箱裝著加重球、手腕負重帶、以及其他傳動棒球的商品，它們全都由中國製造，經海運被送抵美國。在二〇一八年的冬季會議上，波迪花了九十分鐘跟大聯盟各隊介紹他們最新的產品和創新的訓練手段，許多球隊都非常感興趣；他也在傳動棒球的飯店套房內（那年冬季會議的舉辦地為拉斯維加斯，他們下榻的飯店為曼德勒海灣酒店

（Mandalay Bay Hotel））舉辦活動，邀集大量好奇的媒體單位到場了解他們的業務。很快地，參與的人就多到必須擠進套房中的臥室。

二〇一八年秋天，《普吉特灣商業雜誌》（Puget Sound Business Journal）把傳動棒球評為西雅圖地區成長速度第二快的少數族裔企業。該雜誌推估，傳動棒球在二〇一七年的收入達三百一十二萬美金，較二〇一五年成長了三點七四倍。即便如此，波迪還是有一個嚮往的大聯盟工作：大聯盟投手教練。如能成真，身為職棒圈外人的波迪，將搖身一變，成為最深入職棒內部的圈內人。

十月，天使延攬前太空人牛棚教練D・懷特擔任新投手教練。從來沒打過職棒的D・懷特，能走到這一步，也是靠著當初在南加州開設自己的訓練中心。D・懷特新官上任的消息，引發波迪和包爾在推特上的一陣討論：

波迪：我的天啊，現在真的是什麼人都可以當大聯盟投手教練了。（D・懷特，恭喜你！）

包爾：我覺得你之後也有機會。如果成真的話，那可是大新聞。

波迪：你好，我是二〇二三年費城人隊的投手教練。

包爾：拜託，不要學馬斯克什麼事情都愛拖好嗎？我已經可以看到你在二〇二一年穿著費城人制服的樣子了。

也許有一天，波迪真能加入D・懷特的行列，成為下一個「終極圈外人晉升終極圈內人」的案例。但在那之前，他跟包爾得先把變速球調整到最佳狀態才行。二〇一九年一月初，包爾踏回傳動棒球研發中心的投手丘上，從裝滿球的近二十公升水桶取出球來，一顆一顆地練投。開幕戰快要到了，包爾得變得更強才行。

後記　抄襲者聯盟

一場革命就像一杯雞尾酒。
它讓你知道下一次該怎麼做，
為下一次做好準備。

——W・羅傑斯（*Will Rogers*）

二〇一九年十月十九日晚上，太空人展露了他們最好和最壞的一面。數百萬人見證了他們在球場上迎接勝利的時刻，卻只有非常有限的一群人目擊了後續的醜陋事件。

那天深夜，太空人在美聯冠軍賽第六戰擊敗洋基，成為美聯冠軍。雖然洋基跟太空人一樣，都是球員發展領域的強權，但在系列賽開打前，許多專家和預測系統都推估太空人能獲勝，甚至進一步拿下他們三年來的第二冠。二〇一九年的太空人依然是一支銳不可擋的勁旅，續寫他們在二〇一〇年代下半段的傳奇。二〇一七到二〇一九年的太空人，是大聯盟史上第六支連三季百勝的隊伍。他們在二〇一九年打出一百零七勝、五十五敗的戰績，為連三年百勝期間的最佳，也正好跟魯諾接手太空人的首年戰績（五十五勝、一百零七敗）相反。太空人強悍的打線火力跟其他球隊之間的落差，創下自一九二七年洋基「殺手打線」（Murderers' Row）以來的最大紀錄；他們累積的團隊WAR值是單季史上的第四高；此外，他們成為史上第一支，單季投手三振率全聯盟最高、打者三振率全聯盟最低的球隊。二〇一八到二〇一九年的太空人，合計比對手多得了五百四十三分，這個數字在歷史上僅次於一九三九到一九四〇年的洋基。

太空人在場上的表現固然為他們帶來更多榮耀，但他們管理階層的行徑卻引發外界的負面批評。艾圖維那天揮出幫太空人奪得美聯冠軍的再見全壘打，比賽宣告結束；一個小時後，在太空人主場的球員休息室內，太空人助理總管塔布曼（Brandon Taubman）找上三名女記者搭話，其中包含《運動畫刊》的記者艾普斯丁（Stephanie Apstein）。在許多其他記者也在場的情況下，塔布曼不斷對三位女記者大喊：「感謝老天爺，讓我們換到了歐蘇納！有歐蘇納真的讓我他媽的超開心！」

塔布曼指的是球隊終結者歐蘇納。二〇一八年太空人總管魯諾從藍鳥換到歐蘇納時，歐蘇納仍正在服為期七十五場比賽的球監。在那之前，歐蘇納在多倫多遭到逮補，被指控攻擊他三歲兒子的母親。（原告後來選擇不到加拿大針對此案作證，而歐蘇納也同意簽署「和平保障令」〔peace bond〕，因此傷害罪的指控遭撤銷。即便如此，大聯盟經調查後，仍對歐蘇納判罰七十五場球監。）魯諾交易歐蘇納的決策，令許多管理部門的同事和下屬不滿，但很顯然地，那些人並不包括塔布曼。媒體界後來對歐蘇納交易案的批評聲浪不斷，三十四歲的塔布曼因此累積了不少怨氣，最終決定在球隊贏得美聯冠軍賽之後的記者採訪時間，大肆奚落三名女性媒體工作者，而她們其中一人，手上甚至還戴著旨在提高防家暴意識的手環。

艾普斯丁兩天後在《運動畫刊》上刊出了該事件的報導，用「粗俗無禮且使人心生恐懼」來形容塔布曼的行為。第一時間，《運動畫刊》曾徵詢太空人隊的回應，但遭到拒絕。太空人發出一份聲明，批評艾普斯丁的報導「誤導人心、混淆視聽、不負責任」，同時指控《運動畫刊》試圖編造一個根本沒生過的故事。太空人認為，塔布曼的言詞並非針對三位女記者，而只是單純想鼓勵歐蘇納不要氣餒，因為在艾圖維揮出全壘打之前，歐蘇納才剛在九局上半砸鍋、丟掉球隊的兩分領先。

沒多久，大家就發現太空人的聲明謊言連篇，僅依據塔布曼的證詞和其他力挺塔布曼的同事說法，妄下定論，明顯是急就章的結果。其他記者紛紛跳出來肯定艾普斯丁報導的真實性，「全國公共廣播電台」（NPR, National Public Radio）也報導，之前那位戴防家暴手環的記者在推特上發出跟歐蘇納相關的推文時，塔布曼就有在私下表達對該記者的不滿。眼見事態愈演愈烈，大聯盟官方決定投入調查。艾普斯丁報導刊出的隔天，塔布曼發出聲明表示，如果有人被他的行為冒犯，他深感抱歉。聲明中，塔布曼為使用「不適當的言語」表達歉意，但仍堅持《運動畫刊》的報導曲解他的原意。塔布曼說他自己「思想進步且樂善好施」，而太空人老闆克瑞恩也引用球隊多年來的捐款數字，強調太空人一直以來都致力於「提升社會大眾對家暴議題的關懷和重視」。

《運動畫刊》發佈艾普斯丁報導的三天後，太空人終於開除了塔布曼，坦承他確實針對幾名記者說出非常不合理的嘲諷性言詞，同時向艾普斯丁和《運動畫刊》致歉。克瑞恩等了兩天的時間，才收回球隊原本錯誤百出的聲明。「這件事不足以代表太空人隊。」塔布曼遭開除後，魯諾說道：「這不能反映太空人的球隊文化，也跟球隊文化無關。」儘管如此，魯諾承認，在第一份聲明發佈前，包含他在內的許多太空人成員都有先看過。由此可見，很多太空人內部的員工和主管，當時對於此事的嚴重性和歐蘇納面臨的諸多批評，都採取視而不見的態度。「他們以為，只要把棒球打好，開了香檳慶祝，就不用受到大眾的檢驗、就不用思考檢討他們在場外的所作所為。」艾普斯丁寫道。

塔布曼的行徑，以及太空人後續令人不齒的公關處理，使得接下來舉行的世界大賽被籠罩在一片烏煙瘴氣之下。（國民最終花了七場比賽擊敗太空人，奪得冠軍。）外界也更加注意起太空人球團的各種操作。太空人二〇一九年的超強陣容，再次證明他們是全聯盟最會打造棒球隊的組織。無可否認，他們的實力大多來自獨步業界的球員發展技術。不過在歐蘇納的交易案中，太空人展現出「為達目的，不擇手段」的極端心態，使他們步入危險境地，因為對他們而言，勝利的重要性已凌駕於道德倫理之上。之前，太空人一次又一次地採取顛覆傳統的做法：故意擺爛；大量運用守備佈陣；採用單場雙先發投手的戰略；雇用毫無棒球背景的網路數據派寫手；二〇一四年用首輪選秀籤選了投手艾肯（Brady Aiken），卻在體檢結果發現他手肘有些問題後，收回原本已經提出的合約報價；大幅裁撤球探部門；毫不保留地導入大量科技元素到球員發展程序中。一次又一次，面對外界諸多質疑和批評，太空人都能處之泰然，最後用場上的好成績，來證明自己的所作所為既正當也有道理。或許由於相關的經驗太多，太空人已經覺得不管做什麼，他們永遠都是對的，又或者是心懷「只要能贏球，有什麼不可以？」的跋扈思維。

十一月中，大眾對塔布曼事件的怒火方才減緩了一些，太空人卻又因為另一起大醜聞而成為棒球界的眾矢之的。這一次，太空人不僅再次跨越道德的底線，而且還使他們的場上成就被蒙上難以抹滅的陰影。體育網站「運動員」的資深記者羅森索（Ken Rosenthal）和椎力克（Evan Drellich）合力刊出一份報導，披露太空人在二〇一七年例行賽、乃至後續其他時間點，運用不當的科技手段竊取對手暗號；報導中，羅森索和椎力克引用了二〇一七年太空人成員法爾斯（Mike Fiers）以及其他多個匿名消息來源的說詞，大幅增加了指控的可信度。雖然在那之前，太空人老早就被懷疑有透過違反規定的方式偷暗號，但過去的相關新聞大多被認為只是捕風捉影、缺乏證據；這次「運動員」的文章，不但解釋了太空人作弊的具體手法，還提供了諸多前所未見的細節。根據法爾斯的證詞，羅森索和椎力克在報導中寫到，太空人會在美粒果球場中外野全壘打牆後方，架設攝影機，鏡頭對準敵方捕手比暗號的位置，並將畫面即時傳輸到球員通道（連接球場內休息室和場邊休息區）的一台螢幕上。太空人員工和球員會看那些影片，快速破解對手暗號，接著敲打場邊休息區的金屬垃圾桶，提示場上的自家打者下一球是什麼球路。如此行為已經違反了大聯盟的規範。大聯盟在規則中明定，各隊不得藉由科技設備和器材的輔助，在比賽進行的當下竊取敵方捕手的暗號和溝通資訊。

作弊偷暗號的醜事曝光後，網路上許多人都當起了「鍵盤偵探」，自行找尋太空人「敲打垃圾桶」證據。他們在太空人主場賽事的轉播影片中，發現太空人經常在比賽前半段敲打垃圾桶，聲音大到連轉播單位的收音系統都收得一清二楚；另外，他們也找到太空人球員通道設有螢幕的畫面。前兩年，球界開始傳出有球隊以作弊方式偷暗號的風聲，大聯盟為了遏止這個歪風，制定了一套更嚴格的「反偷暗號」措施，並於二〇一八年季後賽實行。然而，大聯盟並沒有主動去揪出違背規定的隊伍，反倒採取了姑息的態度，企圖壓低作弊疑慮對聯盟的影響；直到法爾斯當起「吹哨人」之後，他們才發覺紙包不住火、情勢大壞。太空人當初在球場各處架設高速攝影機的目的，確實是為了強化他們的球員發展，以更精確地方式找出球員的瑕疵並予以修正，而如此的使用方式是完全合乎規定的。但與此同時，他們也替一台大部分時間用來輔助球員發展工作的攝影機，賦予了一個新功能：竊取對手暗號。這個做法不僅藐視了公平競爭的重要性，也使他們原本看似立意良好的出發點，感覺起來格外諷刺。

在「運動員」揭弊的驅動下，大聯盟展開了為期兩個月的深入調查，訪問了包含二十三位前任或現任太空人球員在內的六十八名相關人士。調查結果佐證了「運動員」的報導。大聯盟主席曼弗瑞在他的調查總結聲明稿中寫到，太空人確實曾在二〇一七年例行賽和季後賽，透過所謂的「敲打垃圾桶」計策竊取暗號；此外，太空人也違規利用球隊重播影片室[1]的畫面，破解對手暗號，再以接力方式將暗號資訊傳遞給扮演中介人的二壘跑者，以及終端應用資訊的打者。據調查報告，後者的作弊方式直到二〇一八年都還有出現，但大聯盟認定，

1 大聯盟自二〇一四年起擴大影片重播輔助判決的採用（原本只有針對全壘打認定），並允許球隊設置重播影片室。當爭議判決出現時，影片室的人員可觀看重播，判斷是否值得提出挑戰，再以電話把判讀結果傳遞給休息區的總教練知道，以利總教練做出是否挑戰判決的決策。

太空人在該季季中就停止了不法的偷暗號作為，或許是因為對手皆已注意到他們的竊資行徑、採取更多變換暗號的反制措施，亦可能是因為太空人顧慮到大聯盟增加對偷暗號行為的管制。舉例來說，二〇一九年世界大賽，國民就花了非常多心思在保護暗號，想出五套不同的球路暗號系統，印在小卡上提醒投捕手，盡全力避免球路資訊提早被太空人攔截。

儘管太空人的作弊事件被曼弗瑞定調為「球員主導」，但大聯盟並沒有懲罰任何球員。這背後的原因非常多：難以評估每個球員的涉案程度，故無法訂定客觀的裁罰標準；有很多在二〇一七到二〇一八年效力太空人的球員，已經轉隊（罰下去的話，無辜的其他球隊戰力會受到影響）；為了說服涉案球員坦承犯行，聯盟給予他們免責權；對球員開罰可能危害到球員權利，恐引發球員工會的不滿。即使如此，為了有效嚇阻其他球隊起而效尤，曼弗瑞還是祭出了一些嚴峻的處分。他認定魯諾和辛屈沒有盡到主管職責，既無提前遏制球員之間的作弊歪風，也未在偷暗號行為發生後予以阻止，故判處他們一年禁賽：直到二〇二〇年世界大賽結束前，他們都不得出席任何比賽。（大聯盟調查報告的字裡行間透露，魯諾至少對重播影片室的作弊行為是知情的，但他不承認自己當時有發現屬下做出任何違規的事情。）此外，曼弗瑞也基於塔布曼對記者的不當言行，判他服一年球監。然而，也許是因為曼弗瑞的主要職責是服務大聯盟三十隊老闆的關係，克瑞恩得以在此案中全身而退，沒有受到任何懲罰。

除了個人的責罰，曼弗瑞也嚴懲了太空人球團，裁處五百萬美金（大聯盟規定下，最高的罰款金額）的罰款之外，更剝奪他們接下來兩年選秀的第一輪和第二輪籤，阻礙他們重新補充優質新秀的進程。大聯盟公布調查報告後，太空人立刻解雇魯諾和辛屈，找來前光芒隊管理部門主管克利克（James Click）和受人敬重的老派總教練D．貝克（Dusty Baker），分別接掌總管和總教練的職務。由於調查結果顯示寇拉和貝爾川（Carlos Beltran）是太空人偷暗號背後的主謀，因此他們各自被所屬球團——紅襪和大都會——免除了總教練的身份。

大聯盟球迷和其他隊的球員皆公開表達對太空人行為的鄙視，質疑太空人二〇一七年冠軍的正當性，同時揣測球界還有更多尚未被披露或記錄的違規偷暗號行為。太空人的作弊醜聞，不僅嚴重損害他們的形象，也大大打擊了大眾對棒球比賽的信任。曼弗瑞為了修補球迷對大聯盟賽事的信心，正考慮導入科技工具取代捕手比手勢傳遞暗號的方法，使「運用攝影機偷暗號」變為不可能發生的事。

無論在棒球史上，還是當今棒壇，太空人都不是第一支運用科技手段竊取暗號的隊伍：紅襪隊就曾在二〇一七年以蘋果手錶（Apple Watch）傳遞球種資訊給打者，遭到聯盟處罰。當大聯盟著手調查太空人的作弊行為時，二〇一八年由寇拉執教的冠軍隊紅襪，也成了眾人懷疑曾幹過不法情事的對象。如同曼弗瑞所言，太空人究竟因偷暗號而獲得多少比賽中的優勢和利益，實在難以用數據去評斷；或許作弊確實使他們表現更好，但那也絕不是他們成功的唯一原因。不過，太空人厚顏無恥的誇張作弊行徑，以及一直以來給人自大跋扈且行為欠妥的印象，都使他們遭受罪有應得的猛烈抨擊和譴責。曼弗瑞在聲明稿中，不光苛責太空人的違規做法，他還痛斥太空人管理部門非常不健康的封閉式組織文化，認為他們塑造出的環境「只顧結果，不在乎過程與手段的正當性」。如此的球隊文化，使太空人其他經由合法管道取得的成就，也全被貼上了「不能信任」的標籤。

眼見歐蘇納的交易案、塔布曼造成的公關危機、偷暗號的醜聞接連爆出，許多人可能會覺得太空人的球員發展體系也是他們不健康球隊文化的一環。不管是包爾（個人）還是太空人（球隊），發起大聯盟球員發展革命的拓荒者，似乎都比較容易在公開場域犯錯，並承受隨之而來的奚落和譴責。（二〇一九年包爾的表現並不穩定；七月二十八日，包爾又投出一場令他惱怒的先發，當法蘭科納走出休息區要把他換下場時，包爾一氣之下把球丟到中外野全壘打牆後方。雖然賽後包爾有道歉，但印地安人仍在三天後將他交易到紅人，結束他的印地安人生涯。）難道是「創新」和「不當行為」之間有著密不可分的關係嗎？不在乎別人的想法確實能夠激發出充滿創意的點子，但也可能忽略了有其存在目的與必要性的規則和習俗。

太空人在球員發展與養成上的進步，某部分確實起自完全漠視大聯盟的常規和傳統，甚至達到了過猶不及的境界。即便如此，我們也不能因為太空人在其他領域的踰矩作為、不當言論，就完全抹煞他們在球員發展與養成所做的努力，或妖魔化整個球員發展革命。進步的球員養成手段，使許多球員成功提高能力天花板和薪資水準、改寫他們的生涯，為我們帶來激勵人心的故事，也讓很多原本被視為異端份子的外部訓練師，終於受到職棒球界的接納，進一步做出更多貢獻。「球員變強」這件事本身並不負面，就算太空人的名譽掃地，其他球隊依舊競相模仿他們的球員發展策略，或是競逐進階球員發展下的典範產物。十二月，被太空人改造為頂級巨投的柯爾，就跟洋基隊簽下一紙九年三億二千四百萬美金的合約，締造投手史上的新猷。

雖說如此，成效卓著的球員發展系統產出的巨大經濟效益，有一部分沒有回饋到創造出效益的運動員身上，反而全都被雇用球員的老闆收進口袋。球員發展從被發明之初，就一直脫離不了跟「壓低成本」之間的關聯。一九五〇年，後來入選名人堂的退役球星葛林堡（Hank Greenberg，一九五六年入選名人堂），從印地安人的農場主任升職為球隊的總管，當時他就公開讚揚過瑞奇的經營球隊之道。「瑞奇很少到外面去買新球員。」葛林堡說：「瑞奇就是比較了解他的球員，知道該怎麼把他們養成好選手。他做的決策總是能創造最高效率，這是其他人都辦不到的。」

二〇一九年，太空人當初帶進大聯盟並大肆利用的職棒圈外球員發展技術，如今已快速被其他球隊仿效、採納，使得原本可為球隊創造許多競爭優勢的新穎手段，變得愈來愈常見且平凡無奇。至於仍硬要堅持採取過去方法的球隊和球員，恐怕只會落後得愈來愈多。各隊加強推動進階球員發展的力道，多少催化了大聯盟球員不斷變年輕的趨勢，但大聯盟和球員工會一起談出來的勞資協議，卻訂定一個經驗值多寡扮演重要角色的薪資結構：缺乏服務年資的球員打得再怎麼好，也無法獲得符合他們實際身價的薪酬，有些人「實拿」跟「應得」的落差可能達到數百萬美金。儘管大聯盟整體的收入不斷增加，但大聯盟球員在二〇一九年開幕戰的平均薪資卻連兩年下滑，寫下自由球員制度建立以後的頭一遭。因此，球員發展革命所帶來的多層面影響，已成為愈來愈迫切的問題。然而，大聯盟現行的經濟制度就是如此，多產的年輕球員，生涯前幾季就是只能拿到遠低於身價的薪資，在這樣的情況下，以數據和科技為基礎的球員發展技術，究竟是幫到球員的成分比較多，還是讓球隊老闆笑得比較開心？它究竟是球員的福音，還是球團剝削球員價值的利器？

若你認為進階球員發展是球員的福音、賦予球員更大的權力，那你在論證舉例時，肯定不會錯過一個發生在二〇一九年的重要案例——米恩斯（John Means）。二十六歲的金鶯投手米恩斯，徹底擁抱棒球界優化球員的新手法，成為最新一波受惠於進階球員發展而在大聯盟投出佳績的「非大物新秀」之一。不過米恩斯的成功也顯示，到二〇一九年，進階球員發展的浪潮蔓延的範圍之大，似乎已不再是當初促使太空人化身一代強權的稀奇事物。二〇一九年以前，金鶯有很長一段時間，都是進階球員發展領域的落後者；如果連他們都能效法幾年前將太空人推上業界領先地位的運作體系，那就代表，進階球員發展革命最早帶來的競爭不平衡，已經被大大弭平，而聯盟各隊之間的戰力版圖，也將重新洗牌。

出身自堪薩斯市郊區奧拉西（Olathe）的米恩斯是一名左投，高中畢業時，沒有獲得任何一支大學第一級聯賽的隊伍青睞，最終另闢他途，先加入短期大學的校隊，再靠著好表現轉學，成為西維吉尼亞大學（West Virginia University）校隊成員。二〇一四年選秀，金鶯隊用第十一輪籤選中米恩斯；轉職業後，米恩斯緩慢地在小聯盟爬升，熬到二〇一八年九月（他的第五個職業賽季）才好不容易獲得大聯盟初登板的機會。米恩斯的處女秀非常淒慘，以後援投手身份上場的他，被紅襪打了五分，終場戰力貧弱的金鶯以三比十九敗給同分區的勁旅。米恩斯的二〇一八賽季就這樣畫下難堪的句點，而當時的他仍只是一個無人重視的平凡新人投手。二〇一九年球季開始前，《棒球美國》將金鶯的農場品質排在大聯盟三十支球隊當中的第二十二名，可即便在這個後段班的農場體系裡，米恩斯的資質和表現仍算不上前三十強的新秀。

「我當時的球速大概落在八十七、八十八英里。我身高一百八十八公分、體重大約一百零七公斤，球速不應該只有那樣。」米恩斯回憶。雖然他為季末在大聯盟亮相的機會感到開心，但也自知如果沒有進步的話，不可能在大聯盟生存太久。

在那之前的幾年，不只一位球員曾跟米恩斯提起一家名叫「頂級投球表現機構」（P3, Premier Pitching & Performance）的高科技投球訓練公司。這家訓練機構可謂美國中西部的傳動棒球。二〇一八年以前，米恩斯都覺得自己的表現還可以，用不上球隊之外的支援，但二〇一八年球季結束後，他就決定從奧拉西開四小時的車，前往「頂級投球表現機構」設在聖路易的場地做訓練，因為他深深覺得自己的球速不足，而且發現金鶯隊即將大刀闊斧地改革。金鶯隊老闆安傑洛斯（Peter Angelos）日益年邁，因此將掌管球隊的大權下放給兩個兒子——約翰（John Angelos）和路易斯（Louis Angelos）；二〇一八年十一月，他們雇用三十五歲的艾利亞斯擔任金鶯的新總管。跟塔布曼一樣，艾利亞斯過去曾是太空人的助理總管，他被金鶯延攬後，把同事梅戴爾和侯特一起帶到了新球隊，並分別賦予他們助理總管和小聯盟投球技術協調員的職務（後來侯特成為金鶯的投球技術主任）。金鶯的新管理團隊蓄勢待發，準備複製太空人部分的成功經驗到這支美聯東區的老牌隊伍。

改革金鶯是大工程，因為他們在新團隊入主前是一支頗落後的球隊。很久以前，金鶯也曾具備引以為傲的球員養成體系，人們把它稱作「金鶯作風」（Oriole Way）。金鶯作風跟瑞奇的管理手段很像，都是運用標準化訓練來指導球員的系統，最早由一九五〇年代末期的總管理查茲（Paul Richards）和農場主任米格拉克林（Jim McLaughlin）所打造。後來，金鶯作風在傳奇教頭威佛（Earl Weaver）執教的時期發揚光大，並使金鶯躍居一九六〇年到一九八〇年代中期的超級強權。然而，在艾利亞斯接手球隊前，金鶯作風早就失傳已久。

「撤換管理團隊之前的金鶯，已經原地踏步五年了。」米恩斯說。梅戴爾亦附和道：「之前的金鶯，完全沒有跟上棒球界以實證為基礎的進階球員發展浪潮。」那時的金鶯，沒有購買超高速攝影機，甚至連內部的管理部門資訊系統都沒有（例如太空人管理部門建置的「地面控制中心」系統）。此外，他們主掌棒球事務的不同部門，還經常出現意見分歧的情況。「那個時候，金鶯管理部門想實施的哲學和做法，跟教練團想做的事完全不一樣。」一名在艾利亞斯時代來臨前的金鶯員工表示。

金鶯管理部門和教練團意見分歧所招致的悲慘結果，不只一次反映在眾目睽睽的公開場域上，連帶使他們淪為棒球界的笑柄。金鶯隊在二〇〇七年經由選秀獲得的艾瑞亞塔，要求他修正向斜前方跨步的投球動作，並禁止他使用變化犀利的卡特球，因為金鶯認為那顆卡特球會弱化其四縫線速球的威力。艾瑞亞塔做出這些改變後，非但沒有變強，反而球技發揮受到箝制，從二〇一〇到二〇一三年，只在大聯盟繳出五點四六的差勁防禦率。二〇一三年被交易到小熊後，艾瑞亞塔開始大放異彩，因為小熊依據他天生的投球機制給予改進建議，不像金鶯硬要去更改他自然的動作。艾瑞亞塔憑著優異表現，拿下二〇一五年的國聯賽揚獎，並在二〇一六年告訴資深記者維杜齊（Tom Verducci）：「我在金鶯的時候，很多同隊的投手都很不自在，因為他們覺得被球隊要求成為『不是自己』的投手。」

二〇一八年七月，前金鶯終結者布利頓被交易至同區對手洋基。到新東家後，布利頓對「Fangraphs」的作家羅利拉（David Laurila）說：「洋基使用數據分析的方式，跟金鶯大相逕庭。」他的說法，與柯爾描述自己轉隊到太空人時的感受，有異曲同工之妙。布利頓說：「我從來沒有接觸過那麼多資訊……那使我認識很多以前不知道的東西，真的令我大開眼界。」

布利頓轉隊的前幾天，道奇從金鶯換到游擊手馬查多（Manny Machado），總教練羅伯茲在訪問中暗示，道奇可以透過更有效的守備站位部署和技能指導，改善馬查多的防守能力。「我不知道金鶯隊在防守領域的思想是不是很先進。」羅伯茲說：「但我知道我們經營這一塊的步調算是相當積極。」那年上半季，馬查多在金鶯擔任游擊手的防守表現，比聯盟平均多讓球隊損失十八分，但下半季來到道奇隊之後，其游擊守備就大幅改善，比聯盟平均多幫球隊守下五分。

二〇一八年十月，金鶯開除前總管杜奎特（Dan Duquette）和前總教練休瓦特（Buck Showalter）。離開金鶯後，杜奎特經由媒體暗中指謫休瓦特的不是，質疑為什麼那麼多投手到金鶯之後的投球成績，都比在其他球隊差。「為什麼會有球員經紀人打到管理部門，請我們介入教練團的運作、提供更多數據分析的資訊？為什麼他們會認為教練團給的還不夠？」

有些當時已經意識到球隊在研發領域大幅落後的金鶯隊主管，仍試著抱持樂觀的態度。「我們這邊的想法大概是，只要再更認真、更努力一點，也許就能透過汗水彌補科技和分析技術的不足。」該匿名主管表示：「但很明顯地，那樣做還不夠。」

事實上，金鶯在近年的大衰退前，曾強盛過一段時光。二〇一二到二〇一六年，金鶯獲得的勝場數為全美聯最多；有賴於強大的牛棚戰力和一些好運氣，他們當時年年都能打出超乎預測系統推估的戰績。然而，當他們農場自產的球隊中流砥柱開始老化退步，全隊戰力也跟著崩壞。艾利亞斯接掌球隊的第一年，金鶯的戰績是五十四勝一百零八敗，贏的場次比太空人輸的場次還少一場。就算是這麼爛的戰績，也比他們在二〇一八年打出的四十七勝一百一十五敗還要好。（給各位一個脈絡：理論上，一支全部都由板凳球員（實力介於大聯盟和三A之間的平庸球員）組成的球隊，一季可以拿下四十八勝。）二〇一八到二〇一九年的太空人比對手多得了五百四十三分；反觀金鶯卻比對手少得五百二十二分。自一九六〇年至今，只有一九六二到一九六三年的大都會，以及二〇〇二到二〇〇三年的老虎，能夠超越金鶯如此悲慘的得失分差。

回過頭看，二〇一九年以前的金鶯隊，不只是沒有使球員進步、沒有提升米恩斯和其他球員的能力，還主動去阻礙球員進步的可能。「一直以來，教練說什麼，我就做什麼。」米恩斯說：「我想聽從他們的決策和意見。我們有一個投球技術協調員，他基本上告訴所有人，若把球投到膝蓋以上的位置，就是失投。但他教的投球哲學，跟我應該要採用的投球方式，幾乎完全相反。」二〇一九年，米恩斯四縫線速球的平均轉速優於大聯盟平均值。照理來說，把球投在好球帶偏高或好球帶上方的位置，應該比較有助於米恩斯的高轉速發揮；然而，在二〇一九年以前，他都聽從金鶯投球技術協調員的建議，採取對他而言有礙表現的投法。「我就是一直往打者膝蓋的高度投，一顆接著一顆往那邊丟，然後不斷被打者重擊。」米恩斯回憶。他認為，舊金鶯隊的操作方式，無疑是在幫旗下球員鋪好通往失敗的道路。

此外，舊金鶯亦灌輸球員「加重球訓練會增加受傷風險」的觀念，成為米恩斯之前不願求助於「頂級投球表現機構」的原因之一。不過喜歡學習和享受訓練的米恩斯，後來仍勇敢跨出舒適圈，徹底擁抱外部訓練機構的指導和訓練法，而且很快就收到成效。他完成在「頂級投球表現機構」的訓練後，球速最快達到九十三英里；至春訓營報到時，他的球速進步依然存在。「我第一次上場投球的時候，球速都落在九十二到九十五英里之間。在那之前，我從沒投出超過九十三英里的速度。」米恩斯說：「當時我心想，這一套真的有用。」

米恩斯很早就知道太空人和洋基等隊，有在使用高速攝影機輔助投手做球路設計，但他直到二〇一九年春訓，才第一次親身體會到高速攝影機的好處。米恩斯利用超慢動作影像的回饋，調整變速球的握法，因為他變速球的樣態實在太像他的速球。「以前教練都教我把變速球投得跟速球愈像愈好。」米恩斯說：「所以我就照做。我投出的變速球，速度大概落在八十五、八十六英里，移動軌跡十分筆直，本質上就只是速度稍慢一點的四縫線直球。」球數落後的情況下，米恩斯可以運用這顆變速球搶好球，但它沒辦法使打者揮棒落空。即使如此，米恩斯的變速球仍具被改造的潛力，有可能成為足以穩定製造揮棒落空的球路。侯特跟他說：「你投變速球的時候，不會因為『前臂向內側的轉動』而喪失『混淆打者的欺騙性』。你還是得運用前臂的轉動，驅動手掌對球的內側面[2]施力。」米恩斯循著侯特的提議，改變球從他手中脫離的方式，因而有效增加變速球的下墜幅度。

一名教練向米恩斯透露，其實金鶯原本打算把他移出四十人名單。不過，米恩斯靠著休賽季和春訓期間做出的調整，不僅避免掉被球隊捨棄的命運，還成功擠進例行賽開幕時的大聯盟陣容。球季之初，米恩斯連三次後援登板都對上洋基，表現可圈可點，金鶯見狀決定把他升到先發輪值，而米恩斯也不負期待，在輪值待滿整季，累積一百五十五局投球。米恩斯把四縫線速球投在好球帶「上三分之一」或更高位置的比例，達到百分之五十三點六，比大聯盟平均的百分之四十七點九（此數字也是聯盟有球路追蹤數據以來的最高值）還要高。隨著球季進行，米恩斯使用變化球的頻率亦不斷增加。（米恩斯說，他已經徹底拋棄「先投速球，建立打者揮棒時機基礎」的觀念。）根據「Fangraphs」的球種分數價值[3]數據，米恩斯改造過後的變速球所創造的價值，排全聯盟第七高。他的防禦率和WHIP值皆為金鶯投手中（至少累積十局投球）的最佳值，此外，其WAR值（「Baseball-Reference.com」版本）也是金鶯全隊之最。米恩斯甚至是金鶯隊唯一一位入選明星賽的球員。球季結束後，他在美聯新人王的票選拿到第二名的佳績，僅次於太空人隊的阿瓦瑞茲（Yordan Alvarez）。

舊金鶯隊從未運用科技工具輔助投手做改進，也沒有提供能客觀顯示投手球威與球質的數據。前太空人的管理團隊入主後，米恩斯注意到整個球隊的哲學和思維，都出現一百八十度的轉變。艾利亞斯找來過去在小熊先後擔任球員發展主任和板凳教練的海德（Brandon Hyde），請他接掌總教練大位，並指派前太空人教練布洛凱爾（Doug Brocail）擔綱投手教練。米恩斯表示，金鶯新的教練團建構出穩定的資訊流，確保投手知道自己的作為所代表的意義。他說：「教練團會開始給我們資訊，讓我們知道自己的球路是怎麼跑的、要把球投在哪個進壘點、投在哪些位置比較容易製造揮棒落空等等。前朝教練團還在的時候，投手只能在沒什麼頭緒的情況下，硬著頭皮上場碰運氣，現在教練團的做法，就比較有實證依據、數據背書，投手上場時亦安心許多。有點像他們在考試前提前把答案給你看過的感覺。」

對米恩斯來說，以實證為根本的數據分析，拯救了他的棒球生涯。「要是我沒有做出改變，現在可能已經被迫退出棒壇。」他說：「假如我能更早接觸到進階球員發展的東西，或許就不會拖到那麼晚才上大聯盟。」雖然米恩斯二〇一九年的投球內容已相當不錯，但他知道還有許多進步空間。在大聯盟該季七十五位至少投一百五十局的投手當中，米恩斯僅二成五六的場內球安打率為第八低，顯示其表現受到老天爺蠻大的眷顧。為了不在二〇二〇年持續仰賴運氣，米恩斯決定於休賽季優化曲球，使它變成彎曲弧度巨大、能有效誘使打者揮空的絕殺變化球路。

米恩斯是金鶯改頭換面之後最為人所知的進步案例，但事實上，金鶯農場裡還有許多投手也成功改造了自己。金鶯在二〇一七年選秀第三輪選中的投手M．包曼（Michael Baumann，與第十四章提到的作家包曼同名同姓，但並非同一人），就在小聯盟見證了球團在球員養成策略上的劇烈轉變。M．包曼說：「我聽過其他球團在球員發展這一塊領先我們，但我不知道究竟是領先多少。」金鶯的新管理部門，從一開始就導入新做法，引進加重球、艾傑攝影機之外，也運用更具體好懂的教學方式，並提升小聯盟各層級在觀念指導和訓練手段上的連貫性。

「我希望我在十年前就得知他們提供的那些資訊。」M．包曼說：「不過遲來總比沒來的好。新的球員發展團隊進駐後，我想我們在相關領域的技術和思維，已經從原本全聯盟吊車尾的水準，晉升到近乎最頂尖之林。」M．包曼參考進階分析資訊，提高對自我球路的認知和自信，有效改善表現。二〇一八年，他的三振率

2　由於米恩斯是左投，所以球的內側面指的是朝向三壘的那一面。
3　量化某個球種表現價值的數據，以「分數」（run）作為單位。

只有百分之十九點九，但該數字到二〇一九年暴增至百分之二十八點九。同年，M．包曼從一A升到二A，並於二A投出一場帶有十次三振的無安打比賽。

米恩斯和M．包曼異口同聲地讚揚金鶯為不同球員設計的客製化改造方案。有別於舊金鶯告訴所有投手「不要投到打者膝蓋以上的位置」，新金鶯會依據每個選手的優劣勢量身打造適合的改進計畫。雖然有些人會反駁說，現在的進階球員發展，似乎也只是把所有投手的型態，全部改成「把高轉速速球投在好球帶上緣、把變化球控在好球帶下緣」，跟以前一以貫之的做法沒什麼兩樣，也很機械式、非個人化；但其實那只是因為「把速球投高、變化球投低」的投球模式，正好是當今棒壇流行的風格，能使最多打者吃癟。太空人跟其他思想先進的球隊，會尋找、揀選那些球技本來就較適合「把速球投高、變化球投低」的投手，再實施改造，而不會像金鶯當初對艾瑞亞塔那樣，盲目地把同一套做法強壓在所有投手身上。

金鶯隊使M．包曼更能做自己、更自在地投出好成績。二〇一九年春天，《棒球美國》把他評為金鶯農場第二十一名的新秀；九月份，M．包曼成為金鶯農場年度最佳投手的共同獲獎人，《棒球美國》肯定他這一季的進展，將其農場名次拉高到第十位，而金鶯此時的農場整體素質已經比年初進步，由此更能凸顯M．包曼排名提升的正面意義。季前，「Fangraphs」把金鶯農場排在全聯盟第二十六名，算十分糟糕的評價；沒想到才不過一季的光景，金鶯就爬升到第十名，沾到前段班的邊緣。金鶯農場品質的大躍進，一部分來自他們當年的狀元籤（金鶯二〇一九年用狀元籤選中業界公認的最佳業餘球員——奧勒岡州立大學捕手羅屈曼〔Adley Rutschman〕），另一部分則來自像M．包曼這種本來就在他們農場裡、經由改造後獲得進步的小聯盟球員。

二〇一八年，金鶯隊小聯盟投手的合計三振率，只能排在三十支球團的第二十三名。二〇一九年，他們變為第六名。太空人隊依然是小聯盟投手三振領域的強權，不僅維持全聯盟第一，而且領先幅度都在近二個百分點以上。（太空人在二〇一八年選秀選進的六名大學投手，二〇一九年都繳出至少十點五的平均每九局三振人次。）金鶯小聯盟投手的三振率雖不及太空人的頂尖境界，但他們製造出多達三點一個百分點的上揚幅度，比其他所有球隊都還要大；反觀太空人原本就很出色的小聯盟三振率，到二〇一九年幾乎沒有任何進步。至於上揚幅度第二大的隊伍，則是由魯諾昔日助手D．史騰斯（David Stearns，釀酒人總管）主掌的釀酒人。

金鶯距離脫離墊底的命運還需要一段時間，且他們的新投球哲學也無法挽救打擊能力盡失的高薪打者C．戴維斯（Chris Davis），但轉換管理團隊，對他們而言仍是一個重要的轉捩點。艾利亞斯表示，金鶯長年都養不出好的小聯盟投手，如今他們正努力扭轉這個頹勢。金鶯農場投手三振率的明顯增長，再次呼應了棒球分析師柏包恩所言：「脫離無知比起變聰明來得更有價值。」

來到金鶯的第一年，艾利亞斯和梅戴爾盤算的改革，不單是脫離無知而已，還要試圖找出更多變聰明的方法。此外，他們也想以最快的速度迎頭趕上業界的領先者。不過在縮小跟領先者的差距前，他們得先做點調適，因為一下子從全聯盟戰績最佳、最會善用科技的勁旅，轉到戰績最差、最不懂科技的弱隊，這中間的環境差異實在太大，起初讓他們有些迷失。

「太空人的進步程度實在很難用言語形容。不管是軟體還是硬體、數位資訊系統抑或實體設備器材，他們的發展都非常先進。」艾利亞斯說：「離開太空人，到其他大多數球隊任職，都得花一點時間調適，因為除了少數幾支也蠻進步的球隊之外，剩下的隊伍都不具備太空人員工所習慣的科技工具和做事程序。」梅戴爾也附和道：「有好幾次我都想說：『好，來看看地面控制中心（管理部門資訊系統）的資料吧。』結果發現金鶯根本沒有相似的系統。有很多我們在太空人相當熟悉的工具，到新環境後皆不復存在。」

艾利亞斯和梅戴爾已經不是第一次做這種調適了。二〇一一年與紅雀隊拿下世界大賽冠軍後，他們跟著魯諾一起離開紅雀，前往當年只拿五十六勝、毫無賽伯計量學基礎的墊底球隊——太空人——任職。二〇一一年年底的太空人，跟二〇一八年年底的金鶯很像，當年季中已經交易掉一些資深球員，因此農場不至於完全貧瘠，極少數新秀的品質還算不錯。艾利亞斯和梅戴爾經歷過那段把太空人從谷底推到山巔的過程，所以現在他們可以比較有信心地面對金鶯帶給他們的類似挑戰。

而且他們覺得這次的挑戰不會像前一次那麼巨大。「安傑洛斯家族選擇我們的原因之一是：在進階球員發展革命之初，我們就在太空人執行過一次改革球隊的整套流程。」從小生長於亞歷山卓市（Alexandria，距離巴爾的摩不遠）的艾利亞斯說：「因此，我們非常清楚哪些做法是行不通的、哪些路數會撞上死胡同。有類似經驗，我們就知道要避開哪些地雷。」此外，第二次做大幅度的球隊改革，艾利亞斯和梅戴爾也可以加速進程，因為他們不會再受到太多的失誤和錯判阻撓。根據過去經驗，他們知道哪些投手只要做一些球路或配球上的調整，就能立刻收到很好的成效；他們也知道該投資哪些科技工具、該採納什麼訓練法，才比較有效益。

有了太空人履歷的背書，金鶯新管理團隊做起事來，就會獲得較多上級的信任，這情況與二〇一〇年代初期的魯諾不太一樣。在二〇一三年，總管要說服老闆付出連幾年百敗的代價，以換得未來連幾季百勝的回報，是一件何其困難的事情？到二〇一九年，如此論述聽起來已不像是天馬行空，因為太空人近年來的戰績提供了最佳的成功典範。當然，金鶯的新管理部門和球迷都不喜歡輸球（二〇一九年，金鶯的進場觀眾人數跌到過去四十多年來的低谷），但太空人的前例時時刻刻提醒著他們未來可能的榮景，也除去許多來自外界和內部的質疑聲浪。

「在太空人隊的時候，我們必須心懷希望，才能撐過那段戰績低迷的艱困日子。」梅戴爾說：「現在在金鶯，我們除了抱持著相同的希望，更多了一份信心，因為我們知道自己之前曾在休士頓實踐那份希望。」

信心是會傳染的。艾利亞斯透露，舊金鶯隊面臨的一大困境是：「球隊在『人才獲得』與『人才養成』上的理念，出現歧異。不過隨著職業棒球的強度愈變愈高，加上現今競爭愈來愈激烈的聯盟環境、分區環境，內部有思維歧異的球團，實在很難生存下去。」艾利亞斯過去在太空人的業務範圍，主要聚焦在業餘球員的市場上，而非大聯盟隊伍，他就曾幫助消弭球探部門與球員發展部門之間的隔閡。現在來到金鶯，艾利亞斯要做一樣的事情，把以前容易互相積怨的各部門，聚合在一起，化解過去的扞格，確保球員發展部門的人員不缺席選秀。

不過艾利亞斯和梅戴爾閃躲了關於太空人偷暗號醜聞的問題。對於我們的提問，他們選擇不予回應，因此我們無法得知：當太空人執行作弊系統時，他們知不知情？他們是否對太空人的球隊文化感到擔憂？加入金鶯後，他們有沒有積極採取措施，避免把雷同的文化移植到新球隊？到目前為止，大部分關乎太空人作弊的輿論抨擊都沒有打到艾利亞斯和梅戴爾身上；與此同時，他們似乎把穩定的氛圍，帶到了以往充滿對立和緊繃關係的金鶯管理部門。二〇一七年，資深記者羅森索刊出一篇報導，內文用「不尋常的內部政治文化」來形容金鶯的管理部門，並寫到他們內部經常出現意見不合的情形。「當時這裡的氣氛很糟糕。」一位匿名的金鶯員工表示：「但現在，不好的氣氛已煙消雲散。在艾利亞斯入主後，大家對於球隊採取的哲學和做事方法都非常清楚，實際執行面上也沒有什麼摩擦，變得很流暢又有效率。從第一天起，新團隊就明確告訴我們，現在這支球隊要用什麼態度做事，以及具體上要採取什麼方法達成目標。所以一開始，大家就取得了明確的共識。」

這位員工所指的「大家」，當然是指那些認同新金鶯文化且有留下來的人。從接手球隊到二〇一九年賽季末，艾利亞斯執行了類似太空人的組織人事調整，把管理部門、球探部門、球員發展部門等單位全都整頓了一遍，據報導那段時間被開除或沒有被續約的金鶯員工，超過三十人。跟釀酒人的D·史騰斯一樣，艾利亞斯亦追隨前主管魯諾的步伐，縮編職棒球員球探的數量，裁到只剩兩人（不把類似太空人的「球員調查分析師」算在內）。此外，他也解雇了長年在金鶯管理部門任職的退役球員，例如麥葛雷格（Scott McGregor）、B·安德森（Brady Anderson）、索浩夫（B.J. Surhoff）等人。這些人全是金鶯隊史上鼎鼎大名的人物，都已入選金鶯名人堂。索浩夫被開除後，他對「運動員」的記者抱怨道：「我不喜歡他們（金鶯的新主管）待人的方式。」

身為促成太空人大改革的幕後推手之一，艾利亞斯不願順從傳統；更何況，金鶯的傳統已被證實根本沒用。艾利亞斯自己剛進入職棒界時也是一名球探，服務於紅雀隊，所以他多少能體察球探的心思；他坦言，在太空人大幅裁撤職業球員球探的過程，對所有人來說都非常負面。即使如此，他還是在金鶯進行相似的操作，因為職業棒球終究是在商言商，當整個產業已經出現變化，決策方式也要跟著改變。「棒球世界如今已相當科技化，其變遷速度之快，很多技術發明後沒過多久，就會因環境和科技發展出現變化而過時。」艾利亞斯說。

金鶯裁減球探的消息，跟另一起重大的金鶯新聞在同一週被披露，而這似乎不只是個巧合。那一週，一位紐約最高法院的法官維持原判，認定「中大西洋體育電視網」（Mid-Atlantic Sports Network）的大股東金鶯，積欠小股東國民高達一億美金的轉播權利金收入。長年報導金鶯隊新聞的記者康納利（Dan Connolly）就認為，金鶯解雇多名球探的操作是為了省錢。但如果金鶯真的是遵循「太空人模式」的話，那他們接下來應該會在其他部門擴編人員才是。梅戴爾剛到金鶯時，整個棒球事務部只有一位程式開發員，連一個分析師都沒有；諷刺的是，金鶯的數據分析團隊已經夠小了，太空人還在梅戴爾加入金鶯前把他們的主任給挖走。到金鶯的時間即將屆滿一年時，梅戴爾和他的團隊已經打造了自己的管理部門資訊系統（取名「歐瑪」〔OMAR, Orioles Management Analytics Reporting〕，目的是為了向知名影集《火線重案組》〔The Wire〕[4]的角色之一——歐瑪·利特〔Omar Little〕——致敬）。另外，他們也增加分析師和程式開發人員的數量到十人。「我現在能快速取用到的資訊量，實在比以前多太多了。新管理團隊進來之前的年代，完全無法跟現在相提並論。」匿名的金鶯員工說。

二〇一九年九月，金鶯隊雇用布拉德（Matt Blood）作為他們的新球員發展部門主任。和艾利亞斯一樣，布拉德也是前紅雀球探，曾擔任U-18世界盃棒球賽（U-18 Baseball World Cup）美國國家代表隊的專案主任，後於二〇一八年十一月加入遊騎兵，成為他們的球員發展部門主任。到遊騎兵後，布拉德改革教練團文化的步調太急太快，引發許多教練的不滿，因此他球員發展部門主任的位子坐不到一年，就被調派到其他職位。金鶯把布拉德找來，不僅沒有限縮他的影響力，還透過擴編小聯盟後勤團隊（包含養成教練和基本功教練〔fundamentals coach〕）來擴大他的職權範圍。二〇一九年的世界大賽結束後，金鶯隊的棒球事務部開出多達十五個職缺，其中就有十個是跟球員發展有關的工作，而且幾乎每一個職缺所列出的條件，都包含「成長心態」這一項。

「看看現在棒球界的用人趨勢，我們不是唯一改變組織人事的球隊。」艾利亞斯說：「各隊都在球員養成、重量與體能訓練、營養補給、心理技能等項目上，雇用相關的專業人才，企圖極大化球員的能耐。」曾在太空人兼職做小聯盟教練的梅戴爾也表示，科技工具與訓練器材只是輔助，並非萬能。「買更多攝影機、導入更多科技設備，這些都很容易辦到。在太空人的時候亦是如此。」他說：「我認為最難的地方在於，有沒有真的去用那些工具、有沒有好好發揮它們的功能。直到今天，我們都還沒有把這點做到盡善盡美。」為了強化棒球科技的應用與實踐，二〇一九年十一月，金鶯延攬另一名前太空人主管羅森堡（Eve Rosenbaum），請她負責新成立的職位——棒球發展主任（director of baseball development）。

現在的金鶯跟二〇一二年太空人的處境不同，他們在改革球隊的過程中沒有遭遇來自球員和教練的強烈反彈。在這個年代，沒有人會反對防守佈陣的戰術，而且要是球隊沒有提供球員能幫助他們變強的資訊，球員還會質疑球隊沒盡到本分。如同M・包曼所言：「大家都想跟上時代的腳步。」

從某個角度看，當代棒球界的普遍思維減輕了金鶯隊執行改革的負擔。「如果整個業界只有你一支球隊

4 《火線重案組》全劇在巴爾的摩市實地取景。

訴諸改變，那推動改革的難度就會非常高。」梅戴爾說：「反過來講，當聯盟裡大多數球隊都在做類似的改變時，改革就相對容易許多。」當年扮演進階球員發展領域拓荒者的太空人，承受了大部分的反彈聲浪和反抗力道。雖說如此，高風險亦帶來高報酬，太空人披荊斬棘取得成功後，憑著先鋒地位收割大量的好處與競爭優勢；對於金鶯來說，他們改革的預估報酬，就不如太空人當年那麼大，因為現在進階球員發展的浪潮已席捲整個大聯盟，大家管理部門的實力皆有所提升。

「我們現在才開始重建球隊的一個不利點是，其他所有球隊也都在幹同樣的事。」艾利亞斯說：「現在棒球界普遍的思維跟二〇一二年不一樣。我們當時在太空人看其他球隊，沒看到幾支思想雷同的組織。」二〇一九年十月，金鶯和打者訓練公司「K運動科技」連袂宣布，「K運動科技」將成為金鶯的「球員發展夥伴」和「官方3D動態捕捉科技供應商」；有趣的是，聲明稿提到，K運動科技已經有在跟超過二十二支的大聯盟隊伍進行合作。由此可見，金鶯跟K運動科技的合作計畫，只能使他們不落後太多，恐怕無法幫他們超前對手。

儘管金鶯仍正努力趕上太空人在二〇一八年的技術水準，但他們知道就算達成了，也還不夠。棒球界不會等他們跟上了潮流之後才開始前行。金鶯追趕太空人的每一分每一秒，其他球隊也都在力求進步。艾利亞斯說：「有時候想到某些球隊正在做的事情……他們的野心和積極程度，都會害我晚上睡不著。對於我們這些努力想變好的球隊而言，先進球隊的進展速度之快，實在令人畏懼。」

如果金鶯會因為其他球隊在進階球員發展上的快步調而提心吊膽，那他們最好別去問同分區[5]的對手正在幹嘛。

二〇一九年，洋基遭遇史上難得一見的傷兵潮，但全季仍拿下一百零三勝的佳績，大部分是因為一群替補球員（包含梅賓〔Cameron Maybin〕、塔克曼〔Mike Tauchman〕、厄薛拉〔Gio Urshela〕等人）打出生涯最佳的成績。他們的表現，甚至足以和第一線明星的預期產出匹敵。梅賓、塔克曼、厄薛拉等三人，都有在洋基球團內部接受打擊訓練師的指導，重新調整揮棒機制。球季結束後，洋基聘請克萊西（波迪曾拜讀、研究他的著作）督導他們的肌力與體能訓練部門。在此之前，他們已經把過去曾在「克萊西運動中心」（Cressy Sports Performance）和印地安人任職的布雷克找來，擔任新投手教練。

另一支美聯東區球隊——光芒——也在二〇一九年繳出九十六勝的好成果。他們的成功關鍵之一，是二〇一八年與海盜隊達成的一筆交易：光芒送出兩屆明星賽成員亞雀（Chris Archer），從海盜換到梅多斯（Austin Meadows）、葛拉斯諾（Tyler Glasnow）、小聯盟右投巴茲（Shane Baz）。被交易前，梅多斯和葛拉斯諾等兩位前大物新秀，都在海盜遭遇發展瓶頸，但二〇一九年兩人雙雙於光芒揚眉吐氣、打出突破性的數據。梅多斯揮出多達三十三發全壘打，而葛拉斯諾雖然因肘傷缺陣好幾個月，但只要他在投手丘上，其平均每局的投球表現可謂全聯盟最佳。光芒經由交易戰力大增，反觀海盜則真是虧慘了，因為亞雀到新東家後，自責分率大漲到超過五點〇〇。

三位從海盜轉隊到光芒的球員中，在一A防禦率不到三點〇〇的火球男巴茲，最經常談論到新球隊在球員發展上的進步。「光芒告訴我，我原本自以為懂的東西，可能不是如我所想像的那樣。」巴茲對《匹茲堡郵報》（Pittsburgh Post-Gazette）的記者說道：「光芒提供我很多在海盜隊得不到的資訊。」在另一段小聯盟官網（MiLB.com）的訪問中，巴茲說：「光芒帶給我全新的視角，也教我新的投球哲學。」

葛拉斯諾坦言，光芒傳遞給他的訊息沒有跟海盜差太多，但他就是在光芒投出了成績，而非在海盜。就連光芒自己也說，其實他們引導葛拉斯諾的方法，沒有多不一樣。「你還是不得不佩服光芒，他們確實值得眾人

5　金鶯隊屬於美國聯盟東區。該分區有洋基、紅襪、金鶯、藍鳥、光芒等五支球隊。

的讚賞。」時任海盜隊總管杭亭頓（Neal Huntington）對《匹茲堡郵報》說道：「因為他們辦到了我們沒做到的事。即便我們告訴選手差不多的訊息，但他們成功使葛拉斯諾應用在球場上。我們就沒做到這點。」海盜隊的球員養成體系接連遭遇挫敗，不僅沒能幫葛拉斯諾和其他球員發揮更大的潛力，可能還導致許多人丟了工作。二〇一九年球季結束後，海盜陸續開除了總教練賀多、投手教練席瑞居（Ray Searage）、總管杭亭頓、球隊總裁庫納利（Frank Coonelly）等人。

十月，在解雇賀多後，海盜老闆納丁（Bob Nutting）接受媒體訪問，他提到許多離開海盜後大放異彩的球員，如梅多斯、葛拉斯諾、巴茲、柯爾、萊爾斯（Jordan Lyles）等人。「這些球員在海盜的時候，我們有徹底釋放他們的潛能嗎？」納丁說：「我想這是我們需要捫心自問，並著手解決的問題。」事實上，不過才幾年前，海盜被業界視為好投手的搖籃，只要投手轉隊到匹茲堡，通常都能投出更進步的成績，不料沒多久，新的球員發展革命出現，海盜原有的競爭優勢很快就消逝，甚至因為應變不及而淪為落後球隊。為此，海盜的管理團隊付出巨大代價。（對金鶯而言更不利的消息是，二〇一九年十月，他們在美東的另一個對手——紅襪，聘走了當初策劃亞雀交易案的光芒總管布魯姆〔Chaim Bloom〕，請他取代鄧布勞斯基〔Dave Dombrowski〕，擔綱紅襪新任的棒球事務長。鄧布勞斯基幫紅襪拿下總冠軍後，不到一年的時間就被撤換。有趣的是，推動紅襪二〇一八年奪冠的一群農場自產球員，很多是由接替杭亭頓成為新海盜總管的雪靈頓，當年〔二〇一二至二〇一五年〕仍在紅襪掌權時所培養出來的。）

海盜二〇一九年的戰績跌到國聯中區最後一名，甚至被長年來飽受投手戰力不佳所苦的紅人超車。紅人投手群在前大學棒球隊教練De.強森（Derek Johnson）和傳動棒球追隨者卡薩姆的調教下，表現大幅進步，繳出全國聯第四高的「Fangraphs」團隊投手WAR值。十月，紅人聘雇波迪，賦予他投球專案主任兼投球技術協調員的職務。雖然波迪的工作會以養成小聯盟投手為主，但加入紅人，仍使他在名義上變成了包爾的同事。波迪很快就著手用攝影機記錄下紅人小聯盟所有的練習過程，以及教練指導球員的內容，希望幫助球員追蹤訓練進度、確保整個體系的理念和教法具有連貫性。建立了記錄系統後，波迪也能憑藉球員養成的進展，來評估旗下教練的績效。波迪並沒有因此完全投入到職棒圈內，因為他仍沒有放棄在傳動棒球的事業。不過在點頭答應成為紅人的一份子前，波迪收到來自許多球隊的邀約，他們都想借重其專業，這象徵了傳動棒球已經被職棒業界徹底接納。

除了波迪，紅人還從費城人挖來曾在傳動棒球任職的耶格斯。洋基、道奇、小熊等隊，也都徵招傳動棒球的前員工——布蘭德・R・希爾（Rob Hill）、傑布森（Casey Jacobson）——來擔任他們的投球技術專家。綜觀全聯盟，各隊找尋新世代教練和訓練人才的競爭愈發激烈：巨人聘用班尼斯特為他們新的投球技術主任，讓他可以在距離灣區住家較近的地方工作，而紅襪則是拔擢布許（之前是班尼斯特在紅襪小聯盟的分身）到大聯盟投手教練的位置。此外，大家亦愈來愈重視訓練相關的科技工具。二〇一八年冬季會議，大聯盟籌辦了首屆的棒球科技博覽會（Baseball Operations Technology Expo），給各公司在三十隊代表面前展示產品的機會。二〇一九年冬季會議，該博覽會的規模幾乎擴增了一倍，各式各樣的新創公司攤位如雨後春筍般冒出，極力介紹虛擬實境、無標記動態捕捉、機器學習等科技的好處。

二〇一九年，因為徹底擁抱進階球員發展而獲益最多的球隊，絕非雙城莫屬。把球員當作「成長股」而非「價值股」[6]的雙城，二〇一八年的時候還勝少敗多，但隔年馬上雪恥，打臉所有預測系統的不看好，獲得一百零一勝的佳績，從印地安人手中搶走美聯中區的王位。雙城新的教練團，協助許多前一年陷入低潮的球員打

6　價值股是價值（公司未來的獲利能力）相對被低估的股票，也就是所謂「便宜的股票」。成長股則是指企業具有較大的成長潛能，因此價格通常較高，亦存在較大的風險。

出進步成績。雙城擁有四名WAR值上升幅度排在全聯盟前三十五名的回鍋球員——賈佛（Mitch Garver）、J．普朗科（Jorge Polanco）、薩諾、柯普勒，此數量為球界最多。雖然J．普朗科是因為二〇一八年服禁藥球監才得以入榜，但無損雙城許多球員明顯變強的事實。雙城有五名打者揮出至少三十支全壘打，創下大聯盟單季新紀錄，而普朗科、薩諾、柯普勒正是其中的三人。全隊算下來，他們一共開轟三百零七次，締造大聯盟單季史上的新高。儘管「三百零七」這個數字有一部分得歸因於容易飛得遠的大聯盟用球，但雙城在平均擊球仰角（十四點七）上仍領先其他二十九支隊伍，而且他們採取更聰明、更積極的打擊思維，大大提高「首球好球」[7]的揮棒率，從二〇一八年的美聯最低值，躍升二〇一九年的美聯之最。

雙城投手教練W．強森成功改造投手群，他們團隊的「Fangraphs」投手WAR值，從全聯盟第二十一名，一口氣爬升到第三。十月時，W．強森對「Fangraphs」的羅利拉說：「我在很多投手身上觀察到一些小細節，而那些細節正是足以改變大局的關鍵。」不過最能代表雙城二〇一九年大躍進的球員，莫過於捕手賈佛。賈佛整季僅出賽九十三場、累積不到四百個打席，卻依然繳出平美聯捕手最高的「Fangraphs」WAR值。二〇一九年以前，賈佛只不過是一名數據看起來像是板凳球員的二十八歲捕手；他花了一個冬天的時間模仿太空人布萊格曼的打擊形式，訓練自己用拉打的方式把球打到空中，結果收到巨大成效，搖身一變成為大聯盟捕手界打擊最強的男人。「我每年都累積不到五百或六百個打數，所以我更不能浪費每次打擊、出棒的機會。」賈佛對《星辰論壇報》的記者說：「我需要採取更科學的打擊策略。」

不光打擊，賈佛也採納更科學的蹲捕技巧。在雙城捕手技術協調員史旺森（Tanner Swanson，也是前大學棒球隊教練）的協助下，賈佛學會應用單膝跪地的蹲姿，強化他偷好球的成功率。二〇一七年加入雙城前，史旺森從沒在大學（含）以上的層級擔任過捕手，亦無在職業隊執教的經驗；如此「單純」的背景，使他免於傳統觀念的束縛。史旺森大膽採取第一原理的思維行事，導入許多非典型的訓練工具，例如加重球和彈力帶等等。史旺森在索契克刊登於「五三八」網站的一篇文章中說道：「由於我沒有過去背景的包袱，所以能以更客觀的角度來切入訓練。我不會抱著既定的成見，像是：『喔，我以前都習慣這麼做。』或『以前教練都是這麼教我的，所以你們也要照樣做。』我想很多教練都有一些既有的教法，也有幾套行之有年的訓練方式，但卻不理解它們背後的成因，也沒想過去質疑它們到底能不能使球員進步。」

跟太空人一樣，雙城現在亦面臨人才流失的問題。聯盟裡的競爭者開始挖角雙城的教練，並試著仿效他們成功的模式。二〇一九年賽季剛結束的幾個禮拜內，海盜就聘走雙城的板凳教練薛爾頓（Derek Shelton），讓他擔任新總教練；馬林魚延攬雙城的打擊教練洛森（James Rowson），遞補板凳教練的位置；大都會雇用雙城的助理投手教練海夫納（Jeremy Hefner），填補投手教練的職缺；而紅襪則是聘任雙城的小聯盟打擊技術協調員法奇（Peter Fatse）為他們的助理打擊教練。與此同時，洋基為了補足投手教練的空缺，據報導複製了雙城隊的求才方式，詢問多位大學教練的意向；此外，他們也挖走史旺森，請他擔綱捕手技術與品質控管教練。由此可見，無論各隊在球員養成上掙得什麼樣的競爭優勢，有效期都愈來愈短。

二〇一九年，大聯盟出現明顯的戰力失衡現象，而這或許是因為進階球員發展革命初期，各隊投入該領域的程度落差還很大。十一月，「Fangraphs」的作家艾德華茲（Craig Edwards）就點出，二〇一九年例行賽出現八支要不是百勝就是百敗的球隊，寫下史上最多，而各隊勝率之間的標準差，更締造一九五四年以來的最大值；尤有甚者，各隊WAR值之間的標準差亦創下史上最大紀錄。「現在有愈來愈多新世代的人才散佈到各隊，很多新的觀念跟做法，也都廣受各隊採用。未來幾年可以觀察戰力失衡的現象會不會趨緩。」艾利亞斯說：「我自己是認為，之後大聯盟勢必會回到球員發展革命發生前的戰力平衡狀態。」

---

7 投手在一個打席中所投出的第一球，而且是一顆好球。

隨著進階球員發展的浪潮蔓延到美職的各個角落，大聯盟的平均擊球仰角攀升到歷史新高點（從二〇一五年的十點一度不斷增加，二〇一九年已達十二點二度），而滾地球出現的頻率亦跌落至新低點。輔以愈來愈會飛的大聯盟用球，揮棒模式的改革持續刷新全壘打率的最高紀錄。投手們的球速愈來愈快，四縫線球的均速已上升到九十三點七英里；同一時間，摒棄伸卡球的風潮愈來愈廣布，許多投手都改採其他較能製造揮棒落空的變化球種（尤其是滑球跟變速球，這兩種球路的使用比例都較往年高）。年輕打者持續打出令人瞠目結舌的成績，舉例來說，原本已經是明星級打者的道奇好手貝林傑，善用資訊及新練習法改變揮棒路徑和打擊站姿後，繳出全聯盟第一的「Baseball-Reference」版WAR值；眼見小老弟們愈來愈猛，一些資深打者也不甘示弱，還是玩得出新把戲：米恩斯在美聯明星隊的三十六歲隊友——潘斯（Hunter Pence）——即為最佳例證。二〇一八年球季結束後，潘斯成為自由球員，卻乏人問津，連一張大聯盟合約都爭取不到。在拉塔的指導下，潘斯把揮棒機制打掉重練，並和遊騎兵簽下一紙小聯盟合約。任誰也沒想到，他竟就此走出多年的打擊低潮，東山再起，繳出自二〇一三年以來的最佳個人數據。

「了解我自己的揮棒動作非常重要。」潘斯告訴我們。他的語氣聽起來跟米恩斯很像，感嘆沒能夠早點學到拉塔傳授的東西。「我生涯大部分的時間，打擊心態都是：『看著球，把它打出去就對了。』全都是靠所謂的球感，我根本不了解自己的打擊機制。以前我完全只仰賴運動能力去跟別人競爭。」

球員發展領域的進步，使得像潘斯這樣的老將都不得不承認，他們年輕時的表現和能力，實在比不上當今的年輕球員。「毫無疑問，目前棒球界的指導方式和資訊提供，皆遠勝過以往。」潘斯說：「現在剛上大聯盟的年輕選手，都比我們當年準備得更齊全。他們的棒球技術真的非常出色。」

聽著潘斯的觀點，感覺為這波球員發展革命的功過下個論斷，似乎是一件很容易的事。新的球員發展資源，使許多原本上不了大聯盟的球員上了大聯盟，也延長了多位老將的職業壽命。這應該是只有百利而無一害的事吧?艾利亞斯說:「如果有人明明具備大聯盟的資質,卻因為在養成的過程中,接受到某種不良的教學和建議,或遭逢可避免的傷勢,而錯失登上最高殿堂的契機,那就太令人遺憾了。從這點來看,球員養成的進步實在很棒。或許職業棒球不是最早發起這波革命的地方,但它如今已成了最大的領頭羊。」

艾利亞斯是真心希望球員變好。看到類似米恩斯的選手突破原本的極限,他個人也感到很開心。然而,艾利亞斯亦在二〇一九年二月跟《紐約時報》的訪談中說道:「透過建立有效率的組織、優化選秀決策、謹慎行事、不意氣用事、不簽不負責任的自由球員合約和延長約等方法,一支大聯盟球隊是能夠長保競爭力的。」如此說法,聽起來跟布魯姆在紅襪加盟記者會上所說的話很像,當時他宣布,他的首要目標就是把紅襪打造成一支能長期維持競爭力、可年年挑戰季後賽的隊伍。事實上,紅襪在雇用布魯姆以前就已經宣示「欲刪減團隊薪資」的意圖,預備往重整球隊的方向前進。如果紅襪想「意氣用事」的話,他們大可留住鄧布勞斯基,不必撤換總管人選,因為鄧布勞斯基在為波士頓帶來一座冠軍的同時,也打造出全聯盟最昂貴的陣容。

沒錯,像艾利亞斯和布魯姆這樣的球隊總管(兩人都是三十七歲的耶魯大學畢業生,皆符合近年來大聯盟主流的總管背景:男性、白人、高學歷),確實想幫助球員進步,看到球員成功,他們比誰都高興。當他們這麼想的時候,能令人感到暖心。不過,球隊總管也要替老闆服務,而老闆最想看到的是,花愈少錢爭取愈多勝。老闆的思維和要求,驅策總管以年輕球員作為陣容核心,因為年輕選手比較不容易衰退,而且有好幾季的薪資都很低廉。進步的球員發展系統,不會使球隊名單多出額外的空間,所以每個突破生涯巔峰的動人故事背後,都有一個被淘汰犧牲的選手。依據大聯盟對球隊財務的現行規範,總管如果要繳出好成績,勢必得遵行「謹慎行事、不意氣用事、不簽不負責任巨約」的原則。在此原則下,大聯盟球員的平均薪資可能面臨下跌,就跟瑞奇那個年代一樣。

艾利亞斯接手金鶯的第一年,他們提高了在國際業餘球員市場上的投資。在那之前,金鶯受制於老闆安傑洛斯的命令，幾乎完全忽略掉國際市場。（截至二〇一九年，金鶯隊史所有自簽、自產的多明尼加球員當中，最有價值的是卡布雷拉〔Daniel Cabrera〕。二〇〇四到二〇〇八年效力金鶯期間，他在八百多局的投球中，繳出五點〇五的難堪防禦率。）但在拉高國際球員投資金額的同時，金鶯大幅削減了大聯盟陣容的薪資，從全聯盟第十九名（一億三千零五十萬美金）滑落至第二十八名（七千三百四十萬美金）；有趣的是，薪資被大砍的他們，贏球次數還比二〇一八年多。球季結束後，金鶯指定轉讓了二十八歲的內野手維亞（Jonathan Villar），並將他交易到馬林魚隊，只換到一個過去在選秀第十四輪才被選中的小聯盟投手。根據「Baseball-Reference」的WAR值數據，維亞是金鶯二〇一九年陣中價值第二高的球員，但無意於二〇二〇年競爭的金鶯，不想支付他預計可在新球季獲得的高額薪資（到馬林魚後，維亞與新東家達成協議，年薪從前一年的四百八十二萬五千美金，增加到八百二十萬美金）。金鶯在二〇二〇年的預期勝場數和預期團隊薪資，分別位居全聯盟最後一名和倒數第二名。十二月，艾利亞斯才對球迷喊話，希望大家保持耐心，他說：「我也希望在坎登球場（Camden Yards）[8]看到季後賽的舉辦，但要達到那個目標，只有一個途徑。」艾利亞斯口中的途徑，指的是他過去在太空人經歷的成功模式，但當年使太空人起飛的「先擺爛，後收割」策略，如今套用在金鶯隊上不一定能產出相同的結果，因為現在有愈來愈多球隊也在進行極端的重建計畫，而且勞資協議針對選秀和國際市場簽約金的限制，亦比十年前嚴格許多。

除此之外，金鶯在地理位置上的鄰居國民隊，才剛用二〇一九年的冠軍，證明了花大錢投資頂級球員並非完全無用或一定吃虧。二〇一九年十二月，「ESPN」的作家S．米勒（Sam Miller，與第十一章提到的企業家米勒同名同姓，但不是同一人）撰文寫到，近年來，跟新球隊簽約的自由球員，為球隊做出的貢獻，比跟老東家續約的自由球員來得高；此事實反映，過去有利於「回鍋自由球員」的趨勢已不明顯，甚至不再適用。以前，球隊因為比較熟悉自家的球員，擁有更多關於他們的資訊，所以比起簽其他球隊釋出的自由球員，球隊在決定要不要續簽自家球員時，往往能做出更正確的決定。但S．米勒認為，現在的情況正好相反：由於進階球員發展的出現，轉隊的球員受惠於新管理部門、新棒球科技、新隊友、新資訊的刺激，得以解鎖球技新境界，因此表現會比回鍋原隊的選手更好。

二〇一九到二〇二〇年休賽季，因為自由球員整體素質較佳，且有新的一批球隊欲挑戰季後賽，各隊投資在自由球員市場的金額增加不少。即使是這樣，前兩年冷淡的自由市場和平均球員薪資的下滑，仍揭示了球員發展革命可能會為大聯盟帶來的未來走勢。二〇一九年，勞資雙方討論收入分配的歧見愈來愈多，大家愈來愈擔憂罷工夢魘再次降臨美國職棒。現行的大聯盟勞資協議即將於二〇二一年十二月一日到期，球團老闆和球員工會維持了將近二十五年的勞資和平，會不會在那之前崩解呢？魔球浪潮為懂得運用數據資料的隊伍，帶來極大的優勢，因為他們知道如何以更有效率地方式獲得勝利。優化過的球員發展系統，則能讓球隊免於在自由球員市場和薪資仲裁上花大錢。可偏偏，球員薪資上漲的基礎，全都建立在自由市場和薪資仲裁之上。

值得慶幸的是，不像魔球浪潮讓利益的去向僅由球團單方面地操縱、球員的命運只能被自己無法控制的市場機制決定，球員發展革命是一把雙面刃，它或許會壓低球員的整體薪資，但同時也可幫到許多個案，讓他們得以取得對自己生涯的主導權、爭取更高的薪資。此外，進階球員發展，也為一整個新世代的教練，敞開了一道原本拒他們於職棒之外的大門：二〇一九到二〇二〇年的冬天，洋基和小熊聘雇兩位女性（洋基：巴克維克〔Rachel Balkovec〕、小熊：富登〔Rachel Folden〕）為他們的小聯盟打擊教練，而巨人隊則是延攬奈肯（Alyssa Nakken）為棒球史上首位任職全季的女性大聯盟教練。這些人事決策，在在顯示了當今大聯盟的教學和訓練，愈來愈兼容並蓄、愈來愈重視專業、愈來愈不在乎既定做法。

8 金鶯隊主場。

球員發展的改革不會停止。促使棒球經濟體系不那麼剝削球員的方法之一，就是繼續顛覆我們習以為常的傳統：球員工會未來會持續為其會員爭取權益，使球員能藉由夠好的表現獲得較高的薪資，而非只能透過累積服務年資的方式。如果大聯盟真的修正了經濟體系，年輕球員都可靠著生涯前幾年的高產出，獲取較優渥的報酬，那球員發展革命就能改善薪資分配不公的問題，把更多金錢導向那些原本只能領聯盟最低薪的資淺選手。

大聯盟球團跟小聯盟球隊簽訂的「職業棒球合約」（Professional Baseball Agreement），比勞資協議更早到期，二〇二〇球季結束後就要換約。二〇一九年年底，大聯盟提出一個大改組計畫，預計要裁撤掉現行一百六十支小聯盟球隊當中的四十二支。減少成本當然是重要動機之一，但不得不承認的是，有些經營困難的球隊，場地和設施的情況確實令人不忍卒睹，而且現在各隊農場也真的不需要那麼多球隊來養球員。太空人決定投資球員發展的科技工具時，也同步縮減了農場體系的規模，因為他們認為接下來花在評估人才上的時間會減少，可以轉移教練的時間和精力到那些最有潛力的球員身上，不必同時養這麼多人。更甚者，太空人內部曾討論過一個想法：把四散在各處的小聯盟球隊網絡，收攏成一個集中化且標準化的球員發展中心，仿效大型歐洲足球隊或皇家隊當年設立棒球學院的做法。據報導，大聯盟的小聯盟改組方案一出，太空人沒有意外地成為最大支持者，而釀酒人和金鶯也表達對大聯盟的認同。（艾利亞斯和梅戴爾亦不願針對此事發表評論。）

假如上百名小聯盟球員因此失去工作，那這將會是另一個棒球科技和效率提升對勞方造成負面影響的案例。不過道奇隊投手布勒並不這麼想。他在索契克刊登於「五三八」網站的另一篇文章中表示，大部分小聯盟球員其實都只是扮演「陪公子練球」的角色，僅是為了湊足球隊人數讓少數幾名頂級新秀有球可打的陪襯品。「任一支小聯盟球隊中，可能只會有三個球員有機會上到大聯盟。」布勒說：「剩下球員存在的目的，只是讓那三人有比賽可打而已。我認為這樣的制度不合理。你等於是在濫用那些小聯盟球員的大聯盟夢。」

就算大聯盟老闆完全負擔得起更高的薪資水準，很多小聯盟球員球季間能領到的基本月薪還是不到一萬美元，而且絕大多數的人都得花很長的時間陪頂級新秀練球，因此耽誤到卸下職業球員身份後的第二人生。沒錯，偶爾是會有一些「非大物新秀」排除萬難擠上大聯盟，傳為佳話，也有一些無法圓夢的人仍在小聯盟留下美好回憶。但仍然有非常多出身貧窮的球員，需要靠微薄的小聯盟薪資維生。另外，裁撤小聯盟球隊固然可幫大聯盟球團省錢，卻苦了當地的球迷和利益關係人，包含那些已經投入公帑在小聯盟球場建設的社區。二〇一九年，小聯盟一共吸引了四千一百五十萬名觀眾入場，若砍掉四十二支球隊，將大幅提高眾多在地家庭赴現場看小聯盟棒球的難度。因此在十一月，有超過一百名美國國會議員連署，去信給大聯盟，呼籲美國職棒和所屬球團在小聯盟大改組的方案上，「三思而後行」。

前述這些連鎖效應，是球員發展革命之初完全沒有人能預見的。「沒有人想像得到……以新科技為基礎的球員發展革命，竟會帶來如此巨大的改變，現在棒球隊的運作方式已經跟以前完全不一樣了。」艾利亞斯說：「我們也是在積極地去運用那些科技，並看到後續的驚人成果之後，才意識到原來這些改革即將為棒球帶來的衝擊有多大。」

《紐約時報》資深財經記者厄文（Neil Irwin）於二〇一九年出版新書《如何在贏家通吃的世界致勝》（How to Win in a Winner-Take-Alll World），他在裡面提到，科技所帶來的影響和改變，可能會觸及到任何產業。「現在，『把一份工作做好』的定義一直在改變，速度之快，超乎大多數人適應那些改變的能力。」厄文寫道：「這個現象使職場變得愈來愈險峻，對於那些職業生涯邁入中期的人來說，尤其如此，因為他們忽然發現父母們當年給他們的建議——早一點到公司、勤奮工作、把技術學起來等等——已經不夠用了。不過同等重要的是，前述改變也會為懂得調整策略和應對方法的人，帶來優勢。」對於職業球員而言，想進步就得接觸大量資料和數據，但厄文認為，就算是非運動員，亦能藉由探究資訊，使自己成為企業裡更有價值的員工。

厄文表示，有些公司已經開始嘗試做「組織內數據分析」，目標是以客觀資料為根本，產出一套教員工如何更有績效的準則。舉例來說，微軟人資部門的分析師就發現，一週工時非常長的員工，績效不一定會比工時正常的人來得好；此外，高階主管安排的大型會議數量通常都太多了，使表現受到拖累，而中階主管之所以能繳出較好的成績單，則是因為他們頻繁採用一對一面談報告的會議形式。微軟分析師亦發覺，做許多跨部門溝通的員工，在公司的生涯發展往往會比較順利。

這些分析結果，就跟叫棒球員「多投變化球」、「把擊球點提前」的道理一樣。它們或許沒辦法使我們變成千萬富翁，但也許我們都應該向棒球界現正發生的趨勢學習，好好善用手邊的資訊，提升自我。如此一來，我們便能駕馭各種改變帶來的浪潮，而不會淪落遭波濤吞噬的命運。沒有人會想跟金鶯一樣，那麼晚才趕上業界的革命性發展。

二〇一九年年底，一名早期的金鶯球員告訴我們：「你沒辦法『製造』出一個好打者。就算你跟他說：『你要由下而上地把球打出去。你要做到某些事情才能成為好打者。』也沒有用。因為一個人是不是好打者，從他生下來的那一刻就已經決定了。」這些話是由當時全世界第二老的退役大聯盟球員、已經九十八歲的E．羅賓森所說。E．羅賓森是一九四〇和一九五〇年代的一壘手，入選過四次明星賽，曾先後以球員和教練的身份效力於前金鶯總管理查茲的麾下，後來成為太空人隊史首位農場主任，結束後再到運動家和勇士負責相同的工作。E．羅賓森比魔球革命早非常多就認知到保送的重要性，而且在遊騎兵擔任總管時開先河，雇用了數據專家C．萊特為球隊做賽伯計量學分析；可即便思想開放如E．羅賓森，他也對球員發展抱持著過時且錯誤的觀念。

但E．羅賓森並不孤單。二〇一二年，《魔球》問世的九年後，「棒球指南」出版了一本叫做《延長賽》（Extra Innings）的書，裡面收錄多篇主題式文章，探討當時棒球界最棘手的難題。在那之前，由於像「棒球指南」這樣的賽伯計量學先驅宣揚相關知識，大數據的概念已經滲透職棒球團，並對球員評估領域造成巨大衝擊。當年的「棒球指南」已是許多未來管理部門人才的培育搖籃，《延長賽》的十三位作者中，就有多達五人最終成為大聯盟球團的員工。

然而，就算棒球界進入了賽伯計量學的年代，那時很多頂尖的數據分析專家，仍輕視球員發展與養成，認為它的重要性不及簽約評估、交易衡量、選秀策略等其他領域。《延長賽》的作者之一——帕克斯（Jason Parks），後來先後擔任小熊的球探和特別助理，再被響尾蛇聘為職業球員球探主任，是業界優秀的賽伯計量學專家。他在書中寫了一篇題名為〈球隊如何調查、獲取、養成球員？〉（How Are Players Scouted, Acquired, and Developed）的章節。

這章有二十一頁，但「調查」和「獲取」這兩部分就佔了十九頁，反觀「養成」只分到兩頁。「球員養成的成功與否，基本上取決於球員的天賦。」帕克斯寫道。他呼應了棒球界長年信奉的思維：只要獲取有天賦的業餘球員，就能把他們轉化成有能力的職業選手；反之，若得到的是缺乏天賦的業餘球員，那就算花心力去養成他也沒用，因為「朽木不可雕也」。帕克斯當時相信，天生能力決定了球員日後的發展和樣貌。

如果請帕克斯現在重寫那一章，他的寫法可能會不太一樣。球員發展已不再是「球員調查」和「球員獲取」之後的次要內容；它是當今棒壇的故事主軸，這條故事線上幾家歡樂幾家愁，有些球員嚐到了甜美的果實，也有人因此權益受損。接下來，棒球會續寫故事的新篇章，而情節可能會出現更多意想不到的走向。

艾利亞斯說：「無論你想把這波革命稱作什麼，到某個時間點，你都可以為它下個註腳。棒球歷史上關於這波革命的篇章會有蠻明確的時間區間，因為大家總是喜歡為歷史區分段落。但我實在不知道還要過多久這章節才會完結。」又或者是，也沒有人知道下一波革命究竟會長什麼樣子。

誌謝

林柏：很多業內的知情人士，其實沒有必要坦白地告訴我們棒球界的最新發展，因此我們非常感謝那些願意跟我們分享資訊的人。有些人之所以想要分享，是因為他們非常重視傳佈這些有可能幫助球員進步的知識。若無他們的協助，本書的內容不會如此豐富。

感謝S．米勒、戈德曼（Steve Goldman）、克拉姆（Zach Kram）、奈爾（Rob Neyer），幫我們閱讀初稿、給予改進建議；感謝C．萊特和卡西（Cathy Wright），盛情款待我並提供研究協助；感謝普埃澤，大方分享剪報資料庫；感謝郭保羅（Paul Kuo），幫忙安排旗下的球員客戶；感謝亞瑟、力克曼、麥庫恩（Rob McQuown）、威爾曼，提供統計數據的專業支援；感謝R．J．安德森（R.J. Anderson）、亞默、卡勒頓、庫柏、羅利拉、勒米爾（Joe Lemire）、萊維特、羅文費許、沙利斯、蘇利文、維杜齊等作家，你們的作品提供了很多資訊；感謝「The Ringer」的西蒙斯（Bill Simmons）、菲納西（Sean Fennessey）、魯賓（Mallory Rubin）、塞爾斯（Justin Sayles），讓我再次在外兼差；感謝我的妻子巴博（Jessie Barbour）和小小寫作夥伴「古靈精怪」（Grumkin，作者的寵物犬），你們的耐心和支持非常重要。

我們在極短的時間內進行大量錄音訪談；有賴於這些訪談，我們才能寫出此書。但它們要是沒有被打成文字形式，幾乎就沒有任何價值，真是多虧了以下這群自願協助打逐字稿的幫手：懷黑德（Gavin Whitehead）、席格（David Seeger）、包瑪（Jared Beaumont）、貝博（Chris Baber）、席格曼（Lee Sigman）、K・凱利（Kenny Kelly）、卡佛（Michael Carver）、貝茲利（Alex Bazeley）、B・華格納（Bobby Wagner）、侯肯姆（Scott Holcombe）、佩提特（Keith Petit）、利拉德（Luke Lillard）、麥康納（Mitch McConeghey）、史密斯（Roland Smith）、卡特（Troy Carter）、哈姆德（Mohamed Hammad）、克拉尼亞（Andrew Calagna）、格森（Aria Gerson）、羅薩達（Hector Lozada）、馬拜克（Jason Marbach）、寇克瑞（Joe Corkery）、史杜基（John Stookey）、J・艾普斯坦（Jordan Epstein）、紐溫史汪德（Mark Neuenschwander）、方恩（Matthew Fong）、葛歐納（Ricky Gaona）、布雷迪（Zach Brady）、A・沃夫（Aaron Wolfe）、山姆科（Bern Samko）、比爾（Bradley Beale）、C・威爾森（Colby Wilson）、奧立佛（Eric Oliver）、彼德斯（Eric Peters）、文斯（Greg Vince）、尼爾森（Jeremiah Nelson）、吉爾博（John Gilbert）、馮恩（Jorma Vaughn）、邦伊恩（Joseph Bunyan）、山崎和人、哈特利（Michael Hattery）、藍哈特（Michelle Lenhart）、克勞（Mitchell Krall）、麥卡勒（Molly McCullough）、傅雷（Robert Frey）、厄達克（Samuel Ujdak）、T・摩爾（Tim Moore）、博克海默（Andrew Berkheimer）。

撰寫這本書最難的環節之一是，追蹤所有受訪者的就職動態。隨著各隊愈來愈投入進階球員發展，幾乎有一半的受訪者都在我們寫作的過程中轉換工作。另一個挑戰是，究竟要把幾個球員改造的案例寫進書裡才是剛剛好的份量，不多也不少？謝謝所有成功改造自己並接受我們訪問的球員，文字實在不足以表達我們的感激之情：貝勒斯（Jarod Bayless）、尚恩、辛格拉尼、弗勞爾斯、蒙塔斯迪歐卡（Bryce Montes De Oca）、普拉斯邁爾（Michael Plassmeyer）、史畢爾（David Speer）、K・史都華（Kohl Stewart）、史崔普林（Ross Stripling）、M・崔西（Matt Tracy）。每過一季，像他們這樣思想先進的球員只會愈來愈多。

感謝我們的經紀人克萊默（Sydelle Kramer），承受我們不間斷的（好啦，其實大部分都是我寄的）電子郵件攻勢；感謝我們的編輯亞歷山大（Jeff Alexander），把這本書修得更簡潔有力。當然，必須感謝索契克跟我一起寫這本書，你的耐心、可靠、配合，使本書得以付梓。寫這本書最棒的一點就是，我不必獨立完成整本書；第二好的事情，則是有個能分憂解勞的夥伴。

索契克：為了呈現完整的故事和內幕給大家，我們進行了無數的訪談，走訪了全美各地。去到了各隊設在亞利桑納的春訓基地、位在洛杉磯和西雅圖的商業園區、座落於蒙塔納州的寧靜小鎮，還數度拜訪俄亥俄州西湖市的綜合商場。這本書能夠完成，有賴於為數夠多的受訪者，願意大方解釋提升自我、突破極限的歷程，他們都是這波球員發展革命的親身參與者、關鍵人物。身為記者，我總希望自己先把議題了解透徹後，再分享給讀者。我原本以為自己已經很懂棒球了，但在寫這本書的過程中，我又學到了好多。各位在前面讀到的每個人，都是造就本書的大功臣，我們永遠感謝他們。我希望我們有把這個訴說「我們都能變更好」的故事好好呈現出來，沒有辜負跟我們分享經驗的人。

我特別感謝我們優秀的經紀人克萊默，是她把我跟林柏牽在一起，促成這本書的合作。從提案到初稿完成，克萊默都很有耐心地支援我們。我們的編輯亞歷山大更是潤飾文稿的大師。我很感謝出版社「Basic Books」跟我們一樣，相信這個故事有其重要性。我也很感謝西爾佛和艾波曼（David Appelman），讓我得以在二〇一八和二〇一九年期間，邊工作邊撰寫此書。

林柏是此計畫的最佳夥伴。我覺得你對一個共同作者的最大期待，就是他跟你一樣深切關心撰寫的議題。即使白天還有全職工作，又要主持棒球音頻節目，林柏投入本書的無懈程度依然令人咋舌。我相信，這本書的品質因為我倆的合作變得更好，任一人獨力完成的話，肯定達不到相同的水準。

整個寫作的過程中，我的太太蕾貝卡（Rebecca Sawchik）始終扮演充滿耐心的聆聽者、意見提供者。沒有她的支持，此專案會變得無比困難。感謝我的父母，教育我成為勉強及格的作家；此外，我也要感謝馬斯（Duke Maas）當年給我當記者、寫棒球的機會。馬斯在二〇一九年去世了。謝謝你，馬斯。這麼多年來，我很確定的一件事是，不管是寫報導還是寫書，都需要許多人的幫忙才能完成。

譯名表

M・崔西	Matt Tracy
N. 威廉斯	Nick Williams
Q. 麥克拉肯	Quinton McCracken
R. 弗里曼	Rob Friedman
R. 希爾	Rob Hill
R.J. 安德森	R.J. Anderson
Re. 強森	Reggie Johnson
S. 米勒	Sam Miller
S. 萊特	Steven Wright
T・摩爾	Tim Moore
T・哈里斯	Trey Harris
T・懷特	Tyler White
T・艾普斯坦	Theo Epstein
T・沃夫	Tom Wolfe
W. 羅傑斯	Will Rogers
W. 強森	Wes Johnson
W. 張伯倫	Wilt Chamberlain

ㄅ

巴博	Jessie Barbour
巴德	Luke Bard
巴克爾	Cody Buckel
巴克維克	Rachel Balkovec
巴茲	Shane Baz
巴恩斯	Matt Barnes
伯奈提	Jason Benetti
柏包恩	Phil Birnbaum
柏德	Marlon Byrd
柏林斯基	Adam Berinsky
柏恩	Michael Bourn
博克海默	Andrew Berkheimer
拜瑞	Rick Barry
拜瑞特	Charley Barrett

A-Z

A. 米勒	Andrew Miller
A. 格林	Andy Green
A. 瓊斯	Adam Jones
A. 沃夫	Aaron Wolfe
B. 泰勒	Brien Taylor
B. 侯特	Brock Holt
B. 華格納	Bobby Wagner
B. 安德森	Brady Anderson
C. 戴維斯	Chris Davis
C. 萊特	Craig R. Wright
C. 艾倫	Cody Allen
C. 楊恩	Chris Young
C. 威爾森	Colby Wilson
D. 貝克	Dusty Baker
D. 摩爾	Dayton Moore
D. 懷特	Doug White
D. 強森	Davey Johnson
D. 史都華	Dave Stewart
D. 史騰斯	David Stearns
De. 強森	Derek Johnson
E. 馬丁尼茲	Edgar Martinez
E. 羅賓森	Eddie Robinson
E. 懷特	Eli White
J. 普朗科	Jorge Polanco
J. 拉米瑞茲	Jose Ramirez
J. 凱利	Joe Kelly
J. 哈里森	Josh Harrison
J. 艾普斯坦	Jordan Epstein
K. 凱利	Kenny Kelly
K. 史都華	Kohl Stewart
M・包曼	Michael Baumann
M・岡薩雷茲	Marwin Gonzalez

布魯姆	Chaim Bloom
布魯克斯	Dan Brooks
布魯斯特	Ben Brewster
布魯爾	Clive Brewer
布洛迪	Mark Broadie
布洛凱爾	Doug Brocail
布許	Dave Bush
布瑞特	George Brett
布恩	Bob Boone

ㄆ

帕克斯	Jason Parks
波波娃	Maria Popova
波戴利	Rocco Baldelli
波迪	Kyle Boddy
波特	Bo Porter
波納菲	Josh Bonifay
波拉克	A.J. Pollock
波海克	Josh Bohack
波賈茲	Xander Bogaerts
波許	Frans Bosch
波茲	Billy Paultz
波瑟羅	Rick Porcello
波伊德	John Boyd
波伊爾	Wayne Boyle
波文	Rex Bowen
派提	Bill Petti
派提斯	Gary Pettis
派瑞	Gaylord Perry
裴瑞茲	Roberto Perez
佩提特	Keith Petit
佩卓・馬丁尼茲	Pedro Martinez
潘尼亞	Carlos Pena
潘斯	Hunter Pence
皮奈拉	Lou Piniella
皮內達	Michael Pineda
皮爾斯	Steve Pearce
普提拉	Pete Putila
普拉斯邁爾	Michael Plassmeyer
拜爾拉克	Sian Beilock
貝博	Chris Baber
貝提斯	Chad Bettis
貝勒斯	Jarod Bayless
貝林傑	Cody Bellinger
貝克	John Baker
貝卓辛	Cam Bedrosian
貝茲	Mookie Betts
貝茲利	Alex Bazeley
貝爾	Josh Bell
貝爾川	Carlos Beltran
包瑪	Jared Beaumont
包曼	Michael Baumann
包爾	Trevor Bauer
包爾斯	Jack Bauers
包威爾	Alonzo Powell
班尼斯特	Brian Bannister
邦茲	Barry Bonds
邦伊恩	Joseph Bunyan
比恩	Billy Beane
比昂森	Craig Bjornson
比爾	Bradley Beale
彼德斯	Eric Peters
畢多	Jim Beadle
畢瑟	Steve Bieser
賓戈	Spencer Bingol
布拉德	Matt Blood
布拉斯	Steve Blass
布勒	Walker Buehler
布萊德利	Jackie Bradley Jr.
布萊德索兄弟	Dustin/Hunter Bledsoe
布萊格曼	Alex Bregman
布萊恩	Kris Bryant
布雷迪	Zach Brady
布雷克	Matt Blake
布雷斯洛	Craig Breslow
布蘭德	Sam Briend
布里頓	Sam Breadon
布利頓	Zach Britton

麥卡錫	Brandon McCarthy
麥可拉肯	Mary J. MacCracken
麥可拉斯	Miles Mikolas
麥克唐諾	Michael McDonald
麥克拉肯	Voros McCracken
麥克連	Drayton McLane
麥克休	Collin McHugh
麥凱	Andy McKay
麥康納	Mitch McConeghey
麥庫恩	Rob McQuown
麥茲	Casey Mize
麥慈	Steven Matz
邁爾	John Meyer
邁爾斯	Connor Myers
梅賓	Cameron Maybin
梅戴爾	Sig Mejdal
梅多斯	Austin Meadows
梅利	John Mallee
梅斯	Willie Mays
曼弗瑞	Rob Manfred
曼托	Mickey Mantle
曼寧	Leslie Manning
曼恩	Brandon Mann
蒙塔斯迪歐卡	Bryce Montes De Oca
蒙特羅	Miguel Montero
孟西	Max Muncy
米勒	Sam Miller
米格拉克林	Jim McLaughlin
米恩斯	John Means
米爾斯丁	Alan Milstein
穆拉斯金	Jordan Muraskin

ㄈ

法瑪	Ed Farmer
法蘭科納	Terry Francona
法洛	John Farrell
法奇	Peter Fatse
法斯特	Mike Fast
法爾斯	Mike Fiers

普萊科	Adam Plutko
普萊斯	David Price
普萊斯利	Ryan Pressly
普萊爾	Mark Prior
普朗科	Gregory Polanco
普埃澤	Richard J. Puerzer

ㄇ

馬拜克	Jason Marbach
馬丁	Billy Martin
馬丁尼茲	J.D. Martinez
馬東納多	Martin Maldonado
馬格福特	Angus Mugford
馬格努斯	H. Gustav Magnus
馬蓋兒	Eleanor Maguire
馬克魯爾	Bob McClure
馬洪姆斯	Pat Mahomes
馬修	Mike Marshall
馬查多	Manny Machado
馬斯	Duke Maas
馬斯克	Elon Musk
瑪戈	Manuel Margot
瑪爾許	Joe Marsh
摩頓	Charlie Morton
摩蘭	Colin Moran
摩根	Joe Morgan
摩爾	Matt Moore
莫里斯	Jack Morris
莫利特	Paul Molitor
墨菲	Daniel Murphy
麥達克斯	Greg Maddux
麥德森	Ryan Madson
麥登	Joe Maddon
麥特	Michael Matter
麥特拉克	Jon Matlack
麥葛雷格	Scott McGregor
麥葛羅	John McGraw
麥卡勒	Molly McCullough
麥卡勒斯	Lance McCullers Jr.

迪威克 Carol Dweck
蒂芬尼 Tiffany Otero
杜達 Lucas Duda
杜奎特 Dan Duquette
多夫曼 Harvey Dorfman

ㄊ

塔布曼 Brandon Taubman
塔皮 El Tappe
塔克曼 Mike Tauchman
塔克森 Fredrik Tuxen
泰勒 Chris Taylor
透納 Justin Turner
坦戈 Tom Tango
湯普森 Fresco Thompson
湯姆林 Josh Tomlin
提佩特 Tom Tippett
托爾斯 Kevin Towers

ㄋ

納丁 Bob Nutting
奈德佛 Robert Nideffer
奈肯 Alyssa Nakken
奈森 Alan Nathan
奈爾 Rob Neyer
尼布拉 Ruben Niebla
尼爾森 Jeremiah Nelson
紐威爾 Karl Newell
紐溫史汪德 Mark Neuenschwander
諾里斯 Bud Norris

ㄌ

拉米瑞茲 Neil Ramirez
拉迪森 Dan Radison
拉塔 Doug Latta
拉維薩 Ken Ravizza
勒米爾 Joe Lemire
勒佛爾 Jim Lovell
勒凡基 Dana LeVangie

法爾維 Derek Falvey
佛騰堡 David Fortenbaugh
佛洛依德 Floyd Bannister
佛斯特 David Forst
佛賽斯 Logan Forsythe
菲納西 Sean Fennessey
菲利浦 Philip Wrigley
費特 Chris Fetter
費南德茲 Jose Fernandez
費勒 Bob Feller
費吉洛瓦 Cole Figueroa
費爾奇 Lee Fiocchi
范伯克利歐 Ty Van Burkleo
范波派爾 Todd Van Poppel
范圖拉 Robin Ventura
范史考伊克 Robert Van Scoyoc
方恩 Matthew Fong
馮恩 Jorma Vaughn
弗萊曼 Nate Freiman
弗萊西格 Glenn Fleisig
弗勞爾斯 Tyler Flowers
弗里曼 Andrew Friedman
傅雷 Robert Frey
富德 Sam Fuld
富登 Rachel Folden

ㄉ

德拉羅薩 Jorge De La Rosa
戴里哈里斯 Micah Daley-Harris
戴克 Cody Decker
戴斯考索 Daniel Descalso
戴爾貝克 Bobby Dalbec
戴伊 Zach Day
戴維斯 Austin Davis
丹尼爾斯 Matt Daniels
鄧布勞斯基 Dave Dombrowski
迪波托 Jerry Dipoto
迪恩 Dizzy Dean
迪威特 William O. DeWitt Jr.

羅瑞森	Pete Lauritson
羅斯	Pete Rose
羅薩達	Hector Lozada
羅森堡	Eve Rosenbaum
羅森索	Ken Rosenthal
羅素	Addison Russell
羅伊斯	Jerry Reuss
羅文費許	Lee Lowenfish
洛森	James Rowson
隆恩	Chris Long

ㄍ

戈德曼	Steve Goldman
戈登	Max Gordon
戈斯丁	Kevin Goldstein
格雷	Jon Gray
格林	Christopher Green
格森	Aria Gerson
葛拉德威爾	Malcolm Gladwell
葛拉斯諾	Tyler Glasnow
葛拉文	Tom Glavine
葛萊諾維特	Mark Granovetter
葛蘭基	Zack Greinke
葛里菲	Coleman R. Griffith
葛林	Charlie Greene
葛林堡	Hank Greenberg
葛林姆	Charlie Grimm
葛瑞夫曼	Kendall Graveman
葛歐納	Ricky Gaona
蓋拉格	Dave Gallagher
高史密特	Paul Goldschmidt
岡薩雷茲	Doris Gonzalez
古靈精怪	Grumkin
郭保羅	Paul Kuo

ㄎ

卡本特	Bob Carpenter
卡賓	Corey Copping
卡布	Ty Cobb

勒維洛	Torey Lovullo
萊特兄弟	Wilbur & Olive Wright
萊斯	Robert Rice
萊恩	Nolan Ryan
萊爾	Matt Lisle
萊爾斯	Jordan Lyles
萊維特	Daniel Levitt
雷蒙	Tubby Raymond
蕾貝卡	Rebecca Sawchik
勞森	Dillon Lawson
勞爾	Charley Lau
老迪威特	Bill Dewitt
藍哈特	Michelle Lenhart
蘭姆	Jake Lamb
蘭登	Anthony Rendon
朗東	Hector Rondon
李納瑞斯	Rodney Linares
李惠安	Angela Lee Duckworth
李斯特	Joseph Lister
李伊	Bill Lee
理查茲	Paul Richards
力克曼	Mitchel Lichtman
利拉德	Luke Lillard
林柏	Ben Lindbergh
林戴爾	Curt Rindal
林多	Francisco Lindor
林瑟肯	Tim Lincecum
魯賓	Mallory Rubin
魯諾	Jeff Luhnow
魯卡斯	Ed Lucas
魯斯	Babe Ruth
路易士	Michael Lewis
路易斯	Louis Angelos
羅伯茲	Dave Roberts
羅賓森	Jackie Robinson
羅利拉	David Laurila
羅格利	Jon Roegele
羅傑斯	Scott Rogers
羅屈曼	Adley Rutschman

凱西	Kathy Bauer
凱許	Kevin Cash
凱瑞	John Carey
凱伊	Brett Kay
考夫曼	Ewing M · Kauffman
寇賓	Patrick Corbin
寇派克	Michael Kopech
寇拉	Alex Cora
寇克瑞	Joe Corkery
寇恩斯潘	Alan S. Kornspan
寇伊爾	Daniel Coyle
坎普	Tony Kemp
坎帝亞帝	Tom Candiotti
肯恩	Matt Kane
康姆斯塔克	Keith Comstock
康納利	Dan Connolly
庫柏	J.J. Cooper
庫納利	Frank Coonelly
庫恩	Bowie Kuhn

厂

哈姆德	Mohamed Hammad
哈特利	Michael Hattery
哈納	Bob Hannah
哈尼卡特	Rick Honeycutt
哈里斯	James Harris
哈里森	Bill Harrison
哈倫	Dan Haren
哈森	Alex Hassan
哈維	Matt Harvey
賀貞斯	Dave Hudgens
赫曼	Frank Herrmann
赫南德茲	Felix Hernandez
海夫納	Jeremy Hefner
海德	Brandon Hyde
海特伯格	Scott Hatteberg
海拉漢	Ryan Hallahan
海格提	Luke Hagerty
海森	Mike Hazen
卡布雷拉	Daniel Cabrera
卡麥隆	Dave Cameron
卡佛	Michael Carver
卡特	Troy Carter
卡拉凡	Alex Caravan
卡勒頓	Russell Carleton
卡西	Cathy Wright
卡茲瑪	Pete Kozma
卡茲米爾	Scott Kazmir
卡斯提亞諾	Nick Castellanos
卡斯楚	Jason Castro
卡薩姆	Caleb Cotham
柯比	Martin Kirby
柯普勒	Max Kepler
柯瑞爾	Fred Corral
柯瑞亞	Carlos Correa
柯爾	Gerrit Cole
克戴維	Steven Cadavid
克拉姆	Zach Kram
克拉尼亞	Andrew Calagna
克萊默	Sydelle Kramer
克萊門斯	Roger Clemens
克萊西	Eric Cressey
克萊文傑	Mike Clevinger
克雷頓	Jim Creighton
克勞	Mitchell Krall
克勞佛	Carl Crawford
克勞斯	Rod Cross
克蘭塔克	Matt Klentak
克利克	James Click
克廉	Kevin Kerrane
克魯柏	Corey Kluber
克蕭	Clayton Kershaw
克瑞克	John Kruk
克瑞恩	Jim Crane
凱普勒	Gabe Kapler
凱利	Chip Kelly
凱洛威	Mickey Callaway
凱柯爾	Dallas Keuchel

ㄑ

契爾考特	Steve Chilcott
切斯特	Bob Chester
強森	Randy Johnson
瓊斯	Doug Jones

ㄒ

西蒙斯	Bill Simmons
西佛	Tom Seaver
西萊克	Harry Hillaker
西格	Corey Seager
西斯勒	George Sisler
西爾佛	Nate Silver
希克斯	John Hicks
希爾	Rich Hill
希爾曼	Trey Hillman
席莫	Kyle Zimmer
席托	Barry Zito
席格	David Seeger
席格曼	Lee Sigman
席瑞居	Ray Searage
席恩	Joe Sheehan
席爾茲	James Shields
辛夫	Ryan Schimpf
辛格拉尼	Tony Cingrani
辛屈	A.J. Hinch
薛則	Max Scherzer
薛爾頓	Derek Shelton
薛爾溫	Jason Sherwin
雪靈頓	Ben Cherington

ㄓ

翟爾斯	Ken Giles
詹姆斯	Bill Jmaes
張伯倫	Craig Chamberlain
椎力克	Evan Drellich

ㄔ

查維斯	Rafael Chaves
海爾曼	Harry Heilmann
海爾斯	Tim Hyers
黑曼	Jon Heyman
豪梭	Morgan Housel
豪沃斯	Dan Howells
侯特	Chris Holt
侯克	Don Hoak
侯肯姆	Scott Holcombe
侯恩斯比	Rogers Hornsby
后森	Danny Hultzen
韓布瑞	Heath Hembree
捍力克	Luke Heimlich
漢克斯	Tom Hanks
杭亭頓	Neal Huntington
華倫	Warren Bauer
華格納	James Wagner
華盛頓	U L Washington
華恩斯坦	Jerry Weinstein
霍普金斯	Amanda Hopkins
霍爾	Derrick Hall
懷特	Frank White
懷特賽德	David Whiteside
懷黑德	Gavin Whitehead
惠特洛	Robert W. Whitlow

ㄐ

基普	Bob Kipper
基斯	Bob Keyes
吉普尼斯	Jason Kipnis
吉爾博	John Gilbert
賈佛	Mitch Garver
賈里格	Lou Gehrig
賈西亞帕拉	Nomar Garciaparra
賈斯提斯	Richard Justice
賈斯科	David Gassko
賈雅	Amishi Jha
傑布森	Casey Jacobson
傑格	Alan Jaeger

ㄗ

祖魯薛爾	Desi Druschel
佐布里斯特	Ben Zobrist

ㄘ

崔西	David F. Tracy

ㄙ

斯里夫特	Syd Thrift
薩諾	Miguel Sano
薩拉札	Danny Salazar
薩拉森	Seymour Sarason
瑟維里諾	Luis Severino
塞爾	Chris Sale
塞爾斯	Justin Sayles
賽格丁	Rob Segedin
桑德伯格	Jim Sundberg
桑塔納	Johan Santana
蘇利文	Jeff Sullivan
索浩夫	B.J. Surhoff
索契克	Travis Sawchik
索夏	Mike Scioscia
索恩	John Thorn

ㄚ

阿布瑞尤	Jose Abreu
阿倫	Hank Aaron
阿隆索	Yonder Alonso
阿瓦瑞茲	Yordan Alvarez

ㄜ

厄派爾	Mark Appel
厄達克	Samuel Ujdak
厄力克曼	Jonathan Erlichman
厄薛拉	Gio Urshela
厄賽爾	Glenn Ezell
厄文	Neil Irwin
車諾夫	Mike Chernoff
徹維尼	Patrick Cherveny
楚奧特	Mike Trout
川波	Mark Trumbo
川普	Donald Trump

ㄕ

史畢爾	David Speer
史普林格	George Springer
史密斯	Roland Smith
史達夫	Jacob Staff
史達金	Trevor Stocking
史戴侯恩	Russ Steinhorn
史戴西	Max Stassi
史都華	Art Stewart
史杜基	John Stookey
史騰斯	John Stearns
史奈德	Duke Snider
史奈爾	Blake Snell
史尼德	Cy Sneed
史勞特	Don Slaughter
史卓曼	Marcus Stroman
史卓姆	Brent Strom
史崔普林	Ross Striplin
史瓦柏	Kyle Schwarber
史旺森	Tanner Swanson
沙利斯	Eno Sarris
沙阿	Ronit Shah
沙維吉	John Savage
山姆科	Bern Samko
尚恩	Sean Boyle

ㄖ

瑞格利	William Wrigley
瑞奇	Branch Rickey
瑞奇三世	Branch Rickey III
瑞佐	Anthony Rizzo

亞摩拉	Albert Almora
亞默	Mark Armour
亞當	Adam Ochart
亞當斯	Ansel Adams
亞圖維	Jose Altuve
亞諾	Matt Arnold
亞里斯多德	Aristotle
亞歷山大	Jeff Alexander
亞克斯佛	John Axford
亞瑞納多	Nolan Arenado
耶律齊	Christian Yelich
耶格斯	Eric Jagers
楊恩	Michael Young

ㄨ

伍達德	Robert Woodard
瓦托	Joey Votto
瓦倫布拉克	Craig Wallenbrock
瓦格蕭	Matthew Wagshol
沃佛斯	Ron Wolforth
沃夫	Joel Wolfe
沃德	Turner Ward
威佛	Earl Weaver
威勒森	D.K. Willardson
威利斯	Carl Willis
威廉斯	Ted Williams
威斯特	Joe West
威瑟斯	Casey Weathers
威爾克	Kevin E. Wilk
威爾森	Bobby Wilson
韋德	Ed Wade
韋蘭德	Justin Verlander
維米爾葉	Brian Vermilyea
維杜齊	Tom Verducci
維亞	Jonathan Villar
溫塞特	Tom Winsett
文斯	Greg Vince

ㄩ

約翰	John Angelos

ㄞ

艾伯特	Jeff Albert
艾波曼	David Appelman
艾普斯丁	Stephanie Apstein
艾普斯坦	Mike Epstein
艾德勒	Daniel Adler
艾德華茲	Craig Edwards
艾德森	Sandy Alderson
艾里亞斯	Mike Elias
艾倫	Dick Allen
艾克斯坦	David Eckstein
艾肯	Brady Aiken
艾傑頓	Harold Edgerton
艾瑞克森	Anders Ericsson
艾瑞亞塔	Jake Arrieta
艾維拉	Alex Avila

ㄠ

奧立佛	Eric Oliver

ㄡ

歐瑪・利特	Omar Little
歐多	Rougned Odor
歐塔維諾	Adam Ottavino
歐特羅	Dan Otero
歐尼爾	Shaquille O'Neal
歐洽特	Jason Ochart
歐山	John Olshan
歐蘇納	Roberto Osuna

ㄢ

安德森	Tyler Anderson
安東奈提	Chirs Antonetti
安基爾	Rick Ankiel
安傑洛斯	Peter Angelos

ㄧ

伊茲勒	Andrew Istler
伊沃迪	Nathan Eovaldi

入魂 02

MVP製造機

看大聯盟頂尖球隊如何用科技顛覆傳統、以成長心態擁抱創新，讓平凡C咖成為冠軍A咖

The MVP machine : how baseball's new nonconformists are using data to build better players

作　　者　班・林柏（Ben Lindbergh）　崔維斯・索契克（Travis Sawchik）
譯　　者　李秉昇
總 編 輯　簡欣彥
副總編輯　簡伯儒
責任編輯　簡伯儒
封面設計　萬勝安

出　　版　堡壘文化有限公司
發　　行　遠足文化事業股份有限公司（讀書共和國出版集團）
地　　址　231新北市新店區民權路108-2號9樓
電　　話　02-22181417
傳　　真　02-22188057
Email　service@bookrep.com.tw
郵撥帳號　19504465
客服專線　0800-221-029
網　　址　http://www.bookrep.com.tw
法律顧問　華洋法律事務所　蘇文生律師
印　　製　韋懋實業有限公司
初版1刷　2020年5月
初版5.7刷　2023年11月
定　　價　新臺幣630元

國家圖書館出版品預行編目（CIP）資料

MVP製造機：看大聯盟頂尖球隊如何用科技顛覆傳統、以成長心態擁抱創新，讓平凡C咖成為冠軍A咖／班・林柏（Ben Lindbergh）、崔維斯・索契克（Travis Sawchik）著；李秉昇譯. -- 初版. -- 新北市：堡壘文化, 2020.05
　面；　公分. --（入魂；2）
譯自：The MVP machine : how baseball's new nonconformists are using data to build better players
ISBN 978-986-98741-5-1（平裝）

1.職業棒球　2.運動員　3.美國

528.955　　　　109005205